广州市卫生统计年鉴

GUANGZHOUSHI WEISHENG TONGJI NIANJIAN

（2006）

广州市卫生局 编

廣東省出版集團
广东科技出版社
·广 州·

图书在版编目（CIP）数据

广州市卫生统计年鉴．2006年/广州市卫生局编．—广州：广东科技出版社，2009．10
ISBN 978-7-5359-4881-6

Ⅰ．广… Ⅱ．广… Ⅲ．卫生统计—广州市—2006—年鉴 Ⅳ．R195-54

中国版本图书馆CIP数据核字（2009）第009543号

责任编辑：应中伟 杨柳青
封面设计：陈维德
责任校对：C. X
责任技编：严建伟
出版发行：广东科技出版社
（广州市环市东路水荫路11号 邮码：510075)
E-mail:gdkjzbb@21cn.com
http://www.gdstp.com.cn
经　销：广东新华发行集团股份有限公司
排　版：广东科电有限公司
印　刷：广东金冠科技发展有限公司
（广州市黄埔区云埔工业区骏丰路111号 邮码：510760）
规　格：889mm×1 194mm 1/16 印张21.5 插页4 字数530千
版　次：2009年10月第1版
2009年10月第1次印刷
定　价：280.00元

《广州市卫生统计年鉴》编辑委员会

编 者 说 明

《广州市卫生统计年鉴》是一部综合反映广州地区卫生事业发展、医疗业务开展、农村卫生、疾病预防、卫生监督、妇幼保健、中医工作以及居民健康状况的资料性年鉴。本书收录了2006年广州地区上述有关统计数据；同时也收录了历史重要年份的统计资料以及全市县级以上综合医院通讯录。收编内容截止为2006年底。

全书分为六大部分：概述：2006年广州市卫生事业发展情况统计报告；第一部分：2002～2006年广州市卫生事业发展情况；第二部分：2006年广州市卫生资源与利用情况（包括：总体情况、医疗卫生资源与利用、农村基层卫生工作、疾病预防与控制、妇幼保健、卫生监督、中医工作）；第三部分：居民健康情况；第四部分：广州地区各区（县级市）卫生资源情况；第五部分：2006年定期报表公布数据。

本书资料大部分来自执行《2002年中国卫生统计调查制度》的常规卫生统计报表，人口指标来自广州市统计局及广州市公安局相关统计资料。

编　者

2002～2006年卫生机构情况

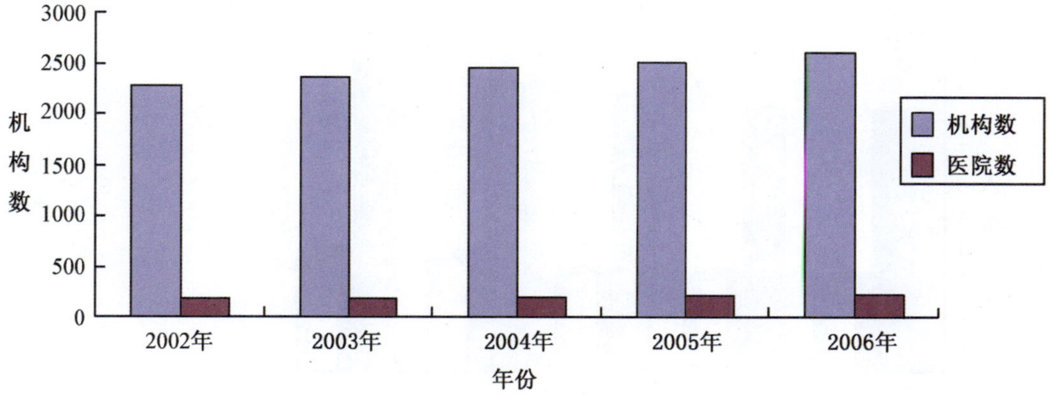

2002～2006年专业卫生人员发展情况

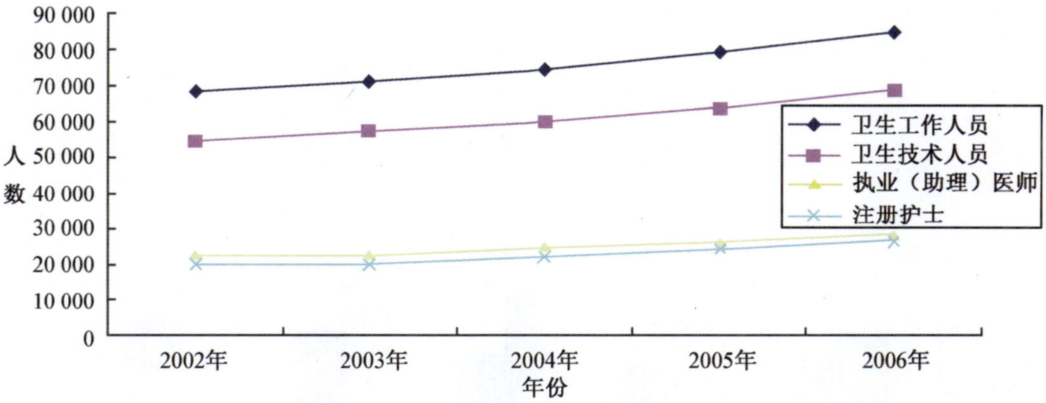

注：2002年开始执行新的统计调查制度，部分机构不纳入统计范围；医生指执业（助理）医师，护师、护士指注册护士。

2002～2006年政府办机构部分指标情况

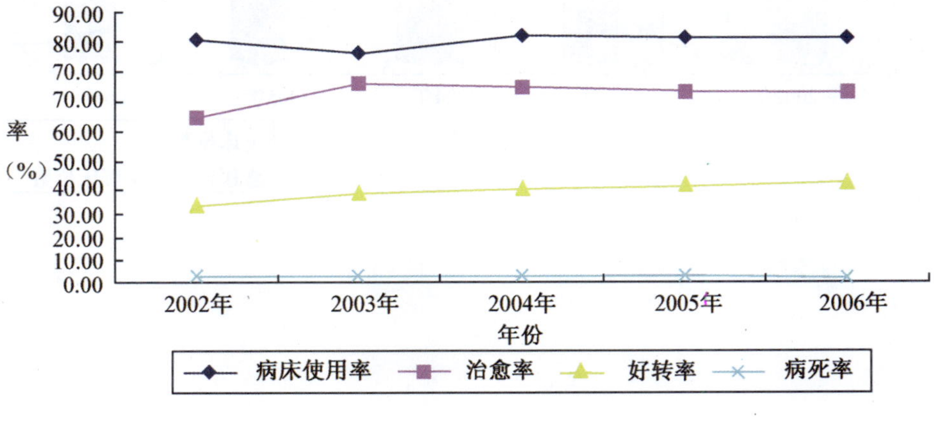

2002～2006年每千人口卫生人员情况

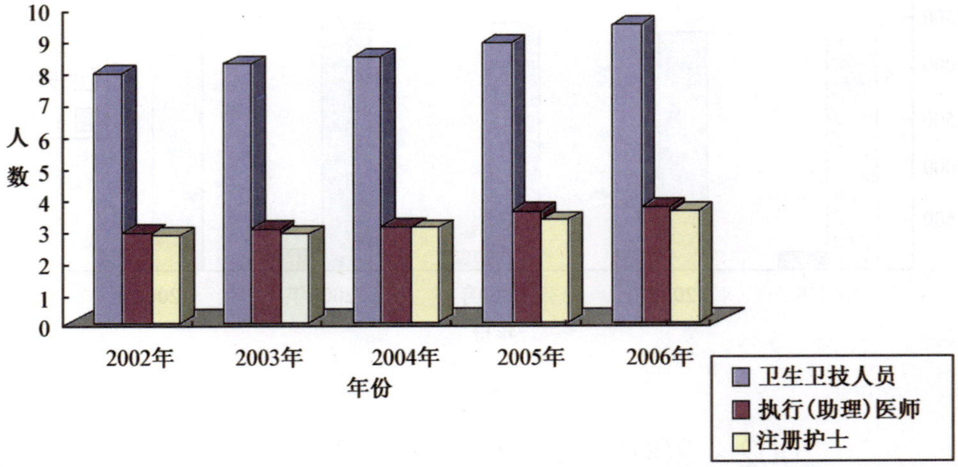

2002～2006年每千人口床位情况

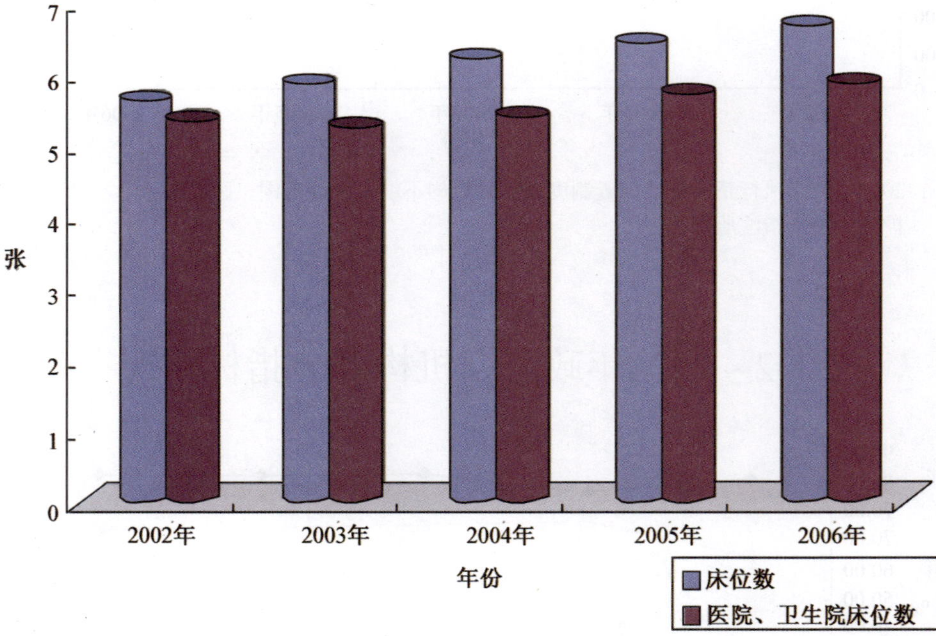

2006年广州市各类卫生人员构成

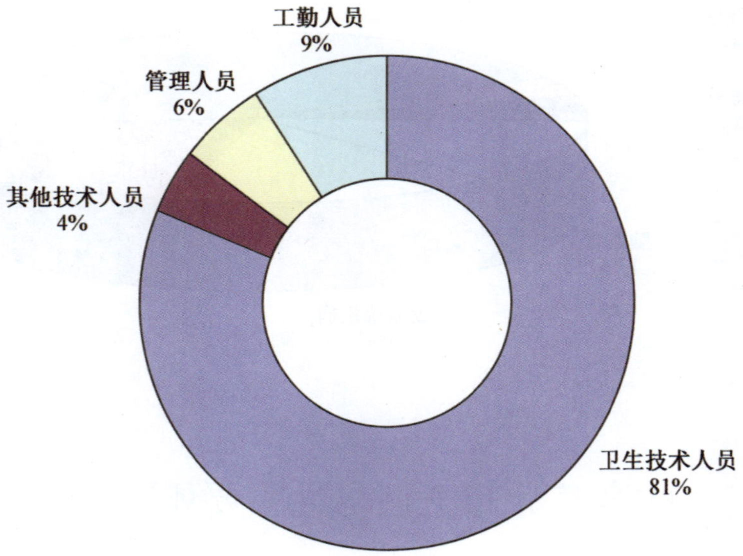

2006年广州市卫生技术人员构成

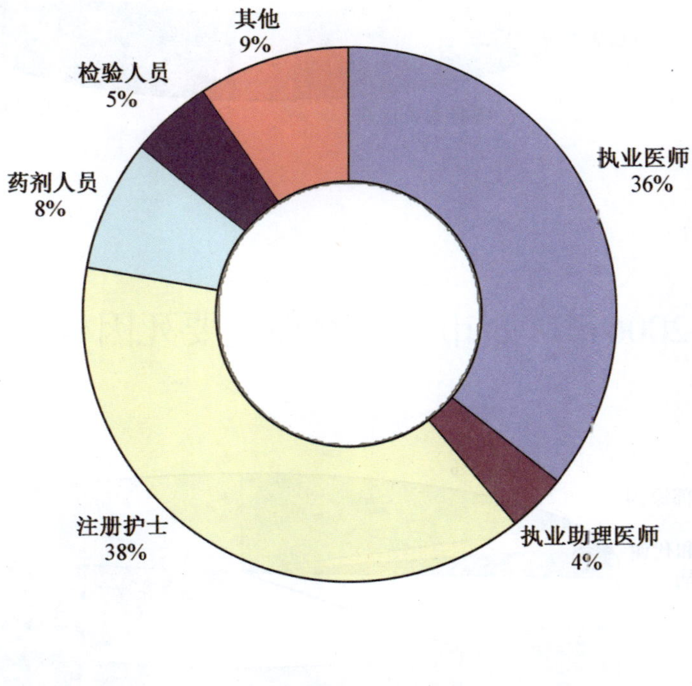

2006年广州市五区主要死因构成

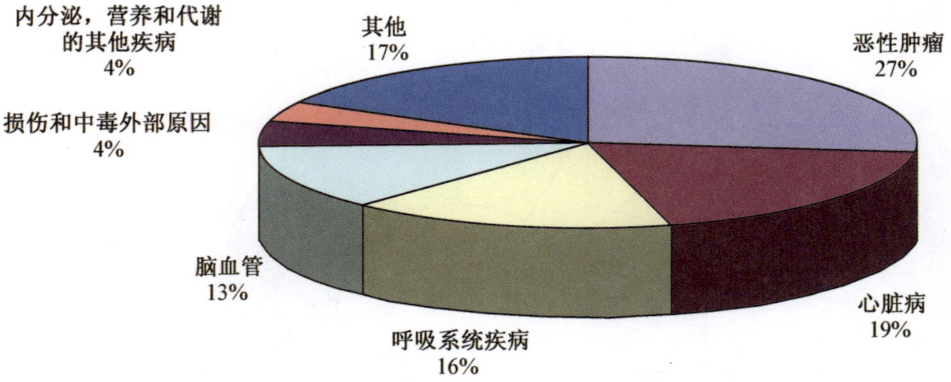

2006年广州市五区男性主要死因构成

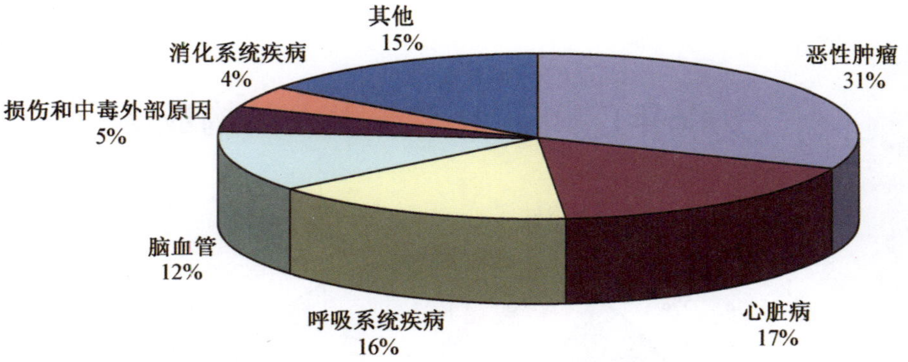

2006年广州市五区女性主要死因构成

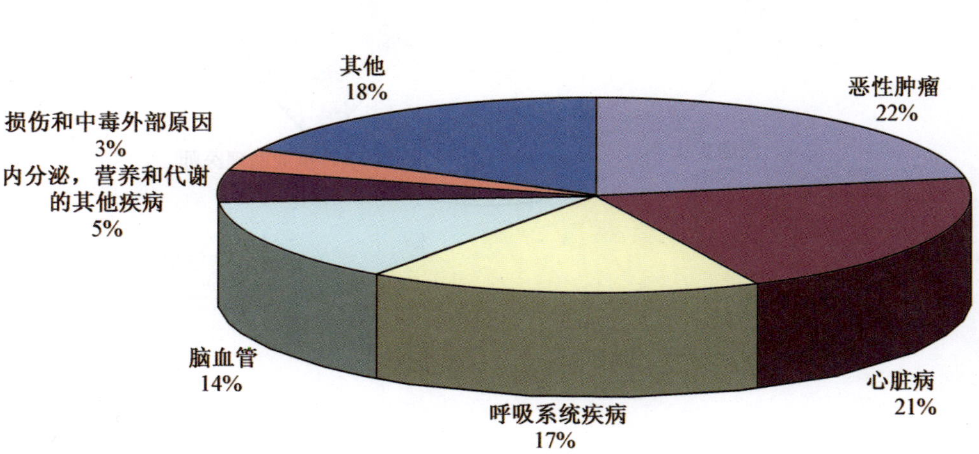

目　　录

（三）农村基层卫生工作

（四）疾病预防与控制

（五）妇幼保健

（六）卫生监督

（七）中医工作

第三部分　居民健康状况

（一）广州市居民期望寿命

（二）居民死亡原因疾病分类情况

（三）住院病人疾病分类及年龄分布情况

第四部分　广州地区各区（县级市）卫生资源情况

（一）荔湾区

（二）越秀区

（三）海珠区

（四）天河区

（五）白云区

（六）黄埔区

（七）番禺区

（八）花都区

（九）南沙区

（十）萝岗区

（十一）增城市

（十二）从化市

第五部分　2006年定期报表公布数据

附　　录

概述　2006年广州市卫生事业发展情况统计报告

2006年是“十一五”开局之年。我市卫生工作坚持以科学发展观为指导，认真贯彻落实党中央、国务院关于卫生工作的一系列重要指示和决策，围绕市委、市政府提出的卫生工作目标、任务和影响人民群众健康的主要卫生问题，突出工作重点，扎实推进公共卫生、社区卫生和农村卫生体系建设，加强重大疾病防控和医疗服务管理，积极研究落实缓解群众“看病难、看病贵”各项措施，取得较好的成绩，实现了“十一五”时期的良好开局。

一、卫 生 资 源

1．卫生机构分类。2006年末，广州市共有各类卫生机构2 603间（不含1 017间村卫生室），其中医院223间、妇幼保健院13间、专科疾病防治院（所、站）21间、社区卫生服务中心122间、卫生院41间、门诊部515间、诊所759间、卫生所（医务室）734间、社区卫生服务站109间、急救中心1间、采供血机构5间、疾病预防控制中心（防疫站）19间、卫生监督所14间、医学科学研究机构6间、健康教育机构5间、其他卫生机构12间。与2005年相比，卫生机构总数增加86所。增加的机构主要是门诊部、诊所、社区卫生服务中心和医院，分别增加50所、23所、14所和12所。减少的机构主要是卫生院减少24所，是由于一些镇卫生院改称医院。

2006年广州市卫生机构、床位、人员情况

类　　别	机构（个）	实有病床（张）	卫生工作人员（人）	卫生技术人员（人）	执业（助理）医师（人）	注册护士（人）
各类卫生机构	2 603	50 500	85 241	69 091	27 338	26 448
其中：私营机构	1 130	2 256	8 854	7 458	3 781	2 235
农村卫生室	1 017	—	—	—	272	—

2．卫生人员总数。2006年末，全市卫生人员85 241人，其中卫生技术人员69 091人、其他技术人员3 706人、管理人员4 802人、工勤人员7 642人，分别占卫生工作人员总数的81%、4%、6%、9 %。卫生技术人员中：执业（助理）医师27 338人、注册护士26 448人、药剂人员5 265人、检验人员3 437人、其他卫生技术人员6 279人，分别占卫生技术人员的40%、38%、8%、5%、9%。与2005年相比，卫生人员增加5 827人（增长7.34%），其中卫生技术人员增加4 909（增长7.65%），各类人员构成不变。

3．医院病床数情况。2006年广州市各类卫生机构实有病床50 500张，其中：医院实有病床42 821张、妇幼保健院实有病床1 922张、专科疾病防治院（所、站）实有病床709张、社区卫生服务中心实有病床724张、卫生院1 301张、门诊部127张。与2005年相比，卫生机构床位增加2 612张（增长5.45%），增加部分主要为医院、专科疾病防治院（所、站）和妇幼保健院床位，分别增加3 462张（增长8.8%）、603张（增长5.69倍）和157张（增长8.9%）。而卫生院床位减少1 609张（减少55.29%）。

4．万元以上医疗设备拥有情况。2006年末全市卫生机构万元以上设备53 636台，其中50～100万元设备1 764台，100万元以上设备1 167台。医院拥有万元以上设备的83.38%（44 721台），50～100万元设备的82.14%（1 449台），100万元以上设备的91.86%（1 072台）。

5．村卫生室基本情况。2006年末，全市共有村卫生室1 017间，执业（助理）医师272人，乡村医生1 915人，卫生员194人。乡村医生中大专及以上学历114人、中专学历及中专水平859人、在职培训合格者746人，分别占乡村医生的7%、50%、43%。与2005年相比，村卫生室减少6.01%，村卫生室人员减少4.06%，乡村医生中大专及以上学历的比例由2005年的5%提高到7%，乡村医生整体学历水平提高。

6．私营医疗机构、床位、人员情况。2006年末，共有私营医疗机构1 130间，其中：医院36所、门诊部340所、诊所717间、卫生所（医务室）15间、社区卫生服务站15间；实有病床2 256张，其中医院病床2 186张，占全市医院病床5%；卫生工作人员8 854人，占全市卫生工作人员总数的10%，其中执业（助理）医师3 781人，占全市执业（助理）医师总数的14%，注册护士2 235人，占全市注册护士总数的8%。

7．医疗机构年收入与支出情况。2006年各类医疗机构年收入约198亿元，其中财政补助约15亿元，占7.59%，上级补助约2.2亿元，占1.12%；总支出约196亿元，其中人员经费支出53亿元，占26.84%。

2006年各经济类型医疗机构年收入与支出情况（单位：千元）

项　目	总收入金额	构成（%）	其中：财政补助		其中：上级补助		总支出金额	其中：人员经费支出	
			金额	占（%）	金额	占（%）		金额	占（%）
总　计	19 759 019	100	1 498 951	7.59	222 166	1.12	19 561 959	5 249 755	26.84
非营利	18 582 980	94.05	1 498 951	8.07	220 666	1.19	18 402 165	4 862 446	26.42
营利性	1 176 039	5.95	0	0	1 500	0.13	1 159 794	387 309	33.39

8．常住户籍人口拥有卫生资源情况。2006年每千人口床位数6.38张；每千人口卫生技术人员数8.82人，其中每千人口执业（助理）医师数3.48人，每千人口注册护士数3.21人。

2006年常住户籍人口拥有卫生资源情况（新区）

区划名称	人口数（人）	每千人口机构数据（间）	每千人口床位数（张）	每千人口医院、卫生院床位数（张）	每千人口卫生工作人员数（人）	每千人口卫生技术人员数（人）	每千人口执业+助理医师数（人）	每千人口执业医师数（人）	每千人口注册护士数（人）
合计	7 607 220	0.48	6.64	5.80	11.49	9.37	3.63	3.29	3.48
市区	6 253 289	0.47	7.52	6.65	12.91	10.47	4.07	3.73	3.96
两县	1 353 931	0.48	2.58	1.90	4.93	4.28	1.61	1.25	1.27
荔湾	705 262	0.35	5.50	5.43	9.77	7.78	3.04	2.79	3.02
越秀	1 151 481	0.34	13.65	12.84	25.29	20.18	7.31	7.05	8.25
海珠	890 512	0.34	6.22	5.28	11.25	9.04	3.54	3.30	3.47
天河	645 453	0.66	5.94	5.46	13.54	11.14	4.91	4.38	4.03
白云	767 688	0.63	10.44	9.94	12.93	10.30	4.09	3.61	3.85
黄埔	193 641	0.66	6.31	3.72	9.30	7.61	3.42	2.95	2.62
番禺	947 607	0.52	4.73	3.66	8.66	7.32	2.88	2.49	2.40
花都	636 706	0.50	4.05	2.47	5.96	5.22	2.01	1.59	1.73
南沙	147 579	0.54	4.22	4.22	6.50	5.39	2.03	1.49	1.54
萝岗	167 360	0.58	6.73	4.18	7.82	6.47	2.53	2.07	2.07
增城	810 554	0.46	1.99	1.70	4.79	4.15	1.57	1.17	1.25
从化	543 377	0.51	3.45	2.18	5.13	4.48	1.68	1.22	1.28

二、医疗卫生服务利用情况

1．门诊和住院利用情况。2006年，广州市各类医疗卫生机构共完成总诊疗人次8 099万、观察室病人数121万、健康检查人数391万人次、住院病人117万人次。其中非营利性医疗机构共完成总诊疗人次7 344万、观察室病人数116万、健康检查人数375万人次、住院病人113万人次，分别占全市医疗机构收治总量的91%、96%、96%、96%；营利性医疗机构共完成总诊疗人次755万、观察室病人数5万、健康检查人数16万人次、住院病人4万人次，分别占全市医疗机构收治总量的9%、4%、4%、4%。

2．病床利用情况。2006年各类医疗机构病床使用率为79.91%、病床周转次数为24.82次/年、出院者平均住院日为11.08天。其中非营利性医疗机构病床使用率、病床周转次数、出院者平均住院日分别为81.06%、

25.52次/年、11.06天，营利性医疗机构病床使用率、病床周转次数、出院者平均住院日分别为62.47%、14.29次/年、11.54天。

2006年广州市各医疗机构提供医疗服务情况

类　别	诊疗人次数	构成%	观察室人数	构成%	健康检查人数	构成%	入院人数	构成%
合　计	80 986 541	100	1 210 883	100	3 907 122	100	1 169 467	100
非营利性机构	73 440 672	90.68	1 159 363	95.75	3 749 439	95.96	1 127 591	96.42
其中：政府办机构	59 906 269	81.57	1 128 981	97.38	3 153 520	84.11	1 076 552	95.47
营利性机构	7 545 869	9.32	51 520	4.25	157 683	4.04	41 876	3.58

注：政府办卫生机构指卫生部门机构含高等医（药）学院校附属医院。

不同类别医疗机构病床利用情况不同，病床使用率由高到低依次为社区卫生服务中心（86.08%）、妇幼保健院（85.73%）、医院（81.19%）、疗养院（59.07%）、卫生院（58.25%）、专科疾病防治院（49.81%）。医院病床使用率依次为专科医院（87.00%）、中医院（86.09%）、综合医院（78.37%）。专科医院中病床使用率较高的是儿童医院（115.85%）、精神病院（102.05%）、整形外科医院（101.15%）、肿瘤医院（90.28%）和眼科医院（90.10%）。

2006年广州市各类别医院病床使用情况

类　别	平均开放病床（张）	构成（%）	病床使用率（%）	病床周转次数（次）	出院者平均住院日（天）
合　计	47 119	100	79.91	24.82	11.08
非营利性机构	44 188	93.78	81.06	26	11.06
其中：政府办机构	40 704	92.12	82.91	26	10.95
营利性机构	2 931	6.22	62.47	14	11.54

3. 门诊和住院病人人均医疗费用情况。2006年82家医院门诊平均每诊疗人次医疗费用为145元，其中药费占51.72%；平均每一住院病人医疗费用10 380元，其中药费占38.45%。与2005年相比，门诊医疗费用增加2元，同比增长1.4%（其中药费所占比重比去年降低1.42%）；住院医疗费用降低241元，同比减少2.27%（其中药费所占比重比去年降低约0.62%）。门诊和住院病人人均医疗费用由高到低依次为部属、省属、市属、区属医院、县级市医院，即医院级别越高，病人医疗费用越高。集体所有制医院和厂矿企业医院接近区属医院。

2006年广州地区政府办医院平均每一诊疗人次费用与2005年同期对比

医院类别	平均每一诊疗人次医疗费用（元）				平均每一诊疗人次费用增减（%）	药费比重增减（%）
	2006年	药费占%	2005年	药费占%		
合　计	145	51.72	143	53.15	1.40	−1.42
部属医院合计	201	49.25	206	50.56	−2.29	−1.30
省属医院合计	154	51.95	149	55.70	3.36	−3.76
市属医院合计	150	54.00	146	55.48	2.74	−1.48
区属医院合计	106	50.00	106	50.94	0.00	−0.94
县级市医院合计	99	46.48	94	48.94	5.32	−2.46
集体所有制医院合计	102	52.94	96	53.13	6.25	−0.18
厂矿企业医院合计	113	51.33	109	52.29	3.67	−0.97

2006年广州地区政府办医院平均每一住院人次费用与2005年同期对比

医院类别	平均每一出院人次医疗费用（元）				平均每一出院人次费用增减（%）	药费比重增减（%）
	2006年	药费占%	2005年	药费占%		
合　计	10 380	38.45	10 621	39.07	−2.27	−0.62
部属医院合计	13 867	40.84	14 592	41.47	−4.97	−0.62
省属医院合计	13 390	37.63	13 683	37.57	−2.14	0.06
市属医院合计	10 554	39.35	10 740	40.59	−1.74	−1.24
区属医院合计	5 325	33.74	5 294	35.02	0.59	−1.28
县级市医院合计	3 775	36.40	3 693	36.42	2.22	−0.02
集体所有制医院合计	5 099	34.37	5 256	34.70	−2.99	−0.33
厂矿企业医院合计	4 717	36.90	5 049	40.52	−6.58	−3.63

三、居民健康状况

1．居民主要健康指标。2006年广州市期望寿命为77.88岁，男性期望寿命为75.04岁、女性期望寿命为80.98岁；2006年全市孕产妇死亡率为3.95/10万；婴儿死亡率为5.24‰，5岁以下儿童死亡率为7.05‰。

主要健康指标与其他城市比较

指　标	单　位	北　京	天　津	上　海	重　庆	广　州
1．出生率	‰	5.34	8.85	5.95	11.4	8.95
2．死亡率	‰	5.28	4.97	7.19	4.7	5.42
3．自然增长率	‰	0.06	3.88	−1.24	6.8	3.54
4．婴儿死亡率	‰	4.66	5.18	4.01	9.94	5.24
5．孕产妇死亡率	（1/10万）	7.87	6.64	8.31	63.51	3.95
6．期望寿命	（岁）	80.07	78.92	80.97	75.98	77.88
男性	（岁）	78.36	77.62	78.64	73.8	75.04
女性	（岁）	81.82	80.26	83.29	78.42	80.98

2．病人住院主要疾病与死因顺位。2006年我市75家医疗机构住院病人疾病分类显示，前五位系统疾病依次为妊娠、分娩和产褥期（14.74%）、呼吸系统疾病（11.01%）、肿瘤（10.30%）、循环系统疾病（10.18%）、消化系统疾病（8.10%）。住院死亡病人前五位死因构成为：肿瘤（35.79%）、循环系统疾病（23.46%）、呼吸系统疾病（14.03%）、损伤和中毒（5.71%）、消化系统疾病（4.63%）。不同年龄住院病人住院疾病构成如下表。

2006年广州市医疗机构不同年龄住院病人住院疾病构成

疾病排位	5岁以下		5～14岁		15～44岁		45～59岁		60岁以上	
	疾病分类	构成（%）	疾病分类	构成（%）	疾病分类	构成（%）	疾病分类	构成（%）	疾病分类	构成（%）
1	呼吸系统	35.95	呼吸系统	23.90	妊娠分娩和产褥期	35.84	肿瘤	19.55	循环系统	25.49
2	起源于围生期情况	24.57	消化系统	10.08	损伤和中毒	10.89	影响健康状态和与保健机构接触的因素	15.86	肿瘤	11.99

续表

疾病排位	5岁以下		5～14岁		15～44岁		45～59岁		60岁以上	
	疾病分类	构成（%）	疾病分类	构成（%）	疾病分类	构成（%）	疾病分类	构成（%）	疾病分类	构成（%）
3	消化系统	9.72	损伤和中毒	9.85	肿瘤	8.42	循环系统	11.72	呼吸系统	11.90
4	先天异常	7.02	先天异常	8.69	泌尿生殖系统	8.25	消化系统	9.70	消化系统	8.84
5	传染病与寄生虫病	5.07	影响健康状态和与保健机构接触的因素	7.27	影响健康状态和与保健机构接触的因素	6.98	泌尿生殖系统	8.19	眼和附件疾病	7.76

3．居民病伤死亡原因及顺位。广州城区前十位死因顺位为：循环系统（220.51/10万）、肿瘤（170.83/10万）、呼吸系病（100.47/10万）、损伤和中毒（25.15/10万）、内营代免（23.28/10万）、消化系病（20.62/10万）、泌尿和生殖系病（10.43/10万）、传染病和寄生虫病（5.42/10万）、神经系统疾病（5.20/10万）、精神病（3.63/10万）。前十位死因合计占死因总数的95.02%。

4．恶性肿瘤死亡率。广州城区恶性肿瘤死亡率为168.93/10万，其中：男性为214.68/10万，女性为121.04/10万。城区恶性肿瘤前五位死因顺位：肺癌（49.38/10万）、肝癌（28.76/10万）、肠癌（17.45/10万）、胃癌（9.24/10万）、鼻咽癌（8.16/10万）。

四、妇 幼 保 健

2006年广州市孕产妇保健管理覆盖率90.62%，孕产妇系统保健管理率82.48%，高危孕产妇管理率99.76%，住院分娩率98.95%，婚前医学检查率7.31%；7岁以下儿童保健管理覆盖率95.66%，眼、口腔、听力保健管理率分别为89.33%、92.53%、91.26%，3岁以下儿童系统保健管理率87.96%，对全市住院分娩的新生儿进行先天性甲状腺功能低下（甲低）、笨丙酮尿症（PKU）、葡萄糖-6-磷酸脱氢酶缺乏症（G6PD缺乏症）等疾病筛查，筛查率达95.17%。妇幼保健管理各项指标比去年有不同程度增加。

2006年婚前医学检查疾病检出率21.38%，5岁以下儿童中重度营养不良患病率0.97%，出生低体重发生率4.35%，出生缺陷发生率123.07/万，前三位出生缺陷类型依次为先天性心脏病、总唇腭裂、水肿胎，妇女病检出率30.24%。

五、农村基层卫生工作

2006年我市新型农村合作医疗行政村覆盖率达到100%，农民参合率为86.2%。其中99.96%的五保户和贫困人口参加了合作医疗。2006年，参合农民受惠人数为102 152人次，其中住院受惠人数为99 139人次，全市农民报销住院医药费用总额14 482.98万元，平均每人次报销费用为1 461元；农民报销的医药费用占医药总费用的29.60%。有1 237名参合农民得到合作医疗保障救助基金的住院医疗救助，救助金额共计355.71万元。

2006年64所农村基层医院提供门诊服务1 022万人次，观察室救治病人71.20万次、健康检查82.40人次。提供住院服务17.10万人次。病床使用率66.59%，出院者平均住院医疗费2 289.79元，其中药费占29.89%。1 017所村卫生室诊疗人次数为536.24万人次，孕产妇检查人次数为1 154人次、儿童疫苗接种人次数为90 163人次。

六、疾 病 控 制

经2004年实行传染病网络直报后，2006年全市传染病网络直报更加完善，网络直报覆盖全市所有乡镇以上卫生机构，达307家，全市甲乙类传染报告发病率379.32/10万，比2005年上升了3.89%，医疗机构漏报率降至1.82%；传染病年死亡率为1.17/10万，比2005年下降37.43%。儿童常规免疫接种率持续保持高水平，2006年卡介苗、脊髓灰质炎、白百破、麻疹、乙肝疫苗接种率保持99%以上，乙脑纳入儿童计划免疫管理，当年接种率达98.70%。

七、监督与执法

食品卫生：2006年进行卫生设计审查8 581宗，竣工验收7 296宗；监督食品生产经营单位54 545间，监督覆盖率为99.8%，对7 786间进行了行政处罚，罚没金额195.18万多元，责令停业整顿162间，没收和销毁食品及工具9 583公斤。共抽样检验食品35 985宗，合格率89.01%；餐具232 132宗，合格率87.82%。

公共场所卫生：2006年共监督经营单位13 463间，监督覆盖率93.13%，行政处罚264间，罚款7.69万元。检测公共场所10 287间，148 334项次数，合格率为94.7%。体检从业人员119 425人，体检率为99.43%。

生活饮用水：2006年共监督集中式供水单位271个，监督覆盖率100%，抽检样品数1 230宗，合格率73.4%。

学校卫生：2006年共监测学校1 120间，监督覆盖率100%，合格率57.35%。对775 539名学生进行体检。

职业卫生：2006年进行经常性卫生监督1 147间，监督覆盖率45.4%。对457间企业进行生产环境有害因素监测，检测作业场所点11 666个，检测率69.4%，合格率86.19%。进行有害作业工人健康检查81 415人，体检率72.85%，检出职业病损害34人。

第一部分　2002～2006年广州市卫生事业发展情况

2002～2006年广州市卫生工作主要数据

指 标 名 称	2002年	2003年	2004年	2005年	2006年
一、人口情况					
年末总人口（人）	7 206 229	7 251 888	7 376 720	7 505 322	7 607 720
年平均人口（人）	7 166 104	7 229 059	7 314 304	7 441 021	7 556 271
出生率（‰）	8.64	7.92	9.56	8.85	8.95
死亡率（‰）	5.54	5.68	5.74	5.64	5.42
自然增长率（‰）	3.1	2.24	3.82	3.21	3.54
二、卫生资源情况					
（一）机构					
全市卫生机构数（个）	2 265	2 349	2 443	2 517	2 603
其中：医院	184	183	188	211	223
#综合医院	122	120	123	133	146
（二）床位					
全市床位数（张）	40 430	42 210	45 687	47 888	50 500
其中：医院	32 736	34 140	35 979	39 359	42 821
#综合医院	21 757	22 053	23 090	25 879	28 557
（三）人员					
全市卫生工作人员数（人）	68 467	71 136	74 471	79 414	85 241
卫生技术人员数（人）	54 652	57 274	59 943	64 182	69 091
其中：执业（助理）医师	22 169	23 464	24 493	25 852	27 338
#执业助理医师	1 964	2 049	2 225	2 269	2 603
注册护士	19 925	20 136	21 927	24 083	26 448
药剂人员	4 910	5 066	5 234	5 265	5 589
检验人员	2 781	2 942	3 197	3 406	3 437
其　他	4 867	5 666	5 092	5 576	6 279
其他技术人员（人）	2 022	2 171	3 119	3 452	3 706
管理人员（人）	5 304	5 134	4 357	4 447	4 802
工勤人员（人）	6 489	6 557	7 052	7 333	7 642
三、卫生服务提供与卫生资源利用					
全年门诊诊疗人次数（万人）	7 073.91	7 123.63	7 488.92	7 855.16	8 098.65
全年出院人数（万人）	73.61	75.65	88.47	102.30	116.95
其中：医院					
全年诊疗人次（万人）	4 037.08	3 956.11	4 171.43	4 673.25	5 414.26
年入院人数（万人）	59.23	58.28	68.08	81.77	95.55
年出院人数（万人）	59.05	58.07	68.54	81.61	95.29
年床位使用率（%）	80.66	76.29	82.33	81.43	81.19
年床位周转次数（次）	19.40	18.25	20.56	21.77	23.07
出院者平均住院日（天）	14.15	14.15	14.02	13.19	12.18
治愈率（%）	54.41	65.81	64.92	63.65	63.26
病死率（%）	2.09	2.20	2.05	1.83	1.63

续表

指标名称	2002年	2003年	2004年	2005年	2006年
四、居民医疗保障程度					
平均每千人口床位数（张）	5.61	5.82	6.19	6.38	6.64
平均每千人口医院、卫生院床位数（张）	5.33	5.20	5.34	5.63	5.80
平均每千人口卫生技术人员数（人）	7.87	8.17	8.36	8.82	9.37
平均每千人口执业医师数（人）	2.80	2.95	3.01	3.18	3.29
平均每千人口注册护士数（人）	2.76	2.78	2.96	3.21	3.48
五、居民健康状况					
平均期望寿命（岁）	75.46	76.83	77.06	77.21	77.88
其中：男性	72.81	74.42	74.61	74.73	75.04
女性	78.33	79.41	79.71	79.90	80.98
孕产妇死亡率（1/10万）	18.5	21.24	13.93	20.91	3.95
5岁以下儿童死亡率（‰）	9.57	9.19	9.07	9.26	7.05
婴儿死亡率（‰）	6.50	6.48	6.58	6.84	5.24
六、疾病控制					
甲、乙类传染病发病率（1/10万）	163.5	166.19	347.39	365.13	379.32
甲、乙类传染病死亡率（1/10万）	0.62	1.08	1.30	1.87	1.17
儿童计划免疫接种率（%）					
卡介苗接种率	99.95	99.85	99.85	99.90	99.64
脊髓灰质炎接种率	99.61	99.42	99.76	99.58	99.63
百白破接种率	99.36	99.44	99.69	99.53	99.58
麻疹接种率	99.43	98.75	99.36	99.24	99.23
乙肝基础免疫	99.21	99.07	99.46	99.49	99.20
七、妇幼保健					
孕产妇保健系统管理率（%）	83.23	82.21	77.71	80.73	82.48
孕产妇保健管理覆盖率（%）	88.53	88.48	87.07	89.54	90.62
3岁以下儿童保健系统管理率（%）	88.44	88.30	86.76	86.48	87.96
7岁以下儿童保健管理覆盖率（%）	95.12	93.38	94.32	94.3	95.66
出生缺陷发生率（1/万）	100.03	131.27	124.03	119.36	123.07
出生低体重儿发生率（%）	3.99	4.12	4.03	4.08	4.35
5岁以下儿童中、重度营养不良患病率（%）	0.99	0.99	0.92	1.00	0.97

"#"：表示其中数。

2002～2006年广州市各区卫生机构数

区（县级市）	2002年	2003年	2004年	2005年	2006年
广州市	2 265	2 349	2 443	2 517	2 603
东山区	220	213	203	217	—
荔湾区	143	142	128	131	249
越秀区	157	143	139	139	389
海珠区	296	312	302	293	297
天河区	334	368	430	413	408

续表

区（县级市）	2002年	2003年	2004年	2005年	2006年
芳村区	100	108	110	120	—
白云区	387	374	413	458	436
黄埔区	116	129	151	133	121
番禺区	203	226	238	291	272
花都区	124	132	135	135	130
南沙区	—	—	—	—	41
萝岗区	—	—	—	—	61
增城市	85	95	92	99	106
从化市	100	107	102	88	93

2002～2006年广州市各区医院数

区（县级市）	2002年	2003年	2004年	2005年	2006年
广州市	184	183	188	211	223
东山区	24	24	26	29	—
荔湾区	12	11	10	13	24
越秀区	18	17	18	18	48
海珠区	28	25	20	21	19
天河区	27	27	29	32	27
芳村区	10	10	11	10	—
白云区	34	35	40	46	43
黄埔区	9	10	10	9	6
番禺区	6	8	9	11	21
花都区	7	7	7	12	12
南沙区	—	—	—	—	9
萝岗区	—	—	—	—	5
增城市	5	5	4	6	5
从化市	4	4	4	4	4

2002～2006年广州市各区医院床位数

区（县级市）	2002年	2003年	2004年	2005年	2006年
广州市	32 736	34 140	35 979	39 359	42 821
东山区	5 815	6 567	6 760	7 083	—
荔湾区	1 714	1 660	1 663	1 780	3 831
越秀区	4 879	5 039	5 656	5 835	14 761
海珠区	4 241	3 864	4 628	4 722	4 699
天河区	4 733	4 623	4 821	5 112	3 526
芳村区	1 672	1 741	1 747	1 860	—

续表

区（县级市）	2002年	2003年	2004年	2005年	2006年
白云区	4 788	5 352	5 542	6 596	7 630
黄埔区	1 299	1 119	1 050	1 109	721
番禺区	1 560	2 180	1 917	2 163	3 383
花都区	701	751	849	1 367	1 430
南沙区	—	—	—	—	623
萝岗区	—	—	—	—	699
增城市	766	676	678	1 024	796
从化市	568	568	668	708	722

2006年广州市及各区、县级市人口数、死亡率、自然增长率

区（县级市）	年末总人口（人）	年平均人口（人）	出生率（‰）	死亡率（‰）	自然增长率（‰）
广州市	7 607 220	7 556 271	8.95	5.42	3.54
市区	6 253 289	6 213 064	8.46	5.43	3.03
荔湾区	705 262	704 985	5.78	7.52	−1.74
越秀区	1 151 481	1 151 034	6.30	6.13	0.17
海珠区	890 512	883 781	7.08	6.00	1.09
天河区	645 453	632 578	9.82	3.05	6.77
白云区	767 688	764 216	9.42	5.44	3.99
黄浦区	193 641	193 189	9.71	4.62	5.08
番禺区	947 607	939 203	11.01	4.53	6.48
花都区	636 706	633 498	9.81	5.07	4.74
南沙区	147 579	145 065	9.20	6.07	3.14
萝岗区	167 360	165 518	10.87	4.65	6.22
县级市	1 353 931	1 343 207	11.24	5.35	5.89
增城市	810 554	802 425	13.27	4.36	8.91
从化市	543 377	540 783	8.23	6.82	1.41

注：1. 广州市常住人口数：975.46万人；2. 本表按广州市公安局户籍统计口径计算。

第二部分　2006年广州市卫生资源与利用情况

(一)总体情况

2006年广州市卫生机构、床位、人员数按经济类型和设置单位分类情况(含诊所等;不含村卫生室)

分类	机构数(个)	实有床位数(张)	人员数(人)									
			合计	卫生技术人员	其中					其他技术人员	管理人员	工勤人员
					执业医师	执业助理医师	注册护士	药剂人员	检验人员			
总计	2 603	50 500	85 241	69 091	24 735	2 603	26 448	5 589	3 437	3 706	4 802	7 642
按经济类型分												
国有	1 097	46 201	69 681	56 432	20 045	1 436	22 505	4 426	2 765	3 217	4 029	6 003
集体	211	1 006	3 408	2 784	958	221	820	387	117	107	191	326
联营	23	401	1 493	957	275	23	348	69	170	117	59	360
私营	1130	2256	8 854	7 458	2 939	842	2 235	599	291	210	420	766
其他	142	636	1 805	1 460	518	81	540	108	94	55	103	187
按设置主办单位分												
政府办	469	43 308	65 278	52 468	18 421	1 207	21 072	4 300	2 607	3 148	3 862	5 800
其中:卫生部门	386	38 445	62 665	50 720	17 881	1 102	20 494	4 159	2 509	2 964	3 625	5 356
企业办	386	2 805	5 695	4 654	1 707	248	1 634	327	343	265	343	433
其他	1 748	4 387	14 268	11 969	4 607	1 148	3 742	962	487	293	597	1 409

2006年广州市卫生机构、床位、人员数按经济类型和设置单位分类情况(不含诊所、村卫生室等)

分类	机构数(个)	实有床位数(张)	人员数(人)									
			合计	卫生技术人员	其中					其他技术人员	管理人员	工勤人员
					执业医师	执业助理医师	注册护士	药剂人员	检验人员			
总计	958	50 500	79 379	63 229	22 327	1 903	24 790	5 213	3 299	3 706	4 802	7 642
按经济类型分												
国有	449	46 201	67 509	54 260	19 091	1 288	21 804	4 303	2 713	3 217	4 029	6 003
集体	76	1 006	2 807	2 183	775	124	668	333	91	107	191	326
联营	9	401	1 463	927	260	20	339	68	170	117	59	360
私营	383	2 256	6 162	4 766	1 836	425	1 549	428	252	210	420	766
其他	41	636	1 438	1 093	365	46	430	81	73	55	103	187
按设置主办单位分												
政府办	422	43 308	65 116	52 306	18 359	1 196	21 020	4 295	2 600	3 148	3 862	5 800
其中:卫生部门	386	38 445	62 665	50 720	17 881	1 102	20 494	4 159	2 509	2 964	3 625	5 356
企业办	74	2 805	4 663	3 622	1 234	154	1 304	264	327	265	343	433
其他	462	4 387	9 600	7 301	2 734	553	2 466	654	372	293	597	1 409

2006年广州市诊所、医务室、卫生所、社区卫生服务站机构、人员情况（按经济类型、设置主办单位分类）

分类	机构数（个）	人员数（人）							
		合计	卫生技术人员						
			小计	执业医师	执业助理医师	注册护士	药剂人员	检验人员	其他
总　计	1 645	5 862	5 862	2 408	700	1 658	376	138	582
按经济类型分									
国　有	648	2 172	2 172	954	148	701	123	52	194
集　体	135	601	601	183	97	152	54	26	89
联　营	14	30	30	15	3	9	1		2
私　营	747	2 692	2 692	1 103	417	686	171	39	276
其　他	101	367	367	153	35	110	27	21	21
按设置主办单位分									
政府办	47	162	162	62	11	52	5	7	25
其中：卫生部门									
企业办	312	1 032	1 032	473	94	330	63	16	56
其　他	1286	4 668	4 668	1 873	595	1276	308	115	501

2006年广州市卫生机构、床位、人员数按机构类别分类情况（不含诊所、村卫生室等）

卫生机构分类	机构数（个）	实有床位	人员数（人）									
			合计	卫生技术人员	其中					其他技术人员	管理人员	工勤人员
					执业医师	执业助理医师	注册护士	药剂人员	检验人员			
总　计	958	50 500	79 379	63 229	22 327	1 903	24 790	5 213	3 299	3 706	4 802	7 642
一、医院	223	42 821	60 969	48 890	17 129	857	20 576	3 894	2 042	2 853	3 352	5 874
综合医院	146	28 557	42 205	34 422	12 077	594	14 685	2 569	1 498	2 015	2 347	3 421
中医医院	27	5 502	8 754	7 218	2 684	114	2 625	908	254	287	377	872
中西医结合医院	2	90	148	118	49	5	31	16	6	3	11	16
专科医院	47	8 579	9 523	7 048	2 304	143	3 180	397	281	510	607	1 358
口腔医院	4	110	730	587	288	5	208	12	4	34	17	92
眼科医院	3	357	644	468	153	2	220	30	6	63	59	54
肿瘤医院	4	1 649	2 189	1 660	493		775	73	44	89	152	288
心血管病医院	1	90	127	120	45	22	25	6	6	4	3	
胸科医院	1	484	829	636	182	1	328	45	51	57	20	116

续表

卫生机构分类	机构数（个）	实有床位	人员数（人）									
			合计	卫生技术人员	其中					其他技术人员	管理人员	工勤人员
					执业医师	执业助理医师	注册护士	药剂人员	检验人员			
儿童医院	2	433	1 026	835	361	3	324	72	50	63	31	97
精神病医院	3	2 736	1 528	982	212	14	616	56	27	57	112	377
传染病医院	1	350	423	310	105	2	133	26	32	29	36	48
骨科医院	1		16	15	6		2	3	1			1
康复医院	11	1 353	984	647	208	41	196	34	25	48	89	200
整形外科医院	1	46	58	44	8	2	20	1	1	4	2	8
美容医院	3	57	167	114	37	4	59	5	3	23	19	11
其他专科医院	12	914	802	630	206	47	274	34	31	39	67	66
护理院	1	93	339	84	15	1	55	4	3	38	10	207
二、疗养院	12	2574	826	476	136	30	199	38	35	54	66	230
三、社区卫生服务中心	71	724	1 952	1 597	555	103	492	248	73	98	93	164
四、卫生院	41	1 301	2 575	2 205	644	314	714	229	97	73	157	140
街道卫生院	2	19	16	16	6		6	3	1			
乡镇卫生院	39	1 282	2 559	2 189	638	314	708	226	96	73	157	140
其中：中心卫生院	8	396	808	650	215	88	204	70	39	16	74	68
乡卫生院	31	886	1 751	1 539	423	226	504	156	57	57	83	72
五、门诊部	515	127	5 305	4 332	1 869	386	1 118	480	230	131	349	493
综合门诊部	333	79	3 325	2 764	1 259	229	684	308	148	75	207	279
中医门诊部	41		560	426	164	30	90	71	22	33	41	60
中西医结合门诊部	10		220	183	70	15	58	15	11	2	12	23
专科门诊部	131	48	1 200	959	376	112	285	86	49	21	89	131
六、急救中心（站）	1		38	25			14			3	8	2
七、采供血机构	5		326	229	38	2	115	10	57	32	17	48
八、妇幼保健院（所、站）	13	1 922	3 819	3 080	1 061	67	1 241	226	160	152	203	384
省　属	2	366	769	586	185		198	27	26	43	36	104
市　属	2	338	778	639	215	3	287	40	37	56	27	56
区（县级市）属	8	1 218	2 272	1 855	661	64	756	159	97	53	140	224
其　他	1											
妇幼保健院	12	1 922	3 819	3 080	1 061	67	1 241	226	160	152	203	384
生殖保健中心	1											
九、专科疾病防治院（所、站）	21	709	760	570	211	32	159	62	39	29	93	68
职业病防治院	1	106	219	165	70	6	29	10	10	9	26	19
口腔病防治所（站、中心）	6		85	57	20	11	20	2			15	13

续表

卫生机构分类	机构数（个）	实有床位	人员数（人）									
			合计	卫生技术人员	其中					其他技术人员	管理人员	工勤人员
					执业医师	执业助理医师	注册护士	药剂人员	检验人员			
皮肤病与性病防治所（站、中心）	3		238	175	67	6	55	26	17	6	33	24
结核病防治所（站、中心）	2											
麻风病防治所（站、中心）	1		4							3	1	
职业病防治所（站、中心）	1											
药物戒毒所（中心）	1	603	13	13	4	2	6	1				
其　他	6		201	160	50	7	49	23	12	11	18	12
十、疾病预防控制中心（防疫站）	19		1 527	1 193	536	80	77	21	386	93	117	124
疾病预防控制中心/防疫站/防病中心	17		1 445	1 120	526	62	49	9	381	93	108	124
省　属	1		320	248	117	2	3	2	114	20	16	36
市　属	1		303	234	108	6	4		102	11	22	36
区（县级市）属	12		748	583	273	52	40	6	154	59	57	49
其　他	3		74	55	28	2	2	1	11	3	13	3
其中：疾病预防控制中心	14		1 336	1 039	495	45	31	9	367	80	106	111
卫生防疫站	3		109	81	31	17	18		14	13	2	13
预防保健中心	2		82	73	10	18	28	12	5		9	
十一、卫生监督所	14		501	194	65	4	6	1	3	20	253	34
省　属	1		74								68	6
市　属	1		113								105	8
区（县级市）属	11		299	182	65	4	6	1	3	18	79	20
其　他	1		15	12						2	1	
十二、医学科学研究机构	6		34							29	3	2
十三、健康教育所（站、中心）	5		75	32	8	1				28	10	5
十四、其他卫生机构	12	322	672	406	75	27	79	4	177	111	81	74
临床检验中心（所、站）	5		433	249	32		27		172	80	53	51
精神病收容所	1	250	63	48	13	1	29	1	2	3	2	10
麻风村	3		23	14	3	4	3	1	1	2	4	3
其　他	3	72	153	95	27	22	20	2	2	26	22	10

2006年广州市卫生机构房屋建筑面积、万元以上设备数（不含诊所、村卫生室等）

卫生机构分类	房屋建筑面积（m^2）			其中：业务用房面积（m^2）	万元以上设备（台）			
	合　计	购建房屋	租　房		合　计	50万元以下	50万~100万元	100万元以上
总　计	6 001 816	5 473 433	528 383	456 0457	53 636	50 705	1 764	1 167
一、医院	4 786 015	4 541 045	244 970	3 689 673	44 721	42 200	1 449	1 072
综合医院	3 408 929	3 297 306	111 623	2 655 313	32 135	30 348	1 001	786
中医医院	621 766	594 644	27 122	467 551	5 969	5 632	203	134
中西医结合医院	5 700		5 700	5 550	39	39		
专科医院	710 220	609 695	100 525	532 796	6 578	6 181	245	152
口腔医院	30 598	27 498	3 100	28 498	501	485	14	2
眼科医院	36 969	34 617	2 352	36 969	1 055	998	46	11
肿瘤医院	182 784	169 584	13 200	137 694	1 668	1 537	54	77
心血管病医院	28 080	25 000	3 080	20 000	30	25	2	3
胸科医院	59 641	59 641		46 350	591	546	33	12
儿童医院	36 342	36 342		30 734	958	925	22	11
精神病医院	90 445	85 745	4 700	75 369	399	383	10	6
传染病医院	28 804	24 531	4 273	26 700	515	480	26	9
骨科医院	1 300		1 300	1 250				
康复医院	81 749	43 537	38 212	51 071	369	345	18	6
整形外科医院	9 370	9 370		1 278	8	8		
美容医院	8 152	2 183	5 969	5 997	51	48	3	
其他专科医院	115 986	91 647	24 339	70 886	433	401	17	15
护理院	39 400	39 400		28 463				
二、疗养院	260 583	259 877	706	138 923	251	227	14	10
三、社区卫生服务中心	70 224	41 765	28 459	64 059	526	519	7	
四、卫生院	233 042	229 334	3 708	133 167	841	820	17	4
街道卫生院	1 490	1 250	240	1 250	2	2		
乡镇卫生院	231 552	228 084	3 468	131 917	839	818	17	4
其中：中心卫生院	59 125	57 147	1 978	27 903	239	224	12	3
乡卫生院	172 427	170 937	1 490	104 014	600	594	5	1
五、门诊部	277 714	79 425	198 289	229 106	1 196	1 160	32	4
综合门诊部	159 566	54 450	105 116	130 469	710	683	23	4
中医门诊部	24 051	2 584	21 467	21 334	84	84		
中西医结合门诊部	14 829	6 002	8 827	13 567	58	57	1	
专科门诊部	79 268	16 389	62 879	63 736	344	336	8	
六、急救中心（站）	800		800	600				
七、采供血机构	14 317	13 710	607	9 895	579	533	35	11
八、妇幼保健院（所、站）	159 419	145 278	14 141	133 826	2 474	2 359	78	37

续表

卫生机构分类	房屋建筑面积（m^2）			其中：业务用房面积（m^2）	万元以上设备（台）			
	合　计	购建房屋	租　房		合　计	50万元以下	50万～100万元	100万元以上
省　属	43 408	34 768	8 640	28 225	547	516	20	11
市　属	22 132	20 545	1 587	20 077	633	594	28	11
区（县级市）属	93 879	89 965	3 914	85 524	1 294	1 249	30	15
妇幼保健院	159 419	145 278	14 141	133 826	2 474	2 359	78	37
九、专科疾病防治院（所、站）	39 044	30 877	8 167	32 925	319	287	29	3
职业病防治院	23 720	23 720		18 796	75	61	11	3
口腔病防治所（站、中心）	1 937	58	1 879	1 817	67	67		
皮肤病与性病防治所（站、中心）	4 567	2 267	2 300	4 567	94	79	15	
麻风病防治所（站、中心）	880	880		680				
药物戒毒所（中心）	500	500		500	3	3		
其　他	7 440	3 452	3 988	6 565	80	77	3	
十、疾病预防控制中心（防疫站）	94 960	84 888	10 072	79 805	2 105	1 999	84	22
疾病预防控制中心/防疫站/防病中心	94 126	84 414	9 712	78 971	2 077	1 971	84	22
省　属	31 643	25 280	6 363	22 911	1 136	1 082	39	15
市　属	11 674	11 674		10 431	335	306	22	7
区（县级市）属	46 232	43 083	3 149	41 052	504	484	20	
其　他	4 577	4 377	200	4 577	102	99	3	
其中：疾病预防控制中心	88 976	79 464	9 512	73 821	2 045	1 941	82	22
卫生防疫站	5 150	4 950	200	5 150	32	30	2	
预防保健中心	834	474	360	834	28	28		
十一、卫生监督所	15 835	6 872	8 963	14 415	111	111		
省　属	1 500		1 500	1 000	37	37		
市　属	1 650		1 650	1 650				
区（县级市）属	12 335	6 522	5 813	11 415	70	70		
其　他	350	350		350	4	4		
十二、医学科学研究机构	2 931	2 931		2 299				
十三、健康教育所（站、中心）	3 850	1 840	2 010	3 550	110	110		
十四、其他卫生机构	43 082	35 591	7 491	28 214	403	380	19	4
临床检验中心（所、站）	6 566		6 566	5 340	230	208	18	4
精神病收容所	12 474	12 474		11 643	32	31	1	
麻风村	3 902	3 902		3 455	2	2		
其　他	20 140	19 215	925	7 776	139	139		

2006年广州市卫生机构专业卫生人员分类情况

分　类	卫生技术人员	其他技术人员	管理人员
总　计	63 148	4 006	4 500
按性别分			
男	19 622	1 506	1 969
女	43 526	2 500	2 531
按年龄分			
25岁及以下	9 939	594	275
26~35岁	25 607	1 380	1 014
36~45岁	16 494	1 199	1 615
46~55岁	9 078	734	1 340
56~60岁	1 218	86	198
60岁以上	812	13	58
按工作年限分			
5年及以下	15 455	997	510
6~10年	11 604	600	437
11~20年	19 465	1 070	1 188
21~30年	8 495	807	1 151
30年以上	8 129	532	1 214
按学历分			
博　士	1 283	14	34
硕　士	3 938	102	204
学士/大学本科	15 855	849	1 480
大　专	15 043	1 304	1 543
中　专	24 850	1 087	827
高　中	1 500	447	328
初中及以下	679	203	84
按专业技术资格分			
正　高	1 343	24	165
副　高	5 408	92	532
中　级	15 106	536	1 007
助理/师级	21 312	893	888
员/士	15 112	836	399
其　他	4 867	1 625	1 509
按聘任专业技术职务分			
正　高	1 158	20	138
副　高	5 155	85	545
中　级	14 470	522	1 135
助理/师级	22 563	1 035	1 057
员/士	16 201	1 049	524
待　聘	3 601	1 295	1 101

2006年广州市卫生机构分科执业（助理）医师情况

分　科	合　计	执业医师	执业助理医师
总　计	23 661	21 950	1 711
预防保健科	1 184	970	214
全科医疗科	303	268	35
内　科	4 122	3 907	215
外　科	2 678	2 581	97
儿　科	1 209	1 177	32
妇产科	2 088	1 899	189
眼　科	386	378	8
耳鼻咽喉科	416	401	15
口腔科	1 064	888	176
皮肤科	348	328	20
医疗美容科	41	36	5
精神科	249	241	8
传染科	250	247	3
结核病科	125	122	3
地方病科			
肿瘤科	642	637	5
急诊医学科	535	527	8
康复医学科	575	508	67
运动医学科	29	27	2
职业病科	114	111	3
麻醉科	534	508	26
医学检验科	29	28	1
病理科	100	98	2
医学影像科	1 042	950	92
中医科	3 755	3 546	209
中西医结合科	261	236	25
其　他	1 582	1 331	251

（二）医疗卫生资源与利用

1．医疗卫生资源情况

（1）医疗机构基本情况（不含村卫生室）

2006年广州市医疗机构、床位、人员情况

卫生机构分类	机构数（个）	实有床位	人员数（人）									
			合计	卫生技术人员	其中					其他技术人员	管理人员	工勤人员
					执业医师	执业助理医师	注册护士	药剂人员	检验人员			
总　计	2 547	50 178	82 539	67 286	24 045	2 489	26 198	5 553	2 986	3 473	4 374	7 406
医　院	223	42 821	60 969	48 890	17 129	857	20 576	3 894	2 042	2 853	3 352	5 874
综合医院	146	28 557	42 205	34 422	12 077	594	14 685	2 569	1 498	2 015	2 347	3 421
中医医院	27	5 502	8 754	7 218	2 684	114	2 625	908	254	287	377	872
中西医结合医院	2	90	148	118	49	5	31	16	6	3	11	16
专科医院	47	8 579	9 523	7 048	2 304	143	3 180	397	281	510	607	1 358
护理院	1	93	339	84	15	1	55	4	3	38	10	207
疗养院	12	2 574	826	476	136	30	199	38	35	54	66	230
社区卫生服务中心（站）	223	724	2 777	2 422	794	215	721	344	119	98	93	164
社区卫生服务中心	71	724	1 952	1 597	555	103	492	248	73	98	93	164
社区卫生服务站	152		825	825	239	112	229	96	46			
卫生院	41	1 301	2 575	2 205	644	314	714	229	97	73	157	140
街道卫生院	2	19	16	16	6		6	3	1			
乡镇卫生院	39	1 282	2 559	2 189	638	314	708	226	96	73	157	140
门诊部	515	127	5 305	4 332	1 869	386	1 118	480	230	131	349	493
诊所、卫生所、医务室、护理站	1 493		5 037	5 037	2 169	588	1 429	280	92			
诊　所	759		2 722	2 722	1 117	405	691	175	51			
卫生所、医务室	734		2 315	2 315	1 052	183	738	105	41			
妇幼保健院（所、站）	13	1 922	3 819	3 080	1 061	67	1 241	226	160	152	203	384
专科疾病防治院（所、站）	21	709	760	570	211	32	159	62	39	29	93	68
专科疾病防治院	1	106	219	165	70	6	29	10	10	9	26	19
专科疾病防治所（站、中心）	20	603	541	405	141	26	130	52	29	20	67	49
急救中心（站）	1		38	25			14			3	8	2
临床检验中心（所、站）	5		433	249	32		27		172	80	53	51

2006年广州市医疗机构、床位、人员情况（非营利性）

卫生机构分类	机构数（个）	实有床位	人员数（人）									
			合计	卫生技术人员	其中					其他技术人员	管理人员	工勤人员
					执业医师	执业助理医师	注册护士	药剂人员	检验人员			
总　计	1 354	47 086	70 981	58 011	20 559	1 637	23 223	4 833	2 452	3 100	3 803	6 067
医　院	175	39 845	56 530	45 812	16 125	722	19 246	3 667	1 914	2 663	3 086	4 969
综合医院	123	27 606	40 317	33 056	11 641	534	14 128	2 458	1 439	1 943	2 217	3 101
中医医院	24	5 081	7 649	6 512	2 461	95	2 297	849	224	247	363	527
中西医结合医院	2	90	148	118	49	5	31	16	6	3	11	16
专科医院	25	6 975	8 077	6 042	1 959	87	2 735	340	242	432	485	1 118
护理院	1	93	339	84	15	1	55	4	3	38	10	207
疗养院	12	2 574	826	476	136	30	199	38	35	54	66	230
社区卫生服务中心（站）	210	724	2 770	2 415	792	213	719	343	119	98	93	164
社区卫生服务中心	68	724	1 952	1 597	555	103	492	248	73	98	93	164
社区卫生服务站	142		818	818	237	110	227	95	46			
卫生院	40	1 282	2 559	2 189	638	314	708	226	96	73	157	140
街道卫生院	1											
乡镇卫生院	39	1 282	2 559	2 189	638	314	708	226	96	73	157	140
门诊部	146	30	1 407	1 172	554	88	226	161	48	28	97	110
诊所、卫生所、医务室、护理站	736		2 272	2 272	1 042	171	711	110	41			
诊所	33		109	109	41	9	31	13	3			
卫生所、医务室	703		2 163	2 163	1 001	162	680	97	38			
护理站												
妇幼保健院（所、站）	12	1 922	3 819	3 080	1 061	67	1 241	226	160	152	203	384
专科疾病防治院（所、站）	21	709	760	570	211	32	159	62	39	29	93	68
专科疾病防治院	1	106	219	165	70	6	29	10	10	9	26	19
专科疾病防治所（站、中心）	20	603	541	405	141	26	130	52	29	20	67	49
急救中心（站）	1		38	25			14			3	8	2
临床检验中心（所、站）	1											

2006年广州市医疗机构、床位、人员情况（营利性）

卫生机构分类	机构数（个）	实有床位	人员数（人）									
			合计	卫生技术人员	其中					其他技术人员	管理人员	工勤人员
					执业医师	执业助理医师	注册护士	药剂人员	检验人员			
总　计	1 192	3 092	11 558	9 275	3 486	852	2 975	720	534	373	571	1 339
医　院	48	2 976	4 439	3 078	1 004	135	1 330	227	128	190	266	905
综合医院	23	951	1 888	1 366	436	60	557	111	59	72	130	320
中医医院	3	421	1 105	706	223	19	328	59	30	40	14	345
中西医结合医院												
专科医院	22	1 604	1 446	1 006	345	56	445	57	39	78	122	240
护理院												
疗养院												
社区卫生服务中心（站）	13		7	7	2	2	2	1				
社区卫生服务中心	3											
社区卫生服务站	10		7	7	2	2	2	1				
卫生院	1	19	16	16	6		6	3	1			
街道卫生院	1	19	16	16	6		6	3	1			
乡镇卫生院												
门诊部	368	97	3 898	3 160	1 315	298	892	319	182	103	252	383
诊所、卫生所、医务室、护理站	757		2 765	2 765	1 127	417	718	170	51			
诊所	726		2 613	2 613	1 076	396	660	162	48			
卫生所、医务室	31		152	152	51	21	58	8	3			
护理站												
妇幼保健院（所、站）	1											
专科疾病防治院（所、站）												
专科疾病防治院												
专科疾病防治所（站、中心）												
急救中心（站）												
临床检验中心（所、站）	4		433	249	32		27		172	80	53	51

2006年广州市医疗机构按床位分组情况

卫生机构分类	总　计	0～49张	50～99张	100～199张	200～299张	300～399张	400～499张	500～799张	800张及以上
医　院	223	79	43	49	16	9	6	7	14
综合医院	146	48	27	39	10	6	1	6	9
中医医院	27	9	5	5	3	1	2		2
中西医结合医院	2	1	1						
专科医院	47	21	9	5	3	2	3	1	3

续表

卫生机构分类	总计	0～49张	50～99张	100～199张	200～299张	300～399张	400～499张	500～799张	800张及以上
口腔医院	4	2	2						
眼科医院	3	2				1			
肿瘤医院	4		1	1			1		1
心血管病医院	1		1						
胸科医院	1						1		
儿童医院	2	1					1		
精神病医院	3				1				2
传染病医院	1					1			
骨科医院	1	1							
康复医院	11	6	1	2	1			1	
整形外科医院	1	1							
美容医院	3	3							
其他专科医院	12	5	4	2	1				
护理院	1		1						
妇幼保健院	12	2	5	2	1	1		1	
专科疾病防治院	1			1					

2006年广州市医疗机构分科床位情况

分科	医院	疾病专科防治院	妇幼保健院	合计
床位合计	4 2821	106	1 922	44 849
预防保健科	14			14
全科医疗科	420			420
内　科	8 831		30	8 861
外　科	9 194		58	9 252
儿　科	1 883		502	2 385
妇产科	3 513		1 309	4 822
眼　科	689		4	693
耳鼻咽喉科	690		4	694
口腔科	311		1	312
皮肤科	143			143
医疗美容科	149		1	150
精神科	3 627			3 627
传染科	897			897
结核病科	536			536
地方病科				
肿瘤科	2 640			2 640
康复医学科	1 227		13	1 240

续表

分　　科	医　院	疾病专科防治院	妇幼保健院	合　计
运动医学科	30			30
职业病科	70	106		176
中医科	6 014			6 014
中西医结合科	365			365
其　他	1 578			1 578

2006年广州市医疗机构分级情况

等　　级	医　院					妇幼保健院
	合　计	其　中				
		综合医院	中医医院	中西医结合医院	专科医院	
总　计	223	146	27	2	47	12
三　级	21	13	3		5	2
三级特等						
三级甲等	20	12	3		5	2
三级乙等	1	1				
三级丙等						
二　级	32	23	6		3	6
二级甲等	28	22	5		1	6
二级乙等	4	1	1		2	
二级丙等						
一　级	27	25	1	1		
一级甲等	26	24	1	1		
一级乙等	1	1				
一级丙等						
其　他	143	85	17	1	39	4

（2）诊所、医务室、卫生所、社区卫生服务站、村卫生室基本情况

2006年广州市诊所基本情况（1）

指标名称	合　计	按管理类别分		按经济类型分					
		非营利性	营利性	国有	集体办	股份合作制	联营	私营	其他
机构总数（个）	759	33	726	20	13	1	2	717	6
总人员数（人）	2 722	109	2 613	52	64	6	8	2 558	34
执业医师	1 117	41	1 076	22	18	4	3	1 059	11
内：中医执业医师	189	8	181	2	5	1	1	178	2
执业助理医师	405	9	396	2	8		1	394	
内：中医执业助理医师	36		36					36	
注册护士	691	31	660	17	18	1	3	649	3
药剂人员	175	13	162	7	4	1	1	159	3
检验人员	51	3	48	1	2			34	14
其　他	283	12	271	3	14			263	3

续表

指标名称	合计	按管理类别分		按经济类型分					
		非营利性	营利性	国有	集体办	股份合作制	联营	私营	其他
房屋建筑面积（m^2）	78 685	5 079	73 606	3 937	1 598	235	200	71 621	1 094
总收入（千元）	107 274	4 477	102 797	3 166	2 042	56	150	96 778	5 082
其中：上级补助收入	2 596	2 261	335	1 855	350	56	40	295	
业务收入	94 400	1 947	92 453	1 311	1 586		110	90 643	750
总支出（千元）	90 966	5 046	85 920	3 188	1 892	56	184	80 471	5 175
其中：人员经费	41 353	2 209	39 144	1 510	1 110	30	135	38 065	503
药品支出	36 061	2 692	33 369	1 606	782	26	42	32 815	790
诊疗人次数	3 122 736	169 278	2 953 458	91 209	81 905	1 900	2 836	2 886 547	58 339
其中：出诊人次数	22 734	727	22 007	462	845	200		21 227	

2006年广州市诊所基本情况（2）

指标名称	按设置/主办单位分					按诊所类别分				
	政府办	企业办	事业单位办	社会团体	其他	普通	中医	中西医结合	口腔	其他
机构总数（个）	9	21	9	5	715	453	67	14	173	52
总人员数（人）	1	73	21	29	2 598	1 818	200	59	469	176
执业医师		31	7	11	1 068	802	79	20	168	48
内：中医执业医师		3		4	182	121	48	3	6	11
执业助理医师		7	2	2	394	208	37	11	133	16
内：中医执业助理医师					36	13	20		1	2
注册护士		22	4	6	659	536	30	18	78	29
药剂人员		8	2	3	162	122	33	5	5	10
检验人员			1		50	30	2	2	1	16
其　他	1	5	5	7	265	120	19	3	84	57
房屋建筑面积（m^2）	2 366	2 347	1 404	1 429	71 139	53 739	6 261	2 468	10 582	5 635
总收入（千元）		3 399	387	1 441	102 047	66 955	8 517	2 081	18 849	10 872
其中：上级补助收入		1 831	120		645	2 205	56		35	300
业务收入		1 526	161	1 278	91 435	60 158	8 148	2 081	17 732	6 281
总支出（千元）	50	3 383	411	1 830	85 292	58 244	7 282	2 213	14 057	9 170
其中：人员经费		1 776	225	835	38 517	25 714	3 603	880	8 548	2 608
药品支出	50	1 592	174	786	33 459	26 544	3 326	734	3 508	1 949
诊疗人次数	234	99 703	14 176	47 053	2 961 570	2 204 605	311 768	63 568	427 943	114 852
其中：出诊人次数		277	450	846	21 161	13 818	1 808	363	5 319	1 426

2006年广州市卫生所、医务室基本情况

指标名称	合　计	按管理类别分		按经济类型分				按设置/主办单位分		
		非营利性	营利性	国有	集体办	联营	私营	政府办	企业办	事业单位办
机构总数（个）	734	703	31	546	72	10	15	38	291	345
总人员数（人）	2 315	2 163	152	1 660	242	22	95	161	959	948
执业医师	1 052	1 001	51	788	93	12	33	62	442	446
内：中医执业医师	165	154	11	119	12	1	7	3	93	54
执业助理医师	183	162	21	110	25	2	13	11	87	62
内：中医执业助理医师	26	21	5	16	3		4	1	9	12
注册护士	738	680	58	537	70	6	26	52	308	317
药剂人员	105	97	8	61	16		9	5	55	28
检验人员	41	38	3	26	7		3	7	16	10
其　他	196	185	11	138	31	2	11	24	51	85
房屋建筑面积（m^2）	107 510	98 676	8 834	68 848	13 945	1 931	7 295	17 959	46 354	30 169
总收入（千元）	79 216	73 200	6 016	57 388	6 770	707	4 429	4 924	33 193	31 969
其中：上级补助收入	38 504	36 469	2 035	32 191	1 116	350	270	2 090	14 851	19 236
业务收入	36 266	32 531	3 735	22 215	5 587	328	3 479	2 653	16 602	10 279
总支出（千元）	86 191	80 451	5 740	57 615	13 178	739	3 671	10 190	33 863	33 490
其中：人员经费	30 733	28 113	2 620	21 184	2 540	429	1 352	1 329	13 177	12 874
药品支出	42 923	40 297	2 626	26 203	9 413	236	1 940	8 492	19 323	11 000
诊疗人次数	3 243 660	3 014 642	229 018	2 251 194	326 737	37 111	165 418	296 790	1 394 229	1 186 791
其中：出诊人次数	21 000	19 067	1 933	17 997	328	166	501	314	6 897	13 013

2006年广州市社区卫生服务站基本情况

指标名称	合　计	按管理类别分		按经济类型分			
		非营利性	营利性	国有	集体办	联营	私营
机构总数（个）	152	142	10	82	50	2	15
总人员数（人）	825	818	7	460	295		39
执业医师	239	237	2	144	72		11
内：中医执业医师	44	44		22	19		1
执业助理医师	112	110	2	36	64		10
内：中医执业助理医师	13	13		8	5		
注册护士	229	227	2	147	64		11
药剂人员	96	95	1	55	34		3
检验人员	46	46		25	17		2
其　他	103	103		53	44		2

续表

指标名称	合　计	按管理类别分		按经济类型分			
		非营利性	营利性	国有	集体办	联营	私营
房屋建筑面积（m^2）	59 537	52 317	7 220	35 010	12 279	533	9 908
总收入（千元）	55 260	55 117	143	31 263	22 419		730
其中：上级补助收入	2 314	2 304	10	1 721	583		10
业务收入	49 082	48 969	113	28 976	18 762		496
总支出（千元）	50 569	50 442	127	26 175	21 806		1 212
其中：人员经费	18 447	18 380	67	9 996	7 275		544
药品支出	22 060	22 023	37	12 700	8 522		235
诊疗人次数	1 319 029	1 312 071	6 958	603 450	651 336		41 223
其中：出诊人次数	9 350	9 350		5 992	2 360		22

2006年广州市村卫生室基本情况

指标名称	总计	按设置/主办单位分				按行医方式分		
		村办	乡卫生院设点	联合办	私人办	西医为主	中医为主	中西医结合
机构数（个）	1 017	966	7	33	10	689	5	323
执业（助理）医师（人）	272	252	2	15	3	135		137
乡村医生和卫生员（人）	1 915	1 798	14	72	27	1 321	5	589
乡村医生数	1 721	1 629	14	47	27	1 165	5	551
其中：大专及以上学历	114	107		4	2	61		53
中专学历及中专水平	859	820	13	11	13	497	2	360
在职培训合格者	746	701	1	31	12	605	3	138
卫生员	194	169		25		156		38
年总收入（千元）	98 382	95 091	254	2 110	849	65 676	109	32 597
其中：上级补助收入	833	833				755		78
村或集体补助收入	14 518	14 240		277	1	4 507		10 011
业务收入	78 335	75 497	254	1 658	848	56 438	109	21 788
年总支出（千元）	95 612	92 514	253	2 021	789	62 761	109	32 742
其中：人员经费	26 471	25 389	128	666	288	16 411	75	9 985
药品支出	44 190	42 199	125	1 330	501	27 878	34	16 278
诊疗人次数	5 362 363	5 093 308	25 307	158 820	77 691	3 537 173	10 591	1 814 599
孕产妇检查人次数	1 154	1 012	142			482		672
接生人数								
儿童疫苗接种人次数	90 163	84 210	60	5 594	299	25 929		64 234

2．医疗服务利用情况

2006年广州市医疗机构门诊服务情况

卫生机构分类	机构数（个）	诊疗人次数					观察室收容人数	健康检查人数	急诊死亡率（%）
		总 计	其中：门、急诊人次数						
			合 计	门诊人次数	急诊人次数				
					小计	内：死亡人数			
总 计	689	67 938 753	66 451 492	60 583 509	5 867 983	2 030	1 210 883	3 907 122	0.03
一、医院	205	54 142 572	53 054 812	48 179 948	4 874 864	1 714	881 292	3 167 342	0.04
综合医院	131	38 263 296	37 478 486	33 373 902	4 104 584	1 483	766 303	2 532 343	0.04
中医医院	24	10 954 172	10 715 152	10 153 040	562 112	180	72 128	336 089	0.03
中西医结合医院	2	119 867	97 471	96 145	1 326		30	24 267	
专科医院	47	4 784 717	4 744 303	4 537 461	206 842	51	42 831	273 347	0.02
口腔医院	4	868 926	868 746	864 864	3 882		200		
眼科医院	3	465 692	465 692	438 517	27 175				
肿瘤医院	4	337 249	336 298	335 831	467	10	457	8 000	2.14
心血管病医院	1	75 000	75 000	63 218	11 782	15	4	2 140	0.13
胸科医院	1	190 108	190 108	187 755	2 353	14	868	198 499	0.59
儿童医院	2	1 686 967	1 685 874	1 574 508	111 366		31 157	185	
精神病医院	3	286 428	286 428	259 667	26 761	8	9 108	5 591	0.03
传染病医院	1	242 760	242 420	242 420				570	
骨科医院	1	14 235	14 235	14 235					
康复医院	11	279 982	271 282	254 118	17 164	3	962	25 810	0.02
整形外科医院	1	5 228	5 228	4 079	1 149				
美容医院	3	9 303	7 533	7 533					
其他专科医院	12	322 839	295 459	290 716	4 743	1	75	32 552	0.02
护理院	1	20 520	19 400	19 400				1 296	
二、疗养院	10	219 503	181 915	176 917	4 998	12	16	160 058	0.24
三、社区卫生服务中心	29	2 214 987	2 173 396	2 045 966	127 430	41	90 524	144 348	0.03
四、卫生院	34	2 307 284	2 264 880	1 876 943	387 937	206	199 080	97 557	0.05
街道卫生院	1	5 340	5 340	5 340					
乡镇卫生院	33	2 301 944	2 259 540	1 871 603	387 937	206	199 080	97 557	0.05
中心卫生院	6	833 779	828 610	668 781	159 829	113	52 172	6 056	0.07
乡卫生院	27	1 468 165	1 430 930	1 202 822	228 108	93	146 908	91 501	0.04
五、门诊部	385	4 206 423	4 090 527	4 045 778	44 749	26	36 388	69 876	0.06
六、妇幼保健院（所、站）	11	4 055 804	3 893 803	3 466 232	427 571	31	3 583	267 941	0.01
七、专科疾病防治院（所、站）	15	792 180	792 159	791 725	434				

注：全年开设家庭病床总数（张）10 765，家庭卫生服务人次数160 961。

2006年广州市医疗机构住院服务情况

卫生机构分类	入院人数	出院人数						住院病人手术人次	住院危重病人抢救人次	治愈率（%）	好转率（%）	死亡率（%）	每百门急诊的入院人数
		总计	治愈	好转	未愈	死亡	其他						
总　计	1 174 074	1 169 467	595 730	351 047	26 506	17 076	179 108	485 361	68 744	66.26	30.02	1.46	1.77
一、医院	955 526	952 862	516 460	311 779	22 781	15 503	86 339	424 108	61 414	63.26	32.72	1.63	1.80
综合医院	708 815	706 949	391 253	215 519	16 406	11 460	72 311	320 405	47 122	65.57	30.49	1.62	1.89
中医医院	130 192	129 777	60 130	57 549	3 162	2 551	6 385	51 385	10 248	51.25	44.34	1.97	1.22
中西医结合医院	859	858	73	656	66	63		49	83	8.51	76.46	7.34	0.88
专科医院	115 370	114 988	64 806	38 045	3 145	1 351	7 641	52 269	3 961	63.00	33.09	1.17	2.43
口腔医院	1 520	1 500	1 213	113	20		154	1 551		91.13	7.53		0.17
眼科医院	21 304	21 310	19 999	906	64		341	23 392		95.45	4.25		4.57
肿瘤医院	30 862	30 805	7 789	16 352	1 776	322	4 566	10 832	396	40.11	53.08	1.05	9.18
心血管病医院	2 762	2 762	1 800	940	20	2		1 002	419	65.17	34.03	0.07	3.68
胸科医院	5 732	5 705	408	4 753	48	243	253	527	138	11.59	83.31	4.26	3.02
儿童医院	23 864	23 876	16 770	5 131	481	136	1 358	5 517	1 818	75.93	21.49	0.57	1.42
精神病医院	5 098	5 001	2 140	2 303	81	164	313	432	55	49.05	46.05	3.28	1.78
传染病医院	4 424	4 404	1 104	2 678	369	149	104	1 412	277	27.43	60.81	3.38	1.82
骨科医院													
康复医院	5 006	5 120	1 780	3 048	35	190	67	402	537	36.07	59.53	3.71	1.85
整形外科医院	1 149	1 147	1 066	51			30	1 160	3	95.55	4.45		21.98
美容医院	2 650	2 650	2 650					872		100.00			35.18
其他专科医院	10 999	10 708	8 087	1 770	251	145	455	5 170	318	79.77	16.53	1.35	3.72
护理院	290	290	198	10	2	78	2			68.97	3.45	26.90	1.49
二、疗养院	73 768	73 717	662	2 772	108	47	70 128	123	27	96.03	3.76	0.06	40.55
三、社区卫生服务中心	9 829	9 656	2 461	4 701	456	921	1 117	1 508	1 093	37.05	48.68	9.54	0.45
四、卫生院	46 394	46 148	18 456	16 411	2 004	322	8 955	11 570	2 245	59.40	35.56	0.70	2.05
乡镇卫生院	46 394	46 148	18 456	16 411	2 004	322	8 955	11 570	2 245	59.40	35.56	0.70	2.05
中心卫生院	18 609	18 579	8 105	6 255	800	183	3 236	5 512	1 517	61.04	33.67	0.98	2.25
乡卫生院	27 785	27 569	10 351	10 156	1 204	139	5 719	6 058	728	58.29	36.84	0.50	1.94
五、门诊部	4 397	3 995	3 758	207	25	5		3 368	200	94.07	5.18	0.13	0.11
六、妇幼保健院（所、站）	82 788	82 651	53 847	15 051	1 127	276	12 350	44 684	3 765	80.09	18.21	0.33	2.13
七、专科疾病防治院（所、站）	1 372	438	86	126	5	2	219			69.63	28.77	0.46	0.17

2006年广州市医疗机构床位利用情况

卫生机构分类	实有床位数（张）	实际开放总床日数	平均开放病床（张）	实际占用总床日数	出院者占用总床日数	病床周转次数	病床工作日	病床使用率（%）	出院者平均住院日	每床与每日门急诊诊次之比
总　计	49 928	17 198 384	47 119	13 742 705	12 958 166	24.82	291.66	79.91	11.08	5.46
一、医院	42 821	15 078 684	41 311	12 242 651	11 601 969	23.07	296.35	81.19	12.18	4.97
综合医院	28 557	9 984 047	27 354	7 824 653	7 710 476	25.84	286.06	78.37	10.91	5.27
中医医院	5 502	1 991 160	5 455	1 714 172	1 706 157	23.79	314.23	86.09	13.15	7.70
中西医结合医院	90	18 300	50	16 139	16 016	17.11	321.90	88.19	18.67	7.71
专科医院	8 579	3 051 139	8 359	2 654 489	2 139 122	13.76	317.55	87.00	18.60	2.23
口腔医院	110	40 150	110	20 914	20 397	13.64	190.13	52.09	13.60	31.42
眼科医院	357	119 323	327	107 515	108 232	65.19	328.88	90.10	5.08	5.57
肿瘤医院	1 649	601 886	1 649	543 410	541 371	18.68	329.54	90.28	17.57	0.81
心血管病医院	90	32 850	90	16 344	14 004	30.69	181.60	49.75	5.07	3.16
胸科医院	484	177 202	485	135 161	138 160	11.75	278.40	76.28	24.22	1.55
儿童医院	433	158 045	433	183 092	184 975	55.14	422.85	115.85	7.75	15.19
精神病医院	2 736	949 500	2 601	968 938	668 882	1.92	372.47	102.05	133.75	0.43
传染病医院	350	133 180	365	98 486	97 139	12.07	269.92	73.95	22.06	2.65
康复医院	1 353	486 910	1 334	388 806	200 548	3.84	291.46	79.85	39.17	0.79
整形外科医院	46	16 790	46	16 983	16 900	24.93	369.20	101.15	14.73	0.42
美容医院	57	20 705	57	3 293	3 293	46.72	58.05	15.90	1.24	0.53
其他专科医院	914	314 598	862	171 547	145 221	12.42	199.03	54.53	13.56	1.36
护理院	93	34 038	93	33 198	30 198	3.11	355.99	97.53	104.13	0.83
二、疗养院	2 324	668 456	1 831	394 843	289 275	40.25	215.60	59.07	3.92	0.39
三、社区卫生服务中心	724	262 812	720	226 220	215 019	13.41	314.18	86.08	22.27	11.81
四、卫生院	1 301	454 015	1 244	264 459	249 437	37.10	212.61	58.25	5.41	6.87
街道卫生院	19									
乡镇卫生院	1 282	454 015	1 244	264 459	249 437	37.10	212.61	58.25	5.41	6.85
中心卫生院	396	144 599	396	105 047	96 657	46.90	265.16	72.65	5.20	7.83
乡卫生院	886	309 416	848	159 412	152 780	32.52	188.05	51.52	5.54	6.39
五、门诊部	127	26 280	72	21 373	21 215	55.49	296.85	81.33	5.31	225.57
六、妇幼保健院（所、站）	1 922	669 447	1 834	573 886	558 179	45.06	312.90	85.73	6.75	8.17
七、专科疾病防治院（所、站）	709	38 690	106	19 273	23 072	4.13	181.82	49.81	52.68	29.77

2006年广州市血液中心采供血情况

指标名称	数量（U）	构成（%）
一、血液来源		
血液总量	301 275	
采集全血总量	271 844	90.23
无偿献全血	271 844	90.23
其中：自愿	271 844	90.23
计划		
有偿献全血		
采集成分血总量	29 431	9.77
无偿献成分血	29 431	9.77
其中：自愿	29 431	9.77
计划		
有偿献成分血		
调　入	3 135	1.04
二、供血情况		
临床用血	565 700	
全　血	10 311	1.82
血　浆	249 215	44.05
成分血	306 174	54.12
红细胞	250 430	44.26
血小板	29 146	5.15
粒细胞	105	0.02
冷沉淀	26 493	4.68
其　他		
调　出	12	

注：每200 ml全血统计为1 U，手工分离成分血按每袋200 ml全血制备分离统计为1 U，机采成分血每1人份统计为1 U（采集双人份计2 U，不足1人份根据实际采量按小数计，合计量有小数的四舍五入），血浆按每100 ml为1 U统计。冷沉淀凝血因子：指从200 ml新鲜冰冻血浆中分离出来，计数为1 U，含Ⅷ≥80 IU。

2006年广州市120急救工作情况

指标名称	全年合计	1月	2月	3月	4月	5月	6月	7月	8月	9月	10月	11月	12月
120接话数	1 131 232	87 567	78 349	101 077	96 050	97 058	96 653	104 500	103 577	95 347	95 564	88 189	87 301
出车总次数	97 807	8 844	6 611	8 417	7 965	8 077	8 203	7 899	8 293	8 362	8 254	7 895	8 987
其中：120派车次数	88 642	7 927	6 011	7 583	7 152	7 274	7 235	7 201	7 638	7 666	7 592	7 370	7 993
医院自出车次数	9 165	917	600	834	813	803	968	698	655	696	662	525	994
医院平均每日出车数	267.7	285.3	236.1	271.5	265.5	260.5	273.4	254.8	267.5	278.7	266.3	263.1	289.9
120接呼救次数/医院接呼救次数	1∶0.103	1∶0.116	1∶0.100	1∶0.110	1∶0.114	1∶0.110	1∶0.134	1∶0.097	1∶0.086	1∶0.091	1∶0.087	1∶0.071	1∶0.124

续表

指标名称	全年合计	1月	2月	3月	4月	5月	6月	7月	8月	9月	10月	11月	12月
本期医院借车率(%)	12.22	13.75	11.44	12.82	13.22	12.41	12.59	12.89	12.83	11.68	10.86	10.62	11.48
本期120空车率(%)	15.91	15.44	15.47	16.10	16.63	17.36	17.12	16.98	16.28	14.48	15.22	15.11	14.74
突发事件（宗）	784	62	49	53	68	63	65	64	78	78	70	66	68
其中：普通突发事件（宗）	109	13	7	6	8	12	12	7	9	11	6	10	7
大型突发事件（宗）	628	45	41	40	55	45	51	50	68	64	57	55	57
重大突发事件（宗）	47	4	1	7	5	6	2	6	1	3	7	1	4
突发事件总受伤人数	3 861	223	166	301	439	380	204	303	263	308	592	412	270
突发事件总死亡人数	99	12	13	19	5	3	8	9	6	7	7	6	4

3．医疗机构业务收支与资产负债情况

2006年广州市医疗机构年收入与支出（合计）

卫生机构分类	总收入（千元）					总支出（千元）			其中：人员经费支出
	合计	财政补助收入	上级补助收入	业务/事业收入	经营收入	合计	业务/事业支出	财政专项支出	
总　计	20 539 905	1 610 407	187 169	18 461 180	104 405	20 552 027	19 302 633	709 400	5 336 067
一、医院	17 918 623	1 307 379	125 074	16 309 435	24 219	18 026 601	17 133 977	608 017	4 595 157
综合医院	12 649 122	894 482	110 892	11 548 610	14 216	12 748 395	12 208 768	378 392	3 398 790
中医医院	2 589 244	104 721	2 389	2 438 927	590	2 695 316	2 548 927	145 286	674 786
中西医结合医院	17 257	2 642	822	13 793		16 587	15 379	1 208	4 802
专科医院	2 621 880	280 547	10 846	2 300 425	9 413	2 527 830	2 358 258	79 567	501 148
护理院	41 120	24 987	125	7 680		38 473	2 645	3 564	15 631
二、疗养院	191 986	52 023	11 508	128 448		167 990	93 962	26 165	50 229
三、社区卫生服务中心(站)	335 623	38 214	4 358	289 183		324 207	290 482	6 875	96 714
社区卫生服务中心	280 363	38 214	2 044	240 101		273 638	249 975	6 875	78 267
社区卫生服务站	55 260		2 314	49 082		50 569	40 507		18 447
四、卫生院	310 212	28 464	926	280 426	285	324 013	300 504	8 563	110 044
街道卫生院	675	279		111	285	692	442		444
乡镇卫生院	309 537	28 185	926	280 315		323 321	300 062	8 563	109 600
五、门诊部	402 099	23 697	2 210	323 461	49 142	406 673	300 761	10 016	114 313
六、诊所、卫生所、医务室、护理站	186 490		41 100	130 666		177 157	151 070		72 086

续表

卫生机构分类	总收入（千元）					总支出（千元）			其中：
	合计	财政补助收入	上级补助收入	业务/事业收入	经营收入	合计	业务/事业支出	财政专项支出	人员经费支出
诊　所	107 274		2 596	94 400		90 966	77 414		41 353
卫生所、医务室	79 216		38 504	36 266		86 191	73 656		30 733
护理站									
七、妇幼保健院（所、站）	886 786	87 564	942	798 279		851 020	820 566	30 453	236 807
八、专科疾病防治院（所、站）	188 601	65 781	524	122 065		167 813	147 593	17 815	39 290
专科疾病防治院	64 725	32 484		32 241		49 359	45 159	4 200	9 216
专科疾病防治所（站、中心）	123 876	33 297	524	89 824		118 454	102 434	13 615	30 074
九、急救中心（站）	9 092	7 285	110			5 385	3 889	1 496	1 692
十、临床检验中心（所、站）	110 393		417	79 217	30 759	101 168	59 829		19 735

2006年广州市医疗机构年收入与支出（非营利性）

卫生机构分类	总收入（千元）					总支出（千元）			其中：
	合计	财政补助收入	上级补助收入	业务/事业收入	经营收入	合计	业务/事业支出	财政专项支出	人员经费支出
总　计	19 616 732	1 609 408	183 458	17 658 777		19 586 082	18 557 984	709 091	5 082 964
一、医院	17 427 444	1 307 379	124 160	15 843 486		17 475 593	16 661 725	607 965	4 468 148
综合医院	12 475 818	894 482	109 978	11 390 496		12 554 710	12 076 641	378 340	3 349 571
中医医院	2 433 812	104 721	2 389	2 284 085		2 514 680	2 369 294	145 286	627 729
中西医结合医院	17 257	2 642	822	13 793		16 587	15 379	1 208	4 802
专科医院	2 459 437	280 547	10 846	2 147 432		2 351 143	2 197 766	79 567	470 415
护理院	41 120	24 987	125	7 680		38 473	2 645	3 564	15 631
二、疗养院	191 986	52 023	11 508	128 448		167 990	93 962	26 165	50 229
三、社区卫生服务中心(站)	335 480	38 214	4 348	289 070		324 080	290 378	6 875	96 647
社区卫生服务中心	280 363	38 214	2 044	240 101		273 638	249 975	6 875	78 267
社区卫生服务站	55 117		2 304	48 969		50 442	40 403		18 380
四、卫生院	309 927	28 464	926	280 426		323 763	300 504	8 563	109 977
街道卫生院	390	279		111		442	442		377
乡镇卫生院	309 537	28 185	926	280 315		323 321	300 062	8 563	109 600
五、门诊部	189 739	22 698	2 210	162 525		184 941	166 056	9 759	49 852
六、诊所、卫生所、医务室、护理站	77 677		38 730	34 478		85 497	73 311		30 322
诊　所	4 477		2 261	1 947		5 046	4 901		2 209
卫生所、医务室	73 200		36 469	32 531		80 451	68 410		28 113
护理站									

续表

卫生机构分类	总收入（千元）					总支出（千元）			其中：人员经费支出
	合计	财政补助收入	上级补助收入	业务/事业收入	经营收入	合计	业务/事业支出	财政专项支出	
七、妇幼保健院（所、站）	886 786	87 564	942	798 279		851 020	820 566	30 453	236 807
八、专科疾病防治院（所、站）	188 601	65 781	524	122 065		167 813	147 593	17 815	39 290
专科疾病防治院	64 725	32 484		32 241		49 359	45 159	4 200	9 216
专科疾病防治所（站、中心）	123 876	33 297	524	89 824		118 454	102 434	13 615	30 074
九、急救中心（站）	9 092	7 285	110			5 385	3 889	1 496	1 692
十、临床检验中心（所、站）									

2006年广州市医疗机构年收入与支出（营利性）

卫生机构分类	总收入（千元）					总支出（千元）			其中：人员经费支出
	合计	财政补助收入	上级补助收入	业务/事业收入	经营收入	合计	业务/事业支出	财政专项支出	
总　计	923 173		3 711	802 403	104 405	965 945	744 649	309	253 103
一、医院	491 179		914	465 949	24 219	551 008	472 252	52	127 009
综合医院	173 304		914	158 114	14 216	193 685	132 127	52	49 219
中医医院	155 432			154 842	590	180 636	179 633		47 057
中西医结合医院									
专科医院	162 443			152 993	9 413	176 687	160 492		30 733
护理院									
二、疗养院									
三、社区卫生服务中心（站）	143		10	113		127	104		67
社区卫生服务中心									
社区卫生服务站	143		10	113		127	104		67
四、卫生院	285				285	250			67
街道卫生院	285				285	250			67
乡镇卫生院									
五、门诊部	212 360			160 936	49 142	221 732	134 705	257	64 461
六、诊所、卫生所、医务室、护理站	108 813		2 370	96 188		91 660	77 759		41 764
诊　所	102 797		335	92 453		85 920	72 513		39 144
卫生所、医务室	6 016		2 035	3 735		5 740	5 246		2 620
护理站									
七、妇幼保健院（所、站）									
八、专科疾病防治院（所、站）									
专科疾病防治院									
专科疾病防治所（站、中心）									
九、急救中心（站）									
十、临床检验中心（所、站）	110 393		417	79 217	30 759	101 168	59 829		19 735

2006年广州市医疗机构资产与负债（合计）

卫生机构分类	总资产（千元）				负债与净资产（千元）					平均每床固定资产（千元）
					负债	净资产				
	合计	流动资产	对外投资	固定资产		小计	事业基金	固定基金	专用基金	
总　计	32 751 291	11 527 790	101 645	20 994 076	7 009 398	25 741 893	1 839 712	17 213 246	5 409 076	429
一、医院	29 694 731	10 341 328	91 486	19 176 401	6 331 144	23 363 587	1 631 146	15 805 050	5 029 426	448
综合医院	20 183 960	6 348 839	58 207	13 713 805	4 578 261	15 605 699	1 012 864	11 520 451	2 501 307	480
中医医院	4 648 420	1 616 998	19 944	3 005 854	1 076 377	3 572 043	190 571	2 496 820	873 695	546
中西医结合医院	18 611	10 440		7 151	5 766	12 845	2 100	5 351	1 358	79
专科医院	4 784 892	2 353 486	13 335	2 402 308	667 024	4 117 868	422 974	1 735 145	1 649 163	280
护理院	58 848	11 565		47 283	3 716	55 132	2 637	47 283	3 903	508
二、疗养院	370 177	104 009		265 632	58 398	311 779	36 882	171 962	37 349	103
三、社区卫生服务中心（站）	274 289	148 490		123 076	103 604	170 685	28 430	116 816	14 719	
社区卫生服务中心	274 289	148 490		123 076	103 604	170 685	28 430	116 816	14 719	170
四、卫生院	408 883	80 709	914	325 706	88 414	320 469	6 116	274 102	27 016	250
街道卫生院	1 424	411	900	113	138	1 286	9	113	288	6
乡镇卫生院	407 459	80 298	14	325 593	88 276	319 183	6 107	273 989	26 728	254
五、门诊部	487 217	227 978	3 324	231 335	162 504	324 713	35 049	64 710	49 966	1 822
六、妇幼保健院（所、站）	1 144 605	472 879	4 976	665 786	174 716	969 889	91 763	608 466	212 467	346
七、专科疾病防治院（所、站）	257 234	84 045	84	171 401	28 408	228 826	16 819	168 780	37 891	242
专科疾病防治院	124 912	25 628	84	99 200	3 280	121 632	2 829	99 200	19 603	936
专科疾病防治所（站、中心）	132 322	58 417		72 201	25 128	107 194	13 990	69 580	18 288	120
八、急救中心（站）	16 727	13 367		3 360	1 431	15 296	2 702	3 360	242	
九、临床检验中心（所、站）	97 428	54 985	861	31 379	60 779	36 649	−9 195			

2006年广州市医疗机构资产与负债（非营利性）

卫生机构分类	总资产（千元）				负债与净资产（千元）					平均每床固定资产（千元）
					负债	净资产				
	合计	流动资产	对外投资	固定资产		小计	事业基金	固定基金	专用基金	
总　计	31 857 078	11 265 587	91 724	20 440 743	6 636 562	25 220 516	1 840 020	17 148 557	5 362 605	434
一、医院	29 127 038	10 217 000	86 650	18 774 477	6 083 644	23 043 394	1 628 987	15 752 542	5 010 227	471
综合医院	19 928 646	6 288 212	53 541	13 544 644	4 454 148	15 474 498	1 014 589	11 470 310	2 493 911	491
中医医院	4 638 420	1 615 398	19 944	2 999 454	1 072 677	3 565 743	188 571	2 494 820	871 695	590

续表

卫生机构分类	总资产（千元）				负债与净资产（千元）					平均每床固定资产（千元）
						净资产				
	合计	流动资产	对外投资	固定资产	负债	小计	事业基金	固定基金	专用基金	
中西医结合医院	18 611	10 440		7 151	5 766	12 845	2 100	5 351	1 358	79
专科医院	4 482 513	2 291 385	13 165	2 175 945	547 337	3 935 176	421 090	1 734 778	1 639 360	312
护理院	58 848	11 565		47 283	3 716	55 132	2 637	47 283	3 903	508
二、疗养院	370 177	104 009		265 632	58 398	311 779	36 882	171 962	37 349	103
三、社区卫生服务中心（站）	274 289	148 490		123 076	103 604	170 685	28 430	116 816	14 719	
社区卫生服务中心	274 289	148 490		123 076	103 604	170 685	28 430	116 816	14 719	170
四、卫生院	407 983	80 709	14	325 706	88 390	319 593	6 116	274 102	27 016	254
街道卫生院	524	411		113	114	410	9	113	288	
乡镇卫生院	407 459	80 298	14	325 593	88 276	319 183	6 107	273 989	26 728	254
五、门诊部	259 025	145 088		111 305	97 971	161 054	28 321	52 529	22 694	3 710
六、妇幼保健院（所、站）	1 144 605	472 879	4 976	665 786	174 716	969 889	91 763	608 466	212 467	346
七、专科疾病防治院（所、站）	257 234	84 045	84	171 401	28 408	228 826	16 819	168 780	37 891	242
专科疾病防治院	124 912	25 628	84	99 200	3 280	121 632	2 829	99 200	19 603	936
专科疾病防治所（站、中心）	132 322	58 417		72 201	25 128	107 194	13 990	69 580	18 288	120
八、急救中心（站）	16 727	13 367		3 360	1 431	15 296	2 702	3 360	242	
九、临床检验中心（所、站）										

2006年广州市医疗机构资产与负债（营利性）

卫生机构分类	总资产（千元）				负债与净资产（千元）					平均每床固定资产（千元）
						净资产				
	合计	流动资产	对外投资	固定资产	负债	小计	事业基金	固定基金	专用基金	
总　计	894 213	262 203	9 921	553 333	372 836	521 377	−308	64 689	46 471	179
一、医院	567 693	124 328	4 836	401 924	247 500	320 193	2 159	52 508	19 199	135
综合医院	255 314	60 627	4 666	169 161	124 113	131 201	−1 725	50 141	7 396	178
中医医院	10 000	1 600		6 400	3 700	6 300	2 000	2 000	2 000	15
中西医结合医院										
专科医院	302 379	62 101	170	226 363	119 687	182 692	1 884	367	9 803	141
护理院										
二、疗养院										
三、社区卫生服务中心（站）										

续表

卫生机构分类	总资产（千元）				负债与净资产（千元）					平均每床固定资产（千元）
	合计	流动资产	对外投资	固定资产	负债	净资产				
						小计	事业基金	固定基金	专用基金	
社区卫生服务中心										
四、卫生院	900		900		24	876				
街道卫生院	900		900		24	876				
乡镇卫生院										
五、门诊部	228 192	82 890	3 324	120 030	64 533	163 659	6 728	12 181	27 272	1 237
六、妇幼保健院（所、站）										
七、专科疾病防治院（所、站）										
专科疾病防治院										
专科疾病防治所（站、中心）										
八、急救中心（站）										
九、临床检验中心（所、站）	97 428	54 985	861	31 379	60 779	36 649	−9 195			

2006年广州市政府办非营利医院、妇幼保健院业务收、支情况

指标名称	医院	其中			妇幼保健院
		综合医院	中医医院	专科医院	
机构数	120	80	21	17	11
平均每所医院					
总收入（千元）	140 719.93	150 052.44	115 895.81	140 632.82	80 616.91
业务收入	128 173.15	137 369.95	108 765.95	122 727.88	72 570.82
医疗收入	70 070.98	75 217.39	58 254.81	68 084.18	46 961.45
门诊收入	27 224.28	27 353.71	26 982.67	29 862.35	25 511.18
内：挂号费	752.54	827.03	673.14	585.24	468.55
检查费	8 307.01	8 723.61	7 497.05	8 310.06	6 560.64
治疗费	9 017.01	8 239.65	11 172.86	10 981.53	5 813.09
手术费	902.53	997.31	651.81	862.29	1 454.18
住院收入	42 846.70	47 863.68	31 272.14	38 221.82	21 450.27
内：床位费	4 213.75	4 415.16	3 652	4 425.35	2 847.91
检查费	5 423.68	5 600.05	3 459.10	7 651.53	2 104.82
治疗费	16 523.62	18 437.44	14 742.29	11 584.65	8 197.45
手术费	6 911.04	7 891.10	4 263.00	6 381.47	3 241.45
药品收入	55 575.68	59 793.98	49 065.10	49 924.65	24 364.18
门诊收入	28 782.09	29 736.13	32 817.81	22 393.88	17 325.09
西药费	22 597.81	25 822.09	14 158.38	20 275.71	14 223.73
中药费	6 184.28	3 914.04	18 659.43	2 118.18	3 101.36

续表

指标名称	医院	其中			妇幼保健院
		综合医院	中医医院	专科医院	
住院收入	26 793.59	30 057.85	16 247.29	27 530.76	7 039.09
西药费	25 707.43	29 697.25	11 937.19	26 887.06	6 901.73
中药费	1 086.16	360.60	4 310.10	643.71	137.36
其他收入	2 526.49	2 358.59	1 446.05	4 719.06	1 245.18
总支出（千元）	140 548.80	150 227.93	119 746.67	134 041.12	77 365.45
业务支出	134 368.11	144 879.75	112 823.52	126 311.29	74 596.91
医疗支出	79 849.59	86 823.36	63 266.81	76 359.24	49 794.45
药品支出	53 370.35	56 969.19	49 165.19	47 447.24	23 851.55
内：药品费	47 496.73	50 615.15	42 519.29	44 254.88	20 013.00
西药费	41 602.92	47 595.08	22 362.52	41 813.94	17 920.55
中药费	5 893.82	3 020.08	20 156.76	2 440.94	2 092.45
其他支出	1 148.17	1 087.20	391.52	2 504.82	950.91
病人累计欠费总额（千元）	1 686.62	2 067.39	735.48	1 268.12	925.27
内：年内病人欠费总额（千元）	610.73	840.03	167.29	151.35	270.64
欠费率（%）	0.48	0.61	0.15	0.12	0.37
平均每所医院每天门急诊人次	1 568.56	1 636.80	1 924.18	969.34	1 361.92
病床使用率（%）	84.79	81.83	88.71	93.04	85.73
病床周转次数	24.39	26.87	23.89	15.36	45.14
出院者平均住院日	12.26	11.01	13.53	18.86	6.75
平均每诊疗人次医疗费（元）	135.53	131.54	119.08	211.44	116.18
内：挂号费	1.82	1.91	1.34	2.37	1.27
药费	69.65	68.52	65.35	90.61	46.99
检查费	20.10	20.10	14.93	33.62	17.79
治疗费	21.82	18.99	22.25	44.43	15.77
平均每出院者住院医疗费（元）	9 661.96	9 598.43	8 289.92	11 898.39	3 791.64
内：床位费	584.62	543.86	637.10	800.80	379.03
药　费	3 717.37	3 702.55	2 834.39	4 981.88	936.83
检查费	752.49	689.82	603.45	1 384.60	280.13
治疗费	2 292.50	2 271.14	2 571.84	2 096.32	1 091.00
手术费	958.84	972.03	743.69	1 154.77	431.40
出院者平均每天住院医疗费	788.32	871.46	612.48	630.78	561.44
平均每一职工					
全年担负的诊疗人次	949.49	937.06	1 404.68	580.64	1 085.60
全年担负的住院床日数	210.66	195.25	218.01	287.75	153.61
年业务收入（元）	294 492.95	296 599.27	304 220.17	288 332.50	213 672.11
平均每一医师					
全年担负的诊疗人次	3 146.38	3 067.42	4 195.04	2 309.81	3 579.70
全年担负的住院床日数	698.09	639.13	651.09	1 144.67	506.52
年业务收入（元）	975 875.77	970 898.14	908 546.14	1 146 989.55	704 571.05

（三）农村基层卫生工作

2006年广州市农村合作医疗基本情况

区（县级市）	农业人口总数（人）	其中			参加合作医疗人数（人）	其中			参加合作医疗人口覆盖率（%）	镇总数（个）	行政村总数（个）	区（县级市）统筹模式数（个）	合作医疗覆盖	
		五保户人口数（人）	贫困人口数（人）	其中：特困人口数（人）		五保户人口数（人）	贫困人口数（人）	其中：特困人口数（人）					镇数（个）	行政村数（个）
合 计	2 400 935	4 004	66 841	66 841	2 069 623	4 004	66 812	66 479	86.20	52	1 163	7	52	1 163
白云区	299 439	285	5 630	5 630	245 148	285	5 630	5 630	81.90	4	118	1	4	118
番禺区	535 322	640	8 997	8 997	499 573	640	8 969	8 969	93.30	16	247	1	16	247
花都区	407 229	962	5 754	5 754	352 303	962	5 753	5 753	86.50	8	194	1	8	194
南沙区	107 416	318	2 873	2 873	93 436	318	2 873	2 540	87	4	61	1	4	61
萝岗区	75 771	105	3 694	3 694	52 389	105	3 694	3 694	69.10	2	32	1	2	32
从化市	402 948	945	20 034	20 034	338 253	945	20 034	20 034	83.90	9	228	1	9	228
增城市	572 810	749	19 859	19 859	488 521	749	19 859	19 859	85.30	9	283	1	9	283

2006年广州农村合作医疗住院受益情况

区（县级市）	住院补偿人次数累计（人次）	其中			住院总费用累计（万元）	其中			住院补偿总费用累计（万元）	其中		
		市以上医院（人次）	区县级医院（人次）	镇卫生院（人次）		市以上医院（万元）	区县级医疗（万元）	镇卫生院（万元）		市以上医院（万元）	区县级医院（万元）	镇卫生院（万元）
合 计	99 139	16 868	36 880	45 391	48 926	18 201	19 610	11 115	14 483	3 042	6 195	5 246
白云区	12 145	5 280	466	6 399	7 212	5 113	183	1 916	1 839	722	85	1 032
番禺区	27 234	2 925	12 605	11 704	16 051	3 665	9 125	3 261	5 714	865	3 162	1 687
花都区	20 060	1 717	9 395	8 948	8 542	2 319	4 103	2 120	1 789	221	887	681
南沙区	6 110	412	1 822	3 876	2 560	520	1 238	802	968	137	418	413
萝岗区	2 005	720	379	906	1 035	666	154	215	285	149	52	84
从化市	14 670	1 529	6 819	6 322	5 470	1 684	2 691	1 095	1 743	370	832	541
增城市	16 915	4 285	5 394	7 236	8 056	4 234	2 116	1 706	2 145	578	759	808

2006年广州市农村基层医院机构、床位、人员一览表

卫生机构名称	机构数（个）	实有床位数（张）	人员数（人）									
			合计	卫生技术人员	其中					其他技术人员	管理人员	工勤人员
					执业医师	执业助理医师	注册护士	药剂人员	检验人员			
总　计	64	4 914	7 613	6 579	2 159	579	2 242	676	289	326	337	371
综合医院	30	3 263	4 638	4 034	1 411	241	1 402	409	174	235	161	208
中医医院	1	63	135	110	46	7	39	12	6	4	7	14
专科医院	1	258	99	81	20	9	37	5	3	6	12	
社区卫生服务中心	1	70	217	194	51	12	63	28	11	8	4	11
镇卫生院	31	1 260	2 524	2 160	631	310	701	222	95	73	153	138
白云区	7	539	767	629	220	35	236	73	35	27	42	69
广州市白云区龙归华侨医院	1	38	63	48	15	1	16	5	4		6	9
广州市白云区神山镇医院	1	50	60	50	18	3	17	7	3	3	6	1
广州市白云区太和镇医院	1	60	70	59	19	4	21	8	3	3	6	2
广州市白云区钟落潭镇医院	1	42	63	51	21	5	15	4	2	8	2	2
广州市白云区红十字会医院	1	106	108	96	34	6	33	17	5	2	2	8
白云区第二人民医院（原白云区中医院）	1	180	268	215	67	9	95	20	12	7	13	33
广州市白云区中医医院（原广州市白云区人和华侨医院）	1	63	135	110	46	7	39	12	6	4	7	14
番禺区	14	1 823	2 609	2 345	886	115	745	245	92	115	50	99
广州市番禺区鱼窝头镇医院	1	100	123	109	44	6	31	10	5	8	3	3
广州市番禺区榄核医院	1	70	192	180	70	17	46	12	6	1	3	8
广州市番禺区钟村医院	1	110	190	168	65	7	53	16	6	16	3	3
广州市番禺区新造医院	1	73	70	62	22	3	26	6	2	5	3	
广州市番禺区大岗人民医院	1	214	336	299	110	17	110	30	13	18	1	18
广州市番禺区化龙医院	1	70	141	131	45	2	51	13	6	3	3	4
广州市番禺区沙湾人民医院	1	150	144	127	60	6	42	13	5	7	8	2
广州市番禺区石楼人民医院	1	150	256	231	98	5	66	43	11	9	3	13
广州市番禺区石基人民医院	1	200	328	295	78	15	89	36	11	15	3	15
广州市番禺区市桥医院	1	100	247	225	79	20	66	21	8	15	4	3
广州市番禺区灵山医院	1	80	78	67	27	4	22	10	3		6	5
广州市番禺区南村医院	1	129	172	158	65		52	16	6	11	3	
广州市番禺区大石人民医院	1	289	190	171	87	4	58	14	6	7	4	8
广州市番禺区东涌医院	1	88	142	122	36	9	33	5	4		3	17
花都区	11	723	1 063	902	272	69	382	80	31	29	77	55
广州市花都区炭步医院	1	56	100	85	26	7	39	5	1	2	10	3

续表

卫生机构名称	机构数（个）	实有床位数（张）	人员数（人）									
			合计	卫生技术人员	其中					其他技术人员	管理人员	工勤人员
					执业医师	执业助理医师	注册护士	药剂人员	检验人员			
广州市花都区新华医院	1	170	253	223	66	10	99	19	7	1	17	12
广州市花都区花东医院	1	48	98	82	19	7	35	7	5		9	7
广州市花都区狮岭医院	1	131	162	145	67	6	53	8	6	10	4	3
广州市花都区花山医院	1	100	129	114	29	12	55	10	3	2	11	2
广州市花都区赤坭医院	1	74	104	84	18	10	41	8	3	2	6	12
广州市花都区雅瑶医院	1	40	43	33	11		13	4	1	3	6	1
广州市花都区芙蓉卫生院	1	22	50	43	13	3	13	6	2	2	5	
广州市花都区华侨医院	1	50	68	43	12	9	13	7	1	7	4	14
广州市花都区北兴卫生院	1	20	44	41	9	4	17	4	2		2	1
广州市花都区梯面卫生院	1	12	12	9	2	1	4	2			3	
南沙区	4	428	591	476	145	47	147	41	28	80	22	13
广州市南沙区万顷沙人民医院	1	139	215	181	43	14	58	14	8	17	9	8
广州市南沙区横沥医院	1	100	83	72	20	11	23	5	3	7	2	2
广州南沙经济技术开发区医院	1	109	127	116	47	22	30	11	6	1	9	1
广州市南沙区黄阁医院	1	80	166	107	35		36	11	11	55	2	2
萝岗区	2	303	201	164	37	17	61	15	7	6	12	19
广州市萝岗区康宁医院	1	258	99	81	20	9	37	5	3	6	12	
广州市萝岗区九佛医院	1	45	102	83	17	8	24	10	4			19
增城市	14	655	1 423	1 221	379	145	406	138	52	36	80	86
增城市社区卫生服务中心（荔城医院）	1	70	217	194	51	12	63	28	11	8	4	11
增城市中新医院	1	66	117	95	40	10	32	8	3		10	12
增城市派潭医院	1	40	67	60	15	10	20	6	2		4	3
增城市新塘医院	1	150	334	255	112	14	81	30	16	3	35	41
增城市永和医院	1	36	114	105	30	12	33	7	2	7	2	
增城市福和卫生院	1	30	53	48	11	4	20	10	1		2	3
增城市朱村卫生院	1	30	71	63	16	13	28	4	1	3	1	4
增城市仙村医院	1	49	82	71	23	9	24	4	4	4	2	5
增城市宁西卫生院	1	12	35	27	4	6	7	5	2	4	4	
增城市三江黄加乐夫人医院（镇卫生院）	1	25	61	55	13	9	20	5	2	2	4	
增城市小楼卫生院	1	25	48	46	7	11	11	7	2		2	
增城市沙埔卫生院	1	31	54	50	15	14	12	3	2	2	2	
增城市石滩医院	1	51	117	104	31	11	40	14	2	3	3	7
增城市正果卫生院	1	40	53	48	11	10	15	7	2		5	

续表

卫生机构名称	机构数（个）	实有床位数（张）	人员数（人）									
			合计	卫生技术人员	其中					其他技术人员	管理人员	工勤人员
					执业医师	执业助理医师	注册护士	药剂人员	检验人员			
从化市	12	443	959	842	220	151	265	84	44	33	54	30
从化市吕田镇医院	1	53	76	60	11	9	20	5	5	4	10	2
从化市鳌头镇医院	1	58	155	130	15	36	40	16	10	4	12	9
从化市良口镇医院	1	29	59	50	22	9	11	5	3	5	3	1
从化市明珠医院	1	23	36	33	10	9	10	3			2	1
从化市温泉镇医院	1	23	66	58	18	8	19	5	5	5	2	1
从化市温泉镇灌村医院	1	23	34	32	5	8	10	4	2		1	1
从化市太平镇神岗医院	1	20	68	55	14	11	18	6	3	3	7	3
从化市街口街医院	1	25	108	97	21	14	30	12	4	1	8	2
从化市太平镇医院	1	40	103	92	22	13	32	8	4	3	3	5
从化市城郊街医院	1	30	88	85	30	9	32	6	3		3	
从化市江埔街医院	1	60	104	98	37	18	27	8	3	2	3	1
从化市鳌头镇龙潭医院	1	59	62	52	15	7	16	6	2	6		4

2006年广州市农村基层医院运营情况一览表（1）

卫生机构名称	机构数（个）	诊疗人次数					观察室收容人数	健康检查人数	急诊死亡率（%）
		总　计	其中：门、急诊人次数						
			合　计	门诊人次数	急诊人次数				
					小　计	内：死亡人数			
总　计	64	10 224 326	9 989 891	8 362 424	1 627 467	484	712 022	824 032	0.03
综合医院	30	7 359 617	7 169 503	6 012 424	1 157 079	243	431 625	701 736	0.02
中医医院	1	286 822	285 391	265 773	19 618	27		18 932	0.14
专科医院	1	59 398	59 398	46 794	12 604	8	3 819	5 505	0.06
社区卫生服务中心	1	220 169	219 683	169 010	50 673		77 498	302	
镇卫生院	31	2 298 320	2 255 916	1 868 423	387 493	206	199 080	97 557	0.05
白云区	7	1 086 445	1 012 333	868 835	143 498	124	772	102 275	0.09
广州市白云区龙归华侨医院	1	82 815	82 806	58 196	24 610	8		2 317	0.03
广州市白云区神山镇医院	1	83 916	83 561	72 703	10 858	11	57	16 404	0.1
广州市白云区太和镇医院	1	127 336	126 488	102 101	24 387	22		4 643	0.09
广州市白云区钟落潭镇医院	1	76 234	76 234	67 443	8 791	9		157	0.1
广州市白云区红十字会医院	1	152 852	149 777	129 422	20 355	31	543	9 065	0.15
白云区第二人民医院（原白云区中医院）	1	276 470	208 076	173 197	34 879	16	172	50 757	0.05
广州市白云区中医医院（原广州市白云区人和华侨医院）	1	286 822	285 391	265 773	19 618	27		18 932	0.14

续表

卫生机构名称	机构数（个）	诊疗人次数					观察室收容人数	健康检查人数	急诊死亡率（%）
		总　计	其中：门、急诊人次数						
			合　计	门诊人次数	急诊人次数				
					小　计	内：死亡人数			
番禺区	14	4 624 842	4 613 142	3 844 321	768 821	80	130 733	411 116	0.01
广州市番禺区鱼窝头镇医院	1	214 137	214 137	199 531	14 606	4	36 453	31 963	0.03
广州市番禺区榄核医院	1	281 281	281 079	260 065	21 014	15		46 041	0.07
广州市番禺区钟村医院	1	319 403	317 835	240 403	77 432	11		21 619	0.01
广州市番禺区新造医院	1	198 156	197 770	168 463	29 307		92 894	6 399	
广州市番禺区大岗人民医院	1	465 266	465 266	376 693	88 573	8		38 297	0.01
广州市番禺区化龙医院	1	188 528	188 227	147 320	40 907			12 905	
广州市番禺区沙湾人民医院	1	399 633	398 854	355 611	43 243			29 063	
广州市番禺区石楼人民医院	1	398 041	396 608	333 123	63 485			40 101	
广州市番禺区石基人民医院	1	532 465	530 002	423 958	106 044	37	1 386	49 968	0.03
广州市番禺区市桥医院	1	371 394	370 385	307 650	62 735	5		21 770	0.01
广州市番禺区灵山医院	1	209 989	209 989	190 636	19 353			16 273	
广州市番禺区南村医院	1	363 918	363 918	274 924	88 994			4 457	
广州市番禺区大石人民医院	1	508 232	505 494	437 595	67 899			73 414	
广州市番禺区东涌医院	1	174 399	173 578	128 349	45 229			18 846	
花都区	11	1 281 342	1 172 243	919 033	253 210	63	326 605	160 778	0.02
广州市花都区炭步医院	1	118 599	101 413	81 249	20 164	12	33 128	18 114	0.06
广州市花都区新华医院	1	276 925	241 958	187 907	54 051	6	52 397	27 534	0.01
广州市花都区花东医院	1	66 352	64 089	50 138	13 951	13	23 249	39 583	0.09
广州市花都区狮岭医院	1	391 659	380 787	288 520	92 267		88 586	19 188	
广州市花都区花山医院	1	160 651	134 624	116 593	18 031	6	51 776	24 897	0.03
广州市花都区赤坭医院	1	75 425	62 237	49 483	12 754	9	21 187	15 306	0.07
广州市花都区雅瑶医院	1	41 151	37 525	31 821	5 704			5 397	
广州市花都区芙蓉卫生院	1	58 217	58 217	40 576	17 641		30 802	4 537	
广州市花都区华侨医院	1	33 772	32 907	29 036	3 871	3	5 171	6 011	0.08
广州市花都区北兴卫生院	1	49 087	49 087	35 437	13 650	11	17 502		0.08
广州市花都区梯面卫生院	1	9 504	9 399	8 273	1 126	3	2 807	211	0.27
南沙区	4	952 227	950 176	858 220	91 956	14	29 617	70 615	0.02
广州市南沙区万顷沙人民医院	1	286 344	286 129	267 018	19 111	6		9 846	0.03
广州市南沙区横沥医院	1	117 062	115 859	105 959	9 900			20 400	
广州南沙经济技术开发区医院	1	272 425	271 792	216 056	55 736	8		33 652	0.01
广州市南沙区黄阁医院	1	276 396	276 396	269 187	7 209		29 617	6 717	
萝岗区	2	127 111	127 111	108 074	19 037	14	3 999	16 391	0.07
广州市萝岗区九佛医院	1	67 713	67 713	61 280	6 433	6	180	10 886	0.09
广州市萝岗区康宁医院	1	59 398	59 398	46 794	12 604	8	3 819	5 505	0.06

续表

卫生机构名称	机构数（个）	诊疗人次数					观察室收容人数	健康检查人数	急诊死亡率（%）
		总　计	其中：门、急诊人次数						
			合　计	门诊人次数	急诊人次数				
					小　计	内：死亡人数			
增城市	14	1 531 890	1 500 661	1 226 651	274 010	178	197 592	48 598	0.06
增城市社区卫生服务中心（荔城医院）	1	220 169	219 683	169 010	50 673		77 498	302	
增城市中新医院	1	62 116	62 116	61 874	242	23	27 140		9.50
增城市派潭医院	1	70 238	70 238	59 163	11 075	22		73	0.20
增城市新塘医院	1	501 636	499 262	378 175	121 087	61	2 896	3 065	0.05
增城市永和医院	1	89 911	89 689	74 696	14 993	3	6 536	323	0.02
增城市福和卫生院	1	52 911	52 911	45 421	7 490			3 648	
增城市朱村卫生院	1	43 218	43 049	34 412	8 637	19	14 981	9 083	0.22
增城市仙村医院	1	112 637	112 637	99 447	13 190	17	1 623	2 006	0.13
增城市宁西卫生院	1	20 686	20 686	14 880	5 806	5	7 025	409	0.09
增城市三江黄加乐夫人医院（镇卫生院）	1	57 933	57 933	48 196	9 737	14		3 120	0.14
增城市小楼卫生院	1	47 127	47 070	41 934	5 136		12 048		
增城市沙埔卫生院	1	80 324	75 129	57 432	17 697	6	242	5 677	0.03
增城市石滩医院	1	133 287	110 561	103 881	6 680		47 603	12 636	
增城市正果卫生院	1	39 697	39 697	38 130	1 567	8		8 256	0.51
从化市	12	620 469	614 225	537 290	76 935	11	22 704	14 259	0.01
从化市吕田镇医院	1	39 503	36 708	29 709	6 999	7			0.10
从化市鳌头镇医院	1	118 092	118 092	100 081	18 011		22 136	2 524	
从化市良口镇医院	1	42 194	42 194	39 779	2 415			394	
从化市明珠医院	1	21 214	21 214	15 947	5 267				
从化市温泉镇医院	1	36 668	36 377	33 909	2 468		535	1 427	
从化市温泉镇灌村医院	1	20 999	20 804	19 770	1 034		9	2 188	
从化市太平镇神岗医院	1	56 820	55 869	49 865	6 004				
从化市街口街医院	1	92 725	90 825	90 825				800	
从化市太平镇医院	1	109 704	109 592	83 117	26 475			3 135	
从化市城郊街医院	1	18 053	18 053	16 173	1 880			258	
从化市江埔街医院	1	46 206	46 206	41 994	4 212	4	24	495	0.09
从化市鳌头镇龙潭医院	1	18 291	18 291	16 121	2 170			3 038	

2006年广州市农村基层医院运营情况一览表（2）

卫生机构名称	入院人数	出院人数	住院病人手术人次	住院危重病人抢救人次	治愈率（%）	好转率（%）	死亡率（%）	每百门急诊的入院人数
总　计	171 447	170 974	46 745	7 027	65.62	30.20	0.50	1.72
综合医院	117 759	117 581	33 085	4 387	68.02	28.17	0.41	1.64
中医医院	4 336	4 323	1 517	302	66.23	29.52	0.32	1.52
专科医院	1 046	1 064	207		60.71	38.06	0.85	1.76
社区卫生服务中心	2 632	2 578	366	93	50.58	44.30	1.24	1.20
镇卫生院	45 674	45 428	11 570	2 245	60.34	34.54	0.71	2.02
白云区	25 833	25 750	9 250	1 673	61.81	34.14	0.42	2.55
广州市白云区龙归华侨医院	2 958	2 950	1 168	81	70.75	25.93	0.14	3.57
广州市白云区神山镇医院	1 427	1 427	500	34	54.87	40.01	0.28	1.71
广州市白云区太和镇医院	4 010	4 001	1 016	335	57.79	39.09	0.25	3.17
广州市白云区钟落潭镇医院	1 374	1 366	421	119	73.35	22.04	0.59	1.80
广州市白云区红十字会医院	7 270	7 237	2 242	487	59.39	37.89	0.53	4.85
白云区第二人民医院（原白云区中医院）	4 458	4 446	2 386	315	57.80	35.34	0.67	2.14
广州市白云区中医医院（原广州市白云区人和华侨医院）	4 336	4 323	1 517	302	66.23	29.52	0.32	1.52
番禺区	60 306	60 255	17 680	2 241	70.74	25.99	0.46	1.31
广州市番禺区鱼窝头镇医院	3 085	3 087	434	10	83.06	11.79	0.29	1.44
广州市番禺区榄核医院	2 883	2 864	1 188	39	81.04	15.82	0.31	1.03
广州市番禺区钟村医院	5 100	5 081	1 695	207	55.01	40.64	0.55	1.60
广州市番禺区新造医院	1 410	1 418	826	47	62.83	30.18	0.56	0.71
广州市番禺区大岗人民医院	5 083	5 082	1 471	216	73.75	22.51	0.33	1.09
广州市番禺区化龙医院	2 226	2 267	413	72	72.43	25.98	0.40	1.18
广州市番禺区沙湾人民医院	4 497	4 495	3 481	146	63.05	31.43	0.56	1.13
广州市番禺区石楼人民医院	5 918	5 881	1 370	154	61.27	36.86	0.39	1.49
广州市番禺区石基人民医院	8 719	8 724	2 694	110	78.93	18.59	0.49	1.65
广州市番禺区市桥医院	4 370	4 344	783	210	83.15	15.93	0.35	1.18
广州市番禺区灵山医院	1 561	1 565	378	172	58.59	31.44	0.06	0.74
广州市番禺区南村医院	5 248	5 199	707	74	79.92	16.70	0.27	1.44
广州市番禺区大石人民医院	7 561	7 605	1 823	741	68.76	29.86	0.79	1.50
广州市番禺区东涌医院	2 645	2 643	417	43	54.11	41.28	0.68	1.52
花都区	30 928	30 844	6 429	667	66.16	29.29	0.34	2.64
广州市花都区炭步医院	2 171	2 176	450	39	41.77	43.80	0.23	2.14
广州市花都区新华医院	6 354	6 318	1 084	84	58.02	38.73	0.25	2.63
广州市花都区花东医院	3 288	3 292	507	110	68.38	28.37	0.39	5.13
广州市花都区狮岭医院	10 228	10 228	2 493	148	83.27	15.40	0.13	2.69
广州市花都区花山医院	3 327	3 328	783	176	50.27	39.78	0.69	2.47

续表

卫生机构名称	入院人数	出院人数	住院病人手术人次	住院危重病人抢救人次	治愈率（%）	好转率（%）	死亡率（%）	每百门急诊的入院人数
广州市花都区赤坭医院	1 816	1 811	312	67	37.99	51.68	0.83	2.92
广州市花都区雅瑶医院	1 146	1 147	190	7	69.66	28.42	0.35	3.05
广州市花都区芙蓉卫生院	590	545	106	16	91.74			1.01
广州市花都区华侨医院	795	790	216	4	48.86	47.09	1.52	2.42
广州市花都区北兴卫生院	1 108	1 104	263	9	84.33	13.50	0.27	2.26
广州市花都区梯面卫生院	105	105	25	7	80.95	17.14		1.12
南沙区	10 405	10 373	2 114	155	70.82	24.77	0.29	1.10
广州市南沙区万顷沙人民医院	3 654	3 664	844	41	67.00	29.48	0.27	1.28
广州市南沙区横沥医院	1 083	1 083	108	9	81.63	17.64		0.93
广州南沙经济技术开发区医院	2 354	2 355	702	24	57.88	37.88	0.42	0.87
广州市南沙区黄阁医院	3 314	3 271	460	81	80.83	12.41	0.31	1.20
萝岗区	2 058	2 080	553	39	63 61	34.13	0.91	1.62
广州市萝岗区九佛医院	1 012	1 016	346	39	66.63	30.02	0.98	1.49
广州市萝岗区康宁医院	1 046	1 064	207		60.71	38.06	0.85	1.76
增城市	26 190	26 010	7 633	1 359	59.68	34.69	1.08	1.75
增城市社区卫生服务中心（荔城医院）	2 632	2 578	366	93	50.58	44.30	1.24	1.20
增城市中新医院	1 827	1 856	873	164	63.20	29.69	1.19	2.94
增城市派潭医院	1 803	1 790	301	37	59.72	34.47	1.34	2.57
增城市新塘医院	9 960	9 930	3 636	719	66.15	28.94	1.27	1.99
增城市永和医院	1 050	1 037	372	200	72.03	23.24	1.06	1.17
增城市福和卫生院	1 274	1 255	340	8	46.06	45.90	0.48	2.41
增城市朱村卫生院	814	813	399	39	81.18	17.22	0.86	1.89
增城市仙村医院	1 461	1 440	217	55	38.26	53.54	1.25	1.30
增城市宁西卫生院	187	182	4	3	40.66	54.40	0.55	0.90
增城市三江黄加乐夫人医院（镇卫生院）	804	798	108		55.64	30.20	0.25	1.39
增城市小楼卫生院	293	292			75.68	24.32		0.62
增城市沙埔卫生院	1 017	992	303		63.41	29.84	0.50	1.35
增城市石滩医院	2 165	2 153	664		51.14	43.57	0.70	1.96
增城市正果卫生院	903	894	50	41	45.08	52.01	1.23	2.27
从化市	15 727	15 662	3 086	893	57.85	37.38	0.24	2.56
从化市吕田镇医院	991	993			42.50	53.98	0.70	2.70
从化市鳌头镇医院	3 259	3 234	516	530	51.02	42.61	0.12	2.76
从化市良口镇医院	769	776	186	67	59.02	38.53		1.82
从化市明珠医院	439	433	59		68.36	28.64	0.23	2.07
从化市温泉镇医院	807	800	278	23	57.25	41.13		2.22
从化市温泉镇灌村医院	579	575	58	10	78.78	16.87	1.04	2.78

续表

卫生机构名称	入院人数	出院人数	住院病人手术人次	住院危重病人抢救人次	治愈率（%）	好转率（%）	死亡率（%）	每百门急诊的入院人数
从化市太平镇神岗医院	1 157	1 166	801	111	68.78	26.76	0.26	2.07
从化市街口街医院	538	522	32	12	16.28	77.97	0.38	0.59
从化市太平镇医院	2 683	2 665	521	69	56.59	40.79	0.23	2.45
从化市城郊街医院	1 292	1 294	338	35	59.74	33.38	0.39	7.16
从化市江埔街医院	1 735	1 735			79.37	16.60		3.75
从化市鳌头镇龙潭医院	1 478	1 469	297	36	53.03	38.53	0.20	8.08

2006年广州市农村基层医院运营情况一览表（3）

卫生机构名称	实有床位数（张）	实际开放总床日数	平均开放病床（张）	实际占用总床日数	出院者占用总床日数	病床周转次数	病床工作日	病床使用率（%）	出院者平均住院日
总　计	4 914	1 661 732	4 553	1 106 582	1 034 955	38	243	66.59	6.05
综合医院	3 263	1 072 977	2 940	731 090	707 573	40	249	68.14	6.02
中医医院	63	23 050	63	22 995	20 698	68	364	99.76	4.79
专科医院	258	94 170	258	76 003	45 709	4	295	80.71	42.96
社区卫生服务中心	70	25 550	70	15 535	15 758	37	222	60.8	6.11
镇卫生院	1 260	445 985	1 222	260 959	245 217	37	214	58.51	5.4
白云区	539	196 790	539	148 017	141 014	48	275	75.22	5.48
广州市白云区龙归华侨医院	38	13 870	38	13 433	13 247	78	354	96.85	4.49
广州市白云区神山镇医院	50	18 250	50	10 611	10 465	29	212	58.14	7.33
广州市白云区太和镇医院	60	21 900	60	17 203	16 700	67	287	78.55	4.17
广州市白云区钟落潭镇医院	42	15 330	42	7 406	6 946	33	176	48.31	5.08
广州市白云区红十字会医院	106	38 690	106	42 565	38 911	68	402	110.02	5.38
白云区第二人民医院（原白云区中医院）	180	65 700	180	33 804	34 047	25	188	51.45	7.66
广州市白云区中医医院（原广州市白云区人和华侨医院）	63	23 050	63	22 995	20 698	68	364	99.76	4.79
番禺区	1 823	590 580	1 618	405 686	392 290	37	251	68.69	6.51
广州市番禺区鱼窝头镇医院	100	32 850	90	20 513	22 650	34	228	62.44	7.34
广州市番禺区榄核医院	70	25 550	70	19 101	17 505	41	273	74.76	6.11
广州市番禺区钟村医院	110	40 040	110	31 532	28 309	46	287	78.75	5.57
广州市番禺区新造医院	73	21 900	60	11 755	11 098	24	196	53.68	7.83
广州市番禺区大岗人民医院	214	52 780	145	32 395	31 296	35	224	61.38	6.16
广州市番禺区化龙医院	70	25 550	70	16 245	16 691	32	232	63.58	7.36
广州市番禺区沙湾人民医院	150	54 750	150	34 428	32 317	30	230	62.88	7.19
广州市番禺区石楼人民医院	150	54 750	150	37 980	37 909	39	253	69.37	6.45

续表

卫生机构名称	实有床位数（张）	实际开放总床日数	平均开放病床（张）	实际占用总床日数	出院者占用总床日数	病床周转次数	病床工作日	病床使用率（%）	出院者平均住院日
广州市番禺区石基人民医院	200	73 000	200	67 403	66 315	44	337	92.33	7.60
广州市番禺区市桥医院	100	31 500	86	23 609	20 177	50	274	74.95	4.64
广州市番禺区灵山医院	80	15 120	41	10 883	10 420	38	263	71.98	6.66
广州市番禺区南村医院	129	47 085	129	29 270	26 347	40	227	62.16	5.07
广州市番禺区大石人民医院	289	83 585	229	52 919	54 666	33	231	63.31	7.19
广州市番禺区东涌医院	88	32 120	88	17 653	16 590	30	201	54.96	6.28
花都区	723	243 183	666	172 712	168 787	46	259	71.02	5.47
广州市花都区炭步医院	56	20 440	56	13 638	13 230	39	244	66.72	6.08
广州市花都区新华医院	170	56 780	156	37 451	38 400	41	241	65.96	6.08
广州市花都区花东医院	48	17 520	48	17 520	15 476	69	365	100	4.70
广州市花都区狮岭医院	131	47 815	131	52 030	51 107	78	397	108.82	5
广州市花都区花山医院	100	27 010	74	19 788	19 403	45	267	73.26	5.83
广州市花都区赤坭医院	74	27 084	74	9 742	8 955	24	131	35.97	4.94
广州市花都区雅瑶医院	40	8 574	23	7 086	6 899	49	302	82.65	6.01
广州市花都区芙蓉卫生院	22	8 030	22	2 291	2 291	25	104	28.53	4.20
广州市花都区华侨医院	50	18 250	50	6 556	6 416	16	131	35.92	8.12
广州市花都区北兴卫生院	20	7 300	20	6 227	6 227	55	311	85.3	5.64
广州市花都区梯面卫生院	12	4 380	12	383	383	9	32	8.74	3.65
南沙区	428	127 703	350	61 063	58 795	30	175	47.82	5.67
广州市南沙区万顷沙人民医院	139	50 735	139	25 162	24 242	26	181	49.59	6.62
广州市南沙区横沥医院	100	17 640	48	7 327	6 347	22	152	41.54	5.86
广州南沙经济技术开发区医院	109	37 428	103	12 091	12 091	23	118	32.3	5.13
广州市南沙区黄阁医院	80	21 900	60	16 483	16 115	55	275	75.26	4.93
萝岗区	303	110 595	303	82 806	51 900	7	273	74.87	24.95
广州市萝岗区九佛医院	45	16 425	45	6 803	6 191	23	151	41.42	6.09
广州市萝岗区康宁医院	258	94 170	258	76 003	45 709	4	295	80.71	42.96
增城市	655	239 075	655	146 380	133 002	40	223	61.23	5.11
增城市社区卫生服务中心（荔城医院）	70	25 550	70	15 535	15 758	37	222	60.8	6.11
增城市中新医院	66	24 090	66	9 681	9 351	28	147	40.19	5.04
增城市派潭医院	40	14 600	40	8 927	8 663	45	223	61.14	4.84
增城市新塘医院	150	54 750	150	56 871	49 542	66	379	103.87	4.99
增城市永和医院	36	13 140	36	8 392	6 463	29	233	63.87	6.23
增城市福和卫生院	30	10 950	30	6 654	6 996	42	222	60.77	5.57
增城市朱村卫生院	30	10 950	30	4 592	4 347	27	153	41.94	5.35
增城市仙村医院	49	17 885	49	8 454	6 947	29	173	47.27	4.82
增城市宁西卫生院	12	4 380	12	1 113	1 005	15	93	25.41	5.52

续表

卫生机构名称	实有床位数（张）	实际开放总床日数	平均开放病床（张）	实际占用总床日数	出院者占用总床日数	病床周转次数	病床工作日	病床使用率（%）	出院者平均住院日
增城市三江黄加乐夫人医院（镇卫生院）	25	9 125	25	3 219	3 219	32	129	35.28	4.03
增城市小楼卫生院	25	9 125	25	1 834	1 958	12	73	20.1	6.71
增城市沙埔卫生院	31	11 315	31	5 141	5 141	32	166	45.44	5.18
增城市石滩医院	51	18 615	51	12 097	9 772	42	237	64.99	4.54
增城市正果卫生院	40	14 600	40	3 870	3 840	22	97	26.51	4.30
从化市	443	153 806	421	89 918	89 167	37	213	58.46	5.69
从化市吕田镇医院	53	19 404	53	6 277	5 794	19	118	32.35	5.83
从化市鳌头镇医院	58	21 170	58	18 234	17 255	56	314	86.13	5.34
从化市良口镇医院	29	10 585	29	5 057	6 052	27	174	47.78	7.80
从化市明珠医院	23	8 395	23	1 824	1 824	19	79	21.73	4.21
从化市温泉镇医院	23	8 395	23	4 596	4 345	35	200	54.75	5.43
从化市温泉镇灌村医院	23	8 372	23	3 389	3 297	25	148	40.48	5.73
从化市太平镇神岗医院	20	7 520	21	7 096	7 105	57	344	94.36	6.09
从化市街口街医院	25	8 280	23	6 638	6 620	23	293	80.17	12.68
从化市太平镇医院	40	14 600	40	15 455	15 505	67	386	105.86	5.82
从化市城郊街医院	30	10 950	30	6 746	7 834	43	225	61.61	6.05
从化市江埔街医院	60	14 600	40	8 494	8 494	43	212	58.18	4.90
从化市鳌头镇龙潭医院	59	21 535	59	6 112	5 042	25	104	28.38	3.43

2006年广州市农村基层医院病人人均医疗费用一览表

卫生机构名称	平均每诊疗人次医疗费（元）				平均每一出院者住院医疗费（元）				平均每一医师	
	合计	其中			合计	其中			全年担负诊疗人次	全年担负住院床日
		药费	检查费	治疗费		药费	检查费	治疗费		
总　计	72	32	10	14	2 290	684	160	633	3 816	413
综合医院	71	31	10	14	2 375	695	186	650	4 402	437
中医医院	82	35	13	22	2 491	773	148	874	5 412	434
专科医院	75	39	16	6	2 993	654	174	638	1 980	2 533
社区卫生服务中心	75	38	13	12	2 473	843	96	882	4 317	305
镇卫生院	75	36	10	14	2 022	641	98	553	2 633	299
白云区	102	41	18	17	2 681	809	162	718	4 244	578
广州市白云区中医医院（原广州市白云区人和华侨医院）	82	35	13	22	2 491	773	148	874	5 412	434
广州市白云区龙归华侨医院	144	61	27	19	2 160	685	58	398	4 359	707
广州市白云区神山镇医院	84	39	10	20	2 291	708	88	677	3 497	442
广州市白云区太和镇医院	102	39	23	14	1 944	485	78	366	5 536	748

续表

卫生机构名称	平均每诊疗人次医疗费（元）				平均每一出院者住院医疗费（元）				平均每一医师	
	合计	其中			合计	其中			全年担负诊疗人次	全年担负住院床日
		药费	检查费	治疗费		药费	检查费	治疗费		
广州市白云区钟落潭镇医院	94	35	14	35	2 386	571	197	897	3 630	353
广州市白云区红十字会医院	124	37	33	24	2 600	590	262	463	4 496	1 252
白云区第二人民医院（原白云区中医院）	104	49	12	5	4 225	1 682	173	1 469	3 372	412
番禺区	68	31	8	14	2 404	674	224	679	4 477	393
广州市番禺区鱼窝头镇医院	46	19	5	11	2 140	639	139	615	4 461	427
广州市番禺区榄核医院	54	22	5	9	1 838	546	257	396	4 018	273
广州市番禺区钟村医院	66	32	8	13	2 087	569	145	695	1 901	188
广州市番禺区新造医院	57	27	4	17	2 903	1 006	126	1 085	8 257	490
广州市番禺区大岗人民医院	77	36	13	14	3 299	896	777	412	3 693	257
广州市番禺区化龙医院	69	33	6	16	2 792	840	279	858	4 961	428
广州市番禺区沙湾人民医院	61	29	8	11	2 700	892	195	777	7 136	615
广州市番禺区石楼人民医院	72	36	9	13	2 525	742	253	781	4 062	388
广州市番禺区石基人民医院	82	35	12	15	2 778	698	181	833	5 120	648
广州市番禺区市桥医院	68	29	6	22	1 639	264	25	574	4 701	299
广州市番禺区灵山医院	46	22	4	12	2 323	675	236	708	6 562	340
广州市番禺区南村医院	62	22	10	15	1 498	382	112	445	5 599	450
广州市番禺区大石人民医院	90	43	10	16	2 724	861	218	774	5 585	582
广州市番禺区东涌医院	53	20	6	16	1 770	418	71	618	5 129	519
花都区	67	25	11	13	2 087	605	117	588	3 651	492
广州市花都区雅瑶医院	74	32	7	26	1 557	314	52	570	3 741	644
广州市花都区炭步医院	70	26	14	13	2 374	741	219	769	3 594	413
广州市花都区芙蓉卫生院	61	32	7	8	1 042	244	59	299	3 639	143
广州市花都区华侨医院	70	27	15	3	2 606	746	142	300	1 351	262
广州市花都区北兴卫生院	53	20	8	10	1 954	478	134	692	3 068	389
广州市花都区新华医院	65	31	11	12	2 744	1 041	148	820	3 297	446
广州市花都区花东医院	111	29	14	32	1 806	420	163	684	3 492	922
广州市花都区狮岭医院	59	15	14	9	1 674	370	91	301	5 934	788
广州市花都区花山医院	74	33	6	14	2 549	840	63	867	3 918	483
广州市花都区梯面卫生院	50	21	6	15	1 943	371	171	181	2 376	96
广州市花都区赤坭医院	67	30	9	18	1 957	468	84	673	2 095	271
南沙区	50	24	6	10	2 004	696	152	542	5 569	357
广州市南沙区万顷沙人民医院	54	20	10	15	2 525	716	277	746	5 113	449
广州市南沙区横沥医院	42	18	2	10	1 685	748	39	476	2 927	183
广州南沙经济技术开发区医院	54	30	4	9	1 546	547	86	429	6 054	269
广州市南沙区黄阁医院	47	24	6	7	1 857	763	98	416	9 213	549

续表

卫生机构名称	平均每诊疗人次医疗费（元）				平均每一出院者住院医疗费（元）				平均每一医师	
	合计	其中			合计	其中			全年担负诊疗人次	全年担负住院床日
		药费	检查费	治疗费		药费	检查费	治疗费		
萝岗区	74	32	11	7	2 713	561	163	572	2 542	1 656
广州市萝岗区康宁医院	75	39	16	6	2 993	654	174	638	1 980	2 533
广州市萝岗区九佛医院	72	25	6	7	2 419	463	152	503	3 386	340
增城市	87	43	13	14	2 310	731	112	720	3 442	329
增城市永和医院	100	61	8	17	2 630	778	63	1 130	2 141	200
增城市中新医院	78	39	16	10	1 741	518	57	322	1 725	269
增城市派潭医院	41	19	5	4	1 546	421	77	126	2 810	357
增城市福和卫生院	66	36	7	9	1 963	627	65	429	4 810	605
增城市朱村卫生院	65	32	10	11	2 478	573	145	743	2 701	287
增城市仙村医院	77	38	7	9	1 910	576	79	283	4 897	368
增城市宁西卫生院	59	28	5	10	1 275	516	49	77	2 298	124
增城市三江黄加乐夫人医院（镇卫生院）	65	25	13	16	1 301	312	44	556	5 267	293
增城市小楼卫生院	49	29	4	9	2 089	801	72	318	2 618	102
增城市社区卫生服务中心（荔城医院）	75	38	13	12	2 473	843	96	882	4 317	305
增城市沙埔卫生院	79	39	11	6	1 785	588	43	196	2 975	190
增城市石滩医院	71	34	9	17	2 147	771	37	913	3 174	288
增城市正果卫生院	57	28	4	10	1 752	690	36	427	1 985	194
增城市新塘医院	119	58	20	20	2 811	886	182	989	4 400	499
从化市	55	26	6	11	1 706	607	81	332	1 663	241
从化市吕田镇医院	69	40	4	13	1 608	817	55	199	1 580	251
从化市明珠医院	55	32	4	11	1 467	575	53	159	2 121	182
从化市鳌头镇医院	46	23	7	8	1 614	624	44	290	2 316	358
从化市温泉镇医院	48	26	3	8	1 423	634	65	138	1 667	209
从化市温泉镇灌村医院	43	22	3	10	1 579	581	96	280	1 615	261
从化市太平镇神岗医院	44	19	4	13	1 937	694	81	274	2 273	284
从化市街口街医院	61	32	2	19	2 998	1 272	347	782	1 686	121
从化市太平镇医院	63	20	9	8	1 663	529	47	307	2 813	396
从化市城郊街医院	93	45	17	14	1 845	437	134	750	602	225
从化市江埔街医院	60	31	9	11	1 361	409	97	324	840	154
从化市良口镇医院	40	20	3	9	2 321	939	101	564	1 688	202
从化市鳌头镇龙潭医院	71	27	12	8	1 645	478	78	146	795	266

2006年广州市村卫生室基本情况（白云区）

指标名称	总　计	按设置/主办单位分				按行医方式分		
		村办	乡卫生院设点	联合办	私人办	西医为主	中医为主	中西医结合
机构数（个）	51	43	2	1	4	34		17
执业（助理）医师（人）	23	18		2	3	14		9
乡村医生和卫生员（人）	136	108	9	2	13	86		50
乡村医生数	127	99	9	2	13	81		46
其中：大专及以上学历	18	15			2	11		7
中专学历及中专水平	86	62	9	2	11	50		36
在职培训合格者	22	21				19		3
卫生员	9	9				5		4
年总收入（千元）	4 307	3 709	127	86	307	3 177		1 130
其中：上级补助收入	490	490				490		
村或集体补助收入	894	894				800		94
业务收入	2 700	2 102	127	86	307	1 686		1 014
年总支出（千元）	4 131	3 597	126	84	289	3 041		1 090
其中：人员经费	1 170	968	66	26	110	740		430
药品支出	2 003	1 671	60	58	179	1 343		660
诊疗人次数	400 045	332 058	10 800	13 400	36 550	253 894		146 151
孕产妇检查人次数								
儿童疫苗接种人次数								

2006年广州市村卫生室基本情况（番禺区）

指标名称	总　计	按设置/主办单位分				按行医方式分		
		村办	乡卫生院设点	联合办	私人办	西医为主	中医为主	中西医结合
机构数（个）	224	224				202		22
执业（助理）医师（人）	40	40				39		1
乡村医生和卫生员（人）	445	445				412		33
乡村医生数	351	351				325		26
其中：大专及以上学历	10	10				9		1
中专学历及中专水平	71	71				69		2
在职培训合格者	270	270				247		23
卫生员	94	94				87		7
年总收入（千元）	35 703	35 703				34 488		1 215
其中：上级补助收入	158	158				158		
村或集体补助收入	249	249				247		2
业务收入	35 049	35 049				33 836		1 213

续表

指标名称	总　计	按设置/主办单位分				按行医方式分		
		村办	乡卫生院设点	联合办	私人办	西医为主	中医为主	中西医结合
年总支出（千元）	33 763	33 763				32 533		1 230
其中：人员经费	6 739	6 739				6 395		344
药品支出	12 647	12 647				11 988		659
诊疗人次数	1 578 093	1 578 093				1 428 458		149 635
孕产妇检查人次数								
儿童疫苗接种人次数	257	257				257		

2006年广州市村卫生室基本情况（花都区）

指标名称	总　计	按设置/主办单位分				按行医方式分		
		村办	乡卫生院设点	联合办	私人办	西医为主	中医为主	中西医结合
机构数（个）	186	186				58	1	127
执业（助理）医师（人）	48	48				17		31
乡村医生和卫生员（人）	300	300				105	1	194
乡村医生数	282	282				96	1	185
其中：大专及以上学历	16	16				1		15
中专学历及中专水平	224	224				71		153
在职培训合格者	42	42				24	1	17
卫生员	18	18				9		9
年总收入（千元）	10 548	10 548				4 359	28	6 161
其中：上级补助收入	134	134				57		77
村或集体补助收入	763	763				548		215
业务收入	8 476	8 476				2 954	28	5 494
年总支出（千元）	9 764	9 764				3 691	28	6 045
其中：人员经费	4 096	4 096				1 469	17	2 610
药品支出	5 426	5 426				2 213	11	3 202
诊疗人次数	991 454	991 454				362 657	3 560	625 237
孕产妇检查人次数	170	170				120		50
儿童疫苗接种人次数	6 480	6 480				1 354		5 126

2006年广州市村卫生室基本情况（南沙区）

指标名称	总　计	按设置/主办单位分				按行医方式分		
		村办	乡卫生院设点	联合办	私人办	西医为主	中医为主	中西医结合
机构数（个）	38	34	1		3	38		
执业（助理）医师（人）	10	9	1			10		
乡村医生和卫生员（人）	83	76			7	83		

续表

指标名称	总 计	按设置/主办单位分				按行医方式分		
		村办	乡卫生院设点	联合办	私人办	西医为主	中医为主	中西医结合
乡村医生数	81	74			7	81		
其中：大专及以上学历	1	1				1		
中专学历及中专水平	6	6				6		
在职培训合格者	74	67			7	74		
卫生员	2	2				2		
年总收入（千元）	3 728	3 460			268	3 728		
其中：上级补助收入	50	50				50		
村或集体补助收入	20	20				20		
业务收入	3 658	3 390			268	3 658		
年总支出（千元）	3 165	2 927			238	3 165		
其中：人员经费	1 506	1 412			94	1 506		
药品支出	1 530	1 386			144	1 530		
诊疗人次数	255 847	231 027			24 820	255 847		
孕产妇检查人次数								
儿童疫苗接种人次数								

2006年广州市村卫生室基本情况（萝岗区）

指标名称	总 计	按设置/主办单位分				按行医方式分		
		村办	乡卫生院设点	联合办	私人办	西医为主	中医为主	中西医结合
机构数（个）	36	33		3		35		1
执业（助理）医师（人）	4	1		3		4		
乡村医生和卫生员（人）	100	94		6		95		5
乡村医生数	86	81		5		83		3
其中：大专及以上学历	6	6				5		1
中专学历及中专水平	46	43		3		44		2
在职培训合格者	34	32		2		34		
卫生员	14	13		1		12		2
年总收入（千元）	2 249	1 734		515		2 079		170
其中：上级补助收入								
村或集体补助收入	2	2				2		
业务收入	1 958	1 618		340		1 788		170
年总支出（千元）	1 989	1 524		465		1 872		117
其中：人员经费	928	778		150		846		82
药品支出	1 025	735		290		990		35
诊疗人次数	223 548	181 548		42 000		215 248		8 300
孕产妇检查人次数	100	100				100		
儿童疫苗接种人次数								

2006年广州市村卫生室基本情况（增城市）

指标名称	总　计	按设置/主办单位分				按行医方式分		
		村办	乡卫生院设点	联合办	私人办	西医为主	中医为主	中西医结合
机构数（个）	269	238	2	26	3	186	2	81
执业（助理）医师（人）	56	53		3		13		43
乡村医生和卫生员（人）	459	393	2	57	7	326	2	131
乡村医生数	421	378	2	34	7	289	2	130
其中：大专及以上学历	20	16		4		11		9
中专学历及中专水平	222	215	1	4	2	130	1	91
在职培训合格者	179	147	1	26	5	148	1	30
卫生员	38	15		23		37		1
年总收入（千元）	10 882	9 847	51	710	274	7 260	54	3 568
其中：上级补助收入	1	1						1
村或集体补助收入	33	32			1	33		
业务收入	10 378	9 344	51	710	273	6 827	54	3 497
年总支出（千元）	10 189	9 193	51	683	262	6 764	54	3 371
其中：人员经费	4 618	4 306	19	209	84	3 043	42	1 533
药品支出	5 527	4 843	32	474	178	3 691	12	1 824
诊疗人次数	924 537	839 082	3 632	65 502	16 321	597 194	3 660	323 683
孕产妇检查人次数								
儿童疫苗接种人次数	11 751	6 627	60	4 765	299	11 076		675

2006年广州市村卫生室基本情况（从化市）

指标名称	总　计	按设置/主办单位分				按行医方式分		
		村办	乡卫生院设点	联合办	私人办	西医为主	中医为主	中西医结合
机构数（个）	186	184	2			125	2	59
执业（助理）医师（人）	24	23	1			17		7
乡村医生和卫生员（人）	280	277	3			178	2	100
乡村医生数	278	275	3			178	2	98
其中：大专及以上学历	16	16				13		3
中专学历及中专水平	171	168	3			112	1	58
在职培训合格者	91	91				53	1	37
卫生员	2	2						2
年总收入（千元）	5 516	5 440	76			3 000	27	2 489
其中：上级补助收入								
村或集体补助收入								
业务收入	5 478	5 402	76			2 962	27	2 489

续表

指标名称	总　计	按设置/主办单位分				按行医方式分		
		村办	乡卫生院设点	联合办	私人办	西医为主	中医为主	中西医结合
年总支出（千元）	5 136	5 060	76			2 880	27	2 229
其中：人员经费	2 364	2 321	43			1 306	16	1 042
药品支出	2 724	2 691	33			1 553	11	1 160
诊疗人次数	443 827	432 952	10 875			274 843	3 371	165 613
孕产妇检查人次数	181	39	142			142		39
儿童疫苗接种人次数	5 302	5 302				4 870		432

（四）疾病预防与控制

2006年广州市甲、乙类传染病发病、死亡情况

病　名	发病数	死亡数	发病率（1/10万）	死亡率（1/10万）	病死率（%）	发病构成比（%）	与去年相比较发病率升降（%）	与去年相比较死亡率升降（%）
合　计	37 001	114	379.32	1.17	0.31	100	3.88	-37.65
鼠　疫					*		*	*
霍　乱					*		-100	*
传染性非典					*		*	*
艾滋病	104	23	1.07	0.24	22.12	0.28	53.41	179.90
H I V	529	1	5.42	0.01	0.19	1.43	12.94	*
肝　炎	8 968	20	91.94	0.21	0.22	24.24	-12.07	62.26
脊　灰					*		*	*
人禽流感	1	1	0.01	0.01	100		上升	上升
麻　疹	3 960		40.60			10.70	85.26	*
出血热	106		1.09			0.29	37.60	-100
狂犬病	12	12	0.12	0.12	100	0.03	29.81	29.81
乙　脑	5	2	0.05	0.02	40	0.01	-39.15	94.71
登革热	765		7.84			2.07	14795.64	*
炭　疽					*		*	*
痢　疾	1 145		11.74			3.09	-6.95	-100
肺结核	14 080	47	144.34	0.48	0.33	38.05	-6.02	-67.08
伤寒+副伤寒	166		1.70			0.45	1.64	*
流　脑	4		0.04			0.01	-92.79	-100
百日咳					*		*	*
白　喉					*		*	*
新生儿破伤风	64	6	0.66	0.06	9.38	0.17	19.82	94.71
猩红热	103		1.06			0.28	-8.84	*
布　病	1		0.01				*	*
淋　病	3 088		31.66			8.35	-5.28	*

续表

病名	发病数	死亡数	发病率（1/10万）	死亡率（1/10万）	病死率（%）	发病构成比（%）	与去年相比较发病率升降（%）	与去年相比较死亡率升降（%）
梅毒	4 403	1	45.14	0.01	0.02	11.90	39.22	–51.32
钩体病	9	1	0.09	0.01	11.11	0.02	25.17	*
血吸虫病					*		*	*
疟疾	17	1	0.17	0.01	5.88	0.05	10.34	*

注：1．2006年发病率、死亡率使用2006年广州市常住人口数（975.46万人）计算；2．2005年发病率、死亡率使用2005年广州市常住人口数（949.68万人）计算；3．发病数、死亡数合计总数不包括HIV；4．*指该病无发病或死亡，无法计算发病率或死亡率升降。

2006年广州市甲、乙类主要传染病职业分布情况

职业分类 \ 病种	合计	鼠疫	霍乱	传染性非典	艾滋病	HIV	肝炎	脊灰	人禽流感	麻疹	出血热	狂犬病	乙脑	登革热	炭疽
总计	37 001				104	529	8 968		1	3 960	106	12	5	765	
幼托儿童	450				1	0	26			296			1	7	
散居儿童	3 074					2	145			2 373			2	7	
学生	1 927					1	506			368	5	3	2	77	
教师	326					1	152			14	2			10	
保育员及保姆	34						9			2				4	
餐饮食品业	417				1	8	63			17	9			17	
公共场所服务员	48					1	4			3					
商业服务	2 023				11	37	433			113	13			48	
医务人员	140						53			13	1			7	
工人	4 636				4	27	1 283			195	22			116	
民工	4 316				2	15	1 016			170	12	1		47	
农民	4 100				4	23	1 091			34	8	8		68	
牧民	13						2								
渔（船）民	39					1	8							1	
海员及长途驾驶员	53				1	2	5			1				1	
干部职员	1 401				2	4	522			63	1			33	
离退人员	2 215				7	6	711			2	2			71	
家务及待业	4 052				18	94	1 306		1	124	13			130	
不详	2 445				23	139	700			65	1			29	
其他	5 292				30	168	933			107	17			92	

职业分类 \ 病种	痢疾	肺结核	伤寒+副伤寒	流脑	百日咳	白喉	新生儿破伤风	猩红热	布病	淋病	梅毒	钩体病	血吸虫病	疟疾
总计	1 145	14 080	166	4			64	103	1	3 088	4 403	9	0	17
幼托儿童	56	9	6					41			7			
散居儿童	232	32	25				56	19		3	180			
学生	90	719	22	1				41		63	28			2

续表

职业分类＼病种	痢疾	肺结核	伤寒+副伤寒	流脑	百日咳	白喉	新生儿破伤风	猩红热	布病	淋病	梅毒	钩体病	血吸虫病	疟疾
教　师	19	75	3							15	36			
保育员及保姆		5									13			1
餐饮食品业	13	117	1							98	81			
公共场所服务员	2	24								11	4			
商业服务	49	545	6							477	324	1		3
医务人员	7	44	3					1		5	5	1		
工　人	130	1 870	13						1	570	429	2		1
民　工	126	2 404	7	3				1		272	253			2
农　民	89	2 170	16							207	402	3		
牧　民		7								3	1			
渔（船）民	3	15								2	9	1		
海员及长途驾驶员	1	20								17	7			
干部职员	71	325	7							204	173			
离退人员	76	956	15							68	305	1		1
家务及待业	99	1 191	23							312	832			3
不　详	30	957	7							228	405			
其　他	52	2 595	12				8			533	909			4

2006年广州市甲、乙类主要传染病月份分布情况

病名＼时间		合　计	一月	二月	三月	四月	五月	六月	七月	八月	九月	十月	十一月	十二月
合　计	发病数	37 001	2 401	2 432	2 979	3 362	3 571	3 591	3 434	3 760	3 291	2 964	2 936	2 280
	死亡数	114	4	6	7	8	15	10	12	6	14	5	15	12
鼠疫	发病数													
	死亡数													
霍　乱	发病数													
	死亡数													
传染性非典	发病数													
	死亡数													
艾滋病	发病数	104	10	5	15	19	12	8	5	8	6	4	4	8
	死亡数	23		2	1	1	1	5	1	1	6	1	1	3
HIV	发病数	529	52	38	64	43	48	42	47	42	32	33	33	55
	死亡数	1											1	
肝　炎	发病数	8 968	605	693	753	732	744	725	701	895	799	816	821	684
	死亡数	20			1	1	3	1	2	1			5	6
脊　灰	发病数													
	死亡数													
人禽流感	发病数													
	死亡数	1			1									

续表

病名	时间	合计	一月	二月	三月	四月	五月	六月	七月	八月	九月	十月	十一月	十二月
麻疹	发病数	3 960	160	91	166	452	686	625	571	409	209	157	213	221
	死亡数													
出血热	发病数	106	11	19	10	19	10	9	2	4	4	7	6	5
	死亡数													
狂犬病	发病数	12	1	1	2		1		3		2	2		
	死亡数	12	1	1	2		1		2	1	2	1	1	
乙脑	发病数	5						1	1		2	1		
	死亡数	2									2			
登革热	发病数	765						2	7	252	301	129	73	1
	死亡数													
炭疽	发病数													
	死亡数													
痢疾	发病数	1 145	57	53	72	101	97	100	149	143	98	117	86	72
	死亡数													
肺结核	发病数	14 080	1 004	999	1 221	1 316	1 331	1 447	1 285	1 340	1 210	1 096	1 063	768
	死亡数	47	3	3	2	4	10	3	4	3	3	3	6	3
伤寒+副伤寒	发病数	166	13	15	8	12	13	18	19	15	20	7	17	9
	死亡数													
流脑	发病数	4	1	2			1							
	死亡数													
百日咳	发病数													
	死亡数													
白喉	发病数													
	死亡数													
新生儿破伤风	发病数	64	8	3	4	7	5	6	7	7	6	4	4	3
	死亡数	6				2		1	1		1		1	
猩红热	发病数	103	9	2	9	13	9	13	10	3	4	6	7	18
	死亡数													
布病	发病数	1						1						
	死亡数													
淋病	发病数	3 088	198	269	295	256	301	262	255	270	273	256	263	190
	死亡数													
梅毒	发病数	4 403	324	278	423	435	360	372	414	406	354	359	378	300
	死亡数	1											1	
钩体病	发病数	9						1	1	3	1	2	1	
	死亡数	1							1					
血吸虫病	发病数													
	死亡数													
疟疾	发病数	17		1	1		1	1	4	5	2	1		1
	死亡数	1							1					

2006年广州市甲、乙类主要传染病年龄分布情况

年龄（岁）\病名	合计	鼠疫	霍乱	传染性非典	艾滋病	HIV	肝炎	脊灰	人禽流感	麻疹	出血热	狂犬病	乙脑	登革热	炭疽
全部	37 001				104	529	8 968		1	3 960	106	12	5	765	
0～	1 710					1	58			1 229				1	
1～	398						9			322				2	
2～	526						27			428			1	2	
3～	274						25			201			1	1	
4～	239				1	1	17			182					
5～	278						18			190				7	
6～	219						20			146			1	4	
7～	133						12			88		1		2	
8～	118						15			76				3	
9～	96						20			53			1	4	
10～	308						71			99		2	1	33	
15～	1 825				1	8	606			116	6			52	
20～	5 121				3	53	1 299			251	15	1		97	
25～	5 222				10	90	1 314			249	11			73	
30～	5 081				22	130	1 321		1	208	21			82	
35～	3 682				20	113	971			85	14			75	
40～	2 738				22	77	727			24	14	2		68	
45～	1 619				11	24	443			7	9	2		55	
50～	1 683				3	11	460			1	7			67	
55～	1 224				4	8	354			3	5	1		44	
60～	973				4	6	265			0	2			31	
65～	1 020				2	3	272				1			33	
70～	995				1	2	262			1	1	3		15	
75～	818					2	211							8	
80～	447						111			1				3	
85及以上	254						60							3	
不详															

年龄（岁）\病名	痢疾	肺结核	伤寒+副伤寒	流脑	百日咳	白喉	新生儿破伤风	猩红热	布病	淋病	梅毒	钩体病	血吸虫病	疟疾
全部	1 145	14 080	166	4			64	103	1	3 088	4 403	9		17
0～	101	16	11				64	1		3	226			
1～	51	5	4					2			3			
2～	50	7	4					3			4			
3～	23	9	2					6		1	5			
4～	17	6	3					11			2			
5～	24	5	4					23		1	6			

续表

年龄（岁）\病名	痢疾	肺结核	伤寒+副伤寒	流脑	百日咳	白喉	新生儿破伤风	猩红热	布病	淋病	梅毒	钩体病	血吸虫病	疟疾
6～	15	2	5					24		2				
7～	12	4	1					13						
8～	5	10	1	1				7						
9～	8	5						4			1			
10～	25	60	1					6		3	5			2
15～	45	830	20	2				1		87	59			
20～	123	2 291	16					1		530	493			1
25～	120	1 996	13					1		670	762			3
30～	115	1 903	20							597	785	1		5
35～	92	1 456	13	1						435	517	2		1
40～	78	1 110	3							298	389	2		1
45～	32	702	6						1	142	207			2
50～	41	762	11							125	205	1		
55～	42	530	2							85	153	1		
60～	27	453	6							49	136			
65～	29	516	5							34	126			2
70～	29	549	6							17	109	2		
75～	16	480	7							5	91			
80～	15	249	0							4	64			
85及以上	10	124	2							0	55			
不　详														

2006年广州市甲、乙类传染病发病、死亡年分类表（按病种归类）

疾病分类	2006年					2005年					2006年与2005年比较		
	发病数	死亡数	发病率 1/10万	死亡率 1/10万	病死率（%）	发病数	死亡数	发病率 1/10万	死亡率 1/10万	病死率（%）	发病率增减（%）	死亡率增减（%）	病死率增减（%）
合　计	37 001	114	379.32	1.17	0.31	34 676	178	365.13	1.87	0.51	3.88	−37.65	−39.98
肠道传染病	2 795	6	28.65	0.06	0.21	2 862	7	30.14	0.07	0.24	−4.92	−16.55	−12.23
呼吸道传染病	18 147	47	186.04	0.48	0.26	16 831	141	177.23	1.48	0.84	4.97	−67.55	−69.08
自然疫源及虫媒传染病	916	17	9.39	0.17	1.86	119	11	1.25	0.12	9.24	649.40	50.46	−79.92
血源及性传播传染病	15 079	38	154.58	0.39	0.25	14 812	16	155.97	0.17	0.11	−0.89	131.22	133.29
新生儿破伤风	64	6	0.66	0.06	9.38	52	3	0.55	0.03	5.77	19.82	94.71	62.50

注：1. 2006年发病率、死亡率使用2006年广州市常住人口数（975.46万人）计算；2. 2005年发病率、死亡率使用2005年广州市常住人口数（949.68万人）计算。

2006年广州市丙类传染病发病、死亡情况

病名	2006年					2005年					2006年与2005年比较		
	发病数	死亡数	发病率1/10万	死亡率1/10万	病死率（%）	发病数	死亡数	发病率1/10万	死亡率1/10万	病死率（%）	发病率增减（%）	死亡率增减（%）	病死率增减（%）
合计	25 667	1	263.13	0.01		19 887		209.41			25.65	上升	上升
流行性感冒	4 714		48.33			1 441		15.17			218.49	*	*
流行性腮腺炎	6 469	1	66.32	0.01	0.02	7 888		83.06			–20.16	上升	上升
风疹	99		1.01			72		0.76			33.87	*	*
急性出血性结膜炎	158		1.62			121		1.27			27.13	*	*
麻风病	7		0.07			10		0.11			–31.85	*	*
斑疹伤寒	23		0.24			20		0.21			11.96	*	*
黑热病					*					*	*	*	*
包虫病					*					*	*	*	*
丝虫病					*					*	*	*	*
其他感染性腹泻病	14 197		145.54			10 335		108.83			33.74	*	*

注：

1．2006年发病率、死亡率使用2006年广州市常住人口数（975.46万人）计算；

2．2005年发病率、死亡率使用2005年广州市常住人口数（949.68万人）计算；

3．*指该病无发病或死亡，无法计算病死率、发病率或死亡率升降。

2006年广州市丙类传染病发病、死亡分地区情况

行政区域	合计		流行性感冒		流行性腮腺炎		风疹		急性出血性结膜炎		麻风病		斑疹伤寒		其他感染性腹泻病	
	发病	死亡	发病	死亡	发病	死亡	发病	死亡	发病	死亡	发病	死亡	发病	死亡	发病	死亡
广州市	25 667	1	4 714		6 469	1	99		158		7		23		14 197	
荔湾区	1 399	1	336		361	1	9		19				1		673	
越秀区	3 471		604		546		11		19		2		1		2 288	
海珠区	2 944		910		763		15		10		1		2		1 243	
天河区	2 379		413		501		21		12				6		1 426	
白云区	3 220		565		613		5		0		1		1		2 035	
黄埔区	1 169		251		248		6		5		1				658	
番禺区	5 886		1 158		2 060		19		83		1		9		2 556	
花都区	2 164		164		571		3		4						1 422	
南沙区	1 243		126		324		3		1						789	
萝岗区	402		21		152		1		2						226	
增城市	910		84		89		4		1		1		1		730	
从化市	306		47		223		2		1				2		31	
不详县	174		35		18		0		1						120	

2006年广州市丙类传染病发病、死亡分月情况

疾病名称		合计	一月	二月	三月	四月	五月	六月	七月	八月	九月	十月	十一月	十二月
合　计	发病数	25 667	1 248	1 026	2 355	2 109	1 785	3 100	2 093	1 971	1 966	2 343	3 669	2 002
	死亡数	1	1											
流行性感冒	发病数	4 714	14	85	1 376	941	412	1 594	204	49	14	6	8	11
	死亡数													
流行性腮腺炎	发病数	6 469	495	358	496	640	726	876	953	514	401	346	331	333
	死亡数	1	1											
风　疹	发病数	99	3	8	10	25	14	10	4	3	13	4	3	2
	死亡数													
急性出血性结膜炎	发病数	158	2	3	3	7	10	4	18	54	37	8	6	6
	死亡数													
麻风病	发病数	7			2	2	1			1				1
	死亡数													
斑疹伤寒	发病数	23	2		1	1	1	3	7	5		2		1
	死亡数													
黑热病	发病数													
	死亡数													
包虫病	发病数													
	死亡数													
丝虫病	发病数													
	死亡数													
其他感染性腹泻病	发病数	14 197	732	572	467	493	621	613	907	1 345	1 501	1 977	3 321	1 648
	死亡数													

2006年广州市艾滋病监测哨点血清学监测结果（按性别分布）

哨点类别	哨点名称	合计			男			女		
		监测人数	HIV抗体阳性数	HIV抗体阳性率（%）	监测人数	HIV抗体阳性数	HIV抗体阳性率(%)	监测人数	HIV抗体阳性数	HIV抗体阳性率(%)
Ⅰ类	广州市收教所*	410	3	0.73	129			281	3	1.07
Ⅰ类	白云区戒毒所*	1 265	34	2.69	1 141	30	2.63	124	4	3.23
Ⅰ类	广州市戒毒所△	2 794	250	8.95	2 403	226	9.40	391	24	6.14
Ⅰ类	天河区戒毒所	641	30	4.68	526	22	4.18	115	8	6.96
Ⅰ类	黄埔区戒毒所	181	4	2.21	181	4	2.21			
Ⅰ类	从化市戒毒所△	98	1	1.02	90	1	1.11	8		
Ⅰ类	增城市戒毒所	294	23	7.82	274	23	8.39	20		
Ⅰ类	番禺区戒毒所	1 719	55	3.20	1 427	46	3.22	292	9	3.08
Ⅰ类	花都区戒毒所	822	19	2.31	738	17	2.30	84	2	2.38
Ⅰ类	广州市皮防所*	410			358			52		

续表

哨点类别	哨点名称	合计			男			女		
		监测人数	HIV抗体阳性数	HIV抗体阳性率（%）	监测人数	HIV抗体阳性数	HIV抗体阳性率(%)	监测人数	HIV抗体阳性数	HIV抗体阳性率(%)
Ⅰ类	广州市妇婴医院△	500						500		
Ⅱ类	省戒毒劳教所	1 717	60	3.49	1 717	60	3.49			
Ⅱ类	省增城劳教所	1 279	13	1.02	1 279	13	1.02			
Ⅱ类	市第一劳教所	655	4	0.61	655	4	0.61			
Ⅱ类	市第二劳教所	1 873	62	3.31	1 873	62	3.31			
Ⅱ类	市第三劳教所	721	34	4.72	721	34	4.72			
Ⅱ类	市岑村劳教所	79	4	5.06	79	4	5.06			
Ⅱ类	市东坑劳教所	834	20	2.40	834	20	2.40			
Ⅱ类	市潭岗劳教所	984	32	3.25	984	32	3.25			
Ⅱ类	市戒毒劳教所	581	12	2.07	581	12	2.07			
Ⅱ类	市槎头妇教所	387	14	3.62				387	14	3.62
Ⅱ类	广州市少教所	539	8	1.48	539	8	1.48			
Ⅱ类	广州市第一看守所	1 427	9	0.63	1 134	8	0.71	293	1	0.34
Ⅱ类	广州市第二看守所	406			406					
Ⅱ类	广州市第三看守所	1 028	20	1.95	1 028	20	1.95			
Ⅱ类	广铁看守所	671	16	2.38	594	12	2.02	77	4	5.19
Ⅱ类	花都看守所	1 305	1	0.08	1 238	1	0.08	67		
Ⅱ类	增城看守所	240	1	0.42	234	1	0.43	6		
Ⅱ类	黄埔看守所	701	1	0.14	644	1	0.16	57		
Ⅱ类	从化看守所	865	1	0.12	810	1	0.12	55		
Ⅱ类	芳村看守所	352	3	0.85	331	3	0.91	21		
Ⅱ类	荔湾看守所	443			406			37		
Ⅱ类	越秀第二看守所	454	3	0.66	402	3	0.75	52		
Ⅱ类	海珠看守所	1 131	12	1.06	1 027	11	1.07	104	1	0.96
合　计		27 806	749	2.69	24 783	679	2.74	3 023	70	2.32

注：1. *为国家级哨点，其余为市级哨点。

2. △为省级哨点。

2006年广州市艾滋病监测哨点血清学监测结果（按户籍分布）

哨点类别	哨点名称	省　　内			省　　外		
		监测人数	阳性数	阳性率（%）	监测人数	阳性数	阳性率（%）
Ⅰ类	广州市收教所*	64	1	1.56	346	2	0.58
Ⅰ类	白云区戒毒所*	784	14	1.79	481	20	4.16
Ⅰ类	广州市戒毒所△	1 907	114	5.98	887	136	15.33
Ⅰ类	天河区戒毒所	283	6	2.12	358	24	6.70

续表

哨点类别	哨点名称	省内			省外		
		监测人数	阳性数	阳性率（%）	监测人数	阳性数	阳性率（%）
Ⅰ类	黄埔区戒毒所	121	1	0.83	60	3	5
Ⅰ类	从化市戒毒所△	87			11	1	9.09
Ⅰ类	增城市戒毒所	180	1	0.56	114	22	19.30
Ⅰ类	番禺区戒毒所	554	10	1.81	1 165	45	3.86
Ⅰ类	花都区戒毒所	476	7	1.47	346	12	3.47
Ⅰ类	广州市皮防所*	369			41		
Ⅰ类	广州市妇婴医院△	423			77		
Ⅱ类	省戒毒劳教所	1 499	51	3.40	218	9	4.13
Ⅱ类	省增城劳教所	1 174	12	1.02	105	1	0.95
Ⅱ类	市第一劳教所	149			506	4	0.79
Ⅱ类	市第二劳教所	1 153	24	2.08	720	38	5.28
Ⅱ类	市第三劳教所	353	10	2.83	368	24	6.52
Ⅱ类	市岑村劳教所	74	4	5.41	5		
Ⅱ类	市东坑劳教所	570	12	2.11	264	8	3.03
Ⅱ类	市潭岗劳教所	706	21	2.97	278	11	3.96
Ⅱ类	市戒毒劳教所	551	9	1.63	30	3	10
Ⅱ类	市槎头妇教所	200	12	6	187	2	1.07
Ⅱ类	广州市少教所	106	1	0.94	433	7	1.62
Ⅱ类	广州市第一看守所	381			1 046	9	0.86
Ⅱ类	广州市第二看守所	130			276		
Ⅱ类	广州市第三看守所	400	7	1.75	628	13	2.07
Ⅱ类	广铁看守所	74	1	1.35	597	15	2.51
Ⅱ类	花都看守所	514			791	1	0.13
Ⅱ类	增城看守所	61			179	1	0.56
Ⅱ类	黄埔看守所	110			591	1	0.17
Ⅱ类	从化看守所	550	1	0.18	315		
Ⅱ类	芳村看守所	95	1	1.05	257	2	0.78
Ⅱ类	荔湾看守所	141			302		
Ⅱ类	越秀第二看守所	174	1	0.57	280	2	0.71
Ⅱ类	海珠看守所	385	6	1.56	746	6	0.80
合　计		14 798	327	2.21	13 008	422	3.24

注：1．*为国家级哨点，其余为市级哨点。

2．△为省级哨点。

2006年广州市成蚊密度监测情况

月份	捕蚊总数	时间(分)	只/人工小时	致倦库蚊		三带喙库蚊		白纹伊蚊		埃及伊蚊		中华按蚊		嗜人按蚊		大劣按蚊		微小按蚊		其他	
				捕获数	构成比(%)	捕获数	构成比(%)	捕获数	构成比(%)	捕获数	构成比(%)	捕获数	构成比(%)	捕获数	构成比(%)	捕获数	构成比(%)	捕获数	构成比(%)	捕获数	构成比(%)
1	53	603	5.27	43	81.13			7	13.21			3	5.66								
2	60	780	4.62	57	95	2	3.33	1	1.67												
3	140	750	11.20	136	97.14							4	2.86								
4	196	795	14.79	183	93.37			7	3.57			6	3.06								
5	248	750	19.84	233	93.95			5	2.02			10	4.03								
6	182	750	14.56	162	89.01			8	4.40			12	6.59								
7	184	750	14.72	160	86.96			11	5.98			13	7.07								
8	158	1 080	8.78	100	63.29			55	34.81			3	1.90								
9	86	750	6.88	61	70.93			24	27.91			1	1.16								
10	58	750	4.64	32	55.17			18	31.03			8	13.79								
11	94	840	6.71	84	89.36	1	1.06	4	4.26			5	5.32								
12	15	750	1.20	12	80							3	20								
合计	1 474	9 348	9.43	1 263	85.69	3	0.20	140	9.50			68	4.61								

2006年广州市蝇密度监测情况

分类		一月	二月	三月	四月	五月	六月	七月	八月	九月	十月	十一月	十二月	合计
合计	布笼数	20	20	20	20	19	19	19	19	20	19	18	19	232
	捕蝇数	5	9	14	21	42	39	58	48	50	45	27	11	369
	蝇密度（只/笼）	0.25	0.45	0.70	1.05	2.21	2.05	3.05	2.53	2.50	2.37	1.44	0.58	1.60
家蝇	捕获数	2	5	8	9	24	20	32	25	30	23	15	4	197
	构成比(%)	40	55.56	57.14	42.86	57.14	51.28	55.17	52.08	60	51.11	55.56	36.36	53.39
市蝇	捕获数	3	4	6	7	12	9	15	14	13	16	5	4	108
	构成比(%)	60	44.44	42.86	33.33	28.57	23.08	25.86	29.17	26	35.56	18.52	36.36	29.27
丝光绿蝇	捕获数				2	2	1	1	3	1	2	2		14
	构成比(%)				9.52	4.76	2.56	1.72	6.25	2	4.44	7.41		3.79
铜绿蝇	捕获数				1		2			1		2		6
	构成比(%)				4.76		5.13			2		7.41		1.63
亮绿蝇	捕获数									1				1
	构成比(%)									2				0.27

续表

分类		一月	二月	三月	四月	五月	六月	七月	八月	九月	十月	十一月	十二月	合计
大头金蝇	捕获数				1	4	6	9	6	4	4	3	3	40
	构成比(%)				4.76	9.52	15.38	15.52	12.50	8	8.89	11.11	27.27	10.84
伏蝇	捕获数													
	构成比(%)													
新陆原伏蝇	捕获数													
	构成比(%)													
巨尾阿丽蝇	捕获数													
	构成比(%)													
红头丽蝇	捕获数													
	构成比(%)													
厩腐蝇	捕获数													
	构成比(%)													
夏厕蝇	捕获数													
	构成比(%)													
元厕蝇	捕获数													
	构成比(%)													
棕尾别麻蝇	捕获数						1	1						2
	构成比(%)						2.56	1.72						0.54
其他	捕获数				1									1
	构成比(%)				4.76									0.27

2006年广州市蟑螂密度监测情况

月份	回收张数	阳性张数	粘蟑数	蟑密度(只/张)	侵害率(%)	德国小蠊		美洲大蠊		澳洲大蠊		黑胸大蠊		褐斑大蠊		日本大蠊		其他	
						粘获数	构成比(%)	粘获数	构成比(%)	粘获数	构成比(%)	粘获数	构成比(%)	粘获数	构成比(%)	粘获数	构成比(%)	粘获数	构成比(%)
1	172	39	418	2.43	22.67	323	77.27	54	12.92	41	9.81								
2	154	39	813	5.27	25.32	811	99.75			2	0.25								
3	153	36	490	3.20	23.53	479	97.76	10	2.04	1	0.20								
4	174	39	579	3.33	22.41	557	96.20	16	2.76	5	0.86	1	0.17						
5	167	38	560	3.53	22.75	551	98.39	9	1.61										
6	150	28	201	1.34	18.67	195	97.01	6	2.99										
7	164	43	402	2.45	26.22	315	78.36	70	17.41	17	4.23								
8	166	35	219	1.32	21.08	196	89.50	14	6.39	9	4.11								
9	164	48	275	1.69	29.27	233	84.73	33	12.00	9	3.27								
10	168	25	202	1.20	14.88	175	86.63	23	11.39	4	1.98								
11	174	45	270	1.55	25.86	249	92.22	17	6.30	4	1.48								
12	174	36	102	0.60	20.69	84	82.35	15	14.71	3	2.94								
合计	1 980	451	4 531	2.29	22.78	4 168	91.99	267	5.89	95	2.10	1	0.02						

2006年广州市鼠密度监测情况

月份	有效夹数	捕鼠数	捕获率(%)	褐家鼠		黄胸鼠		小家鼠		黑线姬鼠		黄毛鼠		其他	
				捕获数	构成比(%)	捕获数	构成比(%)	捕获数	构成比(%)	捕获数	构成比(%)	捕获数	构成比(%)	捕获数	构成比(%)
1	537	18	3.35	9	50	2	11.11	7	38.89						
2	597	27	4.52	19	70.37	5	18.52	2	7.41					1	3.70
3	823	17	2.07	6	35.29	2	11.76	6	35.29					3	17.65
4	718	35	4.87	22	62.86	3	8.57	10	28.57						
5	793	17	2.14	12	70.59	2	11.76	3	17.65						
6	672	17	2.53	11	64.71			6	35.29						
7	762	24	3.15	12	50	2	8.33	10	41.67						
8	570	10	1.75	7	70	1	10	2	20						
9	650	21	3.23	12	57.14	3	14.29	6	28.57						
10	652	25	3.83	16	64	1	4	8	32						
11	637	13	2.04	6	46.15	2	15.38	5	38.46						
12	616	20	3.25	11	55	5	25	4	20						
合计	8 027	244	3.04	143	58.61	28	11.48	69	28.28					4	1.64

2006年广州市各区、县（市）儿童免疫基本情况

地区	行政区域数				人口总数	<15岁儿童数	≤7岁儿童数	≤7岁流动儿童数	本年度出生		建卡人数	建证人数	四苗接种率达到95%乡镇数
	县级	街道级	乡镇级	村级					人数	率(‰)			
荔湾区	1	22		192	705 134	80 686	36 464	18 129	3 972	5.63	3 961	3 961	22
越秀区	1	22		282	1 150 782	173 597	57 844	21 917	6 524	5.67	12 369	10 496	22
海珠区	1	18		257	890 280	128 260	58 534	45 165	5 880	6.60	5 880	5 234	18
天河区	1	21		184	639 969	79 688	86 377	55 596	5 693	8.90	24 416	24 466	21
白云区	1	14	7	271	908 270	147 834	57 105	65 807	8 306	9.14	8 152	8 152	21
黄埔区	1	9		54	199 515	36 693	18 311	14 539	1 788	8.96	3 467	3 785	9
南沙区	1	1	4	74	148 093	26 598	9 496	1 473	1 359	9.18	1 436	1 436	5
萝岗区	1	5	1	56	165 952	33 516	11 969	5 750	1 581	9.53	1 897	1 897	6
番禺区	1	4	12	272	935 687	234 003	59 701	66 069	9 196	9.83	8 537	8 564	16
花都区	1		11	233	624 950	108 728	44 416	20 475	6 196	9.91	8 754	8 221	11
增城市	1	3	6	298	810 554	147 064	55 898	11 159	8 334	10.28	8 184	8 171	9
从化市	1	3	10	238	555 992	104 488	42 362	3 792	4 534	8.15	4 982	4 982	13
合　计	12	122	51	2 411	7 735 178	1 301 155	538 477	329 871	63 363	8.19	92 035	89 365	173

注：1. “≤7岁流动儿童数”指非本县户口的≤7岁儿童数；

2. “四苗接种率达到95%乡镇数”由县级及以上填写；

3. “建卡（证）人数”指当年累计建卡（证）儿童数；

4. 本表乡镇级填至村级。

2006年广州市各区、县（市）儿童基础免疫接种情况（合计）（1）

病种			荔湾区	越秀区	海珠区	天河区	白云区	黄埔区	南沙区	萝岗区	番禺区	花都区	增城市	从化市	合计
卡介苗		应种(人次)	6 019	8 354	17 581	15 056	28 781	3 534	1 595	2 819	19 980	14 094	11 995	6 473	136 281
		实种(人次)	6 002	8 350	17 432	14 940	28 514	3 534	1 581	2 806	19 036	13 247	11 948	6 464	133 854
		接种率(%)	99.72	99.95	99.15	99.23	99.07	100	99.12	99.54	95.28	93.99	99.61	99.86	98.22
口服脊髓灰质炎疫苗	第一针	应种(人次)	7 032	8 391	17 604	15 418	30 534	3 534	1 595	2 826	19 980	14 094	12 165	6 473	139 646
		实种(人次)	7 031	8 390	17 538	15 328	29 946	3 532	1 593	2 826	19 816	13 261	12 091	6 467	137 819
		接种率(%)	99.99	99.99	99.63	99.42	98.07	99.94	99.87	100	99.18	94.09	99.39	99.91	98.69
	第二针	应种(人次)	6 985	8 385	17 595	15 404	30 307	3 532	1 595	2 823	19 980	14 094	12 280	6 471	139 451
		实种(人次)	6 981	8 382	17 530	15 276	29 672	3 531	1 591	2 823	19 558	13 252	12 163	6 461	137 220
		接种率(%)	99.94	99.96	99.63	99.17	97.90	99.97	99.75	100	97.89	94.03	99.05	99.85	98.40
	第三针	应种(人次)	6 934	8 375	17 595	15 373	30 067	3 531	1 595	2 819	19 980	14 094	12 192	6 466	139 021
		实种(人次)	6 928	8 371	17 526	15 150	29 348	3 529	1 587	2 818	19 207	13 234	12 058	6 449	136 205
		接种率(%)	99.91	99.95	99.61	98.55	97.61	99.94	99.50	99.96	96.13	93.90	98.90	99.74	97.97
百白破混合制剂	第一针	应种(人次)	7 195	8 400	17 599	15 424	30 463	3 534	1 595	2 827	19 980	14 094	12 166	6 471	139 748
		实种(人次)	7 194	8 396	17 513	15 321	29 981	3 532	1 593	2 825	19 751	13 256	12 057	6 462	137 881
		接种率(%)	99.99	99.95	99.51	99.33	98.42	99.94	99.87	99.93	98.85	94.05	99.10	99.86	98.66
	第二针	应种(人次)	7 107	8 400	17 583	15 410	30 227	3 532	1 595	2 824	19 980	14 094	12 174	6 466	139 392
		实种(人次)	7 104	8 392	17 492	15 257	29 725	3 530	1 592	2 821	19 429	13 238	12 035	6 452	137 067
		接种率(%)	99.96	99.90	99.48	99.01	98.34	99.94	99.81	99.89	97.24	93.93	98.86	99.78	98.33
	第三针	应种(人次)	7 015	8 395	17 579	15 380	30 011	3 530	1 595	2 820	19 980	14 094	12 197	6 465	139 061
		实种(人次)	7 011	8 383	17 474	15 157	29 477	3 525	1 587	2 817	19 026	13 221	12 018	6 443	136 139
		接种率(%)	99.94	99.86	99.40	98.55	98.22	99.86	99.50	99.89	95.23	93.81	98.53	99.66	97.90

2006年广州市各区、县（市）儿童基础免疫接种情况（合计）（2）

病种			荔湾区	越秀区	海珠区	天河区	白云区	黄埔区	南沙区	萝岗区	番禺区	花都区	增城市	从化市	合计
麻疹疫苗		应种(人次)	6 842	8 369	17 585	15 311	29 763	3 534	1 595	2 823	19 980	14 094	12 348	6 464	138 708
		实种(人次)	6 829	8 348	17 468	15 012	28 801	3 530	1 583	2 813	18 248	13 173	12 099	6 433	134 337
		接种率(%)	99.81	99.75	99.33	98.05	96.77	99.89	99.25	99.65	91.33	93.47	97.98	99.52	96.85
乙肝疫苗	第一针	应种(人次)	6 257	8 414	17 641	15 415	30 574	3 534	1 595	2 827	19 980	14 094	11 956	6 473	138 760
		实种(人次)	6 254	8 411	17 587	15 319	30 273	3 534	1 592	2 824	19 733	13 199	11 931	6 465	137 122
		接种率(%)	99.95	99.96	99.69	99.38	99.02	100.00	99.81	99.89	98.76	93.65	99.79	99.88	98.82
	第二针	应种(人次)	6 607	8 407	17 608	15 410	30 569	3 534	1 595	2 818	19 980	14 094	12 130	6 473	139 225
		实种(人次)	6 597	8 401	17 532	15 289	29 844	3 531	1 591	2 812	19 483	13 186	12 022	6 464	136 752
		接种率(%)	99.85	99.93	99.57	99.21	97.63	99.92	99.75	99.79	97.51	93.56	99.11	99.86	98.22
	第三针	应种(人次)	6 864	8 392	17 588	15 368	29 744	3 531	1 593	2 781	19 980	14 094	11 986	6 465	138 386
		实种(人次)	6 844	8 367	17 514	15 089	28 764	3 529	1 587	2 770	18 428	13 168	11 712	6 443	134 215
		接种率(%)	99.71	99.70	99.58	98.18	96.71	99.94	99.62	99.60	92.23	93.43	97.71	99.66	96.99

续表

病种		荔湾区	越秀区	海珠区	天河区	白云区	黄埔区	南沙区	萝岗区	番禺区	花都区	增城市	从化市	合计
乙脑疫苗	应种(人次)	6 973	8 377	17 465	15 161	28 669	3 534	1 594	2 818	19 980	13 870	12 195	6 462	137 098
	实种(人次)	6 930	8 315	17 310	14 751	28 039	3 525	1 528	2 783	17 281	12 841	11 921	6 415	131 639
	接种率(%)	99.38	99.26	99.11	97.30	97.80	99.75	95.86	98.76	86.49	92.58	97.75	99.27	96.02
风疹疫苗	应种(人次)	4 721		11 868	10 809	12 933	3 506	1 248	1 825	13 098	11 531	10 064		81 603
	实种(人次)	4 690		11 743	10 654	12 821	3 365	1 173	1 825	12 676	10 210	5 502		74 659
	接种率(%)	99.34		98.95	98.57	99.13	95.98	93.99		96.78	88.54	54.67		91.49
甲肝疫苗	应种(人次)	3 372		10 091	7 812	15 408	3 475	1 686	1991	14 436	10 508	10 252		79 031
	实种(人次)	3 327		9 954	7 043	15 254	3 288	1 592	1 957	10 866	10 045	4 359		67 685
	接种率(%)	98.67		98.64	90.16	99	94.62	94.42	98.29	75.27	95.59	42.52		85.64

2006年广州市各区、县（市）本地儿童基础免疫接种情况（1）

病种			荔湾区	越秀区	海珠区	天河区	白云区	黄埔区	南沙区	萝岗区	番禺区	花都区	增城市	从化市	合计
卡介苗		应种（人次）	3 043	4 663	5 083	5 222	6 130	1 718	1 339	1 345	8 641	5 488	6 446	4 936	54 054
		实种（人次）	3 043	4 663	5 075	5 220	6 001	1 718	1 336	1 341	8 626	5 458	6 446	4 930	53 857
		接种率（%）	100	100	99.84	99.96	97.90	100	99.78	99.70	99.83	99.45	100	99.88	99.64
口服脊髓灰质炎疫苗	第一针	应种（人次）	3 122	4 674	5 083	5 278	6 177	1 718	1 339	1 345	8 641	5 488	6 551	4 936	54 352
		实种（人次）	3 121	4 673	5 077	5 266	6 167	1 718	1 339	1 345	8 636	5 455	6 538	4 931	54 266
		接种率（%）	99.97	99.98	99.88	99.77	99.84	100	100	100	99.94	99.40	99.80	99.90	99.84
	第二针	应种（人次）	3 117	4 673	5 083	5 277	6 178	1 718	1 339	1 345	8 641	5 488	6 575	4 936	54 370
		实种（人次）	3 117	4 672	5 077	5 260	6 122	1 718	1 339	1 345	8 633	5 454	6 546	4 928	54 211
		接种率（%）	100	99.98	99.88	99.68	99.09	100	100	100	99.91	99.38	99.56	99.84	99.71
	第三针	应种（人次）	3 074	4 667	5 083	5 271	6 185	1 718	1 339	1 344	8 641	5 488	6 553	4 936	54 299
		实种（人次）	3 074	4 666	5 075	5 244	6 126	1 718	1 338	1 343	8 613	5 450	6 525	4 925	54 097
		接种率（%）	100	99.98	99.84	99.49	99.05	100	99.93	99.93	99.68	99.31	99.57	99.78	99.63
百白破混合制剂	第一针	应种（人次）	3 162	4 671	5 083	5 270	6 147	1 718	1 339	1 345	8 641	5 488	6 601	4 936	54 401
		实种（人次）	3 162	4 670	5 077	5 257	6 120	1 718	1 339	1 344	8 633	5 451	6 571	4 928	54 270
		接种率（%）	100	99.98	99.88	99.75	99.56	100	100	99.93	99.91	99.33	99.55	99.84	99.76
	第二针	应种（人次）	3 138	4 670	5 082	5 270	6 187	1 718	1 339	1 345	8 641	5 488	6 576	4 936	54 390
		实种（人次）	3 137	4 668	5 076	5 251	6 151	1 718	1 339	1 343	8 620	5 448	6 536	4 926	54 213
		接种率（%）	99.97	99.96	99.88	99.64	99.42	100	100	99.85	99.76	99.27	99.39	99.80	99.67
	第三针	应种（人次）	3 137	4 670	5 079	5 268	6 181	1 718	1 340	1 344	8 641	5 488	6 569	4 936	54 371
		实种（人次）	3 136	4 667	5 075	5 243	6 135	1 718	1 338	1 342	8 604	5 444	6 519	4 923	54 144
		接种率（%）	99.97	99.94	99.92	99.53	99.26	100	99.85	99.85	99.57	99.20	99.24	99.74	99.58

2006年广州市各区、县（市）本地儿童基础免疫接种情况（2）

病种		荔湾区	越秀区	海珠区	天河区	白云区	黄埔区	南沙区	萝岗区	番禺区	花都区	增城市	从化市	合计
麻疹疫苗	应种（人次）	3 140	4 659	5 079	5 238	6 201	1 718	1 339	1 342	8 641	5 488	6 535	4 936	54 316
	实种（人次）	3 137	4 652	5 071	5 204	6 117	1 718	1 335	1 334	8 530	5 418	6 461	4 919	53 896
	接种率（%）	99.90	99.85	99.84	99.35	98.65	100	99.70	99.40	98.72	98.72	98.87	99.66	99.23
乙肝疫苗 第一针	应种（人次）	3 080	4 672	5 082	5 279	6 255	1 718	1 339	1 345	8 641	5 488	6 425	4 936	54 260
	实种（人次）	3 080	4 672	5 076	5 270	6 221	1 718	1 338	1 345	8 627	5 428	6 424	4 931	54 130
	接种率（%）	100	100	99.88	99.83	99.46	100	99.93	100	99.84	98.91	99.98	99.90	99.76
第二针	应种（人次）	3 118	4 672	5 082	5 279	6 277	1 718	1 339	1 342	8 641	5 488	6 574	4 936	54 466
	实种（人次）	3 118	4 672	5 076	5 270	6 018	1 718	1 338	1 341	8 620	5 423	6 555	4 931	54 080
	接种率（%）	99.85	99.93	99.88	99.83	95.87	99.92	99.93	99.93	99.76	98.82	99.71	99.90	99.29
第三针	应种（人次）	3 094	4 671	5 080	5 277	6 101	1 718	1 338	1 335	8 641	5 488	6 559	4 936	54 238
	实种（人次）	3 092	4 665	5 075	5 248	6 008	1 718	1 337	1 331	8 553	5 423	6 435	4 921	53 806
	接种率（%）	99.94	99.87	99.90	99.45	98.48	100	99.93	99.70	98.98	98.82	98.11	99.70	99.20
乙脑疫苗	应种（人次）	3 197	4 667	5 078	5 188	5 873	1 718	1 339	1 343	8 641	5 312	6 568	4 936	53 860
	实种（人次）	3 184	4 657	5 069	5 122	5 770	1 718	1 311	1 327	8 429	5 204	6 465	4 906	53 162
	接种率（%）	99.59	99.79	99.82	98.73	98.25	99.75	97.91	98.81	97.55	97.97	98.43	99.39	98.70
风疹疫苗	应种（人次）	2 383		4 670	4 602	4 503	2 014	1 094	953	7 949	4 807	5 381		38 356
	实种（人次）	2 364		4 651	4 583	4 459	1 973	1 051	953	7 748	4 599	4 531		36 912
	接种率（%）	99.20		99.59	99.59	99.02	97.96	96.07		97.47	95.67	84.20		96.24
甲肝疫苗	应种（人次）	1 854		4 291	3 254	6 551	2 023	1 395	1 201	8 045	4 891	5 647		39 152
	实种（人次）	1 848		4 247	3 061	6 572	1 947	1 355	1 192	7 390	4 725	3 690		36 027
	接种率（%）	99.68		98.97	94.07	100.30	96.24	97.13	99.25	91.86	96.61	65.34		92.02

2006年广州市各区、县（市）外地儿童基础免疫接种情况（1）

病种		荔湾区	越秀区	海珠区	天河区	白云区	黄埔区	南沙区	萝岗区	番禺区	花都区	增城市	从化市	合计
卡介苗	应种（人次）	2 976	3 691	12 498	9 834	22 651	1 816	256	1 474	11 339	8 606	5 549	1 537	82 227
	实种（人次）	2 959	3 687	12 357	9 720	22 513	1 816	245	1 465	10 410	7 789	5 502	1 534	79 997
	接种率（%）	99.43	99.89	98.87	98.84	99.39	100	95.70	99.39	91.81	90.51	99.15	99.80	97.29
口服脊髓灰质炎疫苗 第一针	应种（人次）	3 910	3 717	12 521	10 140	24 357	1 816	256	1 481	11 339	8 606	5 614	1 537	85 294
	实种（人次）	3 910	3 717	12 461	10 062	23 779	1 814	254	1 481	11 180	7 806	5 553	1 536	83 553
	接种率（%）	100	100	99.52	99.23	97.63	99.89	99.22	100	98.60	90.70	98.91	99.93	97.96
第二针	应种（人次）	3 868	3 712	12 512	10 127	24 129	1 814	256	1 478	11 339	8 606	5 705	1 535	85 081
	实种（人次）	3 864	3 710	12 453	10 016	23 550	1 813	252	1 478	10 925	7 798	5 617	1 533	83 009
	接种率（%）	99.90	99.95	99.53	98.90	97.60	99.94	98.44	100	96.35	90.61	98.46	99.87	97.56
第三针	应种（人次）	3 860	3 708	12 512	10 102	23 882	1 813	256	1 475	11 339	8 606	5 639	1 530	84 722
	实种（人次）	3 854	3 705	12 451	9 906	23 222	1 811	249	1 475	10 594	7 784	5 533	1 524	82 108
	接种率（%）	99.84	99.92	99.51	98.06	97.24	99.89	97.27	100	93.43	90.45	98.12	99.61	96.91

续表

病种			荔湾区	越秀区	海珠区	天河区	白云区	黄埔区	南沙区	萝岗区	番禺区	花都区	增城市	从化市	合计
百白破混合制剂	第一针	应种（人次）	4 033	3 729	12 516	10 154	24 316	1 816	256	1 482	11 339	8 606	5 565	1 535	85 347
		实种（人次）	4 032	3 726	12 436	10 064	23 861	1 814	254	1 481	11 118	7 805	5 486	1 534	83 611
		接种率（%）	99.98	99.92	99.36	99.11	98.13	99.89	99.22	99.93	98.05	90.69	98.58	99.93	97.97
	第二针	应种（人次）	3 969	3 730	12 501	10 140	24 040	1 814	256	1 479	11 339	8 606	5 598	1 530	85 002
		实种（人次）	3 967	3 724	12 416	10 006	23 574	1 812	253	1 478	10 809	7 790	5 499	1 526	82 854
		接种率（%）	99.95	99.84	99.32	98.68	98.06	99.89	98.83	99.93	95.33	90.52	98.23	99.74	97.47
	第三针	应种（人次）	3 878	3 725	12 500	10 112	23 830	1 812	255	1 476	11 339	8 606	5 628	1 529	84 690
		实种（人次）	3 875	3 716	12 399	9 914	23 342	1 807	249	1 475	10 422	7 777	5 499	1 520	81 995
		接种率（%）	99.92	99.76	99.19	98.04	97.95	99.72	97.65	99.93	91.91	90.37	97.71	99.41	96.82

2006年广州市各区、县（市）外地儿童基础免疫接种情况（2）

病种			荔湾区	越秀区	海珠区	天河区	白云区	黄埔区	南沙区	萝岗区	番禺区	花都区	增城市	从化市	合计
麻疹疫苗		应种（人次）	3 702	3 710	12 506	10 073	23 562	1 816	256	1 481	11 339	8 606	5 813	1 528	84 392
		实种（人次）	3 692	3 696	12 397	9 808	22 684	1 812	248	1 479	9 718	7 755	5 638	1 514	80 441
		接种率（%）	99.73	99.62	99.13	97.37	96.27	99.78	96.88	99.86	85.70	90.11	96.99	99.08	95.32
乙肝疫苗	第一针	应种（人次）	3 177	3 742	12 559	10 136	24 319	1 816	256	1 482	11 339	8 606	5 531	1 537	84 500
		实种（人次）	3 174	3 739	12 511	10 049	24 052	1 816	254	1 479	11 106	7 771	5 507	1 534	82 992
		接种率（%）	99.91	99.92	99.62	99.14	98.90	100	99.22	99.80	97.95	90.30	99.57	99.80	98.22
	第二针	应种（人次）	3 489	3 735	12 526	10 131	24 292	1 816	256	1 475	11 339	8 606	5 556	1 537	84 758
		实种（人次）	3 479	3 729	12 456	10 019	23 826	1 813	253	1 471	10 863	7 763	5 467	1 533	82 672
		接种率（%）	99.71	99.84	99.44	98.89	98.08	99.83	98.83	99.73	95.80	90.20	98.40	99.74	97.54
	第三针	应种（人次）	3 770	3 721	12 508	10 091	23 643	1 813	255	1 446	11 339	8 606	5 427	1 529	84 148
		实种（人次）	3 752	3 702	12 439	9 841	22 756	1 811	250	1 439	9 875	7 745	5 277	1 522	80 409
		接种率（%）	99.52	99.49	99.45	97.52	96.25	99.89	98.04	99.52	87.09	90	97.24	99.54	95.56
乙脑疫苗		应种（人次）	3 776	3 710	12 387	9 973	22 796	1 816	255	1 475	11 339	8 558	5 627	1 526	83 238
		实种（人次）	3 746	3 658	12 241	9 629	22 269	1 807	229	1 456	8 852	7 637	5 456	1 509	78 489
		接种率（%）	99.21	98.60	98.82	96.55	97.69	99.50	89.80	98.71	78.07	89.24	96.96	98.89	94.29
风疹疫苗		应种（人次）	2 338		7 198	6 207	8 430	1 492	154	872	5 149	6 724	4 683		43 247
		实种（人次）	2 326		7 092	6 071	8 362	1 392	135	872	4 928	5 611	971		37 760
		接种率（%）	99.49		98.53	97.81	99.19	93.30	87.66		95.71	83.45	20.73		87.31
甲肝疫苗		应种（人次）	1 518		5 800	4 558	8 857	1 452	291	790	6 391	5 617	4 605		39 879
		实种（人次）	1 479		5 707	3 982	8 682	1 341	249	766	3 476	5 320	669		31 671
		接种率（%）	97.43		98.40	87.36	98.02	92.36	85.57	96.96	54.39	94.71	14.53		79.42

2006年广州市各区、县（市）儿童加强免疫接种情况（合计）

地区	口服脊髓灰质炎疫苗		百白破混合制剂		麻疹疫苗		百破疫苗		乙脑疫苗 第一针		乙脑疫苗 第二针	
	应种（人次）	实种（人次）	应种（人次）	实种（人次）	应种（人次）	实种（人次）	应种（人次）	实种（人次）	应种（人次）	实种（人次）	应种（人次）	实种（人次）
荔湾区	4 381	4 334	5 475	5 440	4 360	4 351	5 513	5 510	4 649	4 569	3 695	3 509
越秀区	10 419	10 226	8 183	8 008	9 863	9 830	15 273	15 255	7 345	7 213	9 930	9 521
海珠区	9 470	9 411	12 654	12 556	12 573	12 505	12 137	12 091	12 514	12 407	11 642	11 569
天河区	7 631	7 077	11 595	10 813	10 047	9 823	8 541	7 368	9 178	8 410	8 087	7 421
白云区	15 430	14 562	22 455	20 926	12 882	12 339	15 947	14 571	13 145	12 815	11 160	10 970
黄埔区	3 482	3 395	3 627	3 573	3 482	3 395	4 518	4 346	3 627	3 424	4 025	3 259
南沙区	943	873	1 407	1 330	1 950	1 916	1 807	1 028	1 131	1 056	1 843	823
萝岗区	1 368	1 220	2 198	2 168	1 614	1 586	255	255	1 619	1 571	698	549
番禺区	13 226	10 453	13 501	10 931	13 499	9 194	17 647	15 846	13 499	9 415	17 647	14 398
花都区	12 020	11 140	12 445	12 065	16 610	15 743	9 687	8 480	11 093	10 430	5 387	5 172
增城市	7 737	7 543	8 948	8 714	9 636	9 320	998	996	9 270	8 864	6 794	6 505
从化市	4 920	4 850	5 849	5 778	5 849	5 764	6 809	5 447	5 849	5 737	6 809	6 625
合　计	91 027	85 084	108 337	102 302	102 365	95 766	99 132	91 193	92 919	85 911	87 717	80 321

2006年广州市各区、县（市）本地儿童加强免疫接种情况

地区	口服脊髓灰质炎疫苗		百白破混合制剂		麻疹疫苗		百破疫苗		乙脑疫苗 第一针		乙脑疫苗 第二针	
	应种（人次）	实种（人次）	应种（人次）	实种（人次）	应种（人次）	实种（人次）	应种（人次）	实种（人次）	应种（人次）	实种（人次）	应种（人次）	实种（人次）
荔湾区	3 079	3 051	2 940	2 924	2 820	2 816	3 991	3 988	2 694	2 677	2 457	2 421
越秀区	7 585	7 488	5 044	4 964	7 204	7 190	14 859	14 848	4 472	4 407	9 115	8 870
海珠区	7 923	7 877	5 169	5 149	5 197	5 184	10 321	10 287	5 220	5 202	9 883	9 818
天河区	3 564	3 345	4 741	4 516	4 240	4 158	5 414	4 734	3 587	3 313	4 004	3 777
白云区	5 184	4 775	5 711	5 562	5 428	5 297	9 505	8 887	4 365	4 311	5 598	5 546
黄埔区	2 007	1 991	2 054	2 047	2 007	1 995	2 603	2 590	2 054	2 038	2 046	2 004
南沙区	842	785	1 243	1 193	1 862	1 834	1 626	979	982	921	1 645	766
萝岗区	880	773	1 267	1 255	1 133	1 121	209	209	956	924	447	353
番禺区	8 947	7 565	7 055	6 317	7 055	5 415	13 509	12 518	7 055	5 465	13 509	10 760
花都区	3 586	3 476	4 864	4 765	5 206	5 104	3 475	2 832	4 189	4 107	3 117	2 991
增城市	4 836	4 701	5 569	5 404	6 411	6 156	992	990	5 955	5 642	4 278	4 020
从化市	4 373	4 319	4 833	4 778	4 833	4 765	6 291	5 050	4 833	4 738	6 291	6 149
合　计	52 806	50 146	50 490	48 874	53 396	51 035	72 795	67 912	46 362	43 745	62 390	57 475

2006年广州市各区、县（市）外地儿童加强免疫接种情况

地区	口服脊髓灰质炎疫苗		百白破混合制剂		麻疹疫苗		百破疫苗		乙脑疫苗			
									第一针		第二针	
	应种（人次）	实种（人次）	应种（人次）	实种（人次）	应种（人次）	实种（人次）	应种（人次）	实种（人次）	应种（人次）	实种（人次）	应种（人次）	实种（人次）
荔湾区	1 302	1 283	2 535	2 516	1 540	1 535	1 522	1 522	1 955	1 892	1 238	1 088
越秀区	2 834	2 738	3 139	3 044	2 659	2 640	414	407	2 873	2 806	815	651
海珠区	1 547	1 534	7 485	7 407	7 376	7 321	1 816	1 804	7 294	7 205	1 759	1 751
天河区	4 067	3 732	6 854	6 297	5 807	5 665	3 127	2 634	5 591	5 097	4 083	3 644
白云区	10 246	9 787	16 744	15 364	7 454	7 042	6 442	5 684	8 780	8 504	5 562	5 424
黄埔区	1 475	1 404	1 573	1 526	1 475	1 400	1 915	1 756	1 573	1 386	1 979	1 255
南沙区	101	88	164	137	88	82	181	49	149	135	198	57
萝岗区	488	447	931	913	481	465	46	46	663	647	251	196
番禺区	4 279	2 888	6 446	4 614	6 444	3 779	4 138	3 328	6 444	3 950	4 138	3 638
花都区	8 434	7 664	7 581	7 300	11 404	10 639	6 212	5 648	6 904	6 323	2 270	2 181
增城市	2 901	2 842	3 379	3 310	3 225	3 164	6	6	3 315	3 222	2 516	2 485
从化市	547	531	1 016	1 000	1 016	999	518	397	1 016	999	518	476
合　计	38 221	34 938	57 847	53 428	48 969	44 731	26 337	23 281	46 557	42 166	25 327	22 846

2006年广州市各区、县（市）肺结核病人（新发和复发）新登记率

地　区	新登记		涂阳新登记		菌阳新登记		菌阴新登记		空洞新登记	
	例数	率（1/10万）	例数	率（1/10万）	例数	率（1/10万）	例数	率（1/10万）	例数	率（1/10万）
合　计	6 875	90.78	2 883	38.06	3 064	40.46	3 811	50.32	1 765	23.30
荔湾区	690	97.85	290	41.13	332	47.08	358	50.77	189	26.80
越秀区	961	83.51	342	29.72	411	35.71	550	47.80	233	20.25
海珠区	827	92.89	284	31.90	317	35.61	510	57.28	190	21.34
天河区	563	87.30	255	39.54	267	41.40	296	45.90	132	20.47
白云区	784	103.03	285	37.45	301	39.56	483	63.47	223	29.31
黄埔区	160	82.72	68	35.16	71	36.71	89	46.01	42	21.71
萝岗区	156	93.74	67	40.26	69	41.46	87	52.28	30	18.03
番禺区	941	100.57	432	46.17	433	46.28	508	54.29	205	21.91
花都区	494	77.62	247	38.81	248	38.97	246	38.65	173	27.18
增城市	777	96.33	375	46.49	375	46.49	402	49.84	158	19.59
从化市	522	97.36	238	44.39	240	44.76	282	52.60	190	35.44
南沙区										

注：1. 新登记是指当年1月1日到12月31日期间登记的户籍肺结核病人；
2. 新登记率指平均每十分人口中一年新登记的病人，用以替代发病率的指标，反映发病的频率；
3. 涂阳是指痰涂片阳性的病人；
4. 菌阳是指痰涂片阳性或培养阳性；
5. 菌阴是指痰涂片或培养均没有阳性；
6. 空洞是指肺野内至少有一个空洞以上的病人，反映疾病的严重程度指标；
7. 2006年区域调整，南沙区2006年未设结防所，数据仍纳入番禺区统计。

2006年广州市各区、县（市）肺结核病人登记率

地 区	年末人口数	登记数	登记率 1/10万	涂阳		菌阳		涂阴	
				登记数	率（1/10万）	登记数	率（1/10万）	登记数	率（1/10万）
合 计	7 573 939	3 882	51.25	784	10.35	831	10.97	3 051	40.28
荔湾区	705 130	349	49.49	79	11.20	83	11.77	266	37.72
越秀区	1 150 782	537	46.66	102	8.86	120	10.43	417	36.24
海珠区	890 280	468	52.57	74	8.31	80	8.99	388	43.58
天河区	644 890	314	48.69	86	13.34	90	13.96	224	34.73
白云区	760 955	401	52.70	54	7.10	63	8.28	338	44.42
黄埔区	193 427	80	41.36	25	12.92	28	14.48	52	26.88
萝岗区	166 416	93	55.88	37	22.23	38	22.83	55	33.05
番禺区	1 082 869	549	50.70	129	11.91	129	11.91	420	38.79
花都区	636 443	282	44.31	75	11.78	76	11.94	206	32.37
增城市	806 611	459	56.90	58	7.19	58	7.19	401	49.71
从化市	536 136	350	65.28	65	12.12	66	12.31	284	52.97
南沙区	147184								

注：1．登记数是指当年12月31日仍登记在册，未治愈的户籍病人数，属横断面的登记数；

2．登记率是指12月31日每10万人口中仍登记在册的肺结核数，反映当日的肺结核的患病密度，替代患病率指标；

3．2006年区域调整，南沙区2006年未设结防所，数据仍纳入番禺区统计。

2006年广州市各区、县（市）肺结核病人死亡新登记率

地 区	平均人口数	死亡人数	死亡率（1/10万）	肺结核		肺外结核		非肺结核	
				死亡数	死亡率（1/10万）	死亡数	死亡率（1/10万）	死亡数	死亡率（1/10万）
合 计	7 573 939	248	3.27	62	0.82	12	0.16	174	2.30
荔湾区	705 130	51	7.23	4	0.57			47	6.67
越秀区	1 150 782	61	5.30	8	0.70	2	0.17	51	4.43
海珠区	890 280	39	4.38	24	2.70	3	0.34	12	1.35
天河区	644 890	11	1.71	2	0.31			9	1.40
白云区	760 955	34	4.47	4	0.53	4	0.53	26	3.42
黄埔区	193 427	5	2.58	1	0.52			4	2.07
萝岗区	166 416	6	3.61	2	1.20			4	2.40
番禺区	1 082 869	5	0.46	3	0.28			2	0.18
花都区	636 443	18	2.83	7	1.10			11	1.73
增城市	806 611	9	1.12	5	0.62	2	0.25	2	0.25
从化市	536 136	9	1.68	2	0.37	1	0.19	6	1.12
南沙区	147184								

注：1．肺结核死亡新登记率是指户籍肺结核病人在治疗过程中在当年因各种原因死亡的率；

2．2006年区域调整，南沙区2006年未设结防所，数据仍纳入番禺区统计；

3．2006年区域调整，无法计算平均人口数，用年末人口数替代平均人口数。

2006年广州市各区、县（市）肺结核新发涂阳病人性别、年龄分布情况

年龄组	合计			荔湾区			越秀区			海珠区		
	合计	男性	女性	合计	男性	女性	合计	男性	女性	合计	男性	女性
合　计	2 477	1 783	694	235	171	64	290	206	84	237	172	65
0～14岁	9	2	7	2		2	1		1	1		1
15～24岁	422	241	181	27	16	11	42	24	18	39	24	15
25～34岁	405	238	167	22	11	11	34	20	14	26	19	7
35～44岁	411	295	116	39	27	12	43	29	14	33	23	10
45～54岁	436	361	75	63	56	7	67	58	9	64	53	11
55～64岁	261	210	51	24	21	3	36	24	12	27	20	7
65岁及以上	533	436	97	58	40	18	67	51	16	47	33	14

年龄组	天河区			白云区			黄埔区			萝岗区		
	合计	男性	女性	合计	男性	女性	合计	男性	女性	合计	男性	女性
合　计	229	152	77	244	188	56	57	32	25	62	44	18
0～14岁							1		1			
15～24岁	73	41	32	42	31	11	12	3	9	8	5	3
25～34岁	49	25	24	37	22	15	12	6	6	3	2	1
35～44岁	34	26	8	42	34	8	9	6	3	7	4	3
45～54岁	29	27	2	35	24	11	6	4	2	7	3	4
55～64岁	18	12	6	23	22	1	7	6	1	7	6	1
65岁及以上	26	21	5	65	55	10	10	7	3	30	24	6

年龄组	番禺区			花都区			增城市			从化市			南沙区		
	合计	男性	女性	合计	男性	女性	合计	男性	女性	合计	男性	女性	合计	男性	女性
合　计	394	279	115	208	163	45	322	220	102	199	156	43			
0～14岁	1	1		2	1	1	1		1						
15～24岁	71	38	33	30	17	13	62	36	26	16	6	10			
25～34岁	80	44	36	34	27	7	76	40	36	32	22	10			
35～44岁	78	58	20	24	14	10	65	46	19	37	28	9			
45～54岁	62	56	6	28	23	5	43	31	12	32	26	6			
55～64岁	43	34	9	26	22	4	23	20	3	27	23	4			
65岁及以上	59	48	11	64	59	5	52	47	5	55	51	4			

注：1. 新发涂阳是指第一次诊断为肺结核的户籍病人，并痰涂片阳性；

2. 2006年区域调整，南沙区2006年未设结防所，数据仍纳入番禺区统计。

2006年广州市各区、县（市）登记的菌阳病人转归分析表

地　区	菌阳病人数	治愈		完成疗程		死亡		失败		丢失		迁出		未评价	
		例数	(%)	例数	(%)	例数	(%)	例数	(%)	例数	(%)	例数	(%)	例数	(%)
合　计	3 165	2 401	75.86	243	7.68	129	4.08	149	4.71	112	3.54	19	0.60	112	3.54
荔湾区	364	270	74.18	26	7.14	21	5.77	28	7.69	7	1.92	2	0.55	10	2.75
越秀区	417	297	71.22	16	3.84	23	5.52	49	11.75	11	2.64	3	0.72	18	4.32
海珠区	362	256	70.72	38	10.50	16	4.42	25	6.91	7	1.93	4	1.10	16	4.42
天河区	241	147	61.00	39	16.18	8	3.32	9	3.73	14	5.81	8	3.32	16	6.64
白云区	348	264	75.86	34	9.77	18	5.17	10	2.87	13	3.74			9	2.59
黄埔区	96	57	59.38	19	19.79	4	4.17	10	10.42	4	4.17			2	2.08
萝岗区															
番禺区	384	320	83.33	27	7.03	3	0.78	11	2.86	9	2.34	1	0.26	13	3.39
花都区	252	173	68.65	16	6.35	11	4.37	3	1.19	27	10.71	1	0.40	21	8.33
增城市	413	366	88.62	20	4.84	7	1.69	2	0.48	14	3.39			4	0.97
从化市	288	251	87.15	8	2.78	18	6.25	2	0.69	6	2.08			3	1.04
南沙区															

注：1. 菌阳病人指2005年期间登记的所有户籍病人、其初诊时痰涂片或培养有一个阳性，登记满一年后的结局情况；

2. 未评价是指确诊后因各种原因不接受抗结核药物治疗的病人；

3. 萝岗区2006年成立，2005年的数据纳入到黄埔区统计，南沙区纳入到番禺区统计。

2006年广州市各区、县（市）登记的涂阴病人转归分析表

地　区	涂阴病人数	治愈		完成疗程		死亡		失败		丢失		迁出		未评价	
		例数	(%)	例数	(%)	例数	(%)	例数	(%)	例数	(%)	例数	(%)	例数	(%)
合　计	3 972			3 302	83.13	124	3.12	39	0.98	293	7.38	41	1.03	173	4.36
荔湾区	444			369	83.11	21	4.73	8	1.80	21	4.73	7	1.58	18	4.05
越秀区	540			427	79.07	31	5.74	8	1.48	34	6.30	6	1.11	34	6.30
海珠区	594			489	82.32	30	5.05	7	1.18	21	3.54	14	2.36	33	5.56
天河区	306			236	77.12	2	0.65	2	0.65	38	12.42	6	1.96	22	7.19
白云区	488			378	77.46	21	4.30	9	1.84	41	8.40	7	1.43	32	6.56
黄埔区	138			92	66.67	3	2.17	1	0.72	33	23.91	1	0.72	8	5.80
萝岗区															
番禺区	493			465	94.32	2	0.41			16	3.25			10	2.03
花都区	290			219	75.52	6	2.07	1	0.34	56	19.31			8	2.76
增城市	428			394	92.06	5	1.17	3	0.70	21	4.91			5	1.17
从化市	251			233	92.83	3	1.20			12	4.78			3	1.20
南沙区															

注：1. 涂阴病人指2005年期间登记的所有户籍病人、其初诊时痰涂片或培养均没有一个阳性，登记满一年后的结局情况；

2. 未评价是指确诊后因各种原因不接受抗结核药物治疗的病人；

3. 萝岗区2006年成立，2005年的数据纳入到黄埔区统计，南沙区纳入到番禺区统计。

（五）妇幼保健

2002～2006年广州市妇幼卫生工作主要数据

指 标 名 称	单位	2002年	2003年	2004年	2005年	2006年
婴儿死亡率	‰	6.50	6.50	6.60	6.80	5.20
城 市	‰	5.60	6	6.40	6.70	5.20
农 村	‰	9.10	8.20	7	7.20	5.40
5岁以下儿童死亡率	‰	9.60	9.20	9.10	9.30	7.10
城 市	‰	8	8.20	8.70	9.10	7.10
农 村	‰	1.90	12.60	10	9.60	6.80
孕产妇死亡率	1/10万	18.50	21.20	13.90	20.90	4
城 市	1/10万	19.30	27.60	10.60	20.30	5.30
农 村	1/10万	16.20		23.30	22.90	
新生儿破伤风发病率高于1‰的县数	个					
5岁以下儿童中、重度营养不良患病率	%	1	1	0.90	1	1
住院分娩率	%	97.80	98.70	99	99.20	99
农村孕产妇住院分娩率	%	93.30	96	97.70	98.40	98.10
农村高危孕产妇住院分娩率	%	99.90	99.90	99.80	99.80	99.90
非住院分娩中消毒接生（新法接生）率	%	97.60	94.60	95.90	97.50	91.40
孕妇产前医学检查率（保健管理率）	%	88.50	88.50	87.10	89.50	90.60
孕产妇系统管理率	%	83.20	82.20	77.70	80.70	82.50
城 市	%	87	84.50	79.70	82.40	83.10
农 村	%	71.90	74.60	71.70	75.70	80.70
7岁以下儿童保健管理率	%	95.10	93.40	94.30	94.30	95.70
婚前医学检查率	%	97.70	97.10	4.90	6.20	7.30
城 市	%	99.30	98	5.40	7	8
农 村	%	90.90	93	2.30	2.50	3.80
出生缺陷发生率	1/万	172.40	131.30	124	119.40	123.10
低出生体重发生率	%	4	4.10	4	4.10	4.40
0～4个月婴儿母乳喂养率	%	94.40	94.40	94.60	94.70	94.60
妇科病普查率	%	53.80	45.20	43.80	52.90	51.90

2006年广州地区婚前医学检查情况

地　区	婚检率（%）	疾病检出率（%）	疾病检出比例（%）					
			指定传染病		严重遗传病	有关精神病	生殖系统疾病	内科系统疾病
			传染病	其中性病				
合　计	7.31	21.38	11.72	1.26	24.61		57.27	6.41
荔湾区	4.63	20.65	3.13	1.04	5.21		84.38	7.29
越秀区	8.26	27.77	10.63	0.40	17.50		64.47	7.40
海珠区	10.73	21.44	4.80	0.30	38.44		52.25	4.50
天河区	9.06	9.79	14.19		39.19		45.95	0.68
白云区	3.67	20.49	4.31	1.72	38.79		50	6.90
黄埔区	48.56	19.06	22.72	1.48	39.01		35.80	2.47
番禺区	5.12	29.83	12.96	5.56	14.81		60	12.22
花都区	2.52	6.63	31.82		4.55		63.64	
南沙区								
萝岗区	1.12	16.67					100	
增城市	3.19	28.81	9.56	1.47	1.47		76.47	12.50
从化市	4.57	21.43	7.07		17.17		69.70	6.06

注：南沙区暂无开展婚检。

2006年广州地区妇女病查治情况

地　区	受检率（%）	妇科病检出率（%）	滴虫性阴道炎检出率（%）	宫颈糜烂检出率（%）	淋病检出率（1/10万）	尖锐湿疣检出率（1/10万）	宫颈癌检出率（1/10万）	乳腺癌检出率（1/10万）	卵巢癌检出率（1/10万）
合　计	51.91	30.24	0.58	11.48	2.06	18.19	5.83	12.70	1.72
荔湾区	96.50	27.27	0.22	6.95		11.78	7.85	11.78	3.93
越秀区	90.53	35.82	0.58	8.72	2.28	15.93	9.10	45.52	
海珠区	87.61	37.82	0.42	15.87	2.36	14.18	7.09	14.18	4.73
天河区	80.62	35.39	0.20	14.71					
白云区	31.56	26.33	0.12	12.32		15.33		20.44	
黄埔区	73.49	45.93	0.46	15.15		22.43		14.95	
番禺区	49.56	23.71	0.29	9.74		10.12	6.74		
花都区	33.21	24.83	1.33	11.88	14.50	36.26		7.25	
南沙区	29.30	24.01	0.26	12.38		9.32			
萝岗区	64.26	24.72	0.49	6.51		13.60	13.60	4.53	
增城市	40.76	25.15	1.14	12.26	3.68	33.10	3.68		
从化市	19.95	38.52	0.90	18.95		11.68	11.68		23.53

2006年广州地区妇女孕产妇保健情况（本地）

地　区	活产数	孕产妇管理				接生情况		高危情况		围产儿情况
		建卡率（%）	产检率（%）	产后访视率（%）	系统管理率（%）	住院分娩率（%）	新法接生率（%）	高危产妇检出率（%）	高危住院分娩率（%）	出生低体重发生率（%）
合　计	50 619	91.03	90.62	88.39	82.48	98.95	91.36	28.46	99.93	4.35
荔湾区	2 322	98.91	98.15	96.94	96.34	99.14	100	47.92	100	5.38
越秀区	4 707	96.85	96.09	95.52	95.33	99.04	100	34.55	100	4.04
海珠区	3 568	97.12	96.50	96.27	95.94	99.33		37.95	99.63	3.90
天河区	3 367	96.81	95.22	95.13	94.89	98.81		26.51	100	4.34
白云区	6 142	95.69	95.21	94.27	93.98	98.99	100	25	100	4.31
黄埔区	887	97.72	97.41	96.73	95.15	98.99		31.89	100	4.96
番禺区	7 612	90.65	89.74	85.75	75.41	99.40	100	31.77	100	4.56
花都区	6 359	72.97	73.96	67.57	61.46	99.53		21.12	100	4.34
南沙区	1 254	83.07	82.70	76.48	65.07	99.84		30.59	99.74	3.91
萝岗区	1 673	81.28	81.17	71.49	63	99.22		22.52	100	4.12
增城市	7 692	93.94	93.43	92.37	87.94	99.45	100	20.08	100	4.29
从化市	5 036	91.18	91.16	91.88	69.74	96.11	92.20	30.49	99.74	4.43

2006年广州地区7岁以下儿童保健工作情况（本地）

地　区	7岁以下儿童保健管理率（%）	3岁以下儿童系统管理率（%）	5岁以下儿童中重度营养不良发生率（%）	4个月内婴儿母乳喂养率（%）	7岁以下儿童眼保健管理率（%）	7岁以下儿童口腔保健管理率（%）	7岁以下儿童听力保健管理率（%）
合　计	95.66	87.96	0.97	88.02	89.33	92.53	91.26
荔湾区	99.48	97.88	0.74	94.21	94.27	96.70	95.90
越秀区	99.54	97.86	0.49	84.60	96.68	97.88	98.44
海珠区	99.72	97.72	0.37	79.17	91.76	97.62	96.31
天河区	99.85	96.43	0.38	89.66	89.71	97.74	94.97
白云区	95.92	83.74	1.17	87.05	91.05	93.19	92.63
黄埔区	99.89	97.04	0.78	89.38	97.87	98.34	86.59
番禺区	96.83	83.51	1.72	81.48	87.79	94.95	92.49
花都区	85.62	76.35	1.39	96.20	82.92	82.92	83.25
南沙区	85.73	73.44	1.65	80.09	86.52	86.52	85.96
萝岗区	91.18	78.13	0.73	92.84	73.33	85.38	76.96
增城市	98.59	93.91	0.33	90.69	93.65	93.91	94.06
从化市	85.28	75.14	1.68	92.57	76.23	75.08	76

2006年广州市孕产妇死亡构成比和位次

位	死亡原因	例数	构成比（%）
1	产后出血	1	2.13
2	猝死	1	2.13

注：2006年广州市户籍孕产妇死亡2例。

2006年广州市产科质量工作情况

地　区	产妇数	广州市户籍产妇比例（%）	剖宫产率（%）	羊水栓塞发生率（‰）	产后出血率（%）	早产儿发生率（%）	出生缺陷发生率（1/万）	新生儿窒息发生率（%）	母婴同室率（%）	母乳喂养率（%）
合　计	120 771	39.61	42.07	0.09	3.69	6.37	123.07	2.29	94.98	98.38
荔湾区	4 787	40.13	48.98		2.11	9.53	197.08	0.92	94.15	98.96
越秀区	18 102	50.84	53.14	0.06	4.11	8.19	244.74	1.51	91.06	97.04
海珠区	8 193	33.24	41.53	0.37	2.39	8.10	106.36	1.47	94.74	98.80
天河区	12 250	25.02	41.14		2.18	6.05	110.74	2.71	91.86	98.87
白云区	18 230	22.84	32.41	0.05	5.64	5.57	60.35	2.41	96.02	98.31
黄埔区	3 813	27.75	42.58		4.01	4.63	101.56	2.37	98.03	99.21
番禺区	22 417	32.76	42.92	0.13	4.37	6.18	96.32	1.99	94.99	97.39
花都区	11 389	48.59	38.95		1.73	6.34	147.11	2.07	98.16	99.39
南沙区	1 897	35.32	38.89		1.69	2.10	73.57	1.74	98.90	99.21
萝岗区	2 527	34.31	36.59	0.40	4.23	3.51	59.01	1.97	97.59	98.97
增城市	11 493	61.58	44.44	0.17	3	5.37	83.63	4.63	98.39	99.64
从化市	5 673	74.19	35.53		5.34	5.31	117.44	3.10	94.02	99.01

2006年广州市新生儿疾病筛查工作情况

地　区	产科医院 单位数	采血 单位数	检测 单位数	检测单位 送检例数	筛查率 （%）	苯丙酮 尿症数	甲状腺 功能低下数	G6PD 缺乏数
合　计	145	145	2	114 828	95.17	7	39	2 220
荔湾区	6	6		4 791	100	1	1	66
越秀区	13	13	2	17 705	98.01	2	10	241
海珠区	11	11		7 418	90.87		5	172
天河区	14	14		11 756	95.99	1	3	133
白云区	16	16		17 061	93.52		5	129
黄埔区	7	7		3 664	96.45			69
番禺区	20	20		21 537	96.16	1	6	488
花都区	14	14		10 306	90.61	1	2	148
南沙区	6	6		1 850	97.52			69
萝岗区	5	5		2 457	97.15		1	56
增城市	18	18		10 989	95.47	1	4	337
从化市	15	15		5 294	93.72		2	312

2006年广州市出生缺陷监测情况

顺　位	出生缺陷类型	发生率（1/万）
1	先天性心脏病	62.01
2	总唇腭裂	21.40
	唇裂并腭裂	11.69
	唇裂	4.95
	腭裂	4.75
3	水肿胎	20.41
4	多指（趾）	20.01
5	外耳其他畸形（小耳、无耳除外）	14.07
6	尿道下裂	12.68
7	马蹄内翻足	9.51
8	并指（趾）	7.92
9	先天性脑积水	7.33
10	肢体缩短［包括缺指（趾）、裂手（足）］	6.93

2006年广州市妇幼保健机构、床位、人员数

分组名称	机构数（个）	实有床位	人员数（人）									
			合计	卫生技术人员	其中					其他技术人员	管理人员	工勤人员
					执业医师	执业助理医师	注册护士	药剂人员	检验人员			
合　计	13	1 922	3 819	3 080	1 061	67	1 241	226	160	152	203	384
荔湾区	1	50	162	130	54	4	40	16	10	16	11	5
越秀区	4	695	1 687	1 317	428	8	524	81	69	102	86	182
海珠区	2	80	175	138	63	10	40	19	6	2	21	14
天河区	1	77	272	191	70	2	92	12	15	6	10	65
白云区	1	80	108	95	43	2	32	7	7		7	6
黄埔区	1		47	37	14	3	10	1	6		8	2
花都区	1	180	273	228	83	11	99	14	9	1	38	6
番禺区	1	600	767	660	210	15	259	60	25	25	4	78
南沙区												
萝岗区												
增城市	1	160	328	284	96	12	145	16	13		18	26
从化市												

2006年广州市妇幼保健机构房屋建筑面积、万元以上设备情况

卫生机构名称	房屋建筑面积（平方米）			其中：业务用房面积	万元以上设备台数			
	合计	购建房屋	租房		合计	50万元以下	50～100万元	100万元以上
合　计	159 419	145 278	14 141	133 826	2 474	2 359	78	37
荔湾区	7 000	3 250	3 750	6 750	113	112	1	
越秀区	65 077	54 986	10 091	47 415	1 145	1 069	53	23
海珠区	5 370	5 370		5 069	110	105	4	1
天河区	7 474	7 474		7 474	70	62	7	1
白云区	6 764	6 464	300	6 389	108	106	1	1
黄埔区	3 677	3 677		3 677	31	30	1	
花都区	15 330	15 330		15 330	309	301	5	3
番禺区	31 812	31 812		30 532	402	389	5	8
南沙区								
萝岗区								
增城市	16 915	16 915		11 190	186	185	1	
从化市								

2006年广州市妇幼保健机构按床位数分组情况

分组名称	总计	0～49张	50～99张	100～199张	200～299张	300～399张	400～499张	500～799张	800张及以上
合　计	12	2	5	2	1	1		1	
荔湾区	1		1						
越秀区	3		1		1	1			
海珠区	2	1	1						
天河区	1		1						
白云区	1		1						
黄埔区	1	1							
花都区	1			1					
番禺区	1							1	
南沙区									
萝岗区									
增城市	1			1					
从化市									

2006年广州市妇幼保健院分级情况

分组名称	总计	三级					二级				其他
		小计	三级特等	三级甲等	三级乙等	三级丙等	小计	二级甲等	二级乙等	二级丙等	
合　计	12	2		2			8	8			2
荔湾区	1						1	1			
越秀区	3	2		2			1	1			
海珠区	2						1	1			1
天河区	1						1	1			
白云区	1						1	1			
黄埔区	1										1
花都区	1						1	1			
番禺区	1						1	1			
南沙区											
萝岗区											
增城市	1						1	1			
从化市											

（六）卫 生 监 督

2006年广州市食品卫生监督、监测情况

（1）食品卫生监督情况

类　别	监督户数	监督户次数	合格户次数	从业人员体检人数	从业人员体检合格数	体检合格率	从业人员培训人数	从业人员培训合格数
合　计	54 545	157 723	148 983	431 761	409 176	94.77	424 329	424 266
生产企业	3 777	11 740	11 225	42 850	40 297	94.04	42 439	42 432
批发零售业	28 625	57 650	55 384	74 107	68 656	92.64	72 918	72 898
饮食服务业	17 236	71 602	66 540	272 652	259 974	95.35	267 652	267 623
集体食堂	4 632	14 035	13 161	40 264	38 503	95.63	39 495	39 488
食品摊贩	275	2 696	2 673	1 888	1 746	92.48	1 825	1 825

（2）食品卫生监测情况

类　别	食　品			食　具		
	监测宗数	合格宗数	合格率（%）	监测宗数	合格宗数	合格率（%）
合　计	35 985	32 029	89.01	232 132	203 857	87.82
生产加工业	11 104	9 849	88.70	25 920	24 179	93.28
销售服务业	24 881	22 180	89.14	206 212	179 678	87.13

2006年广州市公共场所卫生监督、监测情况

（1）公共场所卫生监督、监测情况

类　别	基本情况			卫生监督、监测			
	总户数	总发证数	本年度发证数	监督户数	监测户数	监测项次数	合格项次数
总　计	13 463	13 168	6 435	13 629	10 287	148 334	140 443
旅店业	1 715	1 703	920	1 727	1 940	60 766	59 081
文化娱乐场所	912	907	457	932	1 252	22 500	21 689
公共浴室	282	280	186	287	380	9 525	9 310
理发店、美容店	8 990	8 731	4 308	8 946	5 068	33 530	32 034
游泳场所	277	272	135	275	493	2 580	1 853
体育馆	78	78	24	87	31	1 157	1 131
图书、美术、博物、展览馆	16	15	3	15	10	197	74
商场（店）、书店	393	389	198	393	309	7 838	7 135
医院候诊室	25	25	6	25	20	92	30
公共交通等候室	51	51	6	51	32	2 512	1 880
公共交通工具	1	1		1	2	30	7
其　他	723	716	192	890	750	7 607	6 219

（2）从业人员卫生监督情况

类　别	人员总数	应体检人数	实际体检人数	检出病人数	调离人数	从业人员应培训人数	从业人员实际培训人数
总　计	120 019	120 102	119 425	2 423	2 423	119 972	118 372
旅店业	20 606	20 639	20 568	387	387	20 593	20 481
文化娱乐场所	18 307	18 323	18 198	474	474	18 292	17 946
公共浴室	8 563	8 569	8 524	198	198	8 561	8 426
理发店、美容店	34 900	34 920	34 573	615	615	34 887	34 284
游泳场所	1 281	1 282	1 279	13	13	1 281	1 271
体育馆	391	391	390	3	3	391	389
图书、美术、博物、展览馆	93	93	88			93	88
商场（店）、书店	9 682	9 689	9 622	101	101	9 679	9 569
医院候诊室	1 078	1 078	1 078			1 078	1 078
公共交通等候室	1 741	1 741	1 741	76	76	1 740	1 740
公共交通工具	10	10	10			10	10
其　他	23 367	23 367	23 354	556	556	23 367	23 090

2006年广州市生活饮用水卫生监督、监测情况

类　别		卫生监督		卫生监测	
		应监督个数	实监督个数	监测样品数	合格样品数
总　计		271	271	1 230	903
集中式供水	水厂	64	64	850	616
	二次供水	207	207	276	205
	自备水源			104	82
分散式供水	地面水				
	地下水				

2006年广州市学校卫生监督、监测情况

（1）预防性卫生监督、经常性卫生监督情况

类　别	预防性卫生监督			经常性卫生监督		
	应监督学校数（所）	实监督学校数（所）	监督学校合格数	学校总数	实监督学校数（次）	监督合格学校数（次）
合　计	91	91	86	1 120	1 577	909
普通高校	11	11	11	47	357	157
中专技校	8	8	8	112	138	90
市中学	18	18	18	143	192	138
市小学	30	30	29	306	300	266
县中学	10	10	7	133	189	84
县小学	14	14	13	379	401	174

（2）学生预防保健情况

类　别	学校数	学生数	体检学校数	体检学生数
合　计	1 120	782 536	1 063	775 539
普通高校	47	45 467	43	45 465
中专技校	112	54 504	96	54 450
市中学	143	103 538	132	102 713
市小学	306	162 060	299	160 792
县中学	133	193 581	130	192 812
县小学	379	223 386	363	219 307

（3）学校公共场所卫生监督情况

类　别	厕所	传染病管理	图书馆（室）		学生宿舍		洗浴设施		旅馆招待所		娱乐场所		游泳池（馆）	
			监督数	合格数	监督数	合格数	监督数	合格数	监督数	合格数	监督数	合格数	监督数	合格数
总　计	303	772	82	76	18	18	6	6	2	2			97	97
普通高校	18	113	5	5	4	4	4	4	2	2			1	1
中专、技工学校	16	79	2	1	2	2								
市中学	27	131	26	25	6	6							2	2
市小学	62	244	18	14	3	3							8	8
县中学	57	65	18	18	3	3	2	2					43	43
县小学	123	140	13	13									43	43

2006年广州市职业卫生生产环境有害因素测定情况

类　别	厂矿数	总　计			粉　尘			化学因素			物理因素		
		应测点	测定点	合格点	应测点	测定点	合格点	应测点	测定点	合格点	应测点	测定点	合格点
总　计	2 525	102 717	11 666	10 055	11 803	1 472	1 308	57 913	5 214	4 927	33 001	4 980	3 820
公有经济	2 022	22 901	7 575	6 267	4 589	1 251	1 106	11 435	2 631	2 492	6 877	3 693	2 669
非公有经济	503	79 816	4 091	3 788	7 214	221	202	46 478	2 583	2 435	26 124	1 287	1 151

2006年广州市职业卫生有害作业工人健康检查情况（1）

类　别	职工总数	合　计				粉　尘				化　学			
		接触人数	应检数	受检数	检出数	接触人数	应检数	受检数	检出数	接触人数	应检数	受检数	检出数
总　计	440 015	111 815	111 745	81 415	34	35 645	35 645	17 165	11	35 724	35 724	30 197	19
公有经济	180 954	66 333	66 263	48 334	24	21 454	21 454	10 218	9	17 744	17 744	16 454	13
非公有经济	259 061	45 482	45 482	33 081	10	14 191	14 191	6 947	2	17 980	17 980	13 743	6

2006年广州市职业卫生有害作业工人健康检查情况（2）

类 别	职工总数	物 理				其他职业危害			
		接触人数	应检数	受检数	检出数	接触人数	应检数	受检数	检出数
总 计	440 015	37 933	37 933	33 186	4	2 513	2 443	867	
公有经济	180 954	25 477	25 477	21 197	2	1 658	1 588	465	
非公有经济	259 061	12 456	12 456	11 989	2	855	855	402	

2006年广州市有害作业厂矿劳动卫生监督情况

类 别	经常性卫生监督				预防性卫生监督					事故性卫生监督		
	应监督厂矿数	实监督厂矿数	合格厂矿数	总处罚厂矿数	应监督厂矿数	实监督厂矿数	竣工验收项目数	合格项目数	应调查取证起数	实调查取证起数	紧急报告起数	终结报告起数
总 计	2 525	1 147	711	38	160	159	65	62	5	5		
公有经济	2 022	859	455	38	156	157	63	60	4	4		
非公有经济	503	288	256		4	2	2	2	1	1		

（七）中 医 工 作

2006年广州地区中医医院卫生机构、床位、人员情况

类 别	机构数（个）	实有床位	人 员 数（人）										
			合计	卫生技术人员									其他
				小计	执业医师	其中：执业中医师	执业助理医师	其中：执业助理中医师	注册护士	药剂人员	其中：执业中药师	检验人员	
总 计	29	5 592	8 902	7 336	2 733	1 643	119	36	2 656	924	126	260	644
中医医院	27	5 502	8 754	7 218	2 684	1 621	114	34	2 625	908	125	254	633
非营利性	24	5 081	7 649	6 512	2 461	1 562	95	28	2 297	849	112	224	586
部、省	5	2 765	3 895	3 379	1 229	909	7	6	1 210	442	71	120	371
市	1	436	738	589	224	190	3	2	224	88	2	16	34
区	17	1 880	3 016	2 544	1 008	463	85	20	863	319	39	88	181
营利性	3	421	1 105	706	223	59	19	6	328	59	13	30	47
中西医结合医院	2	90	148	118	49	22	5	2	31	16	1	6	11

2006年广州地区中医医院房屋建筑面积、万元以上设备情况

类　别	房屋建筑面积（平方米）			其中：业务用房面积	万元以上设备（台）			
	合　计	购建房屋	租房		合　计	50万元以下	50～100万元	100万元以上
总　计	627 466	594 644	32 822	473 101	6 008	5 671	203	134
中医医院	621 766	594 644	27 122	467 551	5 969	5 632	203	134
非营利性	552 082	527 087	24 995	403 449	5 256	4 963	186	107
部、省	322 353	312 451	9 902	209 203	3 385	3 160	144	81
市	25 899	25 011	888	25 219	485	466	12	7
区	203 830	189 625	14 205	169 027	1 386	1 337	30	19
营利性	69 684	67 557	2 127	64 102	713	669	17	27
中西医结合医院	5 700		5 700	5 550	39	39		

2006年广州地区中医医院床位数分组情况

类　别	总　计	0～49张	50～99张	100～199张	200～299张	300～399张	400～499张	500～799张	800张及以上
总　计	29	10	6	5	3	1	2		2
中医医院	27	9	5	5	3	1	2		2
中西医结合医院	2	1	1						

2006年广州地区中医医院卫生人员分类情况

分组名称	卫生技术人员	其他技术人员	管理人员
按性别分	7 325	323	353
男	2 355	106	128
女	4 970	217	225
按年龄分			
25岁及以下	1 247	38	20
26～35岁	3 078	123	68
36～45岁	1 782	101	124
46～55岁	1 050	56	121
56～60岁	114	3	14
60岁以上	54	2	6
按工作年限分			
5年及以下	2 020	80	32
6～10年	1 482	46	28
11～20年	2 045	92	84
21～30年	867	62	96
30年以上	911	43	113

续表

分组名称	卫生技术人员	其他技术人员	管理人员
按学历分			
博　士	151	1	5
硕　士	673	17	15
学士/大学本科	2 007	75	108
大　专	1 541	108	128
中　专	2 652	78	83
高　中	199	28	13
初中及以下	102	16	1
按专业技术资格分			
正　高	156	4	23
副　高	613	11	61
中　级	1 472	49	66
助理/师级	2 452	91	80
员/士	1 648	77	36
其　他	984	91	87
按聘任专业技术职务分			
正　高	139	4	25
副　高	582	10	61
中　级	1 340	41	77
助理级	2 796	113	104
员士级	1 927	87	41
待　聘	541	68	45

2006年广州地区医院分科中医执业（助理）医师数情况

分　科	执业（助理）医师数（人）			中医医院
	合计	执业医师	执业助理医师	床位数（张）
总　计	3 351	3 157	194	5 502
内　科	1 395	1 328	67	1 717
外　科	145	145		796
妇产科	88	88		417
儿　科	80	80		135
皮肤科	43	42	1	37
眼　科	26	26		82
精神科				
肿瘤科	52	52		355
骨伤科	197	189	8	1 276
肛肠科	11	11		98
针灸科	74	65	9	239
推拿科	25	21	4	9
其　他	1 215	1 110	105	341

2006年广州地区中医医院门诊服务情况

类别	机构数（个）	诊疗人次数					观察室收容人数	健康检查人数	门急诊诊次占总诊次的(%)	急诊死亡率（%）
		总计	其中：门、急诊人次数							
			合计	门诊人次数	急诊人次数					
					小计	内：死亡人数				
总　计	26	11 074 039	10 812 623	10 249 185	563 438	180	72 158	360 356	97.64	0.03
中医医院	24	10 954 172	10 715 152	10 153 040	562 112	180	72 128	336 089	97.82	0.03
非营利性	21	10 546 337	10 308 934	9 775 634	533 300	170	72 128	307 550	97.75	0.03
部、省	4	6 274 733	6 072 877	5 834 178	238 699	101	69 332	147 332	96.78	0.04
市	1	441 069	435 598	422 519	13 079		845	2 008	98.76	
区	16	3 830 535	3 800 459	3 518 937	281 522	69	1 951	158 210	99.21	0.02
营利性	3	407 835	406 218	377 406	28 812	10		28 539	99.60	0.03
中西医结合医院	2	119 867	97 471	96 145	1 326		30	24 267	81.32	

2006年广州地区中医医院住院服务情况

类别	入院人数（人）	出院人数（人）						住院病人手术人次	住院危重病人抢救人次	治愈率（%）	好转率（%）	死亡率（%）	每百门急诊的入院人数
		总计	治愈	好转	未愈	死亡	其他						
总　计	131 051	130 635	60 203	58 205	3 228	2 614	6 385	51 434	10 331	50.97	44.56	2	1.21
中医医院	130 192	129 777	60 130	57 549	3 162	2 551	6 385	51 385	10 248	51.25	44.34	1.97	1.22
非营利性	120 764	120 376	55 545	53 701	2 956	2 481	5 693	47 603	10 143	50.87	44.61	2.06	1.17
部、省	64 521	64 393	29 766	31 435	974	1 505	713	27 217	6 314	47.33	48.82	2.34	1.06
市	6 642	6 632	3 229	2 810	154	359	80	1 705	1 229	49.89	42.37	5.41	1.52
区	49 601	49 351	22 550	19 456	1 828	617	4 900	18 681	2 600	55.62	39.42	1.25	1.31
营利性	9 428	9 401	4 585	3 848	206	70	692	3 782	105	56.13	40.93	0.74	2.32
中西医结合医院	859	858	73	656	66	63		49	83	8.51	76.46	7.34	0.88

2006年广州地区中医医院床位利用情况

类　别	实有床位数（张）	实际开放总床日数	平均开放病床（张）	实际占用总床日数	出院者占用总床日数	病床周转次数	病床工作日	病床使用率（%）	出院者平均住院日	每床与每日门急诊诊次之比
总　计	5 592	2 009 460	5 505	1 730 311	1 722 173	24	314	86.11	13.18	7.70
中医医院	5 502	1 991 160	5 455	1 714 172	1 706 157	24	314	86.09	13.15	7.70
非营利性	5 081	1 845 074	5 055	1 636 846	1 629 287	24	324	88.71	13.53	7.99
部、省	2 765	1 008 225	2 762	928 172	925 416	23	336	92.06	14.37	8.65
市	436	159 140	436	127 638	128 508	15	293	80.20	19.38	3.94
区	1 880	677 709	1 857	581 036	575 363	27	313	85.74	11.66	7.97
营利性	421	146 086	400	77 326	76 870	23	193	52.93	8.18	3.95
中西医结合医院	90	18 300	50	16 139	16 016	17	322	88.19	18.67	7.71

2006年广州地区中医医院年收入与支出情况

类　别	总收入（千元）					总支出（千元）			其中：人员经费支出
	合计	财政补助收入	上级补助收入	业务/事业收入	经营收入	合计	业务/事业支出	财政专项支出	
总　计	2 606 501	107 363	3 211	2 452 720	590	2 711 903	2 564 306	146 494	679 588
中医医院	2 589 244	104 721	2 389	2 438 927	590	2 695 316	2 548 927	145 286	674 786
非营利性	2 433 812	104 721	2 389	2 284 085		2 514 680	2 369 294	145 286	627 729
部、省	1 576 195	57 713	850	1 517 632		1 663 689	1 549 080	114 609	370 073
市	151 091			112 194		153 195	143 394	9 801	42 327
区	706 526	47 008	1 539	654 259		697 796	676 820	20 876	215 329
营利性	155 432			154 842	590	180 636	179 633		47 057
中西医结合医院	17 257	2 642	822	13 793		16 587	15 379	1 208	4 802

2006年广州地区中医医院资产与负债情况

类　别	总资产（千元）				负债与净资产（千元）					平均每床固定资产（千元）
					负债	净　资　产				
	合计	流动资产	对外投资	固定资产		小计	事业基金	固定基金	专用基金	
总　计	4 667 031	1 627 438	19 944	3 013 005	1 082 143	3 584 888	192 671	2 502 171	875 053	590
中医医院	4 648 420	1 616 998	19 944	3 005 854	1 076 377	3 572 043	190 571	2 496 820	873 695	546
非营利性	4 638 420	1 615 398	19 944	2 999 454	1 072 677	3 565 743	188 571	2 494 820	871 695	590
部、省	3 676 180	1 303 353	18 838	2 352 829	862 261	2 813 919	154 377	1 902 725	750 887	851
市	208 896	70 167		138 461	49 463	159 433		127 791	31 642	318
区	753 344	241 878	1 106	508 164	160 953	592 391	34 194	464 304	89 166	270
营利性	10 000	1 600		6 400	3 700	6 300	2 000	2 000	2 000	15
中西医结合医院	18 611	10 440		7 151	5 766	12 845	2 100	5 351	1 358	79

2006年广州地区非营利性中医医院业务收、支情况

指标名称	合　计	部、省属	省辖市属	地辖市属
机构数	21	4	1	16
平均每所医院				
总收入（千元）	115 895.81	394 048.75	151 091	44 157.88
业务收入	108 765.95	379 408	112 194	40 891.19
医疗收入	58 254.81	202 812.50	49 133	22 685.50
门诊收入	26 982.67	87 776	16 866	12 416.63
内：挂号费	673.14	2 103.50	328	337.13
检查费	7 497.05	27 863	3 477	2 656.81
治疗费	11 172.86	31 013.75	6 874	6 481.31
手术费	651.81	1 981.25	421	333.88
住院收入	31 272.14	115 036.50	32 267	10 268.88
内：床位费	3 652	13 048	4 524	1 248.50
检查费	3 459.10	13 908	3 659	834.38
治疗费	14 742.29	52 430	16 122	5 234.13
手术费	4 263	15 794.25	1 021	1 582.81
药品收入	49 065.10	170 995.25	60 098	17 893
门诊收入	32 817.81	114 940.50	29 384	12 501.75
西药费	14 158.38	41 590	15 562	7 212.75
中药费	18 659.43	73 350.50	13 822	5 289
住院收入	16 247.29	56 054.75	30 714	5 391.25
西药费	11 937.19	37 219.25	28 507	4 581.06
中药费	4 310.10	18 835.50	2 207	810.19
其他收入	1 446.05	5 600.25	2 963	312.69
总支出（千元）	119 746.67	415 922.25	153 195	43 612.25
业务支出	112 823.52	387 270	143 394	42 301.25
医疗支出	63 266.81	216 325	82 978	23 770.31
药品支出	49 165.19	169 873.50	58 027	18 434.25
内：药品费	42 519.29	152 170.75	49 497	14 670.31
西药费	22 362.52	69 106.50	36 704	9 780.19
中药费	20 156.76	83 064.25	12 793	4 890.13
其他支出	391.52	1 071.50	2 389	96.69
病人累计欠费总额（千元）	735.48	1 484.25	701	550.44
内：年内病人欠费总额（千元）	167.29	543	17	82.75
欠费率（%）	0.15	0.14	0.02	0.20
平均每所医院每天门急诊人次	1 924.18	5 974.43	1 719.18	924.44
病床使用率（%）	88.71	92.06	80.20	85.74
病床周转次数	23.89	23.36	15.23	26.71
出院者平均住院日	13.53	14.37	19.38	11.66

续表

指标名称	合　计	部、省属	省辖市属	地辖市属
平均每诊疗人次医疗费（元）	119.08	129.23	104.86	104.08
内：挂号费	1.34	1.34	0.74	1.41
药费	65.35	73.27	66.62	52.22
检查费	14.93	17.76	7.88	11.10
治疗费	22.25	19.77	15.58	27.07
平均每出院者住院医疗费（元）	8 289.92	10 627.94	9 496.53	5 077.14
内：床位费	637.10	810.52	682.15	404.77
药费	2 834.39	3 482.04	4 631.18	1 747.89
检查费	603.45	863.94	551.72	270.51
治疗费	2 571.84	3 256.88	2 430.94	1 696.95
手术费	743.69	981.12	153.95	513.16
出院者平均每天住院医疗费	612.48	739.52	490.09	435.49
平均每一职工				
全年担负的诊疗人次	1 404.68	1 663.94	600.09	1 275.99
全年担负的住院床日数	218.01	246.13	173.66	193.55
年业务收入（元）	304 220	402 448	152 645	217 941
平均每一医师				
全年担负的诊疗人次	4 195.04	5 211.57	1 901.16	3 553.37
全年担负的住院床日数	651.09	770.91	550.16	538.99
年业务收入（元）	908 546	1 260 492	483 595	606 919

第三部分　居民健康状况

（一）广州市居民期望寿命

2006年广州市居民期望寿命

区（县级市）	人口数（人）	出生率（‰）	死亡率（‰）	自然增长率（‰）	平均期望寿命（岁）
总　计	4 636 407	7.98	5.81	2.17	78.26
荔湾区	704 985	5.78	7.52	−1.74	76.33
越秀区	1 151 034	6.30	6.13	0.17	78.01
海珠区	883 781	7.08	6	1.09	78.37
白云区	764 216	9.42	5.44	3.99	78.14
黄埔区	193 189	9.71	4.62	5.08	81.56
番禺区	939 203	11.01	4.53	6.48	80.29

（二）居民死亡原因疾病分类情况

2006年广州市六个区前十位疾病死亡率、构成比和位次

性　别	顺　位	死亡原因	死亡率（1/10万）	构成比（%）
合　计	1	恶性肿瘤计	158.36	26.87
	2	心脏病计	107.95	18.31
	3	呼吸系统疾病小计	97.99	16.62
	4	脑血管病	76	12.89
	5	损伤和中毒外部原因小计	24.53	4.16
	6	内分泌，营养和代谢的其他疾病	19.67	3.34
	7	消化系统疾病小计	18.58	3.15
	8	泌尿生殖系统疾病小计	10.37	1.76
	9	神经系统疾病小计	4.58	0.78
	10	精神障碍小计	3.53	0.60
男　性	1	恶性肿瘤计	203.62	30.83
	2	心脏病计	110.58	16.74
	3	呼吸系统疾病小计	103.55	15.68
	4	脑血管病	80.23	12.15
	5	损伤和中毒外部原因小计	31.71	4.80
	6	消化系统疾病小计	24.56	3.72
	7	内分泌，营养和代谢的其他疾病	16.73	2.53
	8	泌尿生殖系统疾病小计	11.11	1.68
	9	神经系统疾病小计	5.28	0.80
	10	呼吸道结核	4.60	0.70
女　性	1	恶性肿瘤计	111.36	21.59
	2	心脏病计	105.21	20.40
	3	呼吸系统疾病小计	92.22	17.88
	4	脑血管病	71.62	13.89
	5	内分泌，营养和代谢的其他疾病	22.72	4.41
	6	损伤和中毒外部原因小计	17.06	3.31
	7	消化系统疾病小计	12.38	2.40
	8	泌尿生殖系统疾病小计	9.59	1.86
	9	神经系统疾病小计	3.85	0.75
	10	精神障碍小计	3.09	0.60

2006年广州市六个区意外死亡外部原因、死亡率及构成比

死亡原因	合计		男性		女性	
	死亡率（1/10万）	构成比（%）	死亡率（1/10万）	构成比（%）	死亡率（1/10万）	构成比（%）
损伤和中毒外部原因小计	24.53	4.16	31.71	4.80	17.06	3.31
其中：机动车辆交通事故	2.75	0.47	4.09	0.62	1.37	0.27
机动车以外的运输事故	5.16	0.88	6.55	0.99	3.71	0.72
意外中毒	2.45	0.42	3.79	0.57	1.06	0.21
意外跌落	2.75	0.47	2.85	0.43	2.65	0.51
火　灾	0.39	0.07	0.47	0.07	0.31	0.06
由自然环境因素所致的意外事故						
淹　死	1.56	0.26	2.04	0.31	1.06	0.21
意外的机械性窒息	0.22	0.04	0.21	0.03	0.22	0.04
砸　死	0.15	0.03	0.30	0.05		
由机器切割和穿刺工具所致的意外的事故	0.15	0.03	0.30	0.05		
触　电	0.07	0.01	0.13	0.02		
其他意外事故和有害效应	2.88	0.49	4.64	0.70	1.06	0.21
自　杀	5.25	0.89	5.32	0.81	5.17	1
被　杀	0.74	0.13	1.02	0.15	0.44	0.09

2006年广州市婴儿死亡原因构成及排位

顺　位	死亡原因	例　数	构成比（%）
1	早产或低出生体重	61	22.93
2	先天性心脏病	52	19.55
3	出生窒息	38	14.29
4	其他先天异常	25	9.40
5	诊断不明	17	6.39
6	肺　炎	15	5.64
7	意外窒息	12	4.51
8	其他新生儿病	7	2.63
9	其　他	6	2.26
10	其他消耗系统疾病	5	1.88
11	内分泌、营养及代谢疾病	3	1.13
12	血液及造血器官疾病	3	1.13
13	败血症	2	0.75

2006年广州市5岁以下儿童主要疾病死亡构成及排位

顺　位	死亡原因	例　数	构成比（%）
1	早产或低出生体重	61	17.09
2	先天性心脏病	61	17.09
3	出生窒息	38	10.64
4	其他先天异常	28	7.84
5	诊断不明	25	7
6	肺　炎	24	6.72
7	溺　水	19	5.32
8	意外窒息	14	3.92
9	其他肿瘤	8	2.24
10	交通窒息	8	2.24
11	其　他	8	2.24
12	其他神经系统疾病	7	1.96
13	其他新生儿病	7	1.96

（三）住院病人疾病分类及年龄分布情况

2006年广州市医院出院病人疾病分类及转归情况

疾病名称（ICD–10）	总　计	治愈率	好转率	未愈率	死亡率	出院者平均住院日	疾病构成（%）
总　计	710 606	64.40	31.50	2.30	1.80	12.70	100
1．某些传染病和寄生虫病小计	21 809	41.70	52.40	3.90	2	16.80	3.07
其中：肠道传染病	1 986	85.40	13.60	0.80	0.20	5.70	0.28
内：霍乱	1		100			2	
伤寒和副伤寒	113	61.90	32.70	5.30		12.10	0.02
志贺菌病	60	71.70	25	3.30		6.60	0.01
结核病	6 916	15.30	78.20	4.40	2.10	22.40	0.97
内：肺结核	4 488	11.10	81.60	4.40	2.90	24.50	0.63
白喉							
百日咳							
猩红热	33	81.80	18.20			6.60	
性传播模式的疾病	418	43.80	50.50	5.50	0.20	14.60	0.06
内：梅毒	316	34.50	60.80	4.40	0.30	16.30	0.04
淋球菌感染	4	50	50			8.80	
乙型脑炎	10	20	50	20	10	8.10	
斑疹伤寒	162	73.50	24.70	1.20	0.60	8.30	0.02
病毒性肝炎	5 027	26.30	65.20	5.90	2.50	21.70	0.71
人类免疫缺陷病毒病（HIV）	329	8.50	62.90	14.30	14.30	30.40	0.05
血吸虫病	3		100			19.30	
丝虫病	5	20	60	20		18	

续表

疾病名称（ICD-10）	总　计	治愈率	好转率	未愈率	死亡率	出院者平均住院日	疾病构成（%）
钩虫病	16	62.50	31.30	6.30		9.30	
2. 肿瘤小计	73 160	55.70	30.80	7.10	6.40	18.40	10.30
恶性肿瘤计	50 387	40.40	41.20	9.30	9.10	21.80	7.09
其中：鼻咽恶性肿瘤	2 802	41.50	46.50	6.30	5.70	40.60	0.39
食管恶性肿瘤	1 565	48.60	32.10	10.80	8.50	24.70	0.22
胃恶性肿瘤	2 283	48.10	32.30	8.50	11.10	21.30	0.32
小肠恶性肿瘤	179	54.70	27.90	5.60	11.70	27.80	0.03
结肠恶性肿瘤	2 558	54.20	26.90	6.30	12.70	24	0.36
直肠乙状结肠连接处、直肠、肛门和肛管恶性肿瘤	2 077	60.20	27.10	5.40	7.30	23.90	0.29
肝和肝内胆管恶性肿瘤	5 898	26.70	46.10	13.30	13.90	17.70	0.83
喉恶性肿瘤	549	70.70	17.30	7.70	4.40	22.80	0.08
气管、支气管、肺恶性肿瘤	8 532	25.70	47.10	12.30	14.90	19.70	1.20
骨、关节软骨恶性肿瘤	405	49.10	37	9.90	4	29.70	0.06
乳房恶性肿瘤	3 588	65.60	27.90	2.80	3.80	19.70	0.50
女性生殖器官恶性肿瘤	3 216	49.20	40.90	6.30	3.70	18.10	0.45
男性生殖器官恶性肿瘤	825	35.80	50.50	5.80	7.90	22.90	0.12
泌尿道恶性肿瘤	1 444	66.10	21.50	6.20	6.20	20.10	0.20
脑恶性肿瘤	760	53	30.80	8.20	8	30.10	0.11
白血病	2 022	26.80	53.50	9.70	10	27.30	0.28
原位癌计	822	83.90	9	5.20	1.80	12.60	0.12
其中：子宫颈原位癌	613	92.70	4.10	3.10	0.20	9.40	0.09
良性肿瘤计	20 536	92.60	5.40	1.90	0.20	10.40	2.89
其中：皮肤良性肿瘤	328	94.20	4.90	0.90		7.50	0.05
乳房良性肿瘤	2 668	97.70	1.80	0.40		5.20	0.38
子宫平滑肌瘤	6 354	96.30	2.20	1.50		9.90	0.89
卵巢良性肿瘤	2 138	98.40	1.30	0.40		8.90	0.30
前列腺良性肿瘤	4	50	50			23.30	
甲状腺良性肿瘤	1 193	96.60	1.80	1.60		7.80	0.17
交界恶性肿瘤计							
动态未知的肿瘤计	1 415	47.10	40.80	9	3	17.60	0.20
3. 血液及造血器官疾病和某些涉及免疫机制的疾患小计	5 484	32.90	61.90	4	1.30	11.30	0.77
其中：贫血	2 752	19.40	74.60	4.40	1.60	10.40	0.39
4. 内分泌、营养和代谢疾病小计	18 785	46.40	50.20	1.80	1.50	13.20	2.64
其中：甲状腺机能亢进	1 600	49.10	49	1.60	0.40	11.90	0.23
糖尿病	9 892	23.80	73.50	0.70	2	16.10	1.39
5. 精神和行为障碍小计	8 907	44.90	53.10	1.90	0.20	55.50	1.25
其中：精神活性物质的精神和行为障碍计	1 275	67	30	3	0.10	7	0.18
精神分裂症、分裂型障碍和妄想性障碍	2 505	43.40	55.10	1.40	0.10	137.20	0.35
心境（情感）障碍	1 478	61.80	37.40	0.80		47	0.21

续表

疾病名称 （ICD-10）	总　计	治愈率	好转率	未愈率	死亡率	出院者平均住院日	疾病构成（%）
6．神经系统疾病小计	13 943	38.40	58.10	2.40	1.10	15.10	1.96
其中：中枢神经系统炎性疾病	569	33.70	52.20	8.30	5.80	22.50	0.08
帕金森病	708	11.20	87	1	0.80	23.50	0.10
癫痫	1 777	29	67.90	2.50	0.70	9.20	0.25
7．眼和附器疾病小计	25 278	93.50	6	0.40		5.20	3.56
其中：白内障和晶状体的其他疾患	14 270	99.40	0.40	0.20		2.50	2.01
内：老年性白内障	12 487	99.40	0.40	0.20		2.40	1.76
视网膜脱离和断裂	2 470	97.60	1.90	0.40		7.90	0.35
青光眼	2 246	89.40	10.20	0.40		9.30	0.32
8．耳和乳突疾病小计	3 798	63.30	33.60	3.10		11	0.53
其中：中耳和乳突疾病	1 739	89.10	9.90	1		10.70	0.24
9．循环系统疾病小计	72 350	35.30	58.60	1.80	4.20	16.90	10.18
其中：急性风湿热	134	23.90	74.60	0.70	0.70	12.90	0.02
内：急性风湿性关节炎	112	26.80	72.30	0.90		13.20	0.02
慢性风湿性心脏病	1 849	54.70	39.50	2.10	3.80	18.10	0.26
高血压	13 353	18.30	79.50	0.50	1.70	15.10	1.88
内：高血压性心脏、肾脏病	1 445	10.10	83.60	1.40	4.90	17	0.20
缺血性心脏病	14 992	32.10	61.70	1	5.20	14.20	2.11
内：心绞痛	2 765	24.20	74.30	0.50	1	13	0.39
急性心肌梗死	2 649	38.80	45.30	2.10	13.90	12.30	0.37
其他缺血性心脏病	9 578	32.50	62.60	0.90	4	15.10	1.35
肺栓塞	163	41.70	31.90	5.50	20.90	18.60	0.02
心脏传导疾患和心律失常	3 164	58.30	40.10	0.90	0.70	12.40	0.45
心力衰竭	976	47.80	36.30	2.70	13.20	21.30	0.14
脑血管病	26 066	27.80	63.90	2.90	5.40	21.50	3.67
内：颅内出血	4 626	37.60	40.60	7.30	14.50	24.40	0.65
脑梗死	14 470	29.40	64.90	2	3.70	18.70	2.04
大脑动脉闭塞和狭窄	1 167	21.40	71.50	2.60	4.50	21.80	0.16
静脉炎和血栓性静脉炎、静脉栓塞和血栓形成	796	47.90	48.10	2.80	1.30	15.20	0.11
下肢静脉曲张	497	85.50	12.50	2		13.30	0.07
10．呼吸系统疾病小计	78 229	68.40	28	1.20	2.30	10.40	11.01
其中：急性上呼吸道感染	14 750	77.80	21.40	0.70		5.40	2.08
流行性感冒	331	89.70	9.40	0.90		6.40	0.05
肺炎	22 734	71.10	25.10	1.10	2.70	10.20	3.20
慢性扁桃体和腺样体疾病	1 757	95.40	3.80	0.90		6.30	0.25
支气管炎、肺气肿和其他慢性阻塞性肺病	11 313	43.50	50.30	1.30	4.90	15.20	1.59
哮喘	2 005	50.90	47.80	0.60	0.60	9.30	0.28
外部物质引起的肺病	304	36.80	48.40	2	12.80	40.60	0.04
11．消化系统疾病小计	57 537	69.80	27.50	1.60	1	10.10	8.10

续表

疾病名称（ICD-10）	总　计	治愈率	好转率	未愈率	死亡率	出院者平均住院日	疾病构成(%)
其中：口腔、涎腺和颌疾病	1 899	85.80	12.40	1.70	0.10	9.90	0.27
内：牙齿及牙周病	472	90.50	8.10	1.50		10	0.07
胃及十二指肠溃疡	4 649	55.60	42.20	1.10	1.10	9.80	0.65
阑尾疾病	7 215	90.70	8.90	0.40		6.50	1.02
疝计	6 123	95.90	2.90	1.10	0.10	7.60	0.86
内：腹股沟疝	5 689	96.80	2.10	1		7.30	0.80
肠梗阻	2 280	74.20	21.70	2.80	1.40	9.50	0.32
肝疾病	5 092	26.70	63	5.40	4.80	19.10	0.72
胆石病和胆囊炎	6 452	76.20	21.80	1.70	0.30	12.50	0.91
急性胰腺炎	1 329	72.50	23.50	1.50	2.60	12.30	0.19
12. 皮肤和皮下组织疾病小计	5 811	68.20	29.40	1.50	1	15.10	0.82
其中：皮炎及湿疹	1 005	67.20	31.70	0.80	0.30	13.40	0.14
牛皮癣	294	23.80	74.50	1.40	0.30	19.30	0.04
荨麻疹	307	79.20	20.50	0.30		6.20	0.04
13. 肌肉骨骼系统和结缔组织疾病小计	27 541	42.50	55.80	1.50	0.30	14.90	3.88
其中：类风湿性关节炎和其他炎性多关节病	2 454	31	67.80	1	0.30	14.50	0.35
关节病	1 277	44.50	54.20	1.30	0.10	17.10	0.18
系统性结缔组织病	3 032	26.30	70.10	1.70	1.90	15.50	0.43
内：系统性红斑狼疮	1 949	21.30	75.10	1.60	2	15.20	0.27
脊椎关节强硬	6 119	29.50	69.70	0.70		13.10	0.86
椎间盘疾患	6 608	49.80	48.50	1.60		14	0.93
骨病和软骨病	2 863	46.90	50.40	2.50	0.10	18.20	0.40
内：骨密度和结构的疾患	1 943	41.50	56.20	2.20	0.10	17.80	0.27
骨髓炎	259	66	32	1.90		24.50	0.04
14. 泌尿生殖系统疾病小计	46 401	71.20	25.90	2.40	0.50	10.70	6.53
其中：肾小球疾病	4 135	23	73.80	2.50	0.70	14.80	0.58
肾小管-间质疾病	3 402	71.30	25.40	2.80	0.40	13.40	0.48
肾衰竭	2 759	29.10	60.30	4.50	6.10	23.30	0.39
尿石病	7 622	75.90	21.70	2.40		9.50	1.07
膀胱炎	339	72	26.80	0.90	0.30	13.10	0.05
尿道狭窄	234	76.10	21.80	2.10		12.60	0.03
男性生殖器官疾病	5 470	80.50	17.70	1.70	0.10	11.10	0.77
内：前列腺增生	2 919	72.50	25.70	1.70	0.10	15.30	0.41
乳房疾患	2 692	90	8.10	1.90		6.20	0.38
女性盆腔器官炎性疾病	5 088	76.50	22.20	1.20		7.90	0.72
子宫内膜异位	2 899	91.40	7.20	1.40		9	0.41
女性生殖器脱垂	816	94.10	2.80	3.10		11.30	0.11
15. 妊娠、分娩和产褥期小计	104 761	93.90	5.30	0.70		6.20	14.74
其中：异位妊娠	7 238	90.80	7.70	1.50		7.80	1.02

续表

疾病名称（ICD-10）	总　计	治愈率	好转率	未愈率	死亡率	出院者平均住院日	疾病构成(%)
医疗性流产	13 208	99.70	0.20			4.20	1.86
妊娠、分娩和产褥期的水肿、蛋白尿和高血压疾患	1 881	79.90	18.10	1.90	0.10	7.70	0.26
前置胎盘、胎盘早剥和产前出血	1 109	85.70	10.60	3.70		10.30	0.16
梗阻性分娩	3 484	99.70	0.20	0.20		6.90	0.49
分娩时会阴、阴道裂伤	2 862	99.60	0.30	0.10		3.90	0.40
产后出血	2 593	98	1.50	0.20	0.30	6.40	0.36
顺产	7 579	100				4.50	1.07
16. 起源于围生期的某些情况小计	19 679	70.70	26.80	1.30	1.10	7.40	2.77
其中：产伤	194	48.50	47.90	3.60		7.40	0.03
出生窒息	1 451	58.50	35.80	1.90	3.80	9.20	0.20
新生儿吸入综合征	1 343	65.70	32.40	1.30	0.60	6.60	0.19
特发于围生期的感染	332	59.60	31.60	3.60	5.10	6.60	0.05
胎儿和新生儿的溶血性疾病	464	80.80	17.90	1.30		6.10	0.07
新生儿硬化病	32	84.40	12.50		3.10	11	
17. 先天性畸形、变形和染色体异常小计	12 180	86.10	9.50	3.20	1.10	12.40	1.71
其中：脊柱裂	55	78.20	14.50	5.50	1.80	18.10	0.01
神经系统其他先天性畸形	140	46.40	42.90	10	0.70	14.80	0.02
循环系统先天性畸形	3 892	81.40	11.60	4.30	2.70	15.90	0.55
消化系统其他先天性畸形	936	76.80	17.80	4.10	1.30	15	0.13
泌尿系统其他先天性畸形	1 144	92	5.50	2.40	0.10	12	0.16
肌肉骨骼系统其他先天性畸形	702	89	7.40	3.30	0.30	10.50	0.10
18. 症状、体征和临床与实验异常所见，不可分类于他处者小计	5 453	50.50	35.80	6.90	6.70	24.40	0.77
19. 损伤、中毒和外因的某些其他后果小计	54 422	72	24.60	2.10	1.40	15.50	7.66
其中：骨折	20 772	69.30	27.50	2.90	0.30	18.60	2.92
内：颅骨和面骨骨折	1 180	68.10	28.60	2.80	0.40	12.10	0.17
股骨骨折	4 101	72.70	22.30	4.30	0.70	25.60	0.58
多部位骨折	421	70.30	25.20	2.60	1.90	27.30	0.06
颅内损伤	6 264	63.40	26.90	2.20	7.50	17.70	0.88
烧伤和腐蚀伤	3 124	65.50	31.20	2.40	0.90	15.40	0.44
药物、药剂和生物制品中毒	408	61.50	34.30	1.20	2.90	7.30	0.06
非药用物质的毒性效应	828	56.90	35.10	3.10	4.80	16	0.12
手术和医疗的并发症，不可归类在他处者计	2 562	79.40	18.50	1.70	0.40	16	0.36
内：操作并发症，不可归类在他处者	1 051	77.70	19.90	1.90	0.50	18.70	0.15
假体装置、植入物和移植物的并发症	958	92.30	5.90	1.60	0.20	14.10	0.13
20. 影响健康状态和与保健机构接触的因素小计	55 076	52.40	45.50	2	0.10	10.30	7.75
其中：无症状的人类免疫缺陷病毒感染状态	1			100		13	

2006年广州市医院出院病人疾病分类年龄组分布（合计）

疾病名称	出院人数（人）	构成（%）				
		5岁以下	5～14岁	15～44岁	45～59岁	60岁及以上
总　计	710 606	11.30	4.50	41.10	16.20	27
1. 某些传染病和寄生虫病小计	21 809	18.60	5.60	44.60	14.50	16.70
其中：肠道传染病	1 986	80.30	6.80	8.70	2	2.30
内：霍乱	1			100		
伤寒和副伤寒	113	13.30	13.30	52.20	8.80	12.40
志贺菌病	60	30	20	18.30	15	16.70
结核病	6 916	2	2.80	49.50	18.60	27.10
内：肺结核	4 488	0.40	0.90	43.70	20.50	34.40
白喉						
百日咳						
猩红热	33	27.30	69.70	3		
性传播模式的疾病	418	23.40	1	47.40	16.30	12
内：梅毒	316	31	0.30	38	19	11.70
淋球菌感染	4			100		
乙型脑炎	10	50	40	10		
斑疹伤寒	162	7.40	16	29	24.10	23.50
病毒性肝炎	5 027	0.60	1.60	71.40	17.90	8.40
人类免疫缺陷病毒病（HIV）	329	2.10	0.60	74.20	17.60	5.50
血吸虫病	3			33.30		66.70
丝虫病	5			40	40	20
钩虫病	16			31.30	25	43.80
2. 肿瘤小计	73 160	2.20	2.10	33.60	30.70	31.50
恶性肿瘤计	50 387	1	1.50	23.10	33.30	41.10
其中：鼻咽恶性肿瘤	2 802		0.20	41.30	41	17.50
食管恶性肿瘤	1 565			6.30	41.70	52
胃恶性肿瘤	2 283			15.80	32.70	51.50
小肠恶性肿瘤	179			15.60	28.50	55.90
结肠恶性肿瘤	2 558			13.10	27.40	59.50
直肠乙状结肠连接处、直肠、肛门和肛管恶性肿瘤	2 077			14.80	30.60	54.50
肝和肝内胆管恶性肿瘤	5 898	0.60	0.40	27.20	38.40	33.40
喉恶性肿瘤	549			5.50	39.20	55.40
气管、支气管、肺恶性肿瘤	8 532			8.30	30.80	60.90
骨、关节软骨恶性肿瘤	405	0.50	15.60	57	13.10	13.80
乳房恶性肿瘤	3 588			35.80	44.50	19.60
女性生殖器官恶性肿瘤	3 216		0.40	39.50	44.70	15.30

续表

疾病名称	出院人数（人）	构成（%）				
		5岁以下	5～14岁	15～44岁	45～59岁	60岁及以上
男性生殖器官恶性肿瘤	825	1.10	0.20	10.90	8.40	79.40
泌尿道恶性肿瘤	1 444	2.60	0.70	13.40	26	57.30
脑恶性肿瘤	760	3.60	13.40	46.40	22.40	14.20
白血病	2 022	8.30	17	38.40	16.60	19.80
原位癌计	822			65.70	19.70	14.60
其中：子宫颈原位癌	613			82.20	15.50	2.30
良性肿瘤计	20 536	5.20	3.20	57.80	25.40	8.30
其中：皮肤良性肿瘤	328	25.30	17.40	34.50	12.50	10.40
乳房良性肿瘤	2 668		1	81.80	14.30	2.80
子宫平滑肌瘤	6 354			61.60	37.20	1.20
卵巢良性肿瘤	2 138		1.40	81.90	11.60	5
前列腺良性肿瘤	4			25		75
甲状腺良性肿瘤	1 193		1.10	63.10	28.20	7.50
交界恶性肿瘤计						
动态未知的肿瘤计	1 415	2.90	5.90	36.80	20.60	33.80
3. 血液及造血器官疾病和某些涉及免疫机制的疾患小计	5 484	20.50	30.30	23.50	10.50	15.20
其中：贫血	2 752	20.20	29.10	23.40	8.50	18.90
4. 内分泌、营养和代谢疾病小计	18 785	2.90	4.60	25.40	26.60	40.60
其中：甲状腺机能亢进	1 600	0.40	1.40	53.90	26.40	18
糖尿病	9 892	0.10	0.70	12.70	26	60.50
5. 精神和行为障碍小计	8 907	6.90	2.40	62	15.80	12.90
其中：精神活性物质的精神和行为障碍计	1 275	0.10		93.40	6.20	0.30
精神分裂症、分裂型障碍和妄想性障碍	2 505		0.60	80.20	14.90	4.30
心境（情感）障碍	1 478	0.10	0.70	67.80	21	10.40
6. 神经系统疾病小计	13 943	10.80	9.10	22.60	18.30	39.20
其中：中枢神经系统炎性疾病	569	16	15.50	40.20	17.40	10.90
帕金森病	708		0.10	2.40	14.10	83.30
癫　痫	1 777	23.60	23.50	25.20	8.30	19.40
7. 眼和附器疾病小计	25 278	1.30	4	19	16.80	58.90
其中：白内障和晶状体的其他疾患	14 270	0.50	1.10	5.40	11	82
内：老年性白内障	12 487			0.50	8.90	90.60
视网膜脱离和断裂	2 470	0.20	4.40	46.80	29.10	19.40
青光眼	2 246	0.60	1.50	16.40	25.50	56.10
8. 耳和乳突疾病小计	3 798	3.30	7.30	51.30	23.40	14.60
其中：中耳和乳突疾病	1 739	3.80	11.10	58.50	19.40	7.10

疾病名称	出院人数（人）	构成（%）				
		5岁以下	5～14岁	15～44岁	45～59岁	60岁及以上
9．循环系统疾病小计	72 350	0.60	0.90	12.30	18.60	67.60
其中：急性风湿热	134	0.70	12.70	37.30	19.40	29.90
内：急性风湿性关节炎	112	0.90	14.30	35.70	19.60	29.50
慢性风湿性心脏病	1 849	0.10	1.20	30.20	35.80	32.70
高血压	13 353			6.60	18.50	74.80
内：高血压性心脏、肾脏病	1 445			4.50	12.30	83.20
缺血性心脏病	14 992			3	17	79.90
内：心绞痛	2 765			2.50	18	79.50
急性心肌梗死	2 649			6.60	23	70.40
其他缺血性心脏病	9 578	0.10		2.20	15.10	82.60
肺栓塞	163			17.80	25.80	56.40
心脏传导疾患和心律失常	3 164	1.80	3.80	26	25.40	43
心力衰竭	976	0.30	0.20	5.60	9.50	84.30
脑血管病	26 066	0.40	0.30	6	16.70	76.60
内：颅内出血	4 626	1.60	0.90	15.60	26.90	55.10
脑梗死	14 470			3.40	14.90	81.70
大脑动脉闭塞和狭窄	1 167		0.30	5.70	17.10	76.90
静脉炎和血栓性静脉炎、静脉栓塞和血栓形成	796	0.30	0.90	27.80	22.20	48.90
下肢静脉曲张	497		0.60	20.90	35	43.50
10．呼吸系统疾病小计	78 229	36.80	9.80	16.60	7.70	29.20
其中：急性上呼吸道感染	14 750	52.70	20.80	14.90	4.80	6.80
流行性感冒	331	71	26.60	1.50	0.30	0.60
肺　炎	22 734	56.10	8.30	7.40	4.80	23.50
慢性扁桃体和腺样体疾病	1 757	7.50	40.50	46.40	4.70	0.90
支气管炎、肺气肿和其他慢性阻塞性肺病	11 313	5.60	0.90	3.80	5.70	84
哮　喘	2 005	22.50	10	16.40	16.40	34.70
外部物质引起的肺病	304	6.90	1	28.90	13.50	49.70
11．消化系统疾病小计	57 537	13.50	5.60	32.10	19.30	29.50
其中：口腔、涎腺和颌疾病	1 899	11.70	14.70	42.10	16.30	15.30
内：牙齿及牙周病	472	1.90	14.80	53	13.80	16.50
胃及十二指肠溃疡	4 649	0.70	1.70	37.10	24.70	35.80
阑尾疾病	7 215	1	9.70	69.30	11.80	8.20
疝　计	6 123	26	13.70	14.30	11.60	34.50
内：腹股沟疝	5 689	27.60	14.60	14.50	11	32.30
肠梗阻	2 280	17.60	4.60	26.10	15.20	36.40

续表

疾病名称	出院人数（人）	构成（%）				
		5岁以下	5～14岁	15～44岁	45～59岁	60岁及以上
肝疾病	5 092	5.20	0.90	27.20	36	30.70
胆石病和胆囊炎	6 452		0.50	28.70	30.20	40.60
急性胰腺炎	1 329	0.50	1.70	36.30	22.90	38.80
12. 皮肤和皮下组织疾病小计	5 811	12.30	8.60	32.90	14.70	31.50
其中：皮炎及湿疹	1 005	6.60	3	28.70	16.50	45.30
牛皮癣	294	1	4.40	43.90	22.10	28.60
荨麻疹	307	22.50	21.20	34.20	10.40	11.70
13. 肌肉骨骼系统和结缔组织疾病小计	27 541	1.50	3.90	31.20	24.20	39.30
其中：类风湿性关节炎和其他炎性多关节病	2 454	1.40	5.90	18	23.20	51.40
关节病	1 277		0.40	7.90	22.60	69.10
系统性结缔组织病	3 032	8.60	12.50	55.60	15.50	7.80
内：系统性红斑狼疮	1 949	0.10	14.90	68.60	12.60	3.80
脊椎关节强硬	6 119			17.80	29.40	52.70
椎间盘疾患	6 608		0.10	42.20	30.10	27.60
骨病和软骨病	2 863	0.80	6.30	20.60	13.90	58.40
内：骨密度和结构的疾患	1 943	0.60	4.30	14.20	8.30	72.50
骨髓炎	259	1.50	4.60	52.10	22	19.70
14. 泌尿生殖系统疾病小计	46 401	3.40	4.50	51.90	20.30	20
其中：肾小球疾病	4 135	10.50	17.90	45.20	14.80	11.70
肾小管-间质疾病	3 402	1.20	1.70	40.90	32.60	23.70
肾衰竭	2 759	0.40	0.70	34.30	28.60	36.10
尿石病	7 622	0.40	0.70	42.30	34	22.70
膀胱炎	339	0.60	0.90	38.60	24.50	35.40
尿道狭窄	234	5.10	10.30	33.80	16.20	34.60
男性生殖器官疾病	5 470	15.30	16.20	9.20	6.80	52.50
内：前列腺增生	2 919		0.10	0.60	7.70	91.60
乳房疾患	2 692		0.20	65	30.80	4
女性盆腔器官炎性疾病	5 088	0.20	0.70	87.80	10	1.30
子宫内膜异位	2 899			83.90	15.90	0.30
女性生殖器脱垂	816		0.20	16.50	25.40	57.80
15. 妊娠、分娩和产褥期小计	104 761			99.90	0.10	
其中：异位妊娠	7 238			99.80	0.20	
医疗性流产	13 208		0.20	99.70	0.10	
妊娠、分娩和产褥期的水肿、蛋白尿和高血压疾患	1 881			99.90	0.10	
前置胎盘、胎盘早剥和产前出血	1 109			99.80	0.20	

续表

疾病名称	出院人数（人）	构成（%）				
		5岁以下	5～14岁	15～44岁	45～59岁	60岁及以上
梗阻性分娩	3 484			99.90		
分娩时会阴、阴道裂伤	2 862			99.90		
产后出血	2 593			99.90	0.10	
顺　产	7 579			99.90		
16．起源于围生期的某些情况小计	19 679	100				
其中：产伤	194	100				
出生窒息	1 451	100				
新生儿吸入综合征	1 343	100				
特发于围生期的感染	332	100				
胎儿和新生儿的溶血性疾病	464	100				
新生儿硬化病	32	100				
17．先天性畸形、变形和染色体异常小计	12 180	46.10	22.80	24.60	4.30	2.20
其中：脊柱裂	55	67.30	10.90	18.20	1.80	1.80
神经系统其他先天性畸形	140	45.70	24.30	25	2.90	2.10
循环系统先天性畸形	3 892	40.10	26.10	26.40	4.60	2.80
消化系统其他先天性畸形	936	81.50	7.10	6.50	2.70	2.20
泌尿系统其他先天性畸形	1 144	31.60	25.60	39.90	2.60	0.30
肌肉骨骼系统其他先天性畸形	702	55.40	23.60	17.70	2.60	0.70
18．症状、体征和临床与实验异常所见，不可分类于他处者小计	5 453	21.50	8.70	26.20	15.40	28.20
19．损伤、中毒和外因的某些其他后果小计	54 422	4.50	5.80	58.40	13.50	17.80
其中：骨折	20 772	1.70	6	48.10	14.20	29.90
内：颅骨和面骨骨折	1 180	5.50	6.20	75.10	9.70	3.50
股骨骨折	4 101	1.50	2.40	19.80	7.80	68.40
多部位骨折	421	0.50	2.60	71.30	15.20	10.50
颅内损伤	6 264	3.40	5.20	62.90	15.30	13.30
烧伤和腐蚀伤	3 124	29.30	7.40	49.70	8.30	5.30
药物、药剂和生物制品中毒	408	15.20	6.60	54.70	8.10	15.40
非药用物质的毒性效应	828	5.60	6.30	67.40	13.30	7.50
手术和医疗的并发症，不可归类在他处者计	2 562	2.80	5.50	47.50	21.90	22.40
内：操作并发症，不可归类在他处者	1 051	4.10	5.80	49.70	17.90	22.50
假体装置、植入物和移植物的并发症	958	1.80	5.60	44.10	24.40	24.10
20．影响健康状态和与保健机构接触的因素小计	55 076	2.90	4.20	37	33	22.90
其中：无症状的人类免疫缺陷病毒感染状态	1					

2006年广州市医院出院病人疾病分类年龄组分布（男性）

疾病名称	出院人数（人）	构成（%）				
		5岁以下	5～14岁	15～44岁	45～59岁	60岁及以上
总　计	330 898	15.60	6.20	29.30	17.30	31.60
1．某些传染病和寄生虫病小计	14 437	18.20	5.40	44.80	14.70	16.90
其中：肠道传染病	1 305	82.50	6.10	8.50	1.50	1.40
内：霍乱	1			100		
伤寒和副伤寒	64	17.20	17.20	46.90	9.40	9.40
志贺菌病	25	44	28	16	4	8
结核病	4 587	1.90	2.50	44.60	20	31
内：肺结核	3 221	0.50	0.70	39.70	21.80	37.30
白　喉						
百日咳						
猩红热	19	31.60	68.40			
性传播模式的疾病	208	22.60	0.50	33.70	23.60	19.70
内：梅毒	173	27.20		27.70	26.60	18.50
淋球菌感染	2			100		
乙型脑炎	9	55.60	44.40			
斑疹伤寒	74	6.80	23	31.10	20.30	18.90
病毒性肝炎	3 939	0.40	1.60	73.40	17.10	7.50
人类免疫缺陷病毒病（HIV）	252	2.80	0.40	71.40	19	6.30
血吸虫病	2					100
丝虫病	2			100		
钩虫病	9			33.30	11.10	55.60
2．肿瘤小计	34 470	2.50	2.60	22.30	30.40	42.30
恶性肿瘤计	29 470	1.10	1.70	19.70	31.80	45.70
其中：鼻咽恶性肿瘤	2 104		0.10	40.70	41.90	17.20
食管恶性肿瘤	1 257			7	43.30	49.70
胃恶性肿瘤	1 493			12.30	31.30	56.40
小肠恶性肿瘤	112			14.30	33	52.70
结肠恶性肿瘤	1 429			13.20	26.90	59.80
直肠乙状结肠连接处、直肠、肛门和肛管恶性肿瘤	1 238	0.10		13.60	29	57.40
肝和肝内胆管恶性肿瘤	5 045	0.50	0.30	28.70	39.50	31
喉恶性肿瘤	518			5.60	39.60	54.80
气管、支气管、肺恶性肿瘤	5 806		0.10	6.80	29.80	63.30
骨、关节软骨恶性肿瘤	243	0.40	15.60	60.10	12.80	11.10
乳房恶性肿瘤	18			16.70	22.20	61.10
女性生殖器官恶性肿瘤						

续表

疾病名称	出院人数（人）	构成（%）				
		5岁以下	5～14岁	15～44岁	45～59岁	60岁及以上
男性生殖器官恶性肿瘤	824	1.10	0.20	10.80	8.40	79.50
泌尿道恶性肿瘤	1 038	2.60	0.40	13.70	26.10	57.20
脑恶性肿瘤	457	4.20	13.80	48.10	19.50	14.40
白血病	1 221	9.70	19.30	34.20	16.10	20.80
原位癌计	87			3.40	20.70	75.90
其中：子宫颈原位癌						
良性肿瘤计	4 187	12.10	8.40	39.30	23	17.10
其中：皮肤良性肿瘤	147	25.20	18.40	31.30	15.60	9.50
乳房良性肿瘤	1			100		
子宫平滑肌瘤						
卵巢良性肿瘤						
前列腺良性肿瘤	4			25		75
甲状腺良性肿瘤	246			56.50	34.10	9.30
交界恶性肿瘤计						
动态未知的肿瘤计	726	3.60	6.10	30.30	16.80	43.30
3. 血液及造血器官疾病和某些涉及免疫机制的疾患小计	2 875	24.90	33.70	20.50	6.60	14.30
其中：贫血	1 373	23.80	30.40	20.90	6.20	18.60
4. 内分泌、营养和代谢疾病小计	7 560	4.10	4.90	22.60	26.50	41.90
其中：甲状腺机能亢进	513	0.20	1.80	55.90	25.30	16.80
糖尿病	4 800	0.20	0.80	16.90	28.30	53.90
5. 精神和行为障碍小计	5 018	8.70	2.90	65.30	12.50	10.60
其中：精神活性物质的精神和行为障碍计	1 097			92.80	6.90	0.30
精神分裂症、分裂型障碍和妄想性障碍	1 311		0.70	85	11.80	2.40
心境（情感）障碍	667		1	73.80	18.10	7
6. 神经系统疾病小计	7 822	12.60	11	23.60	16	36.80
其中：中枢神经系统炎性疾病	329	15.80	15.50	41.60	16.70	10.30
帕金森病	418		0.20	3.10	10.80	85.90
癫　痫	1 070	21.60	23.50	25	9.30	20.60
7. 眼和附器疾病小计	12 171	1.90	5.20	25	16.40	51.60
其中：白内障和晶状体的其他疾患	6 210	1	1.70	8.80	11.60	76.80
内：老年性白内障	5 087			0.80	9.30	89.90
视网膜脱离和断裂	1 613	0.30	5.40	51.80	24.20	18.20
青光眼	1 042	1	2	23.40	23.80	49.80
8. 耳和乳突疾病小计	1 953	4.10	9.20	53.80	19.60	13.40
其中：中耳和乳突疾病	933	5	13.30	59.70	15.20	6.80

续表

疾病名称	出院人数（人）	构成（%）				
		5岁以下	5～14岁	15～44岁	45～59岁	60岁及以上
9．循环系统疾病小计	40 201	0.70	1	14.30	19.10	64.90
其中：急性风湿热	60	1.70	13.30	48.30	18.30	18.30
内：急性风湿性关节炎	54	1.90	14.80	46.30	20.40	16.70
慢性风湿性心脏病	641		1.60	31.50	34	32.90
高血压	6 138		0.10	8.20	17.50	74.10
内：高血压性心脏、肾脏病	760			6.60	13.80	79.60
缺血性心脏病	8 830			4.60	20.90	74.50
内：心绞痛	1 509			4	20.70	75.20
急性心肌梗死	1 885			8.40	28	63.60
其他缺血性心脏病	5 436			3.40	18.50	78.10
肺栓塞	100			25	25	50
心脏传导疾患和心律失常	1 574	2.70	5	26.90	23.20	42.20
心力衰竭	500	0.40	0.20	5	10.60	83.80
脑血管病	14 839	0.50	0.30	6.80	17.50	74.80
内：颅内出血	2 786	1.80	1	17	26.80	53.40
脑梗死	8 180		0.10	4.10	16.40	79.40
大脑动脉闭塞和狭窄	623			6.70	19.90	73.40
静脉炎和血栓性静脉炎、静脉栓塞和血栓形成	404	0.50	1.50	27	20.80	50.20
下肢静脉曲张	243		0.80	21	31.70	46.50
10．呼吸系统疾病小计	49 129	37.90	9.60	15.90	6.90	29.70
其中：急性上呼吸道感染	8 693	55.30	22.20	12.60	4.10	5.80
流行性感冒	220	72.30	25.50	1.40		0.90
肺　炎	14 100	59.40	7.60	6.30	4.30	22.30
慢性扁桃体和腺样体疾病	1 036	8.10	48	40.60	2.70	0.60
支气管炎、肺气肿和其他慢性阻塞性肺病	8 124	5.30	0.80	3.40	5.70	85
哮　喘	1 125	28.70	11.40	12.50	14	33.40
外部物质引起的肺病	240	4.60	0.40	35	15.40	44.60
11．消化系统疾病小计	35 295	15.20	6	32.50	19	27.30
其中：口腔、涎腺和颌疾病	1 035	12	16.90	39.30	15.30	16.50
内：牙齿及牙周病	233	3	21.90	48.10	9.90	17.20
胃及十二指肠溃疡	3 445	0.90	1.90	41.70	24.50	31
阑尾疾病	4 003	1.30	11.10	70.80	10.20	6.60
疝　计	5 301	27.40	11.20	14.30	11.70	35.40
内：腹股沟疝	5 120	28	11.50	14.30	11.50	34.60
肠梗阻	1 415	19.40	5.80	27.10	15.30	32.40

续表

疾病名称	出院人数（人）	构成（%）				
		5岁以下	5～14岁	15～44岁	45～59岁	60岁及以上
肝疾病	3 763	5.20	0.90	30.20	37.60	26.20
胆石病和胆囊炎	2 946	0.10	0.70	30.10	31	38.10
急性胰腺炎	705	0.60	2.10	42.10	23.40	31.80
12. 皮肤和皮下组织疾病小计	3 328	13.60	9.20	32.80	14.40	30.10
其中：皮炎及湿疹	578	7.80	3.30	23.70	15.40	49.80
牛皮癣	226	0.90	4.40	45.60	22.60	26.50
荨麻疹	143	28	26.60	26.60	9.10	9.80
13. 肌肉骨骼系统和结缔组织疾病小计	12 290	2.30	4.80	35.50	21.70	35.70
其中：类风湿性关节炎和其他炎性多关节病	1 390	1.60	7.10	18.30	21.70	51.30
关节病	363		1.10	16	16.30	66.70
系统性结缔组织病	735	23.50	15	36.10	15.40	10.10
内：系统性红斑狼疮	262	0.40	24	56.50	15.60	3.40
脊椎关节强硬	2 448		0.10	18.70	26.50	54.70
椎间盘疾患	3 545		0.20	48.70	26.10	24.90
骨病和软骨病	1 179	1.60	12.60	34.40	16.50	34.90
内：骨密度和结构的疾患	623	1.30	10.10	31.60	10	47
骨髓炎	175	1.10	4	55.40	22.90	16.60
14. 泌尿生殖系统疾病小计	17 447	7.90	9.60	29.90	19.20	33.40
其中：肾小球疾病	2 365	14.20	22.50	41.50	11.10	10.70
肾小管-间质疾病	1 583	2.50	2.70	41.20	31.70	22
肾衰竭	1 662	0.40	0.70	35.30	28.20	35.60
尿石病	4 561	0.50	0.70	44.90	31.90	22
膀胱炎	111	1.80	2.70	31.50	21.60	42.30
尿道狭窄	228	5.30	10.50	33.80	15.40	35.10
男性生殖器官疾病	5 470	15.30	16.20	9.20	6.80	52.50
内：前列腺增生	2 919		0.10	0.60	7.70	91.60
乳房疾患	116	0.90	3.40	62.10	18.10	15.50
女性盆腔器官炎性疾病						
子宫内膜异位						
女性生殖器脱垂						
15. 妊娠、分娩和产褥期小计						
其中：异位妊娠						
医疗性流产						
妊娠、分娩和产褥期的水肿、蛋白尿和高血压疾患						
前置胎盘、胎盘早剥和产前出血						

续表

疾病名称	出院人数（人）	构成（%）				
		5岁以下	5～14岁	15～44岁	45～59岁	60岁及以上
梗阻性分娩						
分娩时会阴、阴道裂伤						
产后出血						
顺　产						
16. 起源于围生期的某些情况小计	11 788	100				
其中：产伤	130	100				
出生窒息	933	100				
新生儿吸入综合征	794	100				
特发于围生期的感染	221	100				
胎儿和新生儿的溶血性疾病	235	100				
新生儿硬化病	20	100				
17. 先天性畸形、变形和染色体异常小计	7 269	52.50	25.10	17.70	3	1.70
其中：脊柱裂	35	65.70	8.60	20	2.90	2.90
神经系统其他先天性畸形	88	52.30	18.20	26.10	1.10	2.30
循环系统先天性畸形	2 146	43.10	26.70	23.50	4.10	2.70
消化系统其他先天性畸形	629	87	6.40	4	1.60	1.10
泌尿系统其他先天性畸形	662	51.80	39.90	8.20	0.20	
肌肉骨骼系统其他先天性畸形	432	57.60	24.80	16.20	1.20	0.20
18. 症状、体征和临床与实验异常所见，不可分类于他处者小计	3 138	24.30	9.50	23.90	14.10	28.20
19. 损伤、中毒和外因的某些其他后果小计	37 176	4.10	6.30	67	12.70	9.80
其中：骨折	13 065	1.80	7.20	62.40	14.10	14.60
内：颅骨和面骨骨折	966	4.20	5.10	78.90	8.80	3
股骨骨折	1 884	2.20	3.90	35.90	9.80	48.10
多部位骨折	329	0.60	1.80	77.50	14.90	5.20
颅内损伤	4 507	2.80	5.30	65.70	15.10	11
烧伤和腐蚀伤	2 151	26.30	6.80	56	7.80	3
药物、药剂和生物制品中毒	182	17.60	11.50	48.40	9.90	12.60
非药用物质的毒性效应	442	7.50	5.40	65.80	15.60	5.70
手术和医疗的并发症，不可归类在他处者计	1 530	3.10	6.80	48.10	20.90	21
内：操作并发症，不可归类在他处者	619	4.70	7.30	44.70	18.30	25
假体装置、植入物和移植物的并发症	545	1.80	7.50	49.90	20.70	20
20. 影响健康状态和与保健机构接触的因素小计	27 530	3.40	5.60	31.30	31.20	28.40
其中：无症状的人类免疫缺陷病毒感染状态	1				100	

2006年广州市医院出院病人疾病分类年龄组分布（女性）

疾病名称	出院人数（人）	构成（%）				
		5岁以下	5～14岁	15～44岁	45～59岁	60岁及以上
总　计	379 708	7.50	3	51.30	15.10	23
1．某些传染病和寄生虫病小计	7 372	19.40	6	44.30	14.10	16.30
其中：肠道传染病	681	75.90	8.20	9	2.80	4.10
内：霍乱						
伤寒和副伤寒	49	8.20	8.20	59.20	8.20	16.30
志贺菌病	35	20	14.30	20	22.90	22.90
结核病	2 329	2.10	3.30	59.20	16	19.40
内：肺结核	1 267	0.30	1.40	53.90	17.20	27.20
白　喉						
百日咳						
猩红热	14	21.40	71.40	7.10		
性传播模式的疾病	210	24.30	1.40	61	9	4.30
内：梅毒	143	35.70	0.70	50.30	9.80	3.50
淋球菌感染	2			100		
乙型脑炎	1			100		
斑疹伤寒	88	8	10.20	27.30	27.30	27.30
病毒性肝炎	1 088	1.10	1.70	64.20	21	11.90
人类免疫缺陷病毒病（HIV）	77		1.30	83.10	13	2.60
血吸虫病	1			100		
丝虫病	3				66.70	33.30
钩虫病	7			28.60	42.90	28.60
2．肿瘤小计	38 690	1.90	1.60	43.70	30.90	21.80
恶性肿瘤计	20 917	0.90	1.30	27.90	35.40	34.50
其中：鼻咽恶性肿瘤	698		0.30	42.80	38.40	18.50
食管恶性肿瘤	308			3.60	35.10	61.40
胃恶性肿瘤	790			22.50	35.30	42.20
小肠恶性肿瘤	67			17.90	20.90	61.20
结肠恶性肿瘤	1 129			13	27.90	59.10
直肠乙状结肠连接处、直肠、肛门和肛管恶性肿瘤	839			16.60	33	50.40
肝和肝内胆管恶性肿瘤	853	1.30	0.90	17.90	31.90	47.90
喉恶性肿瘤	31			3.20	32.30	64.50
气管、支气管、肺恶性肿瘤	2 726			11.40	32.80	55.70
骨、关节软骨恶性肿瘤	162	0.60	15.40	52.50	13.60	17.90
乳房恶性肿瘤	3 570			35.90	44.60	19.40
女性生殖器官恶性肿瘤	3 216		0.40	39.50	44.70	15.30
男性生殖器官恶性肿瘤	1			100		

续表

疾病名称	出院人数（人）	构成（%）				
		5岁以下	5～14岁	15～44岁	45～59岁	60岁及以上
泌尿道恶性肿瘤	406	2.50	1.50	12.80	25.90	57.40
脑恶性肿瘤	303	2.60	12.90	43.90	26.70	13.90
白血病	801	6.10	13.50	44.80	17.40	18.20
原位癌计	735			73.10	19.60	7.30
其中：子宫颈原位癌	613			82.20	15.50	2.30
良性肿瘤计	16 349	3.40	1.90	62.50	26.10	6.10
其中：皮肤良性肿瘤	181	25.40	16.60	37	9.90	11
乳房良性肿瘤	2 667		1	81.80	14.30	2.80
子宫平滑肌瘤	6 354			61.60	37.20	1.20
卵巢良性肿瘤	2 138		1.40	81.90	11.60	5
前列腺良性肿瘤						
甲状腺良性肿瘤	947		1.40	64.80	26.70	7.10
交界恶性肿瘤计						
动态未知的肿瘤计	689	2.20	5.70	43.70	24.70	23.80
3. 血液及造血器官疾病和某些涉及免疫机制的疾患小计	2 609	15.70	26.40	26.90	14.90	16.20
其中：贫血	1 379	16.50	27.70	25.80	10.80	19.10
4. 内分泌、营养和代谢疾病小计	11 225	2	4.30	27.30	26.60	39.70
其中：甲状腺机能亢进	1 087	0.50	1.20	52.90	26.90	18.60
糖尿病	5 092	0.10	0.60	8.70	23.90	66.70
5. 精神和行为障碍小计	3 889	4.70	1.90	57.60	20	15.80
其中：精神活性物质的精神和行为障碍计	178	0.60		97.20	1.70	0.60
精神分裂症、分裂型障碍和妄想性障碍	1 194		0.50	75	18.20	6.40
心境（情感）障碍	811	0.10	0.40	62.90	23.40	13.20
6. 神经系统疾病小计	6 121	8.50	6.70	21.30	21.10	42.40
其中：中枢神经系统炎性疾病	240	16.30	15.40	38.30	18.30	11.70
帕金森病	290			1.40	19	79.70
癫　痫	707	26.60	23.60	25.50	6.60	17.70
7. 眼和附器疾病小计	13 107	0.70	2.90	13.50	17.20	65.80
其中：白内障和晶状体的其他疾患	8 060	0.10	0.50	2.80	10.50	86
内：老年性白内障	7 400			0.30	8.60	91.10
视网膜脱离和断裂	857	0.10	2.60	37.50	38.20	21.70
青光眼	1 204	0.20	1	10.40	26.90	61.50
8. 耳和乳突疾病小计	1 845	2.50	5.40	48.70	27.50	15.90
其中：中耳和乳突疾病	806	2.40	8.60	57.20	24.30	7.60
9. 循环系统疾病小计	32 149	0.40	0.70	9.80	18	71.10
其中：急性风湿热	74		12.20	28.40	20.30	39.20
内：急性风湿性关节炎	58		13.80	25.90	19	41.40
慢性风湿性心脏病	1 208	0.10	1	29.60	36.80	32.60

续表

疾病名称	出院人数（人）	构成（%）				
		5岁以下	5～14岁	15～44岁	45～59岁	60岁及以上
高血压	7 215	0.10		5.10	19.40	75.40
内：高血压性心脏、肾脏病	685			2.20	10.70	87.20
缺血性心脏病	6 162	0.10		0.90	11.50	87.60
内：心绞痛	1 256			0.60	14.80	84.60
急性心肌梗死	764			2.10	10.90	87
其他缺血性心脏病	4 142	0.10		0.70	10.60	88.60
肺栓塞	63			6.30	27	66.70
心脏传导疾患和心律失常	1 590	0.90	2.70	25.10	27.50	43.70
心力衰竭	476	0.20	0.20	6.30	8.40	84.90
脑血管病	11 227	0.30	0.20	4.90	15.50	79
内：颅内出血	1 840	1.40	0.60	13.30	27	57.70
脑梗死	6 290			2.50	12.80	84.60
大脑动脉闭塞和狭窄	544		0.70	4.40	13.80	81.10
静脉炎和血栓性静脉炎、静脉栓塞和血栓形成	392		0.30	28.60	23.70	47.40
下肢静脉曲张	254		0.40	20.90	38.20	40.60
10．呼吸系统疾病小计	29 100	34.90	10	17.80	9	28.40
其中：急性上呼吸道感染	6 057	48.90	18.90	18.20	5.90	8.20
流行性感冒	111	68.50	28.80	1.80	0.90	
肺　炎	8 634	50.80	9.40	9	5.40	25.40
慢性扁桃体和腺样体疾病	721	6.50	29.80	54.80	7.60	1.20
支气管炎、肺气肿和其他慢性阻塞性肺病	3 189	6.40	1.30	4.90	5.80	81.60
哮　喘	880	14.70	8.30	21.30	19.40	36.40
外部物质引起的肺病	64	15.60	3.10	6.30	6.30	68.80
11．消化系统疾病小计	22 242	10.80	5	31.40	19.90	32.90
其中：口腔、涎腺和颌疾病	864	11.30	12	45.40	17.50	13.80
内：牙齿及牙周病	239	0.80	7.90	57.70	17.60	15.90
胃及十二指肠溃疡	1 204	0.20	1.10	23.90	25.20	49.50
阑尾疾病	3 212	0.70	7.90	67.50	13.70	10.20
疝　计	822	16.70	29.90	14.20	10.70	28.50
内：腹股沟疝	569	23.20	42.50	16.30	6.70	11.20
肠梗阻	865	14.80	2.80	24.50	15	42.90
肝疾病	1 329	5.30	1	19	31.50	43.30
胆石病和胆囊炎	3 506		0.30	27.60	29.50	42.70
急性胰腺炎	624	0.30	1.10	29.60	22.30	46.60
12．皮肤和皮下组织疾病小计	2 483	10.60	7.70	33.10	15.30	33.30
其中：皮炎及湿疹	427	4.90	2.60	35.40	18	39.10
牛皮癣	68	1.50	4.40	38.20	20.60	35.30

续表

疾病名称	出院人数（人）	构成（%）				
		5岁以下	5～14岁	15～44岁	45～59岁	60岁及以上
荨麻疹	164	17.70	16.50	40.90	11.60	13.40
13. 肌肉骨骼系统和结缔组织疾病小计	15 251	0.90	3.10	27.70	26.10	42.20
其中：类风湿性关节炎和其他炎性多关节病	1 064	1.20	4.40	17.50	25.30	51.60
关节病	914		0.10	4.70	25.10	70.10
系统性结缔组织病	2 297	3.80	11.80	61.90	15.60	7
内：系统性红斑狼疮	1 687		13.50	70.50	12.20	3.90
脊椎关节强硬	3 671			17.20	31.30	51.50
椎间盘疾患	3 063	0.10		34.60	34.60	30.80
骨病和软骨病	1 684	0.30	2	10.90	12	74.80
内：骨密度和结构的疾患	1 320	0.30	1.60	6	7.60	84.50
骨髓炎	84	2.40	6	45.20	20.20	26.20
14. 泌尿生殖系统疾病小计	28 954	0.60	1.40	65.10	20.90	12
其中：肾小球疾病	1 770	5.60	11.80	50.10	19.70	12.90
肾小管-间质疾病	1 819	0.10	0.80	40.60	33.40	25.10
肾衰竭	1 097	0.40	0.70	32.90	29.20	36.80
尿石病	3 061	0.20	0.60	38.40	37.20	23.60
膀胱炎	228			42.10	25.90	32
尿道狭窄	6			33.30	50	16.70
男性生殖器官疾病						
内：前列腺增生						
乳房疾患	2 576		0.10	65.10	31.30	3.50
女性盆腔器官炎性疾病	5 088	0.20	0.70	87.80	10	1.30
子宫内膜异位	2 899			83.90	15.90	0.30
女性生殖器脱垂	816		0.20	16.50	25.40	57.80
15. 妊娠、分娩和产褥期小计	104 761			99.90	0.10	
其中：异位妊娠	7 238			99.80	0.20	
医疗性流产	13 208		0.20	99.70	0.10	
妊娠、分娩和产褥期的水肿、蛋白尿和高血压疾患	1 881			99.90	0.10	
前置胎盘、胎盘早剥和产前出血	1 109			99.80	0.20	
梗阻性分娩	3 484			99.90		
分娩时会阴、阴道裂伤	2 862			99.90		
产后出血	2 593			99.90	0.10	
顺　产	7 579			99.90		
16. 起源于围生期的某些情况小计	7 891	100				
其中：产伤	64	100				
出生窒息	518	100				
新生儿吸入综合征	549	100				
特发于围生期的感染	111	100				

续表

疾病名称	出院人数（人）	构成（%）				
		5岁以下	5～14岁	15～44岁	45～59岁	60岁及以上
胎儿和新生儿的溶血性疾病	229	100				
新生儿硬化病	12	100				
17. 先天性畸形、变形和染色体异常小计	4 911	36.70	19.40	34.80	6.30	2.80
其中：脊柱裂	20	70	15	15		
神经系统其他先天性畸形	52	34.60	34.60	23.10	5.80	1.90
循环系统先天性畸形	1 746	36.40	25.40	30	5.20	3
消化系统其他先天性畸形	307	70.40	8.50	11.70	4.90	4.60
泌尿系统其他先天性畸形	482	3.70	6	83.60	6	0.60
肌肉骨骼系统其他先天性畸形	270	51.90	21.90	20	4.80	1.50
18. 症状、体征和临床与实验异常所见，不可分类于他处者小计	2 315	17.80	7.50	29.40	17.20	28.20
19. 损伤、中毒和外因的某些其他后果小计	17 246	5.30	4.70	39.80	15.30	34.80
其中：骨折	7 707	1.70	4	23.90	14.50	55.90
内：颅骨和面骨骨折	214	11.20	11.20	57.90	14	5.60
股骨骨折	2 217	0.80	1.20	6.20	6.10	85.70
多部位骨折	92		5.40	48.90	16.30	29.30
颅内损伤	1 757	4.70	5	55.50	15.80	19
烧伤和腐蚀伤	973	35.90	8.50	35.80	9.40	10.50
药物、药剂和生物制品中毒	226	13.30	2.70	59.70	6.60	17.70
非药用物质的毒性效应	386	3.40	7.30	69.20	10.60	9.60
手术和医疗的并发症，不可归类在他处者计	1 032	2.20	3.50	46.50	23.30	24.50
内：操作并发症，不可归类在他处者	432	3.20	3.70	56.70	17.40	19
假体装置、植入物和移植物的并发症	413	1.70	3.10	36.30	29.30	29.50
20. 影响健康状态和与保健机构接触的因素小计	27 546	2.30	2.80	42.60	34.80	17.30
其中：无症状的人类免疫缺陷病毒感染状态						

第四部分　广州地区各区（县级市）卫生资源情况

（一）荔　湾　区

荔湾区卫生机构、床位、人员情况（含诊所等）

分　类	机构数（个）	实有床位	人员数（人）合计	卫生技术人员	其中：执业医师	执业助理医师	注册护士	药剂人员	检验人员	其他技术人员	管理人员	工勤人员
总　计	249	3 881	6 892	5 490	1 970	177	2 131	598	243	301	386	715
一、按经济类型分												
国　有	136	3 571	5 566	4 356	1 503	94	1 787	474	194	254	337	619
集　体	25	274	718	581	218	37	189	75	22	31	29	77
联　营												
私　营	81	17	463	438	203	46	114	36	20	8	6	11
其　他	7	19	145	115	46		41	13	7	8	14	8
二、按设置主办单位分												
政府办	53	3 478	5 387	4 137	1 438	72	1 699	469	188	270	321	659
其中：卫生部门	48	3 407	5 201	4 004	1 405	67	1 677	442	177	263	305	629
企业办	49	346	895	782	269	51	291	85	31	19	53	41
其　他	147	57	610	571	263	54	141	44	24	12	12	15

荔湾区卫生机构、床位、人员情况（不含诊所等）

分　类	机构数（个）	实有床位	人员数（人）合计	卫生技术人员	其中：执业医师	执业助理医师	注册护士	药剂人员	检验人员	其他技术人员	管理人员	工勤人员
总　计	87	3 881	6 388	4 986	1 752	115	1 999	563	235	301	386	715
一、按经济类型分												
国　有	42	3 571	5 333	4 123	1 404	71	1 722	460	192	254	337	619
集　体	21	274	710	573	214	36	188	75	22	31	29	77
联　营												
私　营	22	17	225	200	102	8	54	20	14	8	6	11
其　他	2	19	120	90	32		35	8	7	8	14	8
二、按设置主办单位分												
政府办	51	3 478	5 386	4 136	1 438	72	1 699	469	188	270	321	659
其中：卫生部门	48	3 407	5 201	4 004	1 405	67	1 677	442	177	263	305	629
企业办	7	346	710	597	185	34	235	67	29	19	53	41
其　他	29	57	292	253	129	9	65	27	18	12	12	15

荔湾区诊所、医务室、卫生所、社区卫生服务站机构、人员情况

分类	机构数（个）	人员数（人）							
		合计	卫生技术人员						
			小计	执业医师	执业助理医师	注册护士	药剂人员	检验人员	其他
总　计	162	504	504	218	62	132	35	8	49
一、按经济类型分									
国　有	94	233	233	99	23	65	14	2	30
集　体	4	8	8	4	1	1			2
联　营									
私　营	59	238	238	101	38	60	16	6	17
其　他	5	25	25	14		6	5		
二、按设置主办单位分									
政府办	2	1	1						1
其中：卫生部门									
企业办	42	185	185	84	17	56	18	2	8
其　他	118	318	318	134	45	76	17	6	40

荔湾区医疗机构分级情况

等级	医院					妇幼保健院
	合计	其中				
		综合医院	中医医院	中西医结合医院	专科医院	
总　计	24	14	6	2	2	1
三级	3	1	1		1	
三级特等						
三级甲等	3	1	1		1	
三级乙等						
三级丙等						
二级	5	5				1
二级甲等	5	5				1
二级乙等						
二级丙等						
一级	3	2		1		
一级甲等	3	2		1		
一级乙等						
一级丙等						
其　他	13	6	5	1	1	

荔湾区医疗机构分科床位情况

分　科	医　院	疾病专科防治院	妇幼保健院	合　计
床位合计	3 831		50	3 881
预防保健科				
全科医疗科				
内　科	666			666
外　科	525			525
儿　科	65		10	75
妇产科	285		40	325
眼　科	15			15
耳鼻咽喉科	25			25
口腔科	5			5
皮肤科	8			8
医疗美容科				
精神科	1 261			1 261
传染科	26			26
结核病科				
地方病科				
肿瘤科	31			31
康复医学科	24			24
运动医学科				
职业病科				
中医科	730			730
中西医结合科	90			90
其　他	75			75

荔湾区卫生机构专业卫生人员分类情况

指标名称	卫生技术人员							其他技术人员	管理人员
	合计	执业医师	执业助理医师	注册护士	药剂人员	检验人员	其他		
总　计	4 980	1 709	119	1 958	586	232	376	281	405
按性别分									
男	1 512	933	56	122	166	88	147	77	175
女	3 468	776	63	1 836	420	144	229	204	230
按年龄分									
25岁及以下	562	46	10	306	79	22	99	38	21

续表

指标名称	卫生技术人员 合计	执业医师	执业助理医师	注册护士	药剂人员	检验人员	其他	其他技术人员	管理人员
26～35岁	2 017	623	50	924	198	109	113	79	76
36～45岁	1 286	574	24	414	147	40	87	93	142
46～55岁	948	355	30	305	143	47	68	65	138
56～60岁	115	66	5	8	16	12	8	6	21
60岁以上	52	45		1	3	2	1		7
按工作年限分									
5年及以下	917	294	25	333	88	38	139	50	28
6～10年	817	250	25	356	80	54	52	32	44
11～20年	1 741	571	21	821	191	65	72	84	100
21～30年	657	228	22	195	112	26	74	69	105
30年以上	848	366	26	253	115	49	39	46	128
按学历分									
博　士	25	24					1		4
硕　士	163	147				5	11	3	14
学士/大学本科	1 308	1 034	18	32	73	55	96	49	97
大　专	1 331	345	31	604	168	86	97	110	153
中　专	1 959	144	58	1282	270	72	133	83	100
高　中	128	13	11	26	53	12	13	27	32
初中及以下	66	2	1	14	22	2	25	9	5
按专业技术资格分									
正　高	59	53		1	2	2	1		13
副　高	387	343		12	12	12	8	4	50
中　级	1 291	745	3	323	118	48	54	35	78
助理/师级	1 992	530	62	900	265	103	132	89	94
员/士	1 101	16	47	715	162	64	97	82	62
其　他	150	22	7	7	27	3	84	71	108
按聘任专业技术职务分									
正　高	58	52		1	2	2	1		13
副　高	382	340		12	12	12	6	4	50
中　级	1 238	733	3	291	115	47	49	39	100
助理/师级	1 976	528	62	898	265	100	123	95	126
员/士	1 129	20	47	745	160	64	93	86	62
待　聘	197	36	7	11	32	7	104	57	54

荔湾区分科执业（助理）医师情况

分　科	合　计	执业医师	执业助理医师
总　计	1 786	1 671	115
预防保健科	83	68	15
全科医疗科	31	29	2
内　科	267	236	31
外　科	142	139	3
儿　科	65	63	2
妇产科	164	158	6
眼　科	14	14	
耳鼻咽喉科	29	26	3
口腔科	64	49	15
皮肤科	16	15	1
医疗美容科	2	2	
精神科	159	159	
传染科	7	7	
结核病科	1	1	
地方病科			
肿瘤科	2	2	
急诊医学科	56	54	2
康复医学科	10	8	2
运动医学科			
职业病科	1	1	
麻醉科	33	31	2
医学检验科	1	1	
病理科	5	5	
医学影像科	59	54	5
中医科	454	439	15
中西医结合科	51	49	2
其　他	70	61	9

荔湾区中医机构分科执业（助理）医师情况

分　科	执业（助理）医师数（人）			中医医院床位数（张）
	合　计	执业医师	执业助理医师	
总　计	396	381	15	695
内　科	182	175	7	262
外　科	18	18		97
妇产科	11	11		53
儿　科	9	9		8

续表

分　科	执业（助理）医师数（人）			中医医院床位数（张）
	合　计	执业医师	执业助理医师	
皮肤科	4	3	1	
眼　科	2	2		
精神科				
肿瘤科	17	17		80
骨伤科	33	31	2	113
肛肠科	4	4		16
针灸科	18	18		26
推拿科	4	4		
其　他	94	89	5	40

荔湾区疾病预防控制中心（防疫站）卫生人员情况

指标名称	卫生技术人员						其他技术人员	管理人员
	合计	执业医师	执业助理医师	药剂人员	检验人员	其他		
总　计	60	30	7		17	6	7	2
按年龄分								
25岁及以下	1	1						
26～35岁	20	9	1		7	3	2	1
36～45岁	20	8	3		6	3	4	1
46～55岁	15	12	1		2		1	
56～60岁	4		2		2			
60岁以上								
按工作年限分								
5年及以下	6	5			1			1
6～10年	7	1			4	2	1	
11～20年	23	10	3		7	3	4	1
21～30年	13	7	3		2	1	2	
30年以上	11	7	1		3			
按学历分								
博　士								
硕　士	1	1						
学士/大学本科	25	14			9	2	2	
大　专	19	9	2		5	3	2	1
中　专	15	6	5		3	1	3	
高中及以下								1
按专业技术资格分								
正　高								

续表

指标名称	卫生技术人员						其他技术人员	管理人员
	合计	执业医师	执业助理医师	药剂人员	检验人员	其他		
副　高	5	3			2			
中　级	23	12			8	3		
助理/师级	25	15			7	3	4	
员/士	7		7				3	
其　他								2
按聘任专业技术职务分								
正　高								
副　高	5	3			2			
中　级	23	12			8	3		
助理/师级	24	15			6	3	4	
员/士	7		7				3	
待　聘	1				1			2

荔湾区卫生机构、床位、人员情况一览表

卫生机构名称	机构数（个）	实有床位	人员数（人）									
			合计	卫生技术人员	其中					其他技术人员	管理人员	工勤人员
					执业医师	执业助理医师	注册护士	药剂人员	检验人员			
总　计	87	3 881	6 388	4 986	1 752	115	1 999	563	235	301	386	715
医　院	24	3 831	5 567	4 324	1 496	82	1 854	477	182	255	337	651
综合医院	14	1 788	3 099	2 476	878	68	1 013	266	129	175	156	292
广州医学院第三附属医院	1	652	1 068	789	271		373	62	49	95	30	154
广州医学院荔湾医院	1	356	482	416	184	4	154	48	20	1	27	38
广州慈爱医院	1		37	29	8	2	8	7			4	4
广州市荔湾区人民医院	1	154	302	252	94	3	100	32	9	23	27	
广州市荔湾区第三人民医院	1	58	151	108	33	6	34	17	4	25	6	12
金康医院	1											
广州钢铁集团医院	1	158	242	213	72	4	95	22	9	1	15	13
广州造船厂医院（广州东沙医院）	1	104	164	140	41		49	22	8	1	7	16
广州仁康医院	1	17	25	17	11	1	3	1	1	3	2	3
广州市荔湾区第二人民医院	1	134	295	245	86	17	99	30	11	9	4	37
广东省广州监狱医院	1	71	29	23	6	1	7	2	6		3	3
广州市第一人民医院鹤洞分院	1											
广州医学院羊城医院	1	65	218	180	52	30	63	17	8	10	21	7

续表

卫生机构名称	机构数（个）	实有床位	人员数（人）									
			合计	卫生技术人员	其中					其他技术人员	管理人员	工勤人员
					执业医师	执业助理医师	注册护士	药剂人员	检验人员			
广州仁爱医院	1	19	86	64	20		28	6	4	7	10	5
中医医院	6	695	1 201	984	392	9	330	152	28	36	90	91
广州市荔湾区中医医院	1	87	191	166	66		53	30	6	12	5	8
广州市芳村区中医医院	1	82	154	132	68	4	24	26	4	12	5	5
广州市中医医院	1	436	738	589	224	3	224	88	16	10	71	68
广州市慈善医院（广东省中医院芳村分院）	1											
荔湾区中医医院分院	1											
广州市荔湾区骨伤科医院	1	90	118	97	34	2	29	8	2	2	9	10
中西医结合医院	2	90	148	118	49	5	31	16	6	3	11	16
荔湾区中西医结合医院	1	50	115	91	34	4	27	11	5		9	15
广州中医药大学热带医学研究所中西医结合医院	1	40	33	27	15	1	4	5	1	3	2	1
专科医院	2	1 258	1 119	746	177		480	43	19	41	80	252
广州市荔湾区口腔医院	1		37	25	18		6	1		7	2	3
广州市脑科医院	1	1 258	1 082	721	159		474	42	19	34	78	249
社区卫生服务中心	21		133	109	42	11	27	20	5	13	2	9
荔湾区多宝街社区卫生服务中心	1		41	35	16	5	6	6	2	2		4
荔湾区龙津街社区卫生服务中心	1		67	51	18	6	13	12	2	11	1	4
荔湾区彩虹街社区卫生服务中心	1		13	11	5		2	2	1		1	1
荔湾区逢源街社区卫生服务中心	1		12	12	3		6					
荔湾区西村街社区卫生服务中心	1											
荔湾区南源街社区卫生服务中心	1											
荔湾区华林街社区卫生服务中心	1											
荔湾区岭南街社区卫生服务中心	1											
荔湾区金花街社区卫生服务中心	1											
荔湾区桥中街社区卫生服务中心	1											
荔湾区昌华街社区卫生服务中心	1											

续表

卫生机构名称	机构数（个）	实有床位	人员数（人）									
			合计	卫生技术人员	其中					其他技术人员	管理人员	工勤人员
					执业医师	执业助理医师	注册护士	药剂人员	检验人员			
荔湾区站前街社区卫生服务中心	1											
荔湾区第三人民医院鹤洞街社区卫生服务中心	1											
荔湾区第三人民医院东沙街社区卫生服务中心	1											
荔湾区人民医院海龙街社区卫生服务中心	1											
荔湾区人民医院花地街社区卫生服务中心	1											
荔湾区人民医院中南街社区卫生服务中心	1											
荔湾区妇幼保健院东漖街社区卫生服务中心	1											
荔湾区人民医院冲口街社区卫生服务中心	1											
荔湾区石围塘街社区卫生服务中心	1											
荔湾区妇幼保健院茶滘街社区卫生服务中心	1											
门诊部	36		390	318	130	11	73	46	21	13	21	38
广州市东升医院	1		156	109	27	4	15	25	5	7	13	27
荔湾区龙津社区卫生服务中心文安门诊部	1											
广东省商业医疗门诊部	1											
南岭医疗门诊部	1		10	10	5		3	1	1			
南江医疗门诊部	1		26	20	11	1	5	1	1		2	4
仁信医疗门诊部	1		34	26	12		7	2	3	1	4	3
广州市天然医疗门诊部	1		9	8	5		1	1	1	1		
珠岛花园门诊部	1		11	11	6		3	1	1			
永安医疗门诊部	1											
新兴医疗门诊部	1											
广东省建筑中心医院第二门诊部	1											
荔前门诊部	1		7	7	7							
泰健医疗门诊部	1		8	8	4		3	1				
秀水门诊部	1		4	4	3		1					
大家医疗门诊部	1		9	9	4		3	1	1			
大方医疗门诊部	1		9	9	4		3	1	1			
万康医疗门诊部	1		9	8	3		2	1	1			1

续表

卫生机构名称	机构数（个）	实有床位	人员数（人）合计	卫生技术人员	其中：执业医师	其中：执业助理医师	其中：注册护士	其中：药剂人员	其中：检验人员	其他技术人员	管理人员	工勤人员
鹤松医疗门诊部	1		11	11	5	1	2	2	1			
康华康复门诊部	1		12	9	5		2	1	1	2	1	
广州市卫生检疫医疗门诊部	1											
万寿医疗门诊部	1		13	12	3	3	4	1	1		1	
荔湾区第二人民医院环翠园门诊部	1											
荔湾区红十字会医院十八甫南门诊部	1											
荔湾区多宝社区卫生服务中心（新风门诊部）	1											
荔湾区多宝社区卫生服务中心黄沙门诊部	1											
桥中门诊部	1		9	8	4		3	1				1
广州市中医医院同德门诊部	1											
荔湾区第二人民医院站前门诊部	1											
博爱医疗门诊部	1		10	8	5		2	1		2		
曙光门诊部	1		6	6	4		1		1			
广州广一医疗门诊部	1		17	17	9	1	4	2	1			
广州嘉信门诊部	1		20	18	4	1	9	3	1			2
荔湾区中医医院西关国医馆门诊部	1											
荔湾区口腔医院站前门诊部	1											
荔湾区口腔医院龙津门诊部	1											
广州市精神病医院门诊部	1											
妇幼保健院	1	50	162	130	54	4	40	16	10	16	11	5
广州市荔湾区妇幼保健院	1	50	162	130	54	4	40	16	10	16	11	5
专科疾病防治所	2		18	14	4		3	4	1	2	2	
荔湾区口腔医院牙病防治中心	1											
广州市荔湾区慢性病防治中心	1		18	14	4		3	4	1	2	2	
疾病预防控制中心	1		76	60	26	7	2		16	2	7	7
广州市荔湾区疾病预防控制中心	1		76	60	26	7	2		16	2	7	7
卫生监督所	1		42	31							6	5
广州市荔湾区卫生监督所	1		42	31							6	5
疗养院	1											
广州市脑科医院江村疗养院	1											

荔湾区医疗机构运营情况一览表

1. 门诊服务

卫生机构名称	机构数（个）	诊疗人次数（人）					观察室收容人数	健康检查人数	急诊死亡率（%）
		总计	其中：门、急诊人次数（人）						
			合计	门诊人次数	急诊人次数				
					小计	内：死亡人数			
总　计	85	4 862 794	4 751 885	4 456 468	295 417	65	40 288	204 750	0.02
医　院	24	4 116 618	4 016 405	3 730 363	286 042	62	40 059	156 080	0.02
综合医院	14	2 570 227	2 499 926	2 278 822	221 104	53	33 696	126 975	0.02
广州医学院第三附属医院	1	811 733	796 421	756 536	39 885		26 017	13 421	
广州医学院荔湾医院	1	587 003	539 375	471 641	67 734	18	4 020	20 871	0.03
广州慈爱医院	1	78 150	77 618	77 554	64			1 638	
广州市荔湾区人民医院	1	336 006	334 245	285 390	48 855	8	2 191	12 354	0.02
广州市荔湾区第三人民医院	1	103 076	103 045	99 810	3 235	2	215	5 396	0.06
广州钢铁集团医院	1	125 317	125 317	98 140	27 177	7		13 602	0.03
广州造船厂医院（广州东沙医院）	1	96 200	95 944	89 546	6 398	14	786	17 191	0.22
广州仁康医院	1	9 625	9 587	9 503	84		38	243	
广州市荔湾区第二人民医院	1	246 130	242 079	217 808	24 271	4	307	26 413	0.02
广东省广州监狱医院	1	53 534	53 239	52 522	717		120	3 670	
广州医学院羊城医院	1	88 143	88 016	85 372	2 644		2	12 176	
广州仁爱医院	1	35 310	35 040	35 000	40				
中医医院	6	1143 154	1 135 638	1 086 183	49 455	9	1 277	4 752	0.02
广州市荔湾区中医医院	1	390 618	388 970	388 716	254			2 664	
广州市芳村区中医医院	1	216 186	215 789	189 924	25 865	9	432	80	0.03
广州市中医医院	1	441 069	435 598	422 519	13 079		845	2 008	
广州市荔湾区骨伤科医院	1	95 281	95 281	85 024	10 257				
中西医结合医院	2	119 867	97 471	96 145	1 326		30	24 267	
荔湾区中西医结合医院	1	101 637	79 907	79 907				23 955	
广州中医药大学热带医学研究所中西医结合医院	1	18 230	17 564	16 238	1 326		30	312	
专科医院	2	283 370	283 370	269 213	14 157		5 056	86	
广州市荔湾区口腔医院	1	69 415	69 415	69 415					
广州市脑科医院	1	213 955	213 955	199 798	14 157		5 056	86	
社区卫生服务中心	21	189 749	186 815	186 815				14 009	

续表

卫生机构名称	机构数（个）	诊疗人次数（人）					观察室收容人数	健康检查人数	急诊死亡率（%）
		总计	其中：门、急诊人次数（人）						
			合计	门诊人次数	急诊人次数				
					小计	内：死亡人数			
荔湾区多宝街社区卫生服务中心	1	69 361	69 361	69 361				4 606	
荔湾区龙津街社区卫生服务中心	1	92 954	92 220	92 220				5 799	
荔湾区彩虹街社区卫生服务中心	1	18 881	17 263	17 263				1 683	
荔湾区逢源街社区卫生服务中心	1	8 553	7 971	7 971				1 921	
门诊部	36	340 411	333 024	330 221	2 803		182	4 191	
广州市东升医院	1	184 793	184 793	184 793					
南岭医疗门诊部	1	5 600	5 400	5 300	100				
南江医疗门诊部	1	3 150	3 150	3 150					
仁信医疗门诊部	1	11 500	11 500	11 500					
广州市天然医疗门诊部	1	2 562	2 562	2 480	82				
珠岛花园门诊部	1	6 909	6 744	6 729	15		30	30	
荔前门诊部	1	7 560	7 040	6 560	480				
泰健医疗门诊部	1	2 630	2 630	2 630					
秀水门诊部	1	17 532	12 381	11 952	429		46	1	
大家医疗门诊部	1	8 045	7 997	7 997					
大方医疗门诊部	1	13 586	13 550	13 550					
万康医疗门诊部	1	9 446	9 360	9 360					
鹤松医疗门诊部	1	3 200	3 200	3 200					
康华康复门诊部	1	5 660	5 360	5 000	360				
万寿医疗门诊部	1	5 793	5 793	5 793					
桥中门诊部	1	12 411	12 411	12 411					
博爱医疗门诊部	1	3 726	3 550	3 500	50				
曙光门诊部	1	15 000	15 000	15 000					
广州广一医疗门诊部	1	3 260	3 226	2 700	526		106	320	
广州嘉信门诊部	1	18 048	17 377	16 616	761			3 840	
妇幼保健院	1	140 680	140 326	134 188	6 138	3	47	30 470	0.05
广州市荔湾区妇幼保健院	1	140 680	140 326	134 188	6 138	3	47	30 470	0.05
专科疾病防治所	2	75 336	75 315	74 881	434				
广州市荔湾区慢性病防治中心	1	75 336	75 315	74 881	434				

2. 住院服务

卫生机构名称	入院人数（人）	出院人数（人）	住院病人手术人次	住院危重病人抢救人次	治愈率（%）	好转率（%）	死亡率（%）
总　计	50 834	50 696	21 488	4 066	59.57	34.65	3.77
医　院	49 049	48 905	19 963	4 058	58.50	35.57	3.89
综合医院	34 569	34 493	16 979	2 496	64.08	30.32	3.87
广州医学院第三附属医院	14 485	14 396	10 355	569	69.71	25.83	2.99
广州医学院荔湾医院	8 755	8 778	3 670	791	67.43	26.43	5.12
广州慈爱医院							
广州市荔湾区人民医院	2 979	2 974	1 163	219	64.43	28.41	4.10
广州市荔湾区第三人民医院	900	898		30	12.58	84.74	1.78
广州钢铁集团医院	2 181	2 184	606	264	47.94	46.11	3.75
广州造船厂医院（广州东沙医院）	1 584	1 571	157	181	22.09	70.27	5.22
广州仁康医院	21	21	3	3	100		
广州市荔湾区第二人民医院	2 769	2 793	922	423	80.99	13.07	4.83
广东省广州监狱医院	279	263		5	77.19	7.60	0.38
广州医学院羊城医院	524	523	103	11	28.11	60.61	3.25
广州仁爱医院	92	92			100		
中医医院	10 053	10 022	2 710	1 424	46.49	45.96	4.69
广州市荔湾区中医医院	1 208	1 212	463	111	38.37	50.25	5.28
广州市芳村区中医医院	1 196	1 174	304	83	51.62	43.19	3.41
广州市中医医院	6 642	6 632	1 705	1 229	49.89	42.37	5.41
广州市荔湾区骨伤科医院	1 007	1 004	238	1	27.79	67.73	0.70
中西医结合医院	859	858	49	83	8.51	76.46	7.34
荔湾区中西医结合医院	859	858	49	83	8.51	76.46	7.34
广州中医药大学热带医学研究所中西医结合医院							
专科医院	3 568	3 532	225	55	50.17	47.45	0.91
广州市荔湾区口腔医院							
广州市脑科医院	3 568	3 532	225	55	50.17	47.45	0.91
妇幼保健院	1 785	1 791	1 525	8	89.06	9.55	0.61
广州市荔湾区妇幼保健院	1 785	1 791	1 525	8	89.06	9.55	0.61

3．床位利用

卫生机构名称	实有床位数（张）	实际开放总床日数	平均开放病床（张）	实际占用总床日数	出院者占用总床日数	病床周转次数	病床工作日	病床使用率（%）	出院者平均住院日
总　计	3 881	1 391 838	3 813	1 158 653	1 051 690	13	304	83.25	20.75
医　院	3 831	1 373 588	3 763	1 148 473	1 041 408	13	305	83.61	21.29
综合医院	1 788	649 541	1 780	442 896	430 842	19	249	68.19	12.49
广州医学院第三附属医院	652	238 320	653	182 400	180 046	22	279	76.54	12.51
广州医学院荔湾医院	356	129 940	356	105 133	94 610	25	295	80.91	10.78
广州慈爱医院									
广州市荔湾区人民医院	154	56 210	154	28 353	29 168	19	184	50.44	9.81
广州市荔湾区第三人民医院	58	21 170	58	10 183	9 859	15	176	48.10	10.98
广州钢铁集团医院	158	57 670	158	28 699	28 420	14	182	49.76	13.01
广州造船厂医院（广州东沙医院）	104	34 470	94	26 572	27 052	17	281	77.09	17.22
广州仁康医院	17	6 205	17	250	265	1	15	4.03	12.62
广州市荔湾区第二人民医院	134	48 910	134	37 450	37 813	21	279	76.57	13.54
广东省广州监狱医院	71	25 986	71	17 428	17 229	4	245	67.07	65.51
广州医学院羊城医院	65	23 725	65	6 158	6 110	8	95	25.96	11.68
广州仁爱医院	19	6 935	19	270	270	5	14	3.89	2.93
中医医院	695	246 577	676	186 735	184 349	15	276	75.73	18.39
广州市荔湾区中医医院	87	31 755	87	21 817	21 268	14	251	68.70	17.55
广州市芳村区中医医院	82	29 930	82	17 871	14 582	14	218	59.71	12.42
广州市中医医院	436	159 140	436	127 638	128 508	15	293	80.20	19.38
广州市荔湾区骨伤科医院	90	25 752	71	19 409	19 991	14	275	75.37	19.91
中西医结合医院	90	18 300	50	16 139	16 016	17	322	88.19	18.67
荔湾区中西医结合医院	50	18 300	50	16 139	16 016	17	322	88.19	18.67
广州中医药大学热带医学研究所中西医结合医院	40								
专科医院	1 258	459 170	1 258	502 703	410 201	3	400	109.48	116.14
广州市荔湾区口腔医院									
广州市脑科医院	1 258	459 170	1 258	502 703	410 201	3	400	109.48	116.14
妇幼保健院	50	18 250	50	10 180	10 282	36	204	55.78	5.74
广州市荔湾区妇幼保健院	50	18 250	50	10 180	10 282	36	204	55.78	5.74

荔湾区政府办医院病人人均医院费用与医生工作效率一览表

卫生机构名称	平均每诊疗人次医疗费（元）				平均每一出院者住院医疗费（元）				平均每一医师	
	合计	其中			合计	其中			全年担负诊疗人次	全年担负住院床日
		药费	检查费	治疗费		药费	检查费	治疗费		
总　计	122	65	12	24	8 367	2 933	634	2 386	2 566	724
医　院	122	66	12	24	8 604	3 035	652	2 451	2 578	748
综合医院	128	67	14	23	7 343	2 832	546	2 093	2 841	488
广州医学院第三附属医院	176	90	23	25	9 267	3 718	777	2 525	2 809	631
广州医学院荔湾医院	113	56	14	27	6 491	2 302	337	1 984	2 822	505
广州慈爱医院	58	39	1	13					7 815	
广州市荔湾区人民医院	93	50	7	17	3 863	1 485	192	975	2 897	244
广州市荔湾区第三人民医院	137	89	3	36	3 630	2 600	9	482	1 909	189
广州市荔湾区第二人民医院	102	52	7	22	5 689	1 708	612	2 111	2 591	394
广东省广州监狱医院									6 692	2 179
中医医院	105	58	8	25	8 097	3 698	458	2 186	2 858	467
广州市荔湾区中医医院	85	42	5	24	5 229	2 161	206	1 408	5 918	331
广州市芳村区中医医院	122	62	9	33	4 488	1 216	273	1 450	3 179	263
广州市中医医院	105	67	8	16	9 497	4 631	552	2 431	1 901	550
广州市荔湾区骨伤科医院	146	70	12	59	6 540	2 295	358	2 366	2 802	571
中西医结合医院	89	49	2	15	4 214	1 506	141	1 529	1 117	177
荔湾区中西结合医院	89	49	2	15	4 214	1 506	141	1 529	1 117	177
专科医院	160	103	15	29	21 856	3 249	2 227	6 485	1 566	2 777
广州市荔湾区口腔医院	89	2	2	84					3 155	
广州市脑科医院	182	136	19	11	21 856	3 249	2 227	6 485	1 346	3 162
妇幼保健院	102	42	10	15	2 471	417	207	768	2 269	164
广州市荔湾区妇幼保健院	102	42	10	15	2 471	417	207	768	2 269	164

荔湾区前十位疾病死亡率、构成比和位次

性 别	顺 位	死亡原因	死亡率（1/10万）	构成比（%）
合 计	1	恶性肿瘤	200.32	26.74
	2	心脏病	125.55	16.76
	3	呼吸系统疾病	113.78	15.19
	4	脑血管病	79.02	10.55
	5	消化系统疾病	28.80	3.84
	6	内分泌，营养和代谢的其他疾病	27.81	3.71
	7	损伤和中毒外部原因	16.74	2.23
	8	泌尿生殖系统疾病	15.04	2.01
	9	神经系统疾病	11.35	1.51
	10	传染病（不包括呼吸道结核）	4.82	0.64
男 性	1	恶性肿瘤	258.04	30.63
	2	心脏病	128.74	15.28
	3	呼吸系统疾病	126.52	15.02
	4	脑血管病	87.31	10.36
	5	消化系统疾病	40.32	4.79
	6	内分泌，营养和代谢的其他疾病	23.64	2.81
	7	损伤和中毒外部原因	21.13	2.51
	8	泌尿生殖系统疾病	15.02	1.78
	9	神经系统疾病	13.07	1.55
	10	传染病（不包括呼吸道结核）	7.51	0.89
女 性	1	恶性肿瘤	140.19	21.50
	2	心脏病	122.23	18.75
	3	呼吸系统疾病	100.51	15.42
	4	脑血管病	70.38	10.80
	5	内分泌，营养和代谢的其他疾病	32.15	4.93
	6	消化系统疾病	16.80	2.58
	7	泌尿生殖系统疾病	15.06	2.31
	8	损伤和中毒外部原因	12.17	1.87
	9	神经系统疾病	9.56	1.47
	10	精神障碍	4.06	0.62

荔湾区意外死亡外部原因死亡率及构成比

死亡原因	合计		男性		女性	
	死亡率（1/10万）	构成比（%）	死亡率（1/10万）	构成比（%）	死亡率（1/10万）	构成比（%）
损伤和中毒外部原因小计	16.74	2.23	21.13	2.51	12.17	1.87
其中：机动车辆交通事故	0.14	0.02	0.28	0.03		
机动车以外的运输事故	3.97	0.53	4.45	0.53	3.48	0.53
意外中毒	3.97	0.53	6.12	0.73	1.74	0.27
意外跌落	1.56	0.21	1.95	0.23	1.16	0.18
火　灾	0.14	0.02			0.29	0.04
由自然环境因素所致的意外事故						
淹　死	0.85	0.11	1.39	0.17	0.29	0.04
意外的机械性窒息						
砸　死						
由机器切割和穿刺工具所致的意外的事故	0.71	0.09	1.39	0.17		
触　电						
其他意外事故和有害效应	0.85	0.11	1.39	0.17	0.29	0.04
自　杀	4.40	0.59	3.89	0.46	4.92	0.76
被　杀	0.14	0.02	0.28	0.03		

（二）越　秀　区

越秀区卫生机构、床位、人员情况（含诊所等）

分　类	机构数（个）	实有床位	人员数（人）									
			合计	卫生技术人员	其中					其他技术人员	管理人员	工勤人员
					执业医师	执业助理医师	注册护士	药剂人员	检验人员			
总　计	389	15 719	29 110	23 225	8 116	301	9 502	1 753	1 350	1 308	1 899	2 678
一、按经济类型分												
国　有	190	14 951	25 968	20 854	7 258	150	8 877	1 455	1 098	1 144	1 622	2 348
集　体	37	333	1 291	997	337	55	287	179	40	43	114	137
联　营	7	0	363	217	42	3	21	10	140	78	47	21
私　营	127	369	1 132	878	375	90	235	89	33	35	84	135
其　他	28	66	356	279	104	3	82	20	39	8	32	37
二、按设置主办单位分												
政府办	84	14 869	26 232	20 952	7 142	133	8 946	1 588	1 102	1 171	1 678	2 431
其中：卫生部门	76	14 611	25 747	20 611	7 037	121	8 850	1 547	1 081	1 118	1 632	2 386
企业办	77	196	1 067	823	319	61	157	30	192	96	86	62
其　他	228	654	1 811	1 450	655	107	399	135	56	41	135	185

越秀区卫生机构、床位、人员情况（不含诊所等）

分类	机构数（个）	实有床位	人员数（人）									
			合计	卫生技术人员	其中					其他技术人员	管理人员	工勤人员
					执业医师	执业助理医师	注册护士	药剂人员	检验人员			
总　计	173	15 719	28 481	22 596	7 812	244	9 327	1 712	1 347	1 308	1 899	2 678
一、按经济类型分												
国　有	77	14 951	25 675	20 561	7 105	141	8 776	1 447	1 097	1 144	1 622	2 348
集　体	28	333	1 244	950	317	51	275	170	39	43	114	137
联　营	5	0	360	214	40	3	21	10	140	78	47	21
私　营	51	369	884	630	263	48	187	68	32	35	84	135
其　他	12	66	318	241	87	1	68	17	39	8	32	37
二、按设置主办单位分												
政府办	84	14 869	26 232	20 952	7 142	133	8 946	1 588	1 102	1 171	1 678	2 431
其中：卫生部门	76	14 611	25 747	20 611	7 037	121	8 850	1 547	1 081	1 118	1 632	2 386
企业办	22	196	927	683	246	53	108	26	191	96	86	62
其　他	67	654	1 322	961	424	58	273	98	54	41	135	185

越秀区诊所、医务室、卫生所、社区卫生服务站机构、人员情况

分类	机构数（个）	人员数（人）							
		合计	卫生技术人员						
			小计	执业医师	执业助理医师	注册护士	药剂人员	检验人员	其他
总　计	216	629	629	304	57	175	41	3	49
一、按经济类型分									
国　有	113	293	293	153	9	101	8	1	21
集　体	9	47	47	20	4	12	9	1	1
联　营	2	3	3	2					1
私　营	76	248	248	112	42	48	21	1	24
其　他	16	38	38	17	2	14	3		2
二、按设置主办单位分									
政府办									
其中：卫生部门									
企业办	55	140	140	73	8	49	4	1	5
其　他	161	489	489	231	49	126	37	2	44

越秀区医疗机构分级情况

等级	医院					妇幼保健院
	合计	其中				
		综合医院	中医医院	中西医结合医院	专科医院	
总计	48	19	10		19	3
三级	10	6	1		3	2
三级特等						
三级甲等	10	6	1		3	2
三级乙等						
三级丙等						
二级	4	2	2			1
二级甲等	3	2	1			1
二级乙等	1		1			
二级丙等						
一级	1	1				
一级甲等	1	1				
一级乙等						
一级丙等						
其他	33	10	7		16	

越秀区医疗机构分科床位情况

分科	医院	疾病专科防治院	妇幼保健院	合计
床位合计	14 761		695	15 456
预防保健科	9			9
全科医疗科	101			101
内科	2 908		10	2 918
外科	2 907		32	2 939
儿科	865		212	1 077
妇产科	685		422	1 107
眼科	459		3	462
耳鼻咽喉科	311		3	314
口腔科	152			152
皮肤科	68			68
医疗美容科	28			28
精神科	45			45
传染科	423			423
结核病科	484			484
地方病科				
肿瘤科	1 930			1 930
康复医学科	278		13	291
运动医学科	20			20
职业病科				
中医科	2 270			2 270
中西医结合科	85			85
其他	733			733

越秀区卫生机构专业卫生人员分类情况

指标名称	卫生技术人员							其他技术人员	管理人员
	合计	执业医师	执业助理医师	注册护士	药剂人员	检验人员	其他		
总　计	22 589	7 858	222	9 288	1 700	1 314	2 207	1 383	1 823
按性别分									
男	6 514	4 436	111	56	533	586	792	540	707
女	16 075	3 422	111	9 232	1 167	728	1 415	843	1 116
按年龄分									
25岁及以下	3 868	321	37	2 210	222	197	881	200	120
26～35岁	9 086	3 053	97	4 185	643	536	572	488	383
36～45岁	5 653	2 788	34	1 768	345	296	422	381	633
46～55岁	3 340	1 184	51	1 106	444	254	301	285	586
56～60岁	363	264	3	13	39	21	23	26	78
60岁以上	279	248		6	7	10	8	3	23
按工作年限分									
5年及以下	6 085	1 702	82	2 471	324	360	1 146	378	219
6～10年	3 917	1 242	39	1 950	297	206	183	208	163
11～20年	7 043	2 672	39	3 136	453	369	374	326	453
21～30年	2 337	876	21	812	246	144	238	249	438
30年以上	3 207	1 366	41	919	380	235	266	222	550
按学历分									
博　士	800	729			5	11	55	6	15
硕　士	2 065	1 826		8	29	83	119	49	104
学士/大学本科	6 011	4 148	31	676	312	395	449	379	621
大　专	5 298	745	80	2 814	503	424	732	479	616
中　专	7 953	381	90	5 679	683	345	775	321	299
高　中	360	22	17	83	132	48	58	121	141
初中及以下	102	7	4	28	36	8	19	28	27
按专业技术资格分									
正　高	737	683		8	12	8	26	13	77
副　高	2 256	1 926		99	55	92	84	55	223
中　级	5 784	2 709	6	1 902	372	362	433	234	416
助理/师级	6 996	2 042	107	3 270	709	425	443	362	356
员/士	4 434	76	91	3 293	380	223	371	193	112
其　他	2 382	422	18	716	172	204	850	526	639
按聘任专业技术职务分									
正　高	650	608		3	10	8	21	12	66
副　高	2 100	1 807	2	88	46	80	77	51	230
中　级	5 465	2 733	4	1 626	353	347	402	247	472
助理/师级	7 741	2 296	112	3 589	767	464	513	410	384
员/士	4 887	86	94	3 609	445	262	391	251	153
待　聘	1 746	328	10	373	79	153	803	412	518

越秀区分科执业（助理）医师情况

分　科	合　计	执业医师	执业助理医师
总　计	7 993	7 775	218
预防保健科	286	245	41
全科医疗科	23	22	1
内　科	1 470	1 449	21
外　科	859	845	14
儿　科	583	580	3
妇产科	489	476	13
眼　科	218	216	2
耳鼻咽喉科	148	146	2
口腔科	373	338	35
皮肤科	134	132	2
医疗美容科	17	13	4
精神科	3	3	
传染科	138	135	3
结核病科	106	106	
地方病科			
肿瘤科	492	492	
急诊医学科	166	166	
康复医学科	76	69	7
运动医学科	27	25	2
职业病科			
麻醉科	220	218	2
医学检验科	21	21	
病理科	56	56	
医学影像科	374	360	14
中医科	1 407	1 370	37
中西医结合科	12	9	3
其　他	295	283	12

越秀区中医机构分科执业（助理）医师情况

分　科	执业（助理）医师数（人）			中医医院床位数（张）
	合计	执业医师	执业助理医师	
总　计	1 207	1 170	37	2 111
内　科	479	468	11	761
外　科	89	89		255
妇产科	49	49		118
儿　科	49	49		25
皮肤科	30	30		24
眼　科	11	11		16
精神科				
肿瘤科	20	20		82
骨伤科	67	65	2	510
肛肠科	3	3		45
针灸科	21	19	2	107
推拿科	8	6	2	3
其　他	381	361	20	165

越秀区疾病预防控制中心（防疫站）卫生人员情况

分　科	卫生技术人员						其他技术人员	管理人员
	合计	执业医师	执业助理医师	药剂人员	检验人员	其他		
总　计	357	164	16	1	139	37	19	46
按年龄分								
25岁及以下	17	5			6	6		1
26～35岁	105	45	3		53	4	7	8
36～45岁	125	67	5	1	36	16	6	18
46～55岁	96	41	7		38	10	6	19
56～60岁	11	4	1		5	1		
60岁以上	3	2			1			
按工作年限分								
5年及以下	75	33	1		34	7	4	1
6～10年	32	12	1		19		1	4
11～20年	99	53	4	1	32	9	4	9
21～30年	65	31	4		18	12	6	19
30年以上	86	35	6		36	9	4	13
按学历分								
博　士	4	2			2		1	
硕　士	54	31			23			1

续表

分科	卫生技术人员 合计	执业医师	执业助理医师	药剂人员	检验人员	其他	其他技术人员	管理人员
学士/大学本科	151	81	2	1	55	12	7	20
大　专	69	32	2		26	9	6	13
中　专	73	18	11		33	11	4	7
高中及以下	6		1			5	1	5
按专业技术资格分								
正　高	3	3						
副　高	46	34			11	1	1	6
中　级	116	54	2	1	52	7	3	10
助理/师级	134	64	4		49	17	10	11
员/士	27	2	10		15		4	
其　他	31	7			12	12	1	19
按聘任专业技术职务分								
正　高	3	3						
副　高	36	27			8	1		7
中　级	114	53	1	1	53	6	4	13
助理/师级	150	75	5		51	19	9	16
员/士	30	1	10		18	1	5	2
待　聘	24	5			9	10	1	8

越秀区卫生机构、床位、人员情况一览表

卫生机构名称	机构数（个）	实有床位	人员数（人） 合计	卫生技术人员	其中 执业医师	执业助理医师	注册护士	药剂人员	检验人员	其他技术人员	管理人员	工勤人员
总　计	173	15 719	28 481	22 596	7 812	244	9 327	1 712	1 347	1 308	1 899	2 678
医　院	48	14 761	23 422	18 884	6 460	111	8 305	1 399	859	991	1 396	2 151
综合医院	19	9 026	14 110	11 484	3 933	44	5 275	722	554	522	900	1 204
广州医学院第一附属医院	1	778	1 654	1 296	445	3	636	67	46	18	168	172
广州市第一人民医院	1	1 371	2 093	1 713	604	2	855	108	49	67	107	206
广州市交运医院	1	131	122	87	19	4	30	8	4	9	9	17
广州市东山区人民医院	1	221	416	323	110	3	151	29	15	2	32	59
广州市越秀区第一人民医院	1	175	229	195	79	10	58	29	16	1	22	11
中山大学附属第一医院	1	2 094	3 198	2 550	827		1 039	129	194	228	210	210
中山大学附属第二医院	1	1 217	1 286	1 105	473		423	68	30	25	47	109
广东省交通医院	1	90	131	99	25	7	33	12	5	4	14	14
广东省人民医院	1	2 053	3 460	2 925	956	1	1 513	164	148	149	130	256

卫生机构名称	机构数（个）	实有床位	人员数（人）									
			合计	卫生技术人员	其中					其他技术人员	管理人员	工勤人员
					执业医师	执业助理医师	注册护士	药剂人员	检验人员			
广东药学院附属第一医院	1	568	964	754	264	1	384	55	26	3	110	97
广东协和医疗中心	1	20	54	28	6		21	1		2	4	20
广州市市政集团有限公司职工医院	1	22	79	64	16	4	19	5	4	6	6	3
广东省建筑中心医院	1											
中大医院	1	15	32	23	7	1	7	5	1		4	5
广州市越秀区第二人民医院东风分院（越秀东风街社区卫生服务中心）	1	41	50	43	10	1	17	5	3		3	4
广东民安医院	1	20	22	18	11		4	2	1	2	2	
广州市越秀区第二人民医院（越秀区六榕街社区卫生服务中心）	1	120	163	132	35	2	46	20	6	1	19	11
广州市越秀区红十字会医院（广州市越秀区慈善医院）	1	57	126	101	35	4	31	12	3	5	10	10
广东工业大学医院	1	33	31	28	11	1	8	3	3		3	
中医医院	10	2 111	3 508	2 968	1 020	28	1 091	409	103	120	156	264
广州市越秀区第二中医医院	1	32	120	87	28	7	28	18	4	6	9	18
广州市越秀区中医医院	1	76	98	76	26		26	14	5	5	6	11
广东省第二中医院	1	385	520	409	141	4	175	38	16	10	72	29
广东省中医院	1	1 300	2 266	2 016	700	2	718	285	64	97	31	122
广州民康医院	1	20	22	17	7	2	4	2	1	1	2	2
越秀区大新街社区卫生服务中心（广州市越秀区中医杂病医院）	1	38	73	60	19		18	14	3		2	11
广东省中医院二沙岛分院	1											
广州市东山区骨伤科医院	1	25	105	84	27	7	26	13	4	1	7	13
广州市越秀区正骨医院	1	235	296	213	70	6	95	23	6		27	56
广州市越秀区中医杂病正骨分院	1		8	6	2		1	2				2
专科医院	19	3 624	5 804	4 432	1 507	39	1 939	268	202	349	340	683
中山大学附属口腔医院	1	60	408	320	144	2	111	5	2	22	9	57
中山大学中山眼科中心	1	317	569	427	141		202	26	3	58	46	38
广州德明医院	1	20	37	18	7	2	6	2	1	3	6	10
广州耀东英智眼科医院	1	20	38	23	5		12	2	2	2	7	6
广州市肿瘤医院	1	447	481	374	110		190	29	13	35	41	31
中山大学肿瘤防治中心	1	1 007	1 509	1 138	319		510	37	29	42	100	229
广州市胸科医院	1	484	829	636	182	1	328	45	51	57	20	116
广州市儿童医院	1	400	942	761	333	3	301	54	47	55	29	97
广州市越秀区儿童医院	1	33	84	74	28		23	18	3	8	2	
广州市第八人民医院	1	350	423	310	105	2	133	26	32	29	36	48

续表

卫生机构名称	机构数（个）	实有床位	人员数（人）									
			合计	卫生技术人员	其中					其他技术人员	管理人员	工勤人员
					执业医师	执业助理医师	注册护士	药剂人员	检验人员			
广州美莱美容医院	1	22	75	35	13		14	2	1	23	8	9
广东省计划生育专科医院	1	37	98	69	34		15	5	6	10	11	8
广东省体育运动技术学院体育医院	1	20	48	39	25	3	4	3	1		3	6
广州和平手外科医院	1	90	34	22	5	5	10		1		2	10
广州恒生手外科医院	1	58	37	33	8	1	20	2	2		4	
广州颐康老年病医院	1	134	70	59	15	7	26	5	3		3	8
光明医院	1	15	26	19	10		6	1	1	1	3	3
广州愈生医院	1	20	48	36	13	6	11	4	2	1	6	5
广州文明微创医院	1	90	48	39	10	7	17	2	2	3	4	2
社区卫生服务中心	16	32	317	237	90	14	64	47	10	18	21	41
越秀区珠光街社区卫生服务中心	1	32	165	122	48	9	34	18	6	15	10	18
越秀区流花街社区卫生服务中心	1		10	7	3		1	2				3
越秀区广卫街社区卫生服务中心（广州市越秀区第一人民医院广卫分院）	1		25	16	5	2	6	2	1		5	4
越秀区人民街社区卫生服务中心	1		33	25	8		5	7	1	2	1	5
越秀区洪桥街社区卫生服务中心（广州市越秀区第一人民医院洪桥门诊部）	1		26	19	4	1	6	8				7
越秀区北京街社区卫生服务中心（广州市越秀区西湖医院）	1		58	48	22	2	12	10	2	1	5	4
越秀区华乐街华乐社区服务中心	1											
越秀区光塔街社区卫生服务中心	1											
越秀区农林街社区卫生服务中心	1											
越秀区东湖街社区卫生服务中心	1											
越秀区建设街社区卫生服务中心	1											
越秀区黄花岗街社区卫生服务中心	1											
越秀区大东街社区卫生服务中心	1											
越秀区诗书街社区卫生服务中心	1											

续表

卫生机构名称	机构数（个）	实有床位	人员数（人）合计	卫生技术人员	其中：执业医师	执业助理医师	注册护士	药剂人员	检验人员	其他技术人员	管理人员	工勤人员
越秀区矿泉街社区卫生服务中心	1											
越秀区登峰街社区卫生服务中心	1											
卫生院	2	19	16	16	6		6	3	1			
街道卫生院	2	19	16	16	6		6	3	1			
圣堂医院	1	19	16	16	6		6	3	1			
广州市越秀区长堤医院仁济分院	1											
门诊部	75	26	1 301	1 054	512	81	201	144	45	22	115	110
广州市越秀区华山医院	1		72	61	14	6	13	14	2		11	
广州市东山区大塘门诊部（越秀区大塘街社区卫生服务中心）	1		42	35	12		7	8	2		5	2
广州市东山区人民医院东风东门诊部（越秀梅花街社区卫生服务中心）	1		50	38	15		11	9	1	1	7	4
广东省药物研究所第一附属门诊部	1		22	16	7	1	4	2	2		3	3
广东省人民政府机关门诊部	1		28	22	5		7	8	2	1	3	2
中山医科大学《家庭医生》医疗门诊部	1		65	59	41		6	4	5		3	3
爱心医疗门诊部	1											
人仁医疗专科门诊部	1		18	12	5	1	3	2	1		4	2
东南医疗门诊部	1		22	13	6	2	2	2	1	1	3	5
华夏医疗门诊部	1		20	18	10		5	2	1		1	1
同心医疗门诊部	1		8	7	4		1	1	1		1	
益康医疗门诊部	1		14	10	6	1	2	1			1	3
南方医疗门诊部	1											
广州医学院门诊部	1		20	16	10	2	3		1		4	
东华医疗门诊部	1											
广州加美医疗中心	1		23	16	5		7	2			7	
广州市红十字会医疗门诊部	1		8	8	8							
普康医疗门诊部	1		12	11	7	1	2	1				1
海涛专科门诊部	1											
广州安泰医疗门诊部	1		16	14	7	1	2	3	1		2	
广州市公安局机关服务中心门诊部	1		17	13	4		5	1	1		3	1
惠康门诊部	1		14	12	6		3	3			1	1
广州安泰第二医疗门诊部	1		18	15	7	2	3	2	1		2	1

续表

卫生机构名称	机构数（个）	实有床位	人员数（人）									
			合计	卫生技术人员	其中					其他技术人员	管理人员	工勤人员
					执业医师	执业助理医师	注册护士	药剂人员	检验人员			
鼓楼医疗门诊部	1		9	8	3		2	1	1		1	
东方医疗门诊部	1		5	4	1	1	1	1			1	
羊城门诊部	1		20	16	5	3	5	2	1		1	3
白云职工医院西坑门诊部	1		12	10	5	1	2	2		1		1
广东省人民医院合群门诊部	1											
广东省地质矿产局机关门诊部	1		7	7	2	1	2	1	1			
广东省公安厅机关服务中心门诊部	1		42	41	11	1	3	7	3			1
广州远洋运输公司综合门诊部	1		177	173	131	35	3	2	2		3	1
广东省老干部休养所康复门诊部	1		13	12	5		5	1			1	
广州邮电医院孖鱼岗门诊部	1											
广源堂门诊部	1		12	9	5		2	1	1		2	1
东山南威医疗门诊部	1		9	8	5	1	1	1			1	
华南医疗门诊部	1		11	8	4		3	1			1	2
岭南中医馆	1		33	28	18	1	1	4	1		3	2
北京同仁堂广州市中医馆	1		8	6	1		1	1			1	1
广医堂中医门诊部	1		16	13	6			3	1		1	2
广州东山中医门诊部	1		28	19	10		3	5	1		3	6
岭南国医馆	1		13	9	5			2			1	3
广州德坤瑶医门诊部	1		12	6	3			1		3	2	1
北京同仁堂广州仁德中医馆	1		5	3	1		1	1			1	1
振兴国医馆	1		14	13	6	3	2	2				1
广州市中医医院五羊新城门诊部	1											
广州市天河区中医医院门诊部	1											
广州市东山区中医针灸门诊部（越秀区白云街社区卫生服务中心）	1		73	56	17	4	16	16	3	1	7	9
广州市越秀区按摩门诊部（光塔街解放中社区卫生服务站）	1		40	19	7	1	2	6	1	13	1	7
张世平中医门诊部	1		12	7	2		3	2		1	2	2
达生堂中医康复门诊部	1		18	10	6		2	2			1	7
云山门诊部	1		8	8	3	1	3	1				
博仕整形外科门诊部	1		12	10	4	1	5				1	1
正源堂医疗门诊	1		3	3	1							

续表

卫生机构名称	机构数（个）	实有床位	人员数（人）									
			合计	卫生技术人员	其中					其他技术人员	管理人员	工勤人员
					执业医师	执业助理医师	注册护士	药剂人员	检验人员			
白云门诊部	1		16	12	6	2	2	1	1		1	3
广东省人民医院心研所门诊部	1											
德明门诊部	1		9	7	5		2					2
合景专科门诊部	1		15	13	6	2	3	1	1			2
天河海联医疗门诊部	1											
维健门诊部	1		12	10	2	2	2	1			1	1
仁民医疗门诊部	1		10	8	4		3	1			1	1
博美整形美容门诊部	1		8	7	5		2				1	
瑶康医疗门诊部	1		15	13	5		2	3	1		1	1
怡康医疗专科门诊部	1		10	8	5		1	1	1			2
广州公明门诊部	1		5	4	3		1					1
广州铁路疾病预防控制中心门诊部	1											
博康医疗门诊部	1		11	7	2	1	2	1	1		1	3
博文牙科医疗门诊部	1		4	4	1	1	2					
广州市红十字会牙科医疗门诊部	1											
中山医科大学《家庭医生》医学整形美容中心	1	26	29	25	7		14				4	
粤秀整形外科门诊部	1		16	11	3		6	1	1		2	3
东城专科门诊部	1											
慈力医疗门诊部	1		6	4	1	1	1	1			1	1
广州中健骨科运动医学门诊部	1		21	9	4	1	1	2	1		3	9
广东省残疾人康复中心门诊部	1		13	10	7		3				3	
广州市疾病预防控制中心预防医学门诊部	1											
急救中心	1		38	25			14			3	8	2
广州市急救医疗指挥中心	1		38	25			14			3	8	2
采供血机构	1		242	170	29		94	9	38	25	13	34
广州血液中心	1		242	170	29		94	9	38	25	13	34
妇幼保健院（所、站）	4	695	1 687	1 317	428	8	524	81	69	102	86	182
妇幼保健院	3	695	1 687	1 317	428	8	524	81	69	102	86	182
广州市妇婴医院	1	258	670	544	172	1	255	33	30	56	20	50
广州市越秀区妇幼保健院	1	71	248	187	71	7	71	21	13	3	30	28
广东省妇幼保健院	1	366	769	586	185	0	198	27	26	43	36	104
生殖保健中心	1											

卫生机构名称	机构数（个）	实有床位	人员数（人）									
			合计	卫生技术人员	其中					其他技术人员	管理人员	工勤人员
					执业医师	执业助理医师	注册护士	药剂人员	检验人员			
中美合作广东省集爱遗传与不育诊疗中心	1											
专科疾病防治所	7		256	177	61	13	62	23	12	3	40	36
广州市越秀区口腔医院	1		30	22	11	1	8	1			4	4
广州市越秀区第一口腔防治所	1		25	15	3	6	4	1			4	6
广州市越秀区第二口腔防治所	1		16	9	3		4				4	3
广州市越秀区第三口腔防治所	1		9	6	2	3	1				3	
广州市皮肤病防治所	1		176	125	42	3	45	21	12	3	25	23
广州市结核病肺部肿瘤防治所第三分所	1											
广州市结核病肺部肿瘤防治所	1											
疾病预防控制中心	3		463	357	174	15	5	2	136	29	36	41
广州铁路疾病预防控制中心	1		66	48	24	1		1	11	3	12	3
广州市疾病预防控制中心	1		303	234	108	6	4		102	11	22	36
广州市越秀区疾病预防控制中心	1		94	75	42	8	1	1	23	15	2	2
卫生监督所	3		175	50						2	115	8
广州市卫生监督所	1		113								105	8
广州市越秀区卫生监督所	1		47	38							9	
广州铁路卫生监督所	1		15	12						2	1	
医学科学研究机构	6		34							29	3	2
广东省老年医学研究所	1											
广东省心血管病研究所	1											
广东省脐带血造血干细胞库	1											
广东省精神卫生研究所（省戒毒治疗指导中心）	1											
广东省医学情报研究所	1		34							29	3	2
广州呼吸疾病研究所	1											
健康教育所（站、中心）	1											
健康教育所	1											
广州市越秀区健康教育所	1											
其他卫生机构	5		436	250	33		27		172	82	53	51
临床检验中心（所、站）	4		433	249	32		27		172	80	53	51
广东省临床检验中心	1											
广州金域医学检验中心	1		287	164	15		11		138	76	40	7

续表

卫生机构名称	机构数（个）	实有床位	人员数（人）合计	卫生技术人员	其中：执业医师	执业助理医师	注册护士	药剂人员	检验人员	其他技术人员	管理人员	工勤人员
中山大学达安基因股份有限公司广州达安临床检验中心	1		54	46	4				30	4	2	2
广州国宾健康检查中心	1		92	39	13		16		4		11	42
其他卫生事业机构	1		3	1	1					2		
广州市越秀区卫生培训中心	1		3	1	1					2		
疗养院	1	186	94	59	19	2	25	4	5	2	13	20
广东银行医院 中国人民银行疗养院	1	186	94	59	19	2	25	4	5	2	13	20

越秀区医疗机构运营情况一览表

1．门诊服务

卫生机构名称	机构数（个）	诊疗人次数（人）总计	其中：门、急诊人次数（人）合计	门诊人次数	急诊人次数 小计	急诊人次数 内：死亡人数	观察室收容人数	健康检查人数	急诊死亡率（%）
总　计	152	23 367 353	22 808 958	21 687 378	1 121 580	361	245 808	835 721	0.03
医　院	48	19 819 068	19 476 560	18 440 979	1 035 581	340	242 287	730 583	0.03
综合医院	19	11 301 268	11 170 600	10 431 320	739 280	284	140 558	389 408	0.04
广州医学院第一附属医院	1	878 233	864 110	810 304	53 806	13	31 075	40 536	0.02
广州市第一人民医院	1	1 602 548	1 599 353	1 507 266	92 087	59	31 951	37 892	0.06
广州市交运医院	1	49 301	49 301	45 868	3 433			54 122	
广州市东山区人民医院	1	367 591	364 455	336 635	27 820		198	20 193	
广州市越秀区第一人民医院	1	224 610	224 071	205 180	18 891		2 862	16 925	
中山大学附属第一医院	1	3 160 113	3 139 601	2 923 677	215 924	15	27 950	66 092	0.01
中山大学附属第二医院	1	1 438 623	1 360 111	1 217 520	142 591	49	43 866	22 528	0.03
广东省交通医院	1	33 535	33 393	30 933	2 460	2		17 879	0.08
广东省人民医院	1	2 804 258	2 800 326	2 657 315	143 011	139	829	63 701	0.10
广东药学院附属第一医院	1	290 058	287 099	257 875	29 224	7	2	18 427	0.02
广东协和医疗中心	1	6 984	6984	6 635	349				
广州市市政集团有限公司职工医院	1	34 424	31813	31 636	177			19 883	
中大医院	1	12 881	12 881	12 446	435		1 825	720	

续表

卫生机构名称	机构数（个）	诊疗人次数（人）					观察室收容人数	健康检查人数	急诊死亡率（%）
		总计	其中：门、急诊人次数（人）						
			合计	门诊人次数	急诊人次数				
					小计	内：死亡人数			
广州市越秀区第二人民医院东风分院（越秀东风街社区卫生服务中心）	1	27 495	26 975	26 974	1			29	
广东民安医院	1	5 374	5 374	5 374					
广州市越秀区第二人民医院（越秀区六榕街社区卫生服务中心）	1	156 879	156 754	155 661	1 093			9 020	
广州市越秀区红十字会医院（广州市越秀区慈善医院）	1	164 846	164 846	163 952	894			1 099	
广东工业大学医院	1	43 515	43 153	36 069	7 084			362	
中医医院	10	4 973 061	4 763 114	4 613 812	149 302	32	69 002	129 306	0.02
广州市越秀区第二中医医院	1	161 142	161 088	159 923	1 165			164	
广州市越秀区中医医院	1	141 005	140 834	140 261	573			2 545	
广东省第二中医院	1	526 791	526 791	507 604	19 187	31	101	79 646	0.16
广东省中医院	1	3 571 429	3 385 838	3 258 031	127 807	1	68 707	41 419	
广州民康医院	1	15 126	15 041	15 041					
越秀区大新街社区卫生服务中心（广州市越秀区中医杂病医院）	1	86 374	86 365	86 365				1 053	
广州市东山区骨伤科医院	1	103 031	102 785	102 215	570		194	4 479	
广州市越秀区正骨医院	1	348 414	324 623	324 623					
广州市越秀区中医杂病正骨分院	1	19 749	19 749	19 749					
专科医院	19	3 544 739	3 542 846	3 395 847	146 999	24	32 727	211 869	0.02
中山大学附属口腔医院	1	437 160	436 980	435 681	1 299		200		
中山大学中山眼科中心	1	454 895	454 895	427 720	27 175				
广州德明医院	1	4 964	4 964	4 964					
广州耀东英智眼科医院	1	5 833	5 833	5 833					
广州市肿瘤医院	1	29 875	29 875	29 875					
中山大学肿瘤防治中心	1	300 082	300 082	299 615	467	10	457	8 000	2.14
广州市胸科医院	1	190 108	190 108	187 755	2 353	14	868	198 499	0.59
广州市儿童医院	1	1 398 224	1 397 131	1 293 643	103 488		31 157	67	
广州市越秀区儿童医院	1	288 743	288 743	280 865	7 873			118	
广州市第八人民医院	1	242 760	242 420	242 420				570	
广州美莱美容医院	1	453	453	453					
广东省计划生育专科医院	1	48 487	48 487	48 487			45	117	

续表

卫生机构名称	机构数（个）	诊疗人次数（人）					观察室收容人数	健康检查人数	急诊死亡率（%）
		总计	其中：门、急诊人次数（人）						
			合计	门诊人次数	急诊人次数				
					小计	内：死亡人数			
广东省体育运动技术学院体育医院	1	112 036	112 036	109 665	2 371			1 287	
广州和平手外科医院	1	1 860	1 860	1 004	856				
广州恒生手外科医院	1	1 211	1 211	319	892				
广州颐康老年病医院	1	14 479	14 479	14 479				2 211	
光明医院	1	1 823	1 823	1 823					
广州愈生医院	1	9 200	8 920	8 700	220			1 000	
广州文明微创医院	1	2 546	2 546	2 546					
社区卫生服务中心	16	407 788	389 312	388 100	1 212			5 528	
越秀区珠光街社区卫生服务中心	1	147 827	141 350	141 309	41			5 334	
越秀区流花街社区卫生服务中心	1	33 980	22 665	22 665					
越秀区广卫街社区卫生服务中心（广州市越秀区第一人民医院广卫分院）	1	48 202	48 202	48 202					
越秀区人民街社区卫生服务中心	1	26 400	26 013	25 877	136			23	
越秀区洪桥街社区卫生服务中心（广州市越秀区第一人民医院洪桥门诊部）	1	99 534	99 471	99 471				163	
越秀区北京街社区卫生服务中心（广州市越秀区西湖医院）	1	51 845	51 611	50 576	1 035			8	
卫生院	2	5 340	5 340	5 340					
街道卫生院	2	5 340	5 340	5 340					
圣堂医院	1	5 340	5 340	5 340					
门诊部	75	1 229 892	1 188 052	1 185 320	2 732		292	16 563	
广州市越秀区华山医院	1	68 575	68 129	67 233	896			6	
广州市东山区大塘门诊部（越秀区大塘街社区卫生服务中心）	1	42 391	42 391	42 210	181				
广州市东山区人民医院东风东门诊部（越秀梅花街社区卫生服务中心）	1	54 568	54 500	54 495	5			2 774	
广东省药物研究所第一附属门诊部	1	7 465	7 465	7 465					
广东省人民政府机关门诊部	1	180 000	180 000	180 000					

续表

卫生机构名称	机构数（个）	诊疗人次数（人）					观察室收容人数	健康检查人数	急诊死亡率（%）
		总计	其中：门、急诊人次数（人）						
			合计	门诊人次数	急诊人次数				
					小计	内：死亡人数			
中山医科大学《家庭医生》医疗门诊部	1	48 960	48 960	48 960					
人仁医疗专科门诊部	1	3 074	3 074	3 074					
东南医疗门诊部	1	2 860	2 860	2 860				80	
华夏医疗门诊部	1	1 200	1 200	1 200					
同心医疗门诊部	1	3 000	3 000	3 000					
益康医疗门诊部	1	2 837	2 837	2 837					
广州医学院门诊部	1	9 100	9 100	9 100					
广州加美医疗中心	1	8 438	8 438	8 438					
广州市红十字会医疗门诊部	1	14 542	14 542	14 542					
普康医疗门诊部	1	6 000	6 000	6 000					
广州安泰医疗门诊部	1	20 805	20 805	20 805			292	433	
广州市公安局机关服务中心门诊部	1	2 200	2 200	2 200					
惠康门诊部	1	10 000	10 000	10 000					
广州安泰第二医疗门诊部	1	566	566	566					
鼓楼医疗门诊部	1	2 190	1 245	1 245					
东方医疗门诊部	1	30	30	30					
羊城门诊部	1	19 000	19 000	19 000					
白云职工医院西坑门诊部	1	7 200	7 200	7 200					
广东省地质矿产局机关门诊部	1	7 000	7 000	6 900	100				
广东省公安厅机关服务中心门诊部	1	117 551	117 551	116 876	675			4 056	
广州远洋运输公司综合门诊部	1	35 000	35 000	34 550	450			3 900	
广东省老干部休养所康复门诊部	1	6 395	6 395	6 395					
广源堂门诊部	1	10 000	10 000	10 000					
东山南威医疗门诊部	1	3 100	3 100	3 100					
华南医疗门诊部	1	6 100	6 100	6 100					
岭南中医馆	1	24 000	24 000	24 000					
北京同仁堂广州市中医馆	1	6 321	6 321	6 321					
广医堂中医门诊部	1	24 110	24 110	24 110					
广州东山中医门诊部	1	32 400	32 400	32 400					
岭南国医馆	1	16 800	16 800	16 800					
广州德坤瑶医门诊部	1	2 112	2 112	2 112					

续表

卫生机构名称	机构数（个）	诊疗人次数（人）总计	其中：门、急诊人次数（人）合计	门诊人次数	急诊人次数小计	内：死亡人数	观察室收容人数	健康检查人数	急诊死亡率（%）
北京同仁堂广州仁德中医馆	1	3 119	3 119	3 119					
振兴国医馆	1	5 328	5 328	5 328				400	
广州市东山区中医针灸门诊部（越秀区白云街社区卫生服务中心）	1	160 181	119 800	119 385	415			4 914	
广州市越秀区按摩门诊部（光塔街解放中社区卫生服务站）	1	138 543	138 543	138 543					
张世平中医门诊部	1	28 680	28 680	28 680					
达生堂中医康复门诊部	1	300	300	300					
云山门诊部	1	11 830	11 830	11 830					
博仕整形外科门诊部	1	181	181	181					
正源堂医疗门诊	1	1 900	1 900	1 900					
白云门诊部	1	8 128	8 128	8 128					
德明门诊部	1	13 700	13 700	13 700					
合景专科门诊部	1	3 080	3 080	3 080					
维健门诊部	1	2 000	2 000	2 000					
仁民医疗门诊部	1	6 440	6 440	6 440					
博美整形美容门诊部	1	120	120	120					
瑶康医疗门诊部	1	13 500	13 500	13 500					
怡康医疗专科门诊部	1	1 680	1 680	1 680					
广州公明门诊部	1	165	165	165					
博康医疗门诊部	1	6 356	6 356	6 356					
博文牙科医疗门诊部	1	2 028	2 028	2 028					
中山医科大学《家庭医生》医学整形美容中心	1	2 901	2 901	2 901					
粤秀整形外科门诊部	1	2 000	2 000	2 000					
慈力医疗门诊部	1	2 416	2 416	2 406	10				
广州中健骨科运动医学门诊部	1	4 126	4 126	4 126					
广东省残疾人康复中心门诊部	1	5 300	5 300	5 300					
妇幼保健院	3	1 502 634	1 347 095	1 265 236	81 859	21	3 213	37 415	0.03
广州市妇婴医院	1	473 761	473 734	458 079	15 655	2	3 213	1 854	0.01
广州市越秀区妇幼保健院	1	319 803	246 235	244 108	2 127			33 834	
广东省妇幼保健院	1	709 070	627 126	563 049	64 077	19		1 727	0.03
专科疾病防治院	7	375 044	375 044	375 044					

续表

卫生机构名称	机构数（个）	诊疗人次数（人）					观察室收容人数	健康检查人数	急诊死亡率（%）
		总计	其中：门、急诊人次数（人）						
			合计	门诊人次数	急诊人次数				
					小计	内：死亡人数			
广州市越秀区口腔医院	1	22 508	22 508	22 508					
广州市越秀区第一口腔防治所	1	22 385	22 385	22 385					
广州市越秀区第二口腔防治所	1	13 410	13 410	13 410					
广州市越秀区第三口腔防治所	1	9 712	9 712	9 712					
广州市皮肤病防治所	1	307 029	307 029	307 029					
疗养院	1	27 587	27 555	27 359	196		16	45 632	
广东银行医院中国人民银行疗养院	1	27 587	27 555	27 359	196		16	45 632	

2．住院服务

卫生机构名称	入院人数	出院人数	住院病人手术人次	住院危重病人抢救人次	治愈率（%）	好转率（%）	死亡率（%）
总　计	371 430	370 435	192 130	25 589	63.72	32.17	1.73
医　院	341 548	340 649	174 605	23 838	62	33.65	1.84
综合医院	204 236	203 619	108 311	17 227	64.93	30.62	2.03
广州医学院第一附属医院	21 034	20 982	9 331	1 667	58.91	35.44	2
广州市第一人民医院	28 411	28 331	12 708	2 359	60.24	35.72	2.60
广州市交运医院	1 138	1 139		99	15.45	70.59	9.31
广州市东山区人民医院	3 076	3 022	1 419	348	49.44	41.96	5.46
广州市越秀区第一人民医院	2 684	2 661	318	218	25.85	63.70	6.76
中山大学附属第一医院	54 579	54 451	29 637	4 574	59.10	36.31	1.12
中山大学附属第二医院	30 970	30 883	18 937	2 791	57.30	39.19	1.39
广东省交通医院	735	716	61	99	26.26	59.36	10.47
广东省人民医院	51 779	51 592	32 312	4 253	89.70	7.43	1.68
广东药学院附属第一医院	6 938	6 914	3 419	457	41.94	51.76	4.96
广东协和医疗中心	520	511	146		99.80		0.20
广州市市政集团有限公司职工医院	167	174		69	37.36	41.38	6.32
中大医院	8	8	8		100		

续表

卫生机构名称	入院人数	出院人数	住院病人手术人次	住院危重病人抢救人次	治愈率（%）	好转率（%）	死亡率（%）
广州市越秀区第二人民医院东风分院（越秀东风街社区卫生服务中心）	489	485		90	30.52	42.89	11.13
广州市越秀区第二人民医院（越秀区六榕街社区卫生服务中心）	803	825	15	91	47.64	38.91	7.52
广州市越秀区红十字会医院（广州市越秀区慈善医院）	905	925		112	6.92	78.16	8.43
中医医院	47 051	46 911	20 292	3 938	46.80	48.91	2.56
广州市越秀区第二中医医院	442	444		52	19.37	72.07	3.15
广州市越秀区中医医院	793	761		135	6.04	70.43	12.75
广东省第二中医院	6 128	6 085	1 365	460	36.68	58.26	3.17
广东省中医院	33 785	33 728	16 581	3 202	47.34	49.13	2.57
越秀区大新街社区卫生服务中心（广州市越秀区中医杂病医院）	520	517		28	9.28	77.18	2.90
广州市东山区骨伤科医院	292	300	5	44	6	85.67	5.33
广州市越秀区正骨医院	5 091	5 076	2 341	17	70.04	25.97	
专科医院	90 261	90 119	46 002	2 673	63.29	32.53	1.03
中山大学附属口腔医院	744	735	604		89.52	7.76	
中山大学中山眼科中心	20 870	20 876	22 958		95.35	4.34	
广州耀东英智眼科医院	434	434	434		100		
广州市肿瘤医院	5 403	5 377	1 849	215	66.21	24.90	4.11
中山大学肿瘤防治中心	23 543	23 520	8 613	133	35.63	58.12	0.34
广州市胸科医院	5 732	5 705	527	138	11.59	83.31	4.26
广州市儿童医院	22 734	22 729	5 517	1 810	75.93	21.52	0.60
广州市越秀区儿童医院	1 130	1 147		8	75.76	20.84	
广州市第八人民医院	4 424	4 404	1 412	277	27.43	60.81	3.38
广州美莱美容医院	150	150	150		100		
广东省计划生育专科医院	420	413	348		88.14	10.90	
广东省体育运动技术学院体育医院	82	82			96.34	3.66	
广州和平手外科医院	1 104	1 104	1 362	12	98.82	1.18	
广州恒生手外科医院	796	780	796		100		
广州颐康老年病医院	1 125	1 127		80	18.63	56.79	8.52
光明医院	6	6	2		83.33	16.67	
广州愈生医院	100	100			10	65	

续表

卫生机构名称	入院人数	出院人数	住院病人手术人次	住院危重病人抢救人次	治愈率（%）	好转率（%）	死亡率（%）
广州文明微创医院	1 464	1 430	1 430		98.67	1.33	
社区卫生服务中心	431	437	9	79	5.03	75.97	11.44
越秀区珠光街社区卫生服务中心	431	437	9	79	5.03	75.97	11.44
妇幼保健院	29 096	29 034	17 516	1 654	85.09	13.79	0.24
广州市妇婴医院	9 087	9 060	6 338	117	90.47	8.95	0.08
广州市越秀区妇幼保健院	2 126	2 114	2 036	21	95.65	3.22	
广东省妇幼保健院	17 883	17 860	9 142	1 516	81.10	17.49	0.36
疗养院	355	315		18	31.11	63.49	0.32
广东银行医院中国人民银行疗养院	355	315		18	31.11	63.49	0.32

3. 床位利用

卫生机构名称	实有床位数（张）	实际开放总床日数	平均开放病床（张）	实际占用总床日数	出院者占用总床日数	病床周转次数	病床工作日	病床使用率（%）	出院者平均住院日
总　计	15 719	5 566 012	15 249	4 913 094	4 886 346	24	322	88.27	13.19
医　院	14 761	5 247 338	14 376	4 640 736	4 634 015	24	323	88.44	13.60
综合医院	9 026	3 187 397	8 733	2 823 728	2 818 468	23	323	88.59	13.84
广州医学院第一附属医院	778	283 593	777	258 352	259 386	27	333	91.10	12.36
广州市第一人民医院	1 371	500 235	1 371	449 996	447 496	21	328	89.96	15.80
广州市交运医院	131	47 815	131	31 431	31 431	9	240	65.73	27.60
广州市东山区人民医院	221	76 659	210	48 612	47 633	14	231	63.41	15.76
广州市越秀区第一人民医院	175	57 225	157	50 956	49 709	17	325	89.04	18.68
中山大学附属第一医院	2 094	739 276	2 025	714 515	722 210	27	353	96.65	13.26
中山大学附属第二医院	1 217	438 762	1 202	403 286	403 513	26	335	91.91	13.07
广东省交通医院	90	32 850	90	24 084	18 267	8	268	73.32	25.51
广东省人民医院	2 053	704 602	1 930	659 474	647 656	27	342	93.60	12.55
广东药学院附属第一医院	568	207 573	569	128 123	125 800	12	225	61.72	18.19
广东协和医疗中心	20	7 300	20	3 431	3 321	26	172	47	6.50
广州市市政集团有限公司职工医院	22	6 462	18	2 261	1 823	10	128	34.99	10.48
中大医院	15	5 475	15	102	102	1	7	1.86	12.75

续表

卫生机构名称	实有床位数（张）	实际开放总床日数	平均开放病床（张）	实际占用总床日数	出院者占用总床日数	病床周转次数	病床工作日	病床使用率（%）	出院者平均住院日
广州市越秀区第二人民医院东风分院（越秀东风街社区卫生服务中心）	41	14 965	41	10 771	10 988	12	263	71.97	22.66
广东民安医院	20								
广州市越秀区第二人民医院（越秀区六榕街社区卫生服务中心）	120	43 800	120	23 680	34 317	7	197	54.06	41.60
广州市越秀区红十字会医院（广州市越秀区慈善医院）	57	20 805	57	14 654	14 816	16	257	70.43	16.02
广东工业大学医院	33								
中医医院	2 111	761 072	2 085	698 917	698 626	23	335	91.83	14.89
广州市越秀区第二中医医院	32	10 232	28	8 048	8 045	16	287	78.66	18.12
广州市越秀区中医医院	76	27 740	76	24 110	25 020	10	317	86.91	32.88
广东省第二中医院	385	139 388	382	125 039	125 988	16	327	89.71	20.70
广东省中医院	1 300	474 942	1 301	448 644	446 369	26	345	94.46	13.23
广州民康医院	20								
越秀区大新街社区卫生服务中心（广州市越秀区中医杂病医院）	38	13 870	38	7 104	7 154	14	187	51.22	13.84
广州市东山区骨伤科医院	25	9 125	25	6 083	5 817	12	243	66.66	19.39
广州市越秀区正骨医院	235	85 775	235	79 889	80 233	22	340	93.14	15.81
专科医院	3 624	1 298 869	3 559	1 118 091	1 116 921	25	314	86.08	12.39
中山大学附属口腔医院	60	21 900	60	10 385	10 385	12	173	47.42	14.13
中山大学中山眼科中心	317	112 123	307	105 779	106 496	68	344	94.34	5.10
广州德明医院	20								
广州耀东英智眼科医院	20	7 200	20	1 736	1 736	22	88	24.11	4
广州市肿瘤医院	447	163 156	447	138 932	137 057	12	311	85.15	25.49
中山大学肿瘤防治中心	1 007	367 555	1 007	351 744	352 629	23	349	95.70	14.99
广州市胸科医院	484	177 202	485	135 161	138 160	12	278	76.28	24.22
广州市儿童医院	400	146 000	400	176 216	178 072	57	441	120.70	7.83
广州市越秀区儿童医院	33	12 045	33	6 876	6 903	35	208	57.09	6.02
广州市第八人民医院	350	133 180	365	98 486	97 139	12	270	73.95	22.06
广州美莱美容医院	22	8 030	22	1 050	1 050	7	48	13.08	7
广东省计划生育专科医院	37	13 542	37	4 650	4 285	11	125	34.34	10.38

续表

卫生机构名称	实有床位数（张）	实际开放总床日数	平均开放病床（张）	实际占用总床日数	出院者占用总床日数	病床周转次数	病床工作日	病床使用率（%）	出院者平均住院日
广东省体育运动技术学院体育医院	20	7 300	20	960	960	4	48	13.15	11.71
广州和平手外科医院	90	32 850	90	17 155	17 611	12	191	52.22	15.95
广州恒生手外科医院	58	20 880	57	11 940	11 700	14	209	57.18	15
广州颐康老年病医院	134	34 256	94	29 889	25 278	12	318	87.25	22.43
光明医院	15	1 350	4	26	26	2	7	1.93	4.33
广州愈生医院	20	7 450	20	2 950	2 950	5	145	39.60	29.50
广州文明微创医院	90	32 850	90	24 156	24 484	16	268	73.53	17.12
社区卫生服务中心	32	10 232	28	5 979	5 971	16	213	58.43	13.66
越秀区珠光街社区卫生服务中心	32	10 232	28	5 979	5 971	16	213	58.43	13.66
卫生院	19								
街道卫生院	19								
圣堂医院	19								
门诊部	26								
中山医科大学《家庭医生》医学整形美容中心	26								
妇幼保健院	695	254 442	697	232 359	215 402	42	333	91.32	7.42
广州市妇婴医院	258	94 170	258	75 034	74 492	35	291	79.68	8.22
广州市越秀区妇幼保健院	71	26 806	73	11 793	11 868	29	161	43.99	5.61
广东省妇幼保健院	366	133 466	366	145 532	129 042	49	398	109.04	7.23
疗养院	186	54 000	148	34 020	30 958	2	230	63	98.28
广东银行医院中国人民银行疗养院	186	54 000	148	34 020	30 958	2	230	63	98.28

越秀区政府办医院病人人均医院费用与医生工作效率一览表

卫生机构名称	平均每诊疗人次医疗费（元）				平均每一出院者住院医疗费（元）				平均每一医师	
	合计	其中			合计	其中			全年担负诊疗人次	全年担负住院床日
		药费	检查费	治疗费		药费	检查费	治疗费		
总　计	164	86	27	25	12 762	4 932	1 043	2 838	3 185	723
医　院	166	89	27	26	13 475	5 276	1 097	2 997	3 170	737
综合医院	166	94	27	19	14 827	5 745	1 026	3 280	2 948	742

续表

卫生机构名称	平均每诊疗人次医疗费（元）				平均每一出院者住院医疗费（元）				平均每一医师	
	合计	其中			合计	其中			全年担负诊疗人次	全年担负住院床日
		药费	检查费	治疗费		药费	检查费	治疗费		
广州医学院第一附属医院	180	104	35	18	11 642	4 892	1 257	3 180	2 106	620
广州市第一人民医院	152	82	28	21	13 048	5 016	1 326	3 460	2 684	754
广州市交运医院	117	44	65	4	5 041	1 870	196	1 838	1 700	1 084
广州市东山区人民医院	118	59	11	22	6 814	1 973	298	2 891	3 196	423
广州市越秀区第一人民医院	144	70	8	38	6 009	2 813	372	1 194	2 642	599
中山大学附属第一医院	162	93	21	19	14 511	5 217	748	4 321	3 980	900
中山大学附属第二医院	183	82	37	28	13 725	5 798	940	3 820	2 985	837
广东省交通医院	173	102	25	10	5 522	2 172	204	1 200	1 198	860
广东省人民医院	183	118	34	9	20 223	7 752	1 310	2 011	3 092	727
广东药学院附属第一医院	141	74	20	32	11 518	5 288	590	3 614	1 120	495
广州市越秀区第二人民医院东风分院（越秀东风街社区卫生服务中心）	111	48	3	25	4 878	1 998	85	1 536	2 500	979
广州市越秀区第二人民医院（越秀区六榕街社区卫生服务中心）	104	55	4	28	7 073	2 867	282	2 195	4 023	607
广州市越秀区红十字会医院（广州市越秀区慈善医院）	106	60	3	37	3 798	1 102	276	1 545	4 710	419
中医医院	131	73	18	24	10 621	3 248	910	3 712	4 919	693
广州市越秀区第二中医医院	82	37	6	25	4 374	1 387	257	1 473	4 476	224
广州市越秀区中医医院	90	48	4	28	8 170	3 192	434	2 928	5 640	964
广东省第二中医院	103	53	13	20	9 479	2 687	363	4 144	4 283	1 017
广东省中医院	137	77	20	20	11 361	3 497	1 138	3 966	5 154	647
越秀区大新街社区卫生服务中心（广州市越秀区中医杂病医院）	134	93	4	21	3 323	1 337	232	807	4 319	355
广州市东山区骨伤科医院	96	51	6	15	4 850	2 140	337	1 027	3122	184
广州市越秀区正骨医院	173	85	17	65	9 069	2 696	283	2 274	4 584	1 051
广州市越秀区中医杂病正骨分院	62	40	3	13					9 875	

续表

卫生机构名称	平均每诊疗人次医疗费（元）				平均每一出院者住院医疗费（元）				平均每一医师	
	合计	其中			合计	其中			全年担负诊疗人次	全年担负住院床日
		药费	检查费	治疗费		药费	检查费	治疗费		
专科医院	219	100	39	51	11 821	5 275	1 371	1 927	2 491	756
中山大学附属口腔医院	161	6	6	143	8 682	2 714	275	1 283	3 554	84
中山大学中山眼科中心	212	90	65	27	6 632	815	807	459	3 273	761
广州市肿瘤医院	380	185	123	26	19 686	10 756	1 411	3 333	274	1 275
中山大学肿瘤防治中心	841	393	192	177	22 078	11 663	3 189	3 695	971	1 138
广州市胸科医院	233	141	27	22	13 425	7 226	1 006	1 805	1 033	735
广州市儿童医院	131	66	21	21	4 704	1 246	392	1 380	4 453	561
广州市越秀区儿童医院	85	55	2	17	2 065	890	72	361	10 694	255
广州市第八人民医院	190	129	6	9	10 404	5 824	435	1 315	1 974	801
广东省计划生育专科医院	275	118	28	38	4 927	1 320	235	995	1 469	141
妇幼保健院（所、站）	135	48	24	14	4 533	965	420	996	3 407	527
妇幼保健院	135	48	24	14	4 533	965	420	996	3 407	527
广州市妇婴医院	136	51	23	18	5 144	1 073	441	1 010	2 907	460
广州市越秀区妇幼保健院	83	35	15	14	2 998	367	469	940	4 100	151
广东省妇幼保健院	157	52	28	11	4 405	981	403	996	3 545	728

越秀区前十位疾病死亡率、构成比和位次

性别	顺位	死亡原因	死亡率（1/10万）	构成比（%）
合计	1	恶性肿瘤	184.55	30.04
	2	心脏病	105.10	17.11
	3	呼吸系统疾病	92.23	15.03
	4	脑血管病	87.97	14.32
	5	损伤和中毒外部原因	24.86	4.05
	6	内分泌，营养和代谢的其他疾病	24.08	3.92
	7	消化系统疾病	20.52	3.34
	8	泌尿生殖系统疾病	10.52	1.71
	9	神经系统疾病	5.48	0.89
	10	传染病（不包括呼吸道结核）	3.74	0.61

续表

性别	顺位	死亡原因	死亡率（1/10万）	构成比（%）
男性	1	恶性肿瘤	234.03	33.67
	2	心脏病	108.95	15.68
	3	呼吸系统疾病	107.58	15.48
	4	脑血管病	87.50	12.59
	5	损伤和中毒外部原因	32.08	4.62
	6	消化系统疾病	26.25	3.78
	7	内分泌，营养和代谢的其他疾病	17.84	2.57
	8	泌尿生殖系统疾病	12.18	1.75
	9	神经系统疾病	6.52	0.94
	10	传染病（不包括呼吸道结核）	5.66	0.81
女性	1	恶性肿瘤	133.74	25.17
	2	心脏病	101.14	19.03
	3	脑血管病	88.45	16.64
	4	呼吸系统疾病	76.47	14.39
	5	内分泌，营养和代谢的其他疾病	30.48	5.74
	6	损伤和中毒外部原因	17.44	3.28
	7	消化系统疾病	14.62	2.75
	8	泌尿生殖系统疾病	8.81	1.66
	9	神经系统疾病	4.41	0.83
	10	血液，造血器官及免疫的其他疾病	3	0.56

越秀区意外死亡外部原因死亡率及构成比

死亡原因	合计		男性		女性	
	死亡率（1/10万）	构成比（%）	死亡率（1/10万）	构成比（%）	死亡率（1/10万）	构成比（%）
损伤和中毒外部原因小计	24.86	4.05	32.08	4.62	17.44	3.28
其中：机动车辆交通事故	0.78	0.13	1.37	0.20	0.18	0.03
机动车以外的运输事故	4	0.65	5.32	0.77	2.64	0.50
意外中毒	2.78	0.45	4.63	0.67	0.88	0.17
意外跌落	5.65	0.92	6.35	0.91	4.93	0.93
火灾	0.61	0.10	0.69	0.10	0.53	0.10
由自然环境因素所致的意外事故						
淹死	1.13	0.18	1.20	0.17	1.06	0.20
意外的机械性窒息	0.09	0.01			0.18	0.03
砸死	0.43	0.07	0.86	0.12		
由机器切割和穿刺工具所致的意外的事故						
触电						
其他意外事故和有害效应	3.22	0.52	4.98	0.72	1.41	0.27
自杀	5.13	0.83	5.32	0.77	4.93	0.93
被杀	1.04	0.17	1.37	0.20	0.70	0.13

（三）海　珠　区

海珠区卫生机构、床位、人员情况（含诊所等）

分　类	机构数（个）	实有床位	人员数（人）合　计	卫生技术人员	其中：执业医师	执业助理医师	注册护士	药剂人员	检验人员	其他技术人员	管理人员	工勤人员
总　计	297	5 537	9 992	8 028	2 937	204	3 086	604	417	473	546	945
一、按经济类型分												
国　有	185	5 127	8 570	6 816	2 508	92	2 701	470	362	422	486	846
集　体	47	131	664	571	198	55	152	84	25	16	28	49
联　营	8		20	20	11		7	1				
私　营	51	279	693	587	205	56	217	45	28	32	28	46
其　他	6		45	34	15	1	9	4	2	3	4	4
二、按设置主办单位分												
政府办	53	4 380	7 640	6 015	2 185	84	2 339	448	338	401	447	777
其中：卫生部门	48	4 170	7 418	5 856	2 130	78	2 273	440	332	391	428	743
企业办	67	528	764	659	248	14	264	51	19	23	42	40
其　他	177	629	1 588	1 354	504	106	483	105	60	49	57	128

海珠区卫生机构、床位、人员情况（不含诊所等）

分　类	机构数（个）	实有床位	人员数（人）合　计	卫生技术人员	其中：执业医师	执业助理医师	注册护士	药剂人员	检验人员	其他技术人员	管理人员	工勤人员
总　计	82	5 537	9 232	7 268	2 614	134	2 856	547	392	473	546	945
一、按经济类型分												
国　有	54	5 127	8 237	6 483	2 335	82	2 585	454	357	422	486	846
集　体	11	131	479	386	148	25	102	68	16	16	28	49
联　营	1											
私　营	11	279	472	366	116	26	160	21	17	32	28	46
其　他	5		44	33	15	1	9	4	2	3	4	4
二、按设置主办单位分												
政府办	49	4 380	7 624	5 999	2 176	84	2 332	448	338	401	447	777
其中：卫生部门	48	4 170	7 418	5 856	2 130	78	2 273	440	332	391	428	743
企业办	8	528	585	480	153	10	206	38	18	23	42	40
其　他	25	629	1 023	789	285	40	318	61	36	49	57	128

海珠区诊所、医务室、卫生所、社区卫生服务站机构、人员情况

分类	机构数（个）	人员数（人）							
		合计	卫生技术人员						
			小计	执业医师	执业助理医师	注册护士	药剂人员	检验人员	其他
总　计	215	760	760	323	70	230	57	25	55
一、按经济类型分									
国　有	131	333	333	173	10	116	16	5	13
集　体	36	185	185	50	30	50	16	9	30
联　营	7	20	20	11		7	1		1
私　营	40	221	221	89	30	57	24	11	10
其　他	1	1	1						1
二、按设置主办单位分									
政府办	4	16	16	9		7			
其中：卫生部门									
企业办	59	179	179	95	4	58	13	1	8
其　他	152	565	565	219	66	165	44	24	47

海珠区医疗机构分级情况

等级	医院					妇幼保健院
	合计	其中				
		综合医院	中医医院	中西医结合医院	专科医院	
总　计	19	12	1		6	2
三　级	3	3				
三级特等						
三级甲等	2	2				
三级乙等	1	1				
三级丙等						
二　级						
二级甲等						
二级乙等						
二级丙等						
一　级						
一级甲等						
一级乙等						
一级丙等						
其　他	16	9	1		6	2

海珠区医疗机构分科床位情况

分　科	医　院	疾病专科防治院	妇幼保健院	合　计
床位合计	4 699	106	80	4 885
预防保健科				
全科医疗科				
内　科	1 246			1 246
外　科	1 426			1 426
儿　科	214		25	239
妇产科	333		55	388
眼　科	77			77
耳鼻咽喉科	117			117
口腔科	82			82
皮肤科	6			6
医疗美容科	15			15
精神科				
传染科	34			34
结核病科				
地方病科				
肿瘤科	318			318
康复医学科	250			250
运动医学科				
职业病科		106		106
中医科	207			207
中西医结合科				
其　他	374			374

海珠区卫生机构专业卫生人员分类情况

指标名称	卫生技术人员							其他技术人员	管理人员
	合　计	执业医师	执业助理医师	注册护士	药剂人员	检验人员	其　他		
总　计	7 261	2 603	145	2 855	559	397	702	490	529
按性别分									
男	2 281	1 550	67	7	187	149	321	186	271
女	4 980	1 053	78	2 848	372	248	381	304	258
按年龄分									
25岁及以下	1 053	80	13	610	71	34	245	65	22
26～35岁	2 748	858	83	1 231	192	178	206	168	97
36～45岁	2 070	1 018	13	656	137	100	146	143	214
46～55岁	1 190	485	34	355	142	79	95	105	160

续表

指标名称	卫生技术人员							其他技术人员	管理人员
	合 计	执业医师	执业助理医师	注册护士	药剂人员	检验人员	其 他		
56～60岁	143	111	2	3	16	4	7	9	26
60岁以上	57	51			1	2	3		10
按工作年限分									
5年及以下	1 653	391	36	718	110	65	333	114	39
6～10年	1 178	371	38	539	74	81	75	66	46
11～20年	2 253	903	30	940	139	134	107	139	142
21～30年	1 103	435	9	398	106	50	105	101	147
30年以上	1 074	503	32	260	130	67	82	70	155
按学历分									
博 士	152	137			3	7	5	3	7
硕 士	541	457		9	6	31	38	17	24
学士/大学本科	2 108	1 462	8	125	95	123	295	122	213
大 专	1 732	380	56	852	181	133	130	192	183
中 专	2 539	146	51	1 829	212	87	214	123	69
高 中	151	19	27	30	47	13	15	33	31
初中及以下	38	2	3	10	15	3	5		2
按专业技术资格分									
正 高	225	196			8	16	5	3	29
副 高	759	642		31	18	47	21	13	80
中 级	1 842	959	2	548	100	109	124	110	154
助理/师级	2 478	762	67	1 097	232	143	177	148	92
员/士	1 631	8	65	1 149	180	73	156	131	29
其 他	326	36	11	30	21	9	219	85	145
按聘任专业技术职务分									
正 高	188	170			6	9	3	2	20
副 高	723	618		27	18	40	20	13	74
中 级	1 773	946	1	493	95	119	119	109	153
助理/师级	2 593	817	74	1 136	239	144	183	163	109
员/士	1 660	11	65	1 157	185	75	167	146	42
待 聘	324	41	5	42	16	10	210	57	131

海珠区分科执业（助理）医师情况

分 科	合 计	执业医师	执业助理医师
总 计	2 703	2 558	145
预防保健科	222	197	25
全科医疗科	14	14	
内 科	498	479	19
外 科	395	372	23
儿 科	107	103	4
妇产科	205	187	18

续表

分　科	合　计	执业医师	执业助理医师
眼　科	44	41	3
耳鼻咽喉科	54	53	1
口腔科	172	165	7
皮肤科	31	31	
医疗美容科	2	2	
精神科	9	9	
传染科	14	14	
结核病科			
地方病科			
肿瘤科	59	55	4
急诊医学科	75	75	
康复医学科	87	78	9
运动医学科			
职业病科	81	80	1
麻醉科	75	74	1
医学检验科	2	1	1
病理科	14	14	
医学影像科	148	137	11
中医科	236	228	8
中西医结合科	34	34	
其　他	125	115	10

海珠区中医机构分科执业（助理）医师情况

分　科	执业（助理）医师数（人）			中医医院床位数（张）
	合　计	执业医师	执业助理医师	
总　计	245	237	8	140
内　科	81	78	3	
外　科				
妇产科	2	2		
儿　科				
皮肤科				
眼　科				
精神科				
肿瘤科				
骨伤科	34	33	1	140
肛肠科				
针灸科				
推拿科	2	1	1	
其　他	126	123	3	

海珠区疾病预防控制中心（防疫站）卫生人员情况

指标名称	卫生技术人员						其他技术人员	管理人员
	合　计	执业医师	执业助理医师	药剂人员	检验人员	其　他		
总　计	293	153	7	3	113	17	17	29
按年龄分								
25岁及以下	7	3			4		4	1
26～35岁	129	70	3	2	51	3	5	3
36～45岁	106	56	2	1	38	9	5	15
46～55岁	43	19	2		19	3	3	10
56～60岁	8	5			1	2		
60岁以上								
按工作年限分								
5年及以下	54	33			19	2	4	1
6～10年	51	28	1	1	20	1	4	
11～20年	115	61	3	1	47	3	4	17
21～30年	31	10	1	1	12	7	2	4
30年以上	42	21	2		15	4	3	7
按学历分								
博　士	8	3			3	2		
硕　士	55	39			14	2		2
学士/大学本科	132	71		1	57	3	7	10
大　专	66	32	2	1	26	5	6	12
中　专	29	8	4	1	12	4	3	1
高中及以下	3		1		1	1	1	4
按专业技术资格分								
正　高	35	23			10	2		2
副　高	63	36			24	3		4
中　级	88	43	1		38	6	4	7
助理/师级	98	51	2	2	39	4	8	3
员/士	9		4	1	2	2	2	2
其　他							3	11
按聘任专业技术职务分								
正　高	18	14			3	1		1
副　高	46	24			19	3		3
中　级	122	64	1		50	7	5	9
助理/师级	91	46	2	2	37	4	9	5
员/士	9		4	1	2	2	2	3
待　聘	7	5			2		1	8

海珠区卫生机构、床位、人员情况一览表

卫生机构名称	机构数（个）	实有床位	人员数（人）合计	卫生技术人员	其中：执业医师	执业助理医师	注册护士	药剂人员	检验人员	其他技术人员	管理人员	工勤人员
总　计	82	5 537	9 232	7 268	2 614	134	2 856	547	392	473	546	945
医　院	19	4 699	6 851	5 434	1 838	57	2 408	355	190	358	319	740
综合医院	12	3 973	5 894	4 716	1 542	40	2 114	316	165	313	259	606
广州医学院第二附属医院	1	886	1 437	1 144	451		532	61	35	69	76	148
广州市红十字会医院	1	695	1 302	1 029	371	2	483	80	45	53	67	153
广州市海珠区第一人民医院	1	101	213	171	67	3	56	24	10	1	23	18
广州新海医院	1	310	424	343	112	2	161	22	12	13	35	33
广东江南医院	1	100	65	40	20		13	3	3	6	4	15
广东商学院医院	1	20	21	21	9		8	2	1			
广州紫荆医院	1	83	115	90	26	7	36	6	4	10	9	6
广东省第二人民医院	1	650	910	689	200	26	270	51	22	27	23	171
南方医科大学珠江医院	1	1 128	1 407	1 189	286		555	67	33	134	22	62
广州市红十字会医院昌岗分院	1											
广州医学院第一附属医院微创外科中心	1											
中山大学附属第二医院南院	1											
中医医院	1	140	157	113	59	1	32	16	5	6	15	23
广州中医药大学附属骨伤科医院	1	140	157	113	59	1	32	16	5	6	15	23
专科医院	6	586	800	605	237	16	262	23	20	39	45	111
广东省口腔医院	1	50	263	223	118		86	3	2	5	4	31
广州复大肿瘤医院	1	100	108	78	34		38	4	2	8	4	18
广东省荣誉军人康复医院	1	210	206	143	46	6	59	8	6	10	19	34
广州新江南手外科医院	1	46	58	44	8	2	20	1	1	4	2	8
广州老年病医院	1	130	56	32	11		15	2	2	4	9	11
广州协佳泌尿科医院	1	50	109	85	20	8	44	5	7	8	7	9
社区卫生服务中心	18	622	1 072	871	316	45	274	129	38	56	59	86
滨江街社区卫生服务中心（海珠区中医医院）	1	45	86	67	28		14	17	2	10	6	3
海幢街社区卫生服务中心（海珠区石溪中医院）	1											
新港街社区卫生服务中心（海珠区新港卫生院）	1		47	39	14	1	8	10	2	2		6
沙园街社区卫生服务中心（海珠区第二人民医院）	1	103	170	140	54		57	15	7	12	11	7
江海街社区卫生服务中心（海珠区新窖人民医院）	1	55	123	100	44	2	28	13	8	5	9	9

续表

卫生机构名称	机构数（个）	实有床位	人员数（人）									
			合计	卫生技术人员	其中					其他技术人员	管理人员	工勤人员
					执业医师	执业助理医师	注册护士	药剂人员	检验人员			
龙凤街社区卫生服务中心（海珠区红十字会医院）	1	85	132	105	37	11	29	19	5	5	11	11
瑞宝街社区卫生服务中心（海珠区石溪中医院）	1	46	121	95	39	8	24	17	3	8	10	8
南华西街社区卫生服务中心（海珠区联合医院）	1		51	43	21	2	8	9	1			8
赤岗街社区卫生服务中心（广州市纺织医院）	1	100	134	108	34	7	42	13	5	3	5	18
琶洲街社区卫生服务中心（广渔医院）	1	50	30	27	7	3	5	4	1	1	2	
南石头街社区卫生服务中心（广纸医院）	1	138	99	80	19	4	32	9	2	9	3	7
海珠区华洲街社区卫生服务中心	1		50	43	11	2	20	1	1		1	6
海珠区官洲街社区卫生服务中心	1		29	24	8	5	7	2	1	1	1	3
江南中街社区卫生服务中心（区妇幼穗花门诊部）	1											
素社街社区卫生服务中心	1											
海珠区妇幼保健院凤阳社区卫生服务中心	1											
南洲街社区卫生服务中心（新窖）	1											
海珠区昌岗街社区卫生服务中心	1											
门诊部	32	30	388	328	164	10	100	31	15	6	18	36
广州航道局门诊部	1		8	7	3	1	2	1				1
广州东沙医院沙园门诊部	1											
广州港卫生防疫站洲头咀门诊部	1	30	17	15	7		4	2	2		2	
国家海洋局南海分局综合医疗门诊部	1		37	35	17	2	13	2	1			2
广东省公安司法管理干部学院门诊部	1		16	14	5	1	6	2			1	1
广州颐康家庭医疗部	1		10	9	3	1	3	1	1	1		
泰沙门诊部	1		61	45	17	1	10	11	4	1	5	10
广州中医药大学第一附属医院第二门诊部	1											
海珠区博爱医疗门诊部	1		8	7	5		1				1	
广东药学院附属门诊部	1		69	61	38		13	5	4	3	2	3
康优综合医疗门诊部	1		17	15	6	1	5	2	1		1	1

卫生机构名称	机构数（个）	实有床位	人员数（人）									
			合计	卫生技术人员	其中					其他技术人员	管理人员	工勤人员
					执业医师	执业助理医师	注册护士	药剂人员	检验人员			
建华门诊部	1		10	10	3	2	4	1				
中港四航局第二工程公司职工门诊部	1		11	11	5		4	1	1			
海珠区中医院第三门诊部	1											
海珠区新港卫生院第一门诊部	1											
海珠区新港卫生院第二门诊部	1											
海珠区新港卫生院第三门诊部	1											
海珠区中医院桥东门诊部	1											
广州市红十字会医院同福西门诊部	1											
中山大学附属第二医院南校区门诊部	1											
广东省职业病防治院怡乐门诊部	1											
海珠区第二人民医院第一门诊部	1											
广州市东升医院万寿路门诊部	1											
广州中医药大学附属骨伤科医院第一门诊部	1											
南方医科大学中西结合门诊部	1		67	52	30		22					15
海洲医疗门诊部（洲头咀边防检查站门诊部）	1		16	12	5	1	4	1	1		3	1
海健医疗专科门诊部	1		15	12	7		3	1		1	1	1
穗南专科门诊部	1		9	7	4		3				1	1
广州市海珠区口腔医院	1		17	16	9		3	1			1	
海珠区口腔医院第二门诊部	1											
中山大学附属眼科医院海珠门诊部	1											
广二整形美容医疗门诊部	1											
妇幼保健院（所、站）	2	80	175	138	63	10	40	19	6	2	21	14
广州市海珠区妇幼保健院	1	80	175	138	63	10	40	19	6	2	21	14
广东省妇女儿童医院分院	1											
专科疾病防治院（所、站）	3	106	219	165	70	6	29	10	10	9	26	19
广东省职业病防治院	1	106	219	165	70	6	29	10	10	9	26	19
广州市结核病肺部肿瘤防治所第二分所	1											
广东省职业卫生检测中心	1											
疾病预防控制中心（防疫站）	3		379	293	141	6	3	2	130	21	25	40
广东省疾病预防控制中心	1		320	248	117	2	3	2	114	20	16	36

续表

卫生机构名称	机构数（个）	实有床位	人员数（人）合计	卫生技术人员	其中：执业医师	执业助理医师	注册护士	药剂人员	检验人员	其他技术人员	管理人员	工勤人员
广州市海珠区疾病预防控制中心	1		55	41	21	3			16	1	9	4
广州海运集团有限公司卫生防疫站	1		4	4	3	1						
卫生监督所	2		111	27	17		1		2	4	72	8
广东省卫生监督所	1		74								68	6
广州市海珠区卫生监督所	1		37	27	17		1		2	4	4	2
健康教育所（站、中心）	1		25	6	3					15	4	
广东省健康教育研究所	1		25	6	3					15	4	
临床检验中心（所、站）	1											
广州金域医学检验中心临床检验部	1											
疗养院	1		12	6	2		1	1	1	2	2	2
广东省第一工人疗养院	1		12	6	2		1	1	1	2	2	2

海珠区医疗机构运营情况一览表

1．门诊服务

卫生机构名称	机构数（个）	诊疗人次数（人）总计	其中：门、急诊人次数（人）合计	门诊人次数	急诊人次数小计	内：死亡人数	观察室收容人数	健康检查人数	急诊死亡率（%）
总计	75	6 858 542	6 714 168	6 140 195	573 973	226	50 263	376 390	0.04
医院	19	4 983 955	4 859 877	4 405 482	454 395	185	49 188	223 521	0.04
综合医院	12	4 214 395	4 118 368	3 691 132	427 236	182	49 158	192 254	0.04
广州医学院第二附属医院	1	1 277 804	1 273 744	1 175 963	97 781	37	42 754	28 016	0.04
广州市红十字会医院	1	981 055	974 431	906 283	68 148	68	3 631	18 503	0.10
广州市海珠区第一人民医院	1	200 488	200 050	173 574	26 476	8		31 080	0.03
广州新海医院	1	408 306	404 472	304 453	100 019	30	66	34 388	0.03
广东江南医院	1	45 081	44 549	38 566	5 983	2	2 329	1 121	0.03
广东商学院医院	1	22 407	22 407	22 210	197				
广州紫荆医院	1	36 448	35 843	34 334	1 509		40	928	
广东省第二人民医院	1	696 736	694 260	616 367	77 893	20		35 866	0.03
南方医科大学珠江医院	1	546 070	468 612	419 382	49 230	17	338	42 352	0.03
中医医院	1	249 643	249 643	231 555	18 088				
广州中医药大学附属骨伤科医院	1	249 643	249 643	231 555	18 088				

续表

卫生机构名称	机构数（个）	诊疗人次数（人）总计	其中：门、急诊人次数（人）合计	门诊人次数	急诊人次数小计	急诊人次数内：死亡人数	观察室收容人数	健康检查人数	急诊死亡率（%）
专科医院	6	519 917	491 866	482 795	9 071	3	30	31 267	0.03
广东省口腔医院	1	355 051	355 051	352 468	2 583				
广州复大肿瘤医院	1	3 510	2 559	2 559					
广东省荣誉军人康复医院	1	58 995	58 995	53 676	5 319	2		3 330	0.04
广州新江南手外科医院	1	5 228	5 228	4 079	1 149				
广州老年病医院	1	8 107	8 107	8 107				2 337	
广州协佳泌尿科医院	1	89 026	61 926	61 906	20	1	30	25 600	5
社区卫生服务中心	18	1 160 289	1 153 789	1 079 348	74 441	41	213	115 276	0.06
滨江街社区卫生服务中心（海珠区中医医院）	1	141 057	140 945	131 320	9 625	2		2 013	0.02
新港街社区卫生服务中心（海珠区新港卫生院）	1	75 046	74 902	74 682	220			3 309	
沙园街社区卫生服务中心（海珠区第二人民医院）	1	124 374	124 168	114 635	9 533	5		8 726	0.05
江海街社区卫生服务中心（海珠区新窖人民医院）	1	172 191	171 370	161 958	9 412	27		52 558	0.29
龙凤街社区卫生服务中心（海珠区红十字会医院）	1	137 337	135 140	126 179	8 961	1		8 702	0.01
瑞宝街社区卫生服务中心（海珠区石溪中医院）	1	151 231	150 360	142 204	8 156	3	3	19 447	0.04
南华西街社区卫生服务中心（海珠区联合医院）	1	62 191	61 084	61 080	4				
赤岗街社区卫生服务中心（广州市纺织医院）	1	90 594	90 594	78 963	11 631			10 326	
琶洲街社区卫生服务中心（广渔医院）	1	20 743	19 701	17 809	1 892	1	210	2 824	0.05
南石头街社区卫生服务中心（广纸医院）	1	96 634	96 634	89 692	6 942	2		4 690	0.03
海珠区华洲街社区卫生服务中心	1	44 356	44 356	36 614	7 742			2 681	
海珠区官洲街社区卫生服务中心	1	5 880	5 880	5 557	323				
南洲街社区卫生服务中心（新窖）	1	38 655	38 655	38 655					
门诊部	32	297 085	283 289	271 456	11 833		862	3 100	
广州航道局门诊部	1	9 317	9 317	9 317					
广州港卫生防疫站洲头咀门诊部	1	15 538	12 480	12 480					
国家海洋局南海分局综合医疗门诊部	1	11 317	11 317	11 317					

卫生机构名称	机构数（个）	诊疗人次数（人）					观察室收容人数	健康检查人数	急诊死亡率（%）
		总计	其中：门、急诊人次数（人）						
			合计	门诊人次数	急诊人次数				
					小计	内：死亡人数			
广东省公安司法管理干部学院门诊部	1	21 000	21 000	21 000				2 860	
广州颐康家庭医疗部	1	17 000	10 000	10 000					
泰沙门诊部	1	40 344	40 321	34 936	5 385		100	240	
海珠区博爱医疗门诊部	1	4 475	4 475	4 475					
广东药学院附属门诊部	1	51 523	51 411	44 963	6 448		110		
康优综合医疗门诊部	1	21 839	21 839	21 839			652		
建华门诊部	1	18 500	18 500	18 500					
中港四航局第二工程公司职工门诊部	1	19 358	19 358	19358					
南方医科大学中西结合门诊部	1	10 461	10 461	10 461					
海洲医疗门诊部（洲头咀边防检查站门诊部）	1	5 616	2 808	2 808					
海健医疗专科门诊部	1	5 475	4 680	4 680					
穗南专科门诊部	1	5 590	5 590	5 590					
广州市海珠区口腔医院	1	39 732	39 732	39 732					
妇幼保健院（所、站）	2	304 971	304 971	271 682	33 289			34 493	
广州市海珠区妇幼保健院	1	304 971	304 971	271 682	33 289			34 493	
专科疾病防治院（所、站）	3	104 116	104 116	104 116					
广东省职业病防治院	1	104 116	104 116	104 116					
疗养院	1	8 126	8 126	8 111	15				
广东省第一工人疗养院	1	8 126	8 126	8 111	15				

2．住院服务

卫生机构名称	入院人数	出院人数	住院病人手术人次	住院危重病人抢救人次	治愈率（%）	好转率（%）	死亡率（%）
总　计	109 840	109 702	52 990	6 913	61.92	33.65	2.74
医　院	98 215	98 176	49 361	5 965	62.41	33.90	2.20
综合医院	89 299	89 279	44 837	5 599	62.09	34.14	2.25
广州医学院第二附属医院	21 938	21 881	12 577	1 792	56.51	38.57	2.66
广州市红十字会医院	13 009	13 128	7 602	756	78.36	17.34	3.58
广州市海珠区第一人民医院	2 500	2 505	285	223	76.17	15.45	6.31
广州新海医院	5 343	5 364	2 194	367	55.09	40.23	2.68
广东江南医院	1 040	1 066	149	36	59.47	38.84	1.69

续表

卫生机构名称	入院人数	出院人数	住院病人手术人次	住院危重病人抢救人次	治愈率（%）	好转率（%）	死亡率（%）
广州紫荆医院	2 114	2 109	1 753	90	80.61	18.40	0.05
广东省第二人民医院	20 360	20 329	9 612	511	66.88	29.97	1.18
南方医科大学珠江医院	22 995	22 897	10 665	1 824	52.34	45.10	1.76
中医医院	2 575	2 589	1 294	33	80.42	17.23	0.12
广州中医药大学附属骨伤科医院	2 575	2 589	1 294	33	80.42	17.23	0.12
专科医院	6 341	6 308	3 230	333	59.56	37.32	2.30
广东省口腔医院	776	765	947		92.68	7.32	
广州复大肿瘤医院	1 451	1 467	143	28	20.86	76.48	0.95
广东省荣誉军人康复医院	1 343	1 347	196	191	15.44	77.06	6.31
广州新江南手外科医院	1 149	1 147	1 160	3	95.55	4.45	
广州老年病医院	122	82		100	15.85	26.83	56.10
广州协佳泌尿科医院	1 500	1 500	784	11	95	4.33	
社区卫生服务中心	6 766	6 641	1 133	921	33.91	48.59	12.63
滨江街社区卫生服务中心（海珠区中医医院）	567	564		108	12.06	59.04	14.89
沙园街社区卫生服务中心（海珠区第二人民医院）	1 531	1 502	388	211	32.42	44.81	17.64
江海街社区卫生服务中心（海珠区新窖人民医院）	891	882	659	88	76.76	19.50	2.72
龙凤街社区卫生服务中心（海珠区红十字会医院）	957	971		121	14.52	61.17	17.10
瑞宝街社区卫生服务中心（海珠区石溪中医院）	639	621		211	34.62	53.78	9.66
赤岗街社区卫生服务中心（广州市纺织医院）	745	736		142	57.61	24.73	14.95
琶洲街社区卫生服务中心（广渔医院）	290	274		17	11.68	78.10	2.92
南石头街社区卫生服务中心（广纸医院）	1 146	1 091	86	23	19.07	66.45	11.18
门诊部	140	138			78.26		3.62
广州港卫生防疫站洲头咀门诊部	140	138			78.26		3.62
妇幼保健院（所、站）	4 338	4 309	2 496	27	92.69	6.57	
广州市海珠区妇幼保健院	4 338	4 309	2 496	27	92.69	6.57	
专科疾病防治院（所、站）	381	438			69.63	28.77	0.46
广东省职业病防治院	381	438			69.63	28.77	0.46
疗养院							
广东省第一工人疗养院							

3. 床位利用

卫生机构名称	实有床位数（张）	实际开放总床日数	平均开放病床（张）	实际占用总床日数	出院者占用总床日数	病床周转次数	病床工作日	病床使用率（%）	出院者平均住院日
总　计	5 537	2 013 276	5 516	1 625 716	1 583 655	20	295	80.75	14.44
医　院	4 699	1 707 406	4 678	1 362 374	1 327 167	21	291	79.79	13.52
综合医院	3 973	1 442 851	3 953	1 177 240	1 175 824	23	298	81.59	13.17
广州医学院第二附属医院	886	323 396	886	277 895	281 151	25	314	85.93	12.85
广州市红十字会医院	695	253 675	695	188 249	182 887	19	271	74.21	13.93
广州市海珠区第一人民医院	101	36 865	101	33 575	35 335	25	332	91.08	14.11
广州新海医院	310	113 150	310	63 914	65 041	17	206	56.49	12.13
广东江南医院	100	36 500	100	16 664	12 383	11	167	45.65	11.62
广东商学院医院	20								
广州紫荆医院	83	30 295	83	24 761	24 341	25	298	81.73	11.54
广东省第二人民医院	650	237 250	650	235 355	239 435	31	362	99.20	11.78
南方医科大学珠江医院	1 128	411 720	1 128	336 827	335 251	20	299	81.81	14.64
中医医院	140	50 795	139	41 825	40 580	19	301	82.34	15.67
广州中医药大学附属骨伤科医院	140	50 795	139	41 825	40 580	19	301	82.34	15.67
专科医院	586	213 760	586	143 309	110 763	11	245	67.04	17.56
广东省口腔医院	50	18 250	50	10 529	10 012	15	211	57.69	13.09
广州复大肿瘤医院	100	36 500	100	20 614	20 675	15	206	56.48	14.09
广东省荣誉军人康复医院	210	76 650	210	61 148	50 804	6	291	79.78	37.72
广州新江南手外科医院	46	16 790	46	16 983	16 900	25	369	101.15	14.73
广州老年病医院	130	47 320	130	23 032	2 469	1	178	48.67	30.11
广州协佳泌尿科医院	50	18 250	50	11 003	9 903	30	220	60.29	6.60
社区卫生服务中心	622	227 030	622	204 706	193 290	11	329	90.17	29.11
滨江街社区卫生服务中心（海珠区中医医院）	45	16 425	45	11 711	11 174	13	260	71.30	19.81
沙园街社区卫生服务中心（海珠区第二人民医院）	103	37 595	103	40 927	39 542	15	397	108.86	26.33
江海街社区卫生服务中心（海珠区新窖人民医院）	55	20 075	55	7 149	6 957	16	130	35.61	7.89
龙凤街社区卫生服务中心（海珠区红十字会医院）	85	31 025	85	31 514	34 888	11	371	101.58	35.93
瑞宝街社区卫生服务中心（海珠区石溪中医院）	46	16 790	46	11 794	11 468	14	256	70.24	18.47
赤岗街社区卫生服务中心（广州市纺织医院）	100	36 500	100	44 022	43 201	7	440	120.61	58.70

续表

卫生机构名称	实有床位数（张）	实际开放总床日数	平均开放病床（张）	实际占用总床日数	出院者占用总床日数	病床周转次数	病床工作日	病床使用率（%）	出院者平均住院日
琶洲街社区卫生服务中心（广渔医院）	50	18 250	50	8 737	4 627	5	175	47.87	16.89
南石头街社区卫生服务中心（广纸医院）	138	50 370	138	48 852	41 433	8	354	96.99	37.98
妇幼保健院（所、站）	80	29 200	80	29 214	29 027	54	365	100.05	6.74
广州市海珠区妇幼保健院	80	29 200	80	29 214	29 027	54	365	100.05	6.74
专科疾病防治院（所、站）	106	38 690	106	19 273	23 072	4	182	49.81	52.68
广东省职业病防治院	106	38 690	106	19 273	23 072	4	182	49.81	52.68
疗养院									
广东省第一工人疗养院									

海珠区政府办医院病人人均医院费用与医生工作效率一览表

卫生机构名称	平均每诊疗人次医疗费（元）				平均每一出院者住院医疗费（元）				平均每一医师	
	合计	其中			合计	其中			全年担负诊疗人次	全年担负住院床日
		药费	检查费	治疗费		药费	检查费	治疗费		
总　计	145	69	19	21	10 826	4 194	1 003	2 705	2 722	708
医　院	148	71	19	22	11 244	4 386	1 036	2 815	2 660	722
综合医院	139	75	20	22	11 412	4 511	1 027	2 898	2 616	758
广州医学院第二附属医院	152	81	21	26	12 675	5 248	1 012	4 039	2 790	607
广州市红十字会医院	117	73	14	14	10 384	3 358	752	3 838	2 733	524
广州市海珠区第一人民医院	127	60	15	33	5 596	2 234	710	660	2 538	425
广东省第二人民医院	127	62	28	24	9 223	3 563	1 609	2 428	2 879	973
南方医科大学珠江医院	170	88	22	19	13 375	5 559	717	1 930	1 971	1 216
中医医院	155	84	19	45	8 463	2 229	609	1 222	4 231	709
广州中医药大学附属骨伤科医院	155	84	19	45	8 463	2 229	609	1 222	4 231	709
专科医院	222	21	12	11	8 205	2 247	1 883	1 611	2 479	429
广东省口腔医院	233	6	12	11	7 531	1 536	401	2 267	3 009	89
广东省荣誉军人康复医院	158	115	13	16	8 588	2 650	2 725	1 239	1 204	1 248
妇幼保健院（所、站）	107	50	16	10	2 538	377	347	520	4 066	390
广州市海珠区妇幼保健院	107	50	16	10	2 538	377	347	520	4 066	390

海珠区前十位疾病死亡率、构成比和位次

性 别	顺 位	死亡原因	死亡率（1/10万）	构成比（%）
合 计	1	恶性肿瘤	180.42	29.98
	2	呼吸系统疾病	121.67	20.22
	3	心脏病	107.19	17.81
	4	脑血管病	79.91	13.28
	5	内分泌，营养和代谢的其他疾病	23.66	3.93
	6	损伤和中毒外部原因	22.41	3.72
	7	消化系统疾病	20.37	3.39
	8	泌尿生殖系统疾病	9.39	1.56
	9	精神障碍	4.41	0.73
	10	神经系统疾病	3.28	0.55
男 性	1	恶性肿瘤	228.89	33.44
	2	呼吸系统疾病	125.41	18.32
	3	心脏病	120.36	17.58
	4	脑血管病	86.38	12.62
	5	损伤和中毒外部原因	28.06	4.10
	6	消化系统疾病	26.09	3.81
	7	内分泌，营养和代谢的其他疾病	20.83	3.04
	8	泌尿生殖系统疾病	10.52	1.54
	9	呼吸道结核	3.73	0.54
	10	精神障碍	3.73	0.54
女 性	1	恶性肿瘤	128.69	25.07
	2	呼吸系统疾病	117.69	22.93
	3	心脏病	93.12	18.14
	4	脑血管病	73	14.22
	5	内分泌，营养和代谢的其他疾病	26.67	5.20
	6	损伤和中毒外部原因	16.38	3.19
	7	消化系统疾病	14.27	2.78
	8	泌尿生殖系统疾病	8.19	1.60
	9	精神障碍	5.15	1
	10	神经系统疾病	3.04	0.59

海珠区意外死亡外部原因死亡率及构成比

死亡原因	合计		男性		女性	
	死亡率（1/10万）	构成比（%）	死亡率（1/10万）	构成比（%）	死亡率（1/10万）	构成比（%）
损伤和中毒外部原因小计	22.41	3.72	28.06	4.10	16.38	3.19
其中：机动车辆交通事故	5.43	0.90	7.23	1.06	3.51	0.68
机动车以外的运输事故	1.02	0.17	1.53	0.22	0.47	0.09
意外中毒	2.26	0.38	3.07	0.45	1.40	0.27
意外跌落	2.15	0.36	1.75	0.26	2.57	0.50
火　灾	0.45	0.08	0.88	0.13		
由自然环境因素所致的意外事故						
淹　死	1.02	0.17	1.32	0.19	0.70	0.14
意外的机械性窒息						
砸　死	0.23	0.04	0.44	0.06		
由机器切割和穿刺工具所致的意外的事故	0.11	0.02	0.22	0.03		
触　电						
其他意外事故和有害效应	1.92	0.32	2.63	0.38	1.17	0.23
自　杀	7.02	1.17	8.11	1.19	5.85	1.14
被　杀	0.79	0.13	0.88	0.13	0.70	0.14

（四）天　河　区

天河区卫生机构、床位、人员情况（含诊所等）

分类	机构数（个）	实有床位	人员数（人）									
			合计	卫生技术人员	其中					其他技术人员	管理人员	工勤人员
					执业医师	执业助理医师	注册护士	药剂人员	检验人员			
总　计	408	3 832	8 633	7 082	2 826	298	2 598	478	289	232	605	714
一、按经济类型分												
国　有	121	3 441	6 173	5 037	1 961	88	1 955	341	223	181	478	477
集　体	7	34	97	64	26	4	19	4	4	4	3	26
联　营	4		38	38	7	2	2	1				
私　营	258	138	1 833	1 552	690	176	464	104	52	34	105	142
其　他	18	219	492	391	142	28	158	28	10	13	19	69
二、按设置主办单位分												
政府办	20	2 881	4 972	4 028	1 565	49	1 584	269	178	163	403	378
其中：卫生部门	17	2 781	4 831	3 921	1 530	45	1 564	264	176	148	391	371
企业办	47	337	997	761	277	22	294	47	38	43	76	117
其　他	341	614	2 664	2 293	984	227	720	162	73	26	126	219

天河区卫生机构、床位、人员情况（不含诊所等）

分类	机构数（个）	实有床位	人员数（人）合计	卫生技术人员	其中：执业医师	执业助理医师	注册护士	药剂人员	检验人员	其他技术人员	管理人员	工勤人员
总计	125	3 832	7 528	5 977	2 311	176	2 237	433	279	232	605	714
一、按经济类型分												
国有	33	3 441	5 792	4 656	1 781	64	1 817	324	219	181	478	477
集体	2	34	78	45	18		12	4	4	4	3	26
联营	1		35	35	6	1	1	1				
私营	83	138	1 192	911	388	91	270	80	47	34	105	142
其他	6	219	431	330	118	20	137	24	9	13	19	69
二、按设置主办单位分												
政府办	18	2 881	4 960	4 016	1 559	48	1 579	269	178	163	403	378
其中：卫生部门	17	2 781	4 831	3 921	1 530	45	1 564	264	176	148	391	371
企业办	13	337	854	618	212	11	237	41	36	43	76	117
其他	94	614	1 714	1 343	540	117	421	123	65	26	126	219

天河区诊所、医务室、卫生所、社区卫生服务站机构、人员情况

分类	机构数（个）	人员数（人）合计	卫生技术人员：小计	执业医师	执业助理医师	注册护士	药剂人员	检验人员	其他
总计	283	1 105	1 105	515	122	361	45	10	52
一、按经济类型分									
国有	88	381	381	180	24	138	17	4	18
集体	5	19	19	8	4	7			
联营	3	3	3	1	1	1			
私营	175	641	641	302	85	194	24	5	31
其他	12	61	61	24	8	21	4	1	3
二、按设置主办单位分									
政府办	2	12	12	6	1	5			
其中：卫生部门									
企业办	34	143	143	65	11	57	6	2	2
其他	247	950	950	444	110	299	39	8	50

天河区医疗机构分级情况

等级	医院					妇幼保健院
	合计	其中				
		综合医院	中医医院	中西医结合医院	专科医院	
总计	27	20	2		5	1
三级	2	2				
三级特等						
三级甲等	2	2				
三级乙等						
三级丙等						
二级	6	5			1	1
二级甲等	4	4				1
二级乙等	2	1			1	
二级丙等						
一级						
一级甲等						
一级乙等						
一级丙等						
其他	19	13	2		4	

天河区医疗机构分科床位情况

分科	医院	疾病专科防治院	妇幼保健院	合计
床位合计	3 526		77	3 603
预防保健科				
全科医疗科	72			72
内科	979			979
外科	812			812
儿科	148		25	173
妇产科	391		52	443
眼科	22			22
耳鼻咽喉科	86			86
口腔科	17			17
皮肤科	17			17
医疗美容科	20			20
精神科	79			79
传染科	182			182

续表

分　科	医　院	疾病专科防治院	妇幼保健院	合　计
结核病科				
地方病科				
肿瘤科	81			81
康复医学科	202			202
运动医学科				
职业病科	70			70
中医科	183			183
中西医结合科	20			20
其　他	145			145

天河区卫生机构专业卫生人员分类情况

指标名称	卫生技术人员							其他技术人员	管理人员
	合　计	执业医师	执业助理医师	注册护士	药剂人员	检验人员	其　他		
总　计	5 956	2 372	95	2 249	395	291	554	235	601
按性别分									
男	1 758	1 263	41	22	116	108	208	83	217
女	4 198	1 109	54	2 227	279	183	346	152	384
按年龄分									
25岁及以下	930	110	19	507	66	52	176	49	50
26～35岁	2 333	766	51	1 098	160	100	158	78	166
36～45岁	1 585	857	8	442	77	81	120	52	195
46～55岁	866	433	15	195	82	51	90	48	159
56～60岁	128	96	1	7	10	4	10	7	23
60岁以上	114	110	1			3		1	8
按工作年限分									
5年及以下	1 381	405	32	557	78	63	246	70	108
6～10年	1 139	354	32	553	98	51	51	40	74
11～20年	1 777	755	14	728	85	89	106	45	142
21～30年	857	398	3	270	67	46	73	43	145
30年以上	802	460	14	141	67	42	78	37	132
按学历分									
博　士	118	101			1	2	14		5
硕　士	496	451		1	2	13	29	8	33
学士/大学本科	1 574	1 167	5	112	74	67	149	38	204

续表

指标名称	卫生技术人员							其他技术人员	管理人员
	合计	执业医师	执业助理医师	注册护士	药剂人员	检验人员	其他		
大专	1 540	443	34	665	133	103	162	88	219
中专	2 150	202	53	1451	162	98	184	49	102
高中	65	8	2	18	19	8	10	38	35
初中及以下	13		1	2	4		6	14	3
按专业技术资格分									
正高	110	101		1	5	2	1	1	25
副高	632	569		15	11	23	14	1	67
中级	1 590	907	6	377	99	97	104	36	136
助理/师级	1 899	551	43	850	147	84	224	45	127
员/士	1 289	5	32	984	87	53	128	46	46
其他	436	239	14	22	46	32	83	106	200
按聘任专业技术职务分									
正高	99	93			4	1	1	1	24
副高	633	570		15	12	23	13	1	71
中级	1 525	919	5	308	94	98	101	32	156
助理/师级	2 107	700	44	906	159	94	204	66	165
员/士	1 440	64	46	987	110	73	160	69	84
待聘	152	26		33	16	2	75	66	101

天河区分科执业（助理）医师情况

分科	合计	执业医师	执业助理医师
总计	2 440	2 347	93
预防保健科	115	105	10
全科医疗科	47	46	1
内科	426	425	1
外科	303	302	1
儿科	120	118	2
妇产科	251	241	10
眼科	39	39	
耳鼻咽喉科	57	56	1
口腔科	128	110	18
皮肤科	60	60	
医疗美容科	11	11	

续表

分　科	合　计	执业医师	执业助理医师
精神科	22	22	
传染科	50	50	
结核病科			
地方病科			
肿瘤科	16	15	1
急诊医学科	62	62	
康复医学科	126	122	4
运动医学科	2	2	
职业病科	27	25	2
麻醉科	51	50	1
医学检验科	1	1	
病理科	10	10	
医学影像科	115	108	7
中医科	296	276	20
中西医结合科	10	10	
其　他	95	81	14

天河区中医机构分科执业（助理）医师情况

分　科	执业（助理）医师数（人）			中医医院床位数（张）
	合　计	执业医师	执业助理医师	
总　计	306	295	11	143
内　科	121	119	2	32
外　科	4	4		42
妇产科	1	1		19
儿　科	1	1		5
皮肤科				
眼　科	1	1		3
精神科				
肿瘤科				
骨伤科	7	7		42
肛肠科				
针灸科	6	6		
推拿科				
其　他	165	156	9	

天河区疾病预防控制中心（防疫站）卫生人员情况

指标名称	卫生技术人员						其他技术人员	管理人员
	合 计	执业医师	执业助理医师	药剂人员	检验人员	其 他		
总 计	117	60	2	1	25	29	8	7
按年龄分								
25岁及以下	9				2	7	1	
26～35岁	23	5	2		5	11	2	2
36～45岁	51	31			11	9	4	2
46～55岁	24	15		1	7	1	1	3
56～60岁	5	4				1		
60岁以上	5	5						
按工作年限分								
5年及以下	8	1			4	3		2
6～10年	16	2	1		2	11	1	
11～20年	42	23	1		9	9	3	2
21～30年	22	12			5	5	3	1
30年以上	29	22		1	5	1	1	2
按学历分								
博 士	1				1			
硕 士	7	3			4			
学士/大学本科	41	33			6	2		3
大 专	36	19	1		10	6	4	2
中 专	30	5	1	1	3	20	1	
高中及以下	2				1	1	3	2
按专业技术资格分								
正 高	2	2						
副 高	15	13			2			
中 级	51	32			15	4		1
助理/师级	25	12	1	1	6	5	1	
员/士	19		1		1	17	4	
其 他	5	1			1	3	3	6
按聘任专业技术职务分								
正 高	2	2						
副 高	15	13			2			1
中 级	51	32			15	4		1
助理/师级	26	13	1	1	6	5	2	
员/士	22		1		1	20	5	
待 聘	1				1		1	5

天河区卫生机构、床位、人员情况一览表

卫生机构名称	机构数（个）	实有床位	人员数（人）									
			合计	卫生技术人员	其中					其他技术人员	管理人员	工勤人员
					执业医师	执业助理医师	注册护士	药剂人员	检验人员			
总　计	125	3 832	7 528	5 977	2 311	176	2 237	433	279	232	605	714
医　院	27	3 526	6 000	4 792	1 824	69	1 869	331	198	188	483	537
综合医院	20	3 230	5 501	4 426	1 662	46	1 789	297	187	162	434	479
广州市第六人民医院	1	250	469	373	120	2	159	33	16	20	18	58
广州市第十二人民医院	1	389	704	545	235	9	216	39	23	16	58	85
广州市天河区沙河人民医院	1	80	182	155	63	5	50	23	10	7	11	9
暨南大学附属第一医院	1	621	989	829	352		331	39	19	32	81	47
中山大学附属第三医院	1	873	1 556	1 279	428	1	572	63	56	42	148	87
广州邮电医院	1	150	315	235	76	2	81	13	16	7	28	45
广东燕岭医院	1	128	132	102	24		50	7	6	14	16	
广州长安医院	1	20	139	93	30	1	39	8	3		6	40
广州康民医院	1	20	28	21	11	1	3	1	2	2	2	3
华南农业大学医院	1	40	71	61	34		19	5	1		3	7
新时代医院	1	20	37	27	12	2	12	1		3	2	5
暨南大学医学院附属第一医院东圃分院	1	100	85	68	22	1	19	7	4		13	4
广州市天河长兴人民医院	1	60	55	51	15	5	22	3	2	3	1	
龙洞人民医院	1	120	92	80	28	4	35	7	3	7	5	
广州华爱医院	1	50	85	55	21	2	16	5	4	3	5	22
广州现代医院	1	19	200	132	49	5	52	9	4		9	59
广州市天河区红十字会医院	1	116	122	111	52	6	35	11	7	2	8	1
广州市天河区侨怡苑人民医院	1	12	51	41	23		11	5	1		7	3
华南理工大学医院	1	102	121	108	40		48	12	6	3	9	1
华南师范大学医院	1	60	68	60	27		19	6	4	1	4	3
中医医院	2	143	189	156	76	5	43	20	4	7	14	12
广州市天河区中医医院	1	143	164	135	70	4	32	19	4	7	14	8
广州振华骨伤医院	1		25	21	6	1	11	1				4
专科医院	5	153	310	210	86	18	37	14	7	19	35	46
广东华南口腔医院	1		22	19	8	3	5	3			2	1
广州市残疾人康复中心（广州博爱医院）	1	100	129	95	29	3	15	5	2	15	12	7
广州家家乐康复医院	1	34	68	37	14		9	4	3	4	3	24
华兴康复医院	1		20	16	9		5	1	1		2	2
扶元堂医疗康复医院	1	19	71	43	26	12	3	1	1		16	12

续表

卫生机构名称	机构数（个）	实有床位	人员数（人）									
			合计	卫生技术人员	其中					其他技术人员	管理人员	工勤人员
					执业医师	执业助理医师	注册护士	药剂人员	检验人员			
社区卫生服务中心	1		41	36	14	6	11	3	2			5
天河区黄村街社区卫生服务中心	1		41	36	14	6	11	3	2			5
门诊部	89	29	942	766	321	81	215	72	37	29	83	64
华景医疗门诊部	1		10	8	4		3		1			2
广东省泗安医院天河门诊部	1											
联友医疗门诊部	1		12	10	6		3		1		2	
仁安专科门诊部	1		6	6	1	1	4					
广州仁爱医院天河分院	1	20	121	77	28	2	27	8	7	19	19	6
广东省农业科学院门诊部	1		6	6	5			1				
友爱医疗门诊部	1		11	11	5	2	2	1	1			
正元中医门诊部	1		12	6	2		4				2	4
升平医疗门诊部	1		21	21	9	6	6					
新东升门诊部	1		9	8	5		2				1	
兴华医疗门诊部	1		19	16	7	1	5	2	1		3	
圣意德医疗门诊部	1		18	12	3	2	4	2		1	2	3
力德门诊部	1		14	11	4	2	2	1	1		1	2
天河区沙东街沙东门诊部	1		9	7	3		2	1	1			2
健生医疗门诊部	1		31	28	8	1	12	3	4	1	2	
康桥门诊部	1		16	15	5		5	4	1			1
南国医疗门诊部	1	6	17	13	5	1	4	2	1		2	2
随安堂医疗门诊部	1		8	7	2	3	1	1			1	
博安医疗门诊部	1		11	8	5		2	1			2	1
安雅医疗门诊部	1		10	9	5	1	1	1	1			1
养元门诊部	1		30	18	8	6	3	1			6	6
华山门诊部	1											
蓝天门诊	1											
寿安门诊部	1		12	10	4	2	2	1	1		1	1
协康医疗门诊部	1		6	4	1	1	1	1			1	1
东西方医疗门诊部	1		10	10	5		5					
绿叶门诊部	1		8	7	4		1	1	1	1		
仁德门诊部	1		15	12	5	2	2	2	1		1	2
广州邮电医院侨景门诊部	1		3	3	2		1					
广州市天河区益康苑门诊部	1		9	8	2	3	2	1			1	
广州岭南老年病医院龙洞门诊部	1											
红旗门诊	1		8	7	2	3	2					1

续表

卫生机构名称	机构数（个）	实有床位	人员数（人）合计	卫生技术人员	其中：执业医师	执业助理医师	注册护士	药剂人员	检验人员	其他技术人员	管理人员	工勤人员
广济门诊部	1		38	35	10	4	13	6	2	1	2	
长江医疗门诊部	1		10	10	4		5	1				
广东职业技术师范学院门诊部	1		12	10	6		2	1	1			2
华南农业大学医院五山门诊部	1											
广特医疗门诊部	1											
友谊医疗门诊部	1		12	11	6		2	2	1		1	
华大医疗门诊部	1		6	5	3		1	1				1
广州市邮电医院天崖楼门诊部	1											
同济医疗门诊部	1		19	18	6	5	3	4			1	
仁济医疗门诊部	1		5	4	2		2					1
尔康门诊部	1	3	3	3	2		1					
仁康门诊部	1		4	4	3		1					
顺康医疗门诊部	1		12	8	3		3		1		2	2
广安门诊	1		8	8	4	2	2					
华联医疗门诊部	1		8	8	4		2	1	1			
万康医疗门诊部	1		8	5	4		1				1	2
康祺门诊部	1		10	9	4	1	2	1	1		1	
康益医疗门诊部	1		5	4	3		1					1
寿先门诊	1		3	3	2		1					
广大医疗门诊部	1		6	5	2	1	2				1	
广州体育学院门诊部	1		22	21	9		7	3	1			1
广州市天河区颐和医疗门诊部	1		4	4	3		1					
金凤凰门诊部	1		10	7	4		1	1	1			3
精诚门诊	1		6	5	3	1	1				1	
振元堂医疗门诊部	1		5	4	3		1				1	
广吉康医疗门诊部	1		5	4	3		1					1
康大医疗门诊部	1		5	5	2	2	1					
港华医疗门诊部	1		4	3	1	1	1					1
海广门诊部	1		4	3	2		1				1	
北方医疗门诊部	1		8	6	2	1	2		1		1	1
晨丹医疗门诊部	1											
河水门诊部	1		9	8	5		2	1			1	
养和门诊部	1											
康达医疗门诊部	1		4	3	2		1					1
十仁综合门诊部	1		9	6	4		2				3	

续表

卫生机构名称	机构数（个）	实有床位	人员数（人） 合　计	卫生技术人员	其中 执业医师	执业助理医师	注册护士	药剂人员	检验人员	其他技术人员	管理人员	工勤人员
成康门诊部	1		5	4	2		2					1
保康门诊	1		4	3	2		1				1	
众康医疗门诊部	1		6	4	2		1	1			1	1
济生医疗门诊部	1		4	4	3		1					
联康医疗门诊部	1		4	4	2		2					
圣堂医疗门诊部	1		5	5	3	1	1					
邓时钊医疗门诊部	1		6	6	3	2	1					
普济医疗门诊部	1		6	5	1	2	1	1				1
顺安门诊	1		4	3	2		1				1	
广州中泰中医门诊部	1		35	35	6	1	1	1				
新康健中医门诊部	1		8	6	3	1	2			2		
大自然康复门诊部	1											
广东省结核病防治研究所门诊部	1		41	32	10	11	6	5			9	
南威专科门诊部	1		10	10	5		2	1	1			
瑞康专科门诊部	1		7	7	4		1	1	1			
天安专科门诊部	1		15	9	5	1	1	1	1		4	2
广州市继方专科门诊	1		4	4	2	1	1					
新光医学美容整形专科门诊部	1											
华美医学整形美容门诊部	1		20	11	3	1	5	1	1	4	2	3
广美整形美容医疗门诊部	1		11	9	2	1	6				1	1
东方类风湿专科门诊部	1		17	15	4	1	4	3				2
广华骨科门诊部	1		4	3	1	1	1					1
妇幼保健院	1	77	272	191	70	2	92	12	15	6	10	65
广州市天河区妇幼保健院	1	77	272	191	70	2	92	12	15	6	10	65
专科疾病防治院	1		21	14	9		2	1	2	3	3	1
广州市天河区慢性病防治中心	1		21	14	9		2	1	2	3	3	1
疾病预防控制中心（防疫站）	4		133	117	34	18	32	12	21	2	13	1
广州市天河区疾病预防控制中心	1		47	41	23		2		16	2	3	1
广东农垦卫生防疫站	1		4	3	1		2				1	
广州市天河区棠下医疗保健中心	1											
广东国际旅行卫生保健中心	1		82	73	10	18	28	12	5		9	
卫生监督所	1		36	27	25		2			4	3	2
广州市天河区卫生监督所	1		36	27	25		2			4	3	2
疗养院	1	200	83	34	14		14	2	4		10	39
广州市工人疗养院（广州岭南老年病医院）	1	200	83	34	14		14	2	4		10	39

天河区医疗机构运营情况一览表

1. 门诊服务

卫生机构名称	机构数（个）	诊疗人次数（人）					观察室收容人数	健康检查人数	急诊死亡率（%）
		总计	其中：门、急诊人次数（人）						
			合计	门诊人次数	急诊人次数				
					小计	内：死亡人数			
总计	120	5 663 472	5 535 381	4 999 683	535 698	158	65 857	408 302	0.03
医院	27	4 673 256	4 576 343	4 092 586	483 757	157	58 573	267 501	0.03
综合医院	20	4 324 149	4 235 879	3 778 960	456 919	149	58 357	250 437	0.03
广州市第六人民医院	1	231 867	229 814	191 427	38 387	23	9	8 597	0.06
广州市第十二人民医院	1	422 178	413 000	369 712	43 288	10	1631		0.02
广州市天河区沙河人民医院	1	184 092	184 092	171 171	12 921	4	256		0.03
暨南大学附属第一医院	1	597 585	596 028	533 584	62 444	21	27 945	24 509	0.03
中山大学附属第三医院	1	1 250 663	1 248 545	1 144 941	103 604	31	20 722	16 937	0.03
广州邮电医院	1	147 980	147 980	128 546	19 434	3		73 668	0.02
广东燕岭医院	1	82 719	67 357	61 164	6 193			3 015	
广州长安医院	1	63 275	45 094	45 094				7 235	
广州康民医院	1	15 715	15 669	15 215	454		20	166	
华南农业大学医院	1	182 500	179 580	157 680	21 900	5	730	25 000	0.02
新时代医院	1	14 554	10 748	10 748					
暨南大学医学院附属第一医院东圃分院	1	107 885	75 405	58 208	17 197	3		9 123	0.02
广州市天河长兴人民医院	1	62 979	62 979	50 315	12 664	1	82	2 923	0.01
龙洞人民医院	1	142 137	142 137	112 663	29 474	27		4 841	0.09
广州华爱医院	1	10 345	10 195	8 395	1 800		100	10 420	
广州现代医院	1	40 180	40 180	40 050	130	1			0.77
广州市天河区红十字会医院	1	289 944	289 944	218 848	71 096	20	6 821	13 947	0.03
广州市天河区侨怡苑人民医院	1	157 237	156 933	156 933			41	874	
华南理工大学医院	1	171 425	171 310	165 416	5 894			23 076	
华南师范大学医院	1	148 889	148 889	138 850	10 039			26 106	
中医医院	2	203 215	203 212	181 234	21 978	8		13 772	0.04
广州市天河区中医医院	1	203 136	203 136	181 168	21 968	8		13 772	0.04
广州振华骨伤医院	1	79	76	66	10				
专科医院	5	145 892	137 252	132 392	4 860		216	3 292	
广东华南口腔医院	1	7 300	7 300	7 300					

续表

卫生机构名称	机构数（个）	诊疗人次数（人）					观察室收容人数	健康检查人数	急诊死亡率（%）
		总　计	其中：门、急诊人次数（人）						
			合　计	门诊人次数	急诊人次数				
					小　计	内：死亡人数			
广州市残疾人康复中心（广州博爱医院）	1	24 116	15 816	15 816				453	
广州家家乐康复医院	1	37 200	36 860	32 000	4 860		216	2 590	
华兴康复医院	1	9 256	9 256	9 256				249	
扶元堂医疗康复医院	1	68 020	68 020	68 020					
社区卫生服务中心	1	48 878	35 934	34 878	1 056		1 095	6 018	
天河区黄村街社区卫生服务中心	1	48 878	35 934	34 878	1 056		1 095	6018	
门诊部	89	639 318	621 084	616 980	4 104		6 189	4 750	
华景医疗门诊部	1	25 100	25 100	25 100					
联友医疗门诊部	1	7 043	6 933	6 933					
仁安专科门诊部	1	4 000	4 000	4 000					
广州仁爱医院天河分院	1	101 860	101 445	101 445				530	
广东省农业科学院门诊部	1	7 263	7 263	7 263					
友爱医疗门诊部	1	1 800	1 800	1 800					
正元中医门诊部	1	7 350	7 350	7 350					
升平医疗门诊部	1	5 890	5 890	5 890					
新东升门诊部	1	7 203	7 203	7 203					
兴华医疗门诊部	1	21 600	20 123	20 000	123				
圣意德医疗门诊部	1	9 251	9 153	9 053	100				
力德门诊部	1	6 540	6 540	6 540					
天河区沙东街沙东门诊部	1	7 600	6 600	6 600			2 000	1 000	
健生医疗门诊部	1	1 950	1 950	1 950					
康桥门诊部	1	17 000	17 000	17 000					
南国医疗门诊部	1	7 922	7 922	7 922					
随安堂医疗门诊部	1	6 570	6 570	6 570					
博安医疗门诊部	1	7 200	7 200	7 200					
安雅医疗门诊部	1	5 800	5 800	5 800					
养元门诊部	1	24 010	24 010	24 010					
寿安门诊部	1	7 200	7 200	6 000	1 200				
协康医疗门诊部	1	3 500	3 500	3 300	200				

续表

卫生机构名称	机构数（个）	诊疗人次数（人）					观察室收容人数	健康检查人数	急诊死亡率（%）
		总计	其中：门、急诊人次数（人）						
			合计	门诊人次数	急诊人次数				
					小计	内：死亡人数			
东西方医疗门诊部	1	4 800	4 800	4 800				300	
绿叶门诊部	1	7 300	7 300	7 300					
仁德门诊部	1	8 760	8 462	8 462					
广州邮电医院侨景门诊部	1	5 676	5 676	5 676					
广州市天河区益康苑门诊部	1	8 500	7 020	7 000	20			2 850	
红旗门诊	1	9 820	9 820	9 820					
广济门诊部	1	3 900	3 900	3 900					
长江医疗门诊部	1	2 960	2 960	2 960					
广东职业技术师范学院门诊部	1	23 000	18 000	18 000					
友谊医疗门诊部	1	7 420	7 420	7 300	120				
华大医疗门诊部	1	6 980	6 980	6 980					
同济医疗门诊部	1	7 812	7 812	7 812					
仁济医疗门诊部	1	3 000	3 000	3 000					
尔康门诊部	1	3 000	2 824	2 806	18				
仁康门诊部	1	10 450	10 450	10 450					
顺康医疗门诊部	1	8 280	8 280	8 280					
广安门诊	1	5 896	5 896	5 896					
华联医疗门诊部	1	1 190	1 190	1 190					
万康医疗门诊部	1	4 680	4 680	4 680					
康祺门诊部	1	9 400	9 400	9 400					
康益医疗门诊部	1	1 065	1 065	1 065					
寿先门诊	1	3 000	1 000	1 000					
广大医疗门诊部	1	5 236	5 236	5 236					
广州体育学院门诊部	1	6 480	6 400	6 400			1 200		
广州市天河区颐和医疗门诊部	1	1415	1415	1415					
金凤凰门诊部	1	11 341	11 236	10 286	950		2 004		
精诚门诊	1	8 500	8 500	8 500					
振元堂医疗门诊部	1	2 678	2 678	2 678					
广吉康医疗门诊部	1	3 600	3 600	3 600					
康大医疗门诊部	1	2 400	2 400	2 400					
港华医疗门诊部	1	6 850	6 850	6 430	420				
海广门诊部	1	3 882	3 875	3 870	5				

续表

卫生机构名称	机构数（个）	诊疗人次数（人）总计	其中：门、急诊人次数（人）合计	门诊人次数	急诊人次数 小计	急诊人次数 内：死亡人数	观察室收容人数	健康检查人数	急诊死亡率（%）
北方医疗门诊部	1	6 850	6 850	6 430	420				
河水门诊部	1	7 500	7 500	7 500					
康达医疗门诊部	1	3 220	3 220	3 220					
十仁综合门诊部	1	5 826	5 826	5 826					
成康门诊部	1	3 600	3 600	3 600					
保康门诊	1	1 180	1 180	1 180					
众康医疗门诊部	1	3 000	2 800	2 500	300			70	
济生医疗门诊部	1	3 000	3 000	3 000					
联康医疗门诊部	1	12 000	12 000	12 000					
圣堂医疗门诊部	1	6 570	5 028	5 000	23		985		
邓时钊医疗门诊部	1	3 020	3 020	3 020					
普济医疗门诊部	1	9 125	9 125	9 125					
顺安门诊	1	3 500	3 500	3 300	200				
广州中泰中医门诊部	1	32 120	32 120	32 120					
新康健中医门诊部	1	5 000	3 000	3 000					
广东省结核病防治研究所门诊部	1	5 897	5 897	5 897					
南威专科门诊部	1	1 980	1 980	1 980					
瑞康专科门诊部	1	5 540	5 540	5 540					
天安专科门诊部	1	4 891	4 891	4 891					
广州市继方专科门诊	1	9 123	8 000	8 000					
华美医学整形美容门诊部	1	620	620	620					
广美整形美容医疗门诊部	1	830	830	830					
东方类风湿专科门诊部	1	9 123	8 000	8 000					
广华骨科门诊部	1	2 880	2 880	2 880					
妇幼保健院	1	289 326	289 326	242 545	46 781	1		62 033	
广州市天河区妇幼保健院	1	289 326	289 326	242 545	46 781	1		62 033	
专科疾病防治院	1	7 808	7 808	7 808					
广州市天河区慢性病防治中心	1	7 808	7 808	7 808					
疗养院	1	4 886	4 886	4 886				68 000	
广州市工人疗养院（广州岭南老年病医院）	1	4 886	4 886	4 886				68 000	

2. 住院服务

卫生机构名称	入院人数	出院人数	住院病人手术人次	住院危重病人抢救人次	治愈率（%）	好转率（%）	死亡率（%）
总　计	72 719	72 625	33 734	3 070	66.39	30.17	1.35
医　院	66 829	66 732	31 173	3 017	64.24	32.13	1.46
综合医院	64 671	64 587	30 374	2 909	63.97	32.36	1.46
广州市第六人民医院	3 460	3 437	1 830	369	60.55	33.60	3.32
广州市第十二人民医院	4 466	4 598	1 156	333	49.11	46.24	1.46
广州市天河区沙河人民医院	1 407	1 407	765	37	69.94	28.29	0.92
暨南大学附属第一医院	16 788	16 742	7 621	519	71.92	24.47	1.56
中山大学附属第三医院	23 027	22 967	13 582	1 096	59.03	37.35	1.49
广州邮电医院	3 637	3 626	1 797	38	60.01	36.43	0.63
广东燕岭医院	809	777	66	25	17.63	80.82	1.54
广州长安医院	907	907	745		55.68	44.32	
广州康民医院	121	121	103	11	80.99	19.01	
华南农业大学医院	98	92		8	31.52	59.78	3.26
暨南大学医学院附属第一医院东圃分院	1 298	1 293	800	91	70.46	23.20	1.39
广州市天河长兴人民医院	845	837	180		81.48	17.20	0.96
龙洞人民医院	2 186	2 191	434	188	53.90	40.62	0.82
广州华爱医院	105	105	50	10	96.19	3.81	
广州现代医院	130	121	54	6	69.42	24.79	1.65
广州市天河区红十字会医院	4 793	4 757	1 098	164	89.62	8.35	1.16
华南理工大学医院	594	609	93	14	37.60	57.47	1.31
中医医院	1 961	1 948	790	99	75.15	22.23	1.44
广州市天河区中医医院	1 961	1 948	790	99	75.15	22.23	1.44
专科医院	197	197	9	9	45.18	54.31	
广州市残疾人康复中心（广州博爱医院）	96	96	9	4	3.13	95.83	
广州家家乐康复医院	101	101		5	85.15	14.85	
门诊部	657	657	368		98.93	1.07	
广州仁爱医院天河分院	657	657	368		98.93	1.07	
妇幼保健院	5 233	5 236	2 193	53	89.63	8.92	0.08
广州市天河区妇幼保健院	5 233	5 236	2 193	53	89.63	8.92	0.08

3．床位利用

卫生机构名称	实有床位数（张）	实际开放总床日数	平均开放病床（张）	实际占用总床日数	出院者占用总床日数	病床周转次数	病床工作日	病床使用率（%）	出院者平均住院日
总　计	3 832	1 221 033	3 345	873 764	842 936	22	261	71.56	11.61
医　院	3 526	1 185 628	3 248	826 784	808 464	21	255	69.73	12.12
综合医院	3 230	1 084 523	2 971	797 182	779 796	22	268	73.51	12.07
广州市第六人民医院	250	91 250	250	43 711	43 437	14	175	47.90	12.64
广州市第十二人民医院	389	126 930	348	69 383	68 425	13	200	54.66	14.88
广州市天河区沙河人民医院	80	29 200	80	10 403	10 200	18	130	35.63	7.25
暨南大学附属第一医院	621	227 286	623	227 286	216 055	27	365	100	12.90
中山大学附属第三医院	873	319 518	875	318 757	318 757	26	364	99.76	13.88
广州邮电医院	150	53 381	146	36 107	34 939	25	247	67.64	9.64
广东燕岭医院	128	47 616	130	13 403	14 531	6	103	28.15	18.70
广州长安医院	20	7 300	20	2 721	2 721	45	136	37.27	3
广州康民医院	20	7 300	20	496	496	6	25	6.79	4.10
华南农业大学医院	40	10 950	30	3 467	920	3	116	31.66	10
新时代医院	20								
暨南大学医学院附属第一医院东圃分院	100	36 500	100	9 550	9 386	13	96	26.16	7.26
广州市天河长兴人民医院	60	11 680	32	7 300	6 956	26	228	62.50	8.31
龙洞人民医院	120	21 900	60	9 934	9 932	37	166	45.36	4.53
广州华爱医院	50	18 250	50	806	806	2	16	4.42	7.68
广州现代医院	19	6 935	19	494	484	6	26	7.12	4
广州市天河区红十字会医院	116	42 340	116	31 742	29 612	41	274	74.97	6.22
广州市天河区侨怡苑人民医院	12								
华南理工大学医院	102	26 187	72	11 622	12 139	8	162	44.38	19.93
华南师范大学医院	60								
中医医院	143	52 195	143	19 265	19 265	14	135	36.91	9.89
广州市天河区中医医院	143	52 195	143	19 265	19 265	14	135	36.91	9.89
广州振华骨伤医院									
专科医院	153	48 910	134	10 337	9 403	1	77	21.13	47.73
广东华南口腔医院									
广州市残疾人康复中心（广州博爱医院）	100	36 500	100	9 709	8 775	1	97	26.60	91.41
广州家家乐康复医院	34	12 410	34	628	628	3	18	5.06	6.22
华兴康复医院									
扶元堂医疗康复医院	19								
门诊部	29	7 300	20	4 599	4 599	33	230	63	7
华景医疗门诊部									

续表

卫生机构名称	实有床位数（张）	实际开放总床日数	平均开放病床（张）	实际占用总床日数	出院者占用总床日数	病床周转次数	病床工作日	病床使用率（%）	出院者平均住院日
广州仁爱医院天河分院	20	7 300	20	4 599	4 599	33	230	63	7
南国医疗门诊部	6								
尔康门诊部	3								
妇幼保健院	77	28 105	77	29 521	29 873	68	383	105.04	5.71
广州市天河区妇幼保健院	77	28 105	77	29 521	29 873	68	383	105.04	5.71
疗养院	200			12 860					
广州市工人疗养院（广州岭南老年病医院）	200			12 860					

天河区政府办医院病人人均医院费用与医生工作效率一览表

卫生机构名称	平均每诊疗人次医疗费（元）				平均每一出院者住院医疗费（元）				平均每一医师	
	合计	其中			合计	其中			全年担负诊疗人次	全年担负住院床日
		药费	检查费	治疗费		药费	检查费	治疗费		
总　计	150	75	20	24	9 274	3 781	599	2 752	2 515	502
医　院	151	77	21	25	9 856	4 072	639	2 950	2 438	506
综合医院	152	79	22	24	10 057	4 172	655	3 000	2 463	525
广州市第六人民医院	120	65	14	27	5 275	2 013	387	1 751	1 811	341
广州市第十二人民医院	139	45	32	14	5 910	2 642	327	979	1 730	284
广州市天河区沙河人民医院	115	61	2	38	3 403	911	248	1 151	3 068	173
暨南大学附属第一医院	180	92	27	29	10 193	3 933	628	3 568	1 698	646
中山大学附属第三医院	191	110	27	22	14 351	6 257	987	3 996	2 701	688
暨南大学医学院附属第一医院东圃分院	59	29	5	11	3 152	1 039	162	912	5 137	455
龙洞人民医院	67	33	7	17	2 702	1 043	65	1 053	5 922	414
广州市天河区红十字会医院	111	45	11	33	3 508	1 221	180	1 059	4 999	547
广州市天河区侨怡苑人民医院	81	47	3	17					6 552	
中医医院	136	66	6	41	3 992	1 290	199	1 350	2 638	250
广州市天河区中医医院	136	66	6	41	3 992	1 290	199	1 350	2 638	250
专科医院	111	23	10	68	8 719	365	125	5 354	804	324
广州市残疾人康复中心（广州博爱医院）	111	23	10	68	8 719	365	125	5 354	804	324
妇幼保健院	131	48	12	15	2 665	484	139	506	4 133	422
广州市天河区妇幼保健院	131	48	12	15	2 665	484	139	506	4 133	422

（五）白　云　区

白云区卫生机构、床位、人员情况（含诊所等）

分　类	机构数（个）	实有床位	人员数（人）合　计	卫生技术人员	其中：执业医师	执业助理医师	注册护士	药剂人员	检验人员	其他技术人员	管理人员	工勤人员
总　计	436	8 012	9 767	7 747	2 769	349	2 957	653	312	520	450	1 050
一、按经济类型分												
国　有	86	6 386	6 483	5 041	1 723	115	2 023	431	220	459	346	637
集　体	14	195	287	238	84	11	99	17	8	8	11	30
联　营												
私　营	320	1 099	2 525	2 113	860	205	657	188	72	32	64	316
其　他	16	332	472	355	102	18	178	17	12	21	29	67
二、按设置主办单位分												
政府办	50	5 819	5 830	4 490	1 530	70	1 855	396	192	447	320	573
其中：卫生部门	39	4 249	5 171	4 084	1 393	58	1 686	371	173	424	251	412
企业办	22	740	684	546	184	26	234	25	19	27	35	76
其　他	364	1 453	3 253	2 711	1 055	253	868	232	101	46	95	401

白云区卫生机构、床位、人员情况（不含诊所等）

分　类	机构数（个）	实有床位	人员数（人）合　计	卫生技术人员	其中：执业医师	执业助理医师	注册护士	药剂人员	检验人员	其他技术人员	管理人员	工勤人员
总　计	195	8 012	8 765	6 745	2 359	258	2 648	564	291	520	450	1 050
一、按经济类型分												
国　有	50	6 386	6 265	4 823	1 641	97	1 960	414	209	459	346	637
集　体	4	195	224	175	63	6	79	9	4	8	11	30
联　营												
私　营	134	1 099	1 850	1 438	565	142	458	125	66	32	64	316
其　他	7	332	426	309	90	13	151	16	12	21	29	67
二、按设置主办单位分												
政府办	44	5 819	5 770	4 430	1 507	65	1 837	391	188	447	320	573
其中：卫生部门	39	4 249	5 171	4 084	1 393	58	1 686	371	173	424	251	412
企业办	7	740	641	503	166	21	219	24	18	27	35	76
其　他	144	1 453	2 354	1 812	686	172	592	149	85	46	95	401

白云区诊所、医务室、卫生所、社区卫生服务站机构、人员情况

分类	机构数（个）	人员数（人）							
		合计	卫生技术人员						
			小计	执业医师	执业助理医师	注册护士	药剂人员	检验人员	其他
总计	241	1 002	1 002	410	91	309	89	21	82
一、按经济类型分									
国有	36	218	218	82	18	63	17	11	27
集体	10	63	63	21	5	20	8	4	5
联营									
私营	186	675	675	295	63	199	63	6	49
其他	9	46	46	12	5	27	1	0	1
二、按设置主办单位分									
政府办	6	60	60	23	5	18	5	4	5
其中：卫生部门									
企业办	15	43	43	18	5	15	1	1	3
其他	220	899	899	369	81	276	83	16	74

白云区医疗机构分级情况

等级	医院					妇幼保健院
	合计	其中				
		综合医院	中医医院	中西医结合医院	专科医院	
总计	43	30	2		10	1
三级	3	1	1		1	
三级特等						
三级甲等	3	1	1		1	
三级乙等						
三级丙等						
二级	6	4			2	1
二级甲等	5	4			1	1
二级乙等	1				1	
二级丙等						
一级	13	12	1			
一级甲等	12	11	1			
一级乙等	1	1				
一级丙等						
其他	21	13			7	

白云区医疗机构分科床位情况

分　科	医　院	疾病专科防治院	妇幼保健院	合　计
床位合计	7 630		80	7 710
预防保健科	5			5
全科医疗科	105			105
内　科	1 267			1 267
外　科	1 385			1 385
儿　科	174		25	199
妇产科	473		55	528
眼　科	82			82
耳鼻咽喉科	62			62
口腔科	41			41
皮肤科	41			41
医疗美容科	86			86
精神科	1 992			1 992
传染科	88			88
结核病科	5			5
地方病科				
肿瘤科	202			202
康复医学科	160			160
运动医学科	10			10
职业病科				
中医科	1 120			1 120
中西医结合科	113			113
其　他	219			219

白云区卫生机构专业卫生人员分类情况

指标名称	卫生技术人员							其他技术人员	管理人员
	合　计	执业医师	执业助理医师	注册护士	药剂人员	检验人员	其　他		
总　计	6 733	2 395	245	2 698	561	289	545	566	404
按性别分									
男	2 295	1 582	135	44	196	121	217	241	207
女	4 438	813	110	2 654	365	168	328	325	197
按年龄分									
25岁及以下	1 379	69	57	987	104	47	115	72	23
26～35岁	2 450	793	118	1 039	178	132	190	177	92
36～45岁	1 766	871	45	472	172	67	139	209	165
46～55岁	786	387	19	190	88	30	72	87	99
56～60岁	171	113	5	7	13	10	23	18	19
60岁以上	181	162	1	3	6	3	6	3	6

续表

指标名称	卫生技术人员							其他技术人员	管理人员
	合计	执业医师	执业助理医师	注册护士	药剂人员	检验人员	其他		
按工作年限分									
5年及以下	2 005	379	101	1 099	151	77	198	132	45
6～10年	1 070	307	41	499	88	63	72	73	26
11～20年	1 861	758	64	700	145	79	115	145	122
21～30年	1 011	482	21	273	111	39	85	154	117
30年以上	786	469	18	127	66	31	75	62	94
按学历分									
博　士	168	156			4	1	7	5	2
硕　士	420	379		3	12	7	19	23	25
学士/大学本科	1 429	1 011	22	127	68	66	135	152	180
大　专	1 980	561	97	895	149	104	174	148	117
中　专	2 552	275	112	1 625	264	103	173	119	56
高　中	131	11	13	27	46	5	29	63	20
初中及以下	53	2	1	21	18	3	8	56	4
按专业技术资格分									
正　高	119	105		3	5		6	6	12
副　高	532	470		15	15	8	24	12	50
中　级	1 534	935	4	340	84	66	105	69	75
助理/师级	2 199	811	144	759	229	118	138	65	66
员/士	2 109	42	73	1 542	215	81	156	110	50
其　他	240	32	24	39	13	16	116	304	151
按聘任专业技术职务分									
正　高	84	77			2		5	4	10
副　高	489	435		11	11	7	25	10	52
中　级	1 492	960	3	297	77	60	95	43	80
助理/师级	2 253	827	149	783	229	115	150	103	85
员/士	2 213	60	80	1 570	229	99	175	126	58
待　聘	202	36	13	37	13	8	95	280	119

白云区分科执业（助理）医师情况

分　科	合　计	执业医师	执业助理医师
总　计	2 608	2 363	245
预防保健科	95	59	36
全科医疗科	22	18	4
内　科	395	373	22
外　科	294	286	8
儿　科	79	75	4
妇产科	184	167	17

续表

分　科	合　计	执业医师	执业助理医师
眼　科	22	22	
耳鼻咽喉科	27	25	2
口腔科	64	50	14
皮肤科	30	27	3
医疗美容科			
精神科	44	38	6
传染科	15	15	
结核病科	2	2	
地方病科			
肿瘤科	47	47	
急诊医学科	41	41	
康复医学科	87	78	9
运动医学科			
职业病科	4	4	
麻醉科	47	44	3
医学检验科	1	1	
病理科	2	2	
医学影像科	69	63	6
中医科	471	454	17
中西医结合科	7	6	1
其　他	559	466	93

白云区中医机构分科执业（助理）医师情况

分　科	执业（助理）医师数（人）			中医医院床位数（张）
	合　计	执业医师	执业助理医师	
总　计	446	418	28	1 003
内　科	153	142	11	326
外　科	20	20		145
妇产科	18	18		77
儿　科	18	18		25
皮肤科	6	6		8
眼　科	6	6		22
精神科				
肿瘤科	14	14		108
骨伤科	29	28	1	202
肛肠科				22
针灸科	7	7		45
推拿科	5	5		
其　他	170	154	16	23

白云区疾病预防控制中心（防疫站）卫生人员情况

指标名称	卫生技术人员						其他技术人员	管理人员
	合　计	执业医师	执业助理医师	药剂人员	检验人员	其　他		
总　计	56	29	11		13	3	11	
按年龄分								
25岁及以下	1		1					
26～35岁	17	7	2		6	2	3	
36～45岁	19	8	6		5		5	
46～55岁	17	13	1		2	1	3	
56～60岁	2	1	1					
60岁以上								
按工作年限分								
5年及以下	7	4	1		2		1	
6～10年	2				2			
11～20年	22	10	5		5	2	3	
21～30年	12	6	3		2	1	6	
30年以上	13	9	2		2		1	
按学历分								
博　士								
硕　士	2	2						
学士/大学本科	21	11	3		6	1	4	
大　专	14	5	3		5	1	1	
中　专	19	11	5		2	1	4	
高中及以下							2	
按专业技术资格分								
正　高								
副　高	5	5						
中　级	15	8	1		5	1		
助理/师级	28	13	7		7	1	3	
员/士	6	2	3		1		2	
其　他	2	1				1	6	
按聘任专业技术职务分								
正　高								
副　高	5	5						
中　级	15	8	1		5	1		
助理/师级	30	14	7		7	2	4	
员/士	6	2	3		1		4	
待　聘							3	

白云区卫生机构、床位、人员情况一览表

卫生机构名称	机构数（个）	实有床位	人员数（人） 合计	卫生技术人员	其中 执业医师	执业助理医师	注册护士	药剂人员	检验人员	其他技术人员	管理人员	工勤人员
总计	195	8 012	8 765	6 745	2 359	258	2 648	564	291	520	450	1 050
医院	43	7 630	7 268	5 519	1 852	138	2 327	463	221	497	395	857
综合医院	30	4 112	4 702	3 708	1 229	83	1 583	307	153	410	267	317
广州市白云区人民医院	1	300	358	307	146	1	120	29	11	10	15	26
广州市白云区黄石医院	1		36	32	12		10	4	2			4
广州市白云区第一人民医院	1	200	260	223	121	5	45	21	13	10	6	21
广州市白云区龙归华侨医院	1	38	63	48	15	1	16	5	4		6	9
白云区石井人民医院	1	160	109	93	35	3	28	14	6	3	9	4
广州市白云区神山镇医院	1	50	60	50	18	3	17	7	3	3	6	1
广州市白云区太和镇医院	1	60	70	59	19	4	21	8	3	3	6	2
广州市白云区钟落潭镇医院	1	42	63	51	21	5	15	4	2	8	2	2
广州市白云区红十字会医院	1	106	108	96	34	6	33	17	5	2	2	8
白云区第二人民医院（原白云区中医院）	1	180	268	215	67	9	95	20	12	7	13	33
广东省司法警察医院	1	260	162	107	61		26	9	6	5	34	16
广州友好医院	1	80	193	125	31	12	59	9	4	17	12	39
广州加禾益民医院	1	40	53	20	8		8	3	1	9	5	19
广州市白云区景泰医院	1		33	23	7	1	10	3	1	1	1	8
广东省少年犯管教所医院	1	30	32	20	10		5	1	1	1	11	
广东省女子监狱医院	1	60	54	35	7	2	14	1	3		2	17
南方医院	1	1 737	2 027	1 627	433		862	106	45	310	90	
广州红康医院	1	100	76	73	15	11	20	3	6	1	2	
广州白云山医院	1	50	28	21	8	2	9	1				7
新市医院	1	60	83	69	24		23	6	4			14
广州东仁医院	1	100	121	94	28	4	40	6	4	4	3	20
广州广和医院	1	22	49	48	17		18	4	2			1
南方医科大学江都医院	1	200	27	8	4		2	2		5	13	1
民航广州医院	1	100	164	114	41		37	9	7	11	15	24
广州市白云区人和华侨医院蚌湖华侨分院	1											
广州市白云农工商联合公司职工医院	1	87	111	97	34	8	28	6	5		6	8
白云区同德医院	1	30	35	27	8	5	6	7	1			8
广钢医院北郊分院	1											
白云区红会医院良田分院	1											

续表

卫生机构名称	机构数（个）	实有床位	人员数（人）									
			合计	卫生技术人员	其中					其他技术人员	管理人员	工勤人员
					执业医师	执业助理医师	注册护士	药剂人员	检验人员			
广州益寿医院	1	20	59	26	5	1	16	2	2		8	25
中医医院	2	1 003	1 087	951	375	7	324	115	41	10	49	77
广州市白云区中医医院（原广州市白云区人和华侨医院）	1	63	135	110	46	7	39	12	6	4	7	14
广州中医药大学第一附属医院	1	940	952	841	329		285	103	35	6	42	63
专科医院	10	2 422	1 140	776	233	47	365	37	24	39	69	256
南洋肿瘤医院 北京中西医结合学会肿瘤医院广州分院	1	95	91	70	30		37	3		4	7	10
广州东方医院	1	90	127	120	45	22	25	6	6	4	3	
广州市民政局精神病院	1	1 220	347	180	33	5	105	9	5	17	22	128
广州中兴运动损伤专科医院	1		16	15	6		2	3	1			1
广州白云精神康复医院	1	700	162	56	21	4	25	3	2	2	9	95
康正医院	1	12	77	59	19	2	20	5	4		2	16
广州远东美容医院	1	20	41	32	12	1	17	1	1		7	2
广州曙光医学整形美容医院	1	15	51	47	12	3	28	2	1		4	
广东三九脑科医院	1	260	208	182	50	4	103	4	4	12	14	
广安医院	1	10	20	15	5	6	3	1			1	4
护理院	1	93	339	84	15	1	55	4	3	38	10	207
广州市老人院	1	93	339	84	15	1	55	4	3	38	10	207
社区卫生服务中心	9		19	16	5	2	5	2	1		1	2
白云区京溪社区卫生服务中心（白云区人民医院）	1											
白云区新景街社区卫生服务中心（白云区第一人民医院）	1											
白云区松洲街社区卫生服务中心	1											
白云区黄石街社区卫生服务中心	1											
白云区同德街社区卫生服务中心	1											
白云区棠景街社区卫生服务中心	1											
白云区金沙街社区卫生服务中心	1		19	16	5	2	5	2	1		1	2
白云区永平街第一社区卫生服务中心	1											
白云区嘉禾街社区卫生服务中心	1		52	34	11	4	8	3	2	7	3	8
白云区景泰街社区卫生服务中心	1											
白云区永平街社区服务中心	1		24	22	10	2	6	2	1		1	1
卫生院	1		5	5	3	1	1					
乡镇卫生院	1		5	5	3	1	1					

续表

卫生机构名称	机构数（个）	实有床位	人员数（人）									
			合计	卫生技术人员	其中					其他技术人员	管理人员	工勤人员
					执业医师	执业助理医师	注册护士	药剂人员	检验人员			
广州国营沙田农工商联合公司卫生院	1		5	5	3	1	1					
门诊部	137	22	1 151	964	430	105	256	88	48	8	32	147
白云区公费医疗门诊部	1		34	31	15		6	6	2		1	2
养和医疗门诊部	1		14	8	4	1	1	1	1			6
明爱医疗门诊部	1		16	12	4	1	3	2	1		2	2
广济医疗门诊部（原省军区四所罗冲门诊部）	1		10	9	4		3	1				1
佳和医疗门诊部	1		13	11	3	2	2	2	1			2
仁康医疗门诊部	1		10	9	4	2	2	1				1
汇桥医疗门诊部	1		21	16	5	2	5	3	1		1	4
广诚医疗门诊部	1		7	5	3		2					2
济民医疗门诊部	1		4	3	2		1					1
广州市白云区达基医疗门诊部	1		12	8	4		3	1				4
全德门诊部	1		7	5	2		1	1	1			2
华泰门诊部	1											
广州市白云区广联门诊部	1		11	10	5		3	1	1			1
复康堂门诊部	1		2	1	1							1
同仁医疗门诊部	1		4	4	2		2					
健琪医疗门诊部	1		6	5	1	2	1		1			1
广中门诊部	1		8	8	5	1						
楠雅医疗门诊部	1		10	5	4		1					5
大生门诊部	1		5	4	2		1	1			1	
华昌门诊部	1		5	4	2	1	1					1
津元堂医疗门诊部	1		5	5	3		2					
松溪医疗门诊部	1		11	9	4		2	2			1	1
清廉门诊部	1		9	8	3	1	3	1				1
华康门诊部	1		10	9	5		3	1				1
南方集团长征门诊部	1		4	4	2	1	1					
惠福门诊部	1		4	4	3		1					
德福门诊部	1		23	21	6	4	5	2	2		1	1
惠民门诊部	1		5	5	3		1		1			
惠心门诊部	1		6	6	4		2					
同健门诊部	1		10	9	4	2	3					1
南方航空（集团）公司航空卫生中心	1		64	60	33	11	11	1	2		3	1

卫生机构名称	机构数（个）	实有床位	人员数（人）									
			合计	卫生技术人员	其中					其他技术人员	管理人员	工勤人员
					执业医师	执业助理医师	注册护士	药剂人员	检验人员			
南方企业集团门诊部	1		6	6	2	1	2					
广兴门诊部	1		16	14	4	1	4	2	1			2
星火门诊部	1		5	5	1		2	1	1			
京康门诊部	1		5	4	2		1		1			1
惠仁门诊部	1		4	4	3		1					
仁心医疗门诊部	1		2	2	1		1					
福民医科门诊部	1		4	4	2	1	1					
春庭门诊部	1		8	5	2		2	1				3
泰康医疗门诊部	1		8	7	2	2	2	1				1
广州市白云区同康门诊部	1		8	5	2	1	1	1				3
明康医疗门诊部	1		14	12	6		4	1	1			2
螺涌门诊部	1		7	6	2	1	2	1			1	
民航中南局航空人员体检鉴定中心	1		4	4	3		1					
白云区汇德门诊部	1		7	6	4		2					1
广州市中医医院同德门诊部	1											
白云区向阳门诊部	1		10	8	5		2	1				2
同济门诊部	1		9	8	4		2	1	1			1
同和街社区医疗门诊部	1		6	5	3		2					1
华健门诊部	1		7	7	3		3	1				
裕辉门诊部	1		10	8	1	2	4	1				2
博仁门诊	1		9	9	5		2	2				
康林医疗门诊部	1		7	3	1	1	1					4
复康医疗门诊部	1		5	5	3		2					
协同医疗门诊部	1		13	5	2		2	1			2	6
康佳医疗门诊部	1		7	6	1	2	2	1				1
全兴医疗门诊部	1		9	7	3		2	1	1			2
新康医疗门诊部	1		15	15	3	2	4	4	1			
长红医疗门诊部	1		7	6	4		2				1	
民康医疗门诊部	1		5	5	2	1	2					
万健医疗门诊部	1		8	8	4	1	3					
春晖医疗门诊部	1		7	5	2	1	1		1		1	1
白云区第一人民医院加禾门诊部	1											
白云区第一人民医院棠溪门诊部	1											
润康医疗门诊部	1		5	4	3		1				1	
惠诚门诊部	1		5	5	2	1	1		1			

续表

卫生机构名称	机构数（个）	实有床位	人员数（人）合计	卫生技术人员	其中：执业医师	执业助理医师	注册护士	药剂人员	检验人员	其他技术人员	管理人员	工勤人员
空港健康医疗保健部	1											
广东南穗康复医学研究中心（华南门诊部）	1		10	8	5		2	1				2
德康医疗门诊部	1		7	5	1	2		1				2
位元堂中医门诊部	1		6	4	3		1					2
广州市白云区京和门诊部	1		7	6	4		1	1				1
华强门诊部	1		4	4	2	1	1					
玉健门诊部	1		6	5	3		2					1
仁德医疗门诊部	1		7	4	2		1		1			3
康华门诊部	1		5	4	2	1	1					1
白云区第一医院嘉禾门诊部	1											
白云区第一医院第二门诊部	1											
钟落谭镇医院车站门诊部	1											
白云区中医院高塘门诊部	1											
白云区中医医院小塘门诊部	1											
西华医疗门诊部	1		5	5		3	2					
立康医疗门诊部	1		5	5	3		2					
众林医疗门诊部	1		7	7	4		2	1				
国泰医疗门诊部	1		3	3	2		1					
长江医疗门诊部	1		5	5	3		1		1			
广州市白云区石井人民医院同德门诊部	1											
广州市白云区石井人民医院槎龙门诊部	1											
修合医疗门诊部	1		10	10	3	1	3	2	1			
至康医疗门诊部	1		9	7	2		2	1	1			2
麒麟医疗门诊部	1		5	5	2	1	2					
颐和堂中医门诊部	1		9	8	2	4	1	1				1
广东省中医院四门诊	1											
光明中医专科门诊部	1		9	7	4		1	1	1			2
荔湾颐乐园门诊部	1		11	11	2	2	2	2				
增健医疗门诊部	1		8	8	4	2	1		1			
广州市白云区惠爱专科门诊部	1		16	10	6		2	1	1			6
仁和医疗专科门诊部	1		6	6	3	1	1	1				
健康医疗专科门诊部	1		9	9	4	1	3		1			
天博医疗门诊部	1		4	3	3						1	

续表

卫生机构名称	机构数（个）	实有床位	人员数（人）									
			合计	卫生技术人员	其中					其他技术人员	管理人员	工勤人员
					执业医师	执业助理医师	注册护士	药剂人员	检验人员			
康泰专科门诊部	1		7	6	2		2	1	1			1
南粤专科门诊部	1		15	10	4	1	2		1	1	2	2
金华门诊部	1		3	3	1		2					
东华医疗门诊部	1		11	11	4	3	2	1	1			
维康医疗门诊部	1		7	6	4	1	1					1
阳光医疗门诊部	1		8	8	1	4	2	1				
为民门诊部	1		7	6	4		1		1			1
军颐医院门诊部	1	18	30	23	11	1	6	2	2			7
大江医疗门诊部（原永太医疗门诊部）	1		6	5	3		2					1
全康医疗门诊部	1		6	5	3		2					1
復元门诊部	1		6	4	2		1	1			1	1
玉真医疗门诊部	1		3	3	1		2					
新仁门诊部	1		5	5	3		2					
李春荣门诊部	1		2	2	2							
高科医疗门诊部	1		8	7	3		2	1	1		1	
城西医疗门诊部	1		19	16	5	2	5	2	1		1	2
华城医疗门诊部	1	4	7	5	1		1	1	1			2
大众医疗门诊部	1		8	7	3		3	1			1	
健宁医疗门诊部	1		5	5	3	1	1					
天安医疗门诊部	1		6	3	1		1	1			1	2
穗民医疗门诊部	1		12	9	3	1	3	2				3
良友门诊部	1		15	9	6		2		1			6
益民专科门诊部	1		4	4	2		1	1				
均康医疗门诊部	1		17	17	5	4	4	2	1			
新门楼医疗门诊部	1		12	6	2	2	2				2	4
兴龙门诊部	1		6	4	2		1		1		1	1
同德医疗门诊部	1		13	11	5	1	3	2				2
宏德医疗门诊部	1		8	8	1	3	3		1			
永盛医疗门诊部	1		4	4	2	1	1					
仁仁医疗门诊部	1		13	11	5		2	2	1			2
云山医疗门诊部	1		6	6	2	1	3					
粤健专科门诊部（原白云区红十字会鹅掌坦门诊部）	1		8	8	5		2	1				
金龙门诊部	1		4	4	2	1	1					
元良门诊部	1		5	5	3	1	1					

续表

卫生机构名称	机构数（个）	实有床位	人员数（人）									
			合计	卫生技术人员	其中					其他技术人员	管理人员	工勤人员
					执业医师	执业助理医师	注册护士	药剂人员	检验人员			
风华医学美容门诊部	1		6	5	3	1	1					1
广州白云康复医学门诊部	1		8	7	2	2	1				1	
妇幼保健院（所、站）	1	80	108	95	43	2	32	7	7		7	6
广州市白云区妇幼保健院	1	80	108	95	43	2	32	7	7		7	6
疾病预防控制中心（防疫站）	1		67	56	15	9			13	4	7	
白云区疾病预防控制中心	1		67	56	15	9			13	4	7	
卫生监督所	1		28	22						1	2	3
广州市白云区卫生监督所	1		28	22						1	2	3
健康教育所（站、中心）	1		40	20						10	6	4
广州市健康教育所	1		40	20						10	6	4
疗养院	1	280	79	48	11	1	27	4	1			31
铁道部石门疗养院 广州铁路石门精神疾病康复医院	1	280	79	48	11	1	27	4	1			31

白云区医疗机构运营情况一览表

1．门诊服务

卫生机构名称	机构数（个）	诊疗人次数（人）					观察室收容人数	健康检查人数	急诊死亡率（%）
		总计	其中：门、急诊人次数（人）						
			合计	门诊人次数	急诊人次数				
					小计	内：死亡人数			
总计	192	7 510 959	7 361 969	6 771 390	590 579	501	52 124	535 147	0.08
医院	43	6 347 818	6 233 049	5 689 539	543 510	475	23 520	475 367	0.09
综合医院	30	3 945 649	3 851 466	3 419 518	431 948	364	22 759	411 669	0.08
广州市白云区人民医院	1	320 143	307 049	271 476	35 573	15	1 863	11 231	0.04
广州市白云区黄石医院	1	59 787	59 775	58 807	968			7 178	
广州市白云区第一人民医院	1	410 835	408 344	335 083	73 261	29	1 771	48 155	0.04
广州市白云区龙归华侨医院	1	82 815	82 806	58 196	24 610	8		2 317	0.03
白云区石井人民医院	1	242 862	242 862	208 859	34 003	7	589	76 941	0.02
广州市白云区神山镇医院	1	83 916	83 561	72 703	10 858	11	57	16 404	0.10
广州市白云区太和镇医院	1	127 336	126 488	102 101	24 387	22		4 643	0.09
广州市白云区钟落潭镇医院	1	76 234	76 234	67 443	8 791	9		157	0.10
广州市白云区红十字会医院	1	152 852	149 777	129 422	20 355	31	543	9 065	0.15
白云区第二人民医院（原白云区中医院）	1	276 470	208 076	173 197	34 879	16	172	50 757	0.05

卫生机构名称	机构数（个）	诊疗人次数（人）总计	其中：门、急诊人次数（人）合计	门诊人次数	急诊人次数 小计	急诊人次数 内：死亡人数	观察室收容人数	健康检查人数	急诊死亡率（%）
广东省司法警察医院	1	10 767	10 639	9 361	1 278	1	39	16 432	0.08
广州友好医院	1	42 873	42 873	32 066	10 807	115	9 121		1.06
广州加禾益民医院	1	8 580	8 580	6 606	1 974	8			0.41
广州市白云区景泰医院	1	41 400	41 400	39 350	2 050			900	
广东省少年犯管教所医院	1	21 214	21 214	20 737	477			2 700	
广东省女子监狱医院	1	10 345	6 288	5 908	380		30	1 764	
南方医院	1	1 360 662	1 360 662	1 290 771	69 891	71	1 980	23 071	0.10
广州红康医院	1	48 910	47 450	43 800	3 650		3 285	102 200	
广州白云山医院	1	15 130	15 130	14 129	1 001		15	3 300	
新市医院	1	96 353	96 353	88 929	7 424				
广州东仁医院	1	96 662	96 662	76 953	19 709	10	269	2 506	0.05
广州广和医院	1	36 120	36 120	35 328	792	1			0.13
南方医科大学江都医院	1	32 918	32 918	31 069	1 849	1	53	4 584	0.05
民航广州医院	1	77 117	77 117	58 968	18 149	4		19 947	0.02
广州市白云农工商联合公司职工医院	1	144 780	144 780	123 719	21 061			1 837	
白云区同德医院	1	29 423	29 163	26 987	2 176		68	5 580	
广州益寿医院	1	39 145	39 145	37 550	1 595	5	2 904		0.31
中医医院	2	2 213 692	2 195 996	2 102 761	93 235	96	524	45 199	0.10
广州市白云区中医医院（原广州市白云区人和华侨医院）	1	286 822	285 391	265 773	19 618	27		18 932	0.14
广州中医药大学第一附属医院	1	1 926 870	1 910 605	1 836 988	73 617	69	524	26 267	0.09
专科医院	10	167 957	166 187	147 860	18 327	15	237	17 203	0.08
南洋肿瘤医院　北京中西医结合学会肿瘤医院广州分院	1	3 782	3 782	3 782					
广州东方医院	1	75 000	75 000	63 218	11 782	15	4	2 140	0.13
广州市民政局精神病院	1	13 075	13 075	13 075			233		
广州中兴运动损伤专科医院	1	14 235	14 235	14 235					
广州白云精神康复医院	1	2 810	2 810	2 810					
康正医院	1	16 141	16 141	9 980	6 161			15 063	
广州远东美容医院	1	6 890	5 850	5 850					
广州曙光医学整形美容医院	1	1 960	1 230	1 230					
广东三九脑科医院	1	28 264	28 264	27 890	374				
广安医院	1	5 800	5 800	5 790	10				
护理院	1	20 520	19 400	19 400				1 296	
广州市老人院	1	20 520	19 400	19 400				1 296	

续表

卫生机构名称	机构数（个）	诊疗人次数（人）总　计	其中：门、急诊人次数（人）合　计	门诊人次数	急诊人次数 小　计	内：死亡人数	观察室收容人数	健康检查人数	急诊死亡率（%）
社区卫生服务中心	9	25 346	25 258	25 210	48		20	780	
金沙街社区卫生服务中心	1	25 346	25 258	25 210	48		20	780	
卫生院	1	2 126	2 126	2 060	66				
乡镇卫生院	1	2 126	2 126	2 060	66				
广州国营沙田农工商联合公司卫生院	1	2 126	2 126	2 060	66				
门诊部	137	1 000 832	966 699	946 620	20 079	26	28 584	41 055	0.13
白云区公费医疗门诊部	1	70 517	70 517	66 511	4 006			14 868	
养和医疗门诊部	1	2 520	2 520	2 520					
明爱医疗门诊部	1	15 100	15 100	14 500	600				
广济医疗门诊部（原省军区四所罗冲门诊部）	1	5 263	5 263	4 767	496				
佳和医疗门诊部	1	7 560	7 560	7 513	47				
仁康医疗门诊部	1	5 887	5 887	5 887					
汇桥医疗门诊部	1	24 046	23 696	22 166	1 530				
广诚医疗门诊部	1	3 500	3 425	3 305	120				
济民医疗门诊部	1	2 082	2 080	2 080					
广州市白云区达基医疗门诊部	1	3 500	3 500	3 500					
全德门诊部	1	12 350	12 350	12 150	200				
广州市白云区广联门诊部	1	8 060	8 060	8 060					
复康堂门诊部	1	5 000	5 000	5 000					
同仁医疗门诊部	1	1 000	1 000	1 000					
健琪医疗门诊部	1	9 200	9 200	9 200					
广中门诊部	1	3 610	3 610	3 610					
楠雅医疗门诊部	1	9 999	9 999	9 999					
大生门诊部	1	2 550	2 550	1 550	1 000		200	1 000	
华昌门诊部	1	8 000	7 860	7 715	145				
津元堂医疗门诊部	1	2 000	2 000	2 000					
松溪医疗门诊部	1	2 895	2 895	2 895					
清廉门诊部	1	4 500	4 500	4 000	500				
华康门诊部	1	3 105	3 105	3 105					
南方集团长征门诊部	1	3 040	3 040	3 040					
惠福门诊部	1	3 750	3 521	3 492	29				
德福门诊部	1	25 200	25 200	23 400	1 800				
惠民门诊部	1	6 585	6 550	6 485	65				
惠心门诊部	1	4 859	4 859	4 859					

卫生机构名称	机构数（个）	诊疗人次数（人）					观察室收容人数	健康检查人数	急诊死亡率（%）
		总计	其中：门、急诊人次数（人）						
			合计	门诊人次数	急诊人次数				
					小计	内：死亡人数			
同健门诊部	1	12 000	12 000	12 000					
南方航空（集团）公司航空卫生中心	1	13 000	2 100	2 100				12 000	
南方企业集团门诊部	1	3 680	3 680	3 680					
广兴门诊部	1	5 400	5 400	5 400					
星火门诊部	1	3 664	3 664	3 654	10				
京康门诊部	1	540	520	520					
惠仁门诊部	1	3 762	3 762	3 762					
仁心医疗门诊部	1	5 000	5 000	5 000					
福民医科门诊部	1	8 050	7 910	7 765	145				
春庭门诊部	1	8 651	8 413	8 300	113		5 360	686	
泰康医疗门诊部	1	9 612	9 220	8 210	1 010				
广州市白云区同康门诊部	1	12 540	12 540	11 740	800				
明康医疗门诊部	1	8 430	8 430	8 350	80				
螺涌门诊部	1	4 305	4 297	4 297					
民航中南局航空人员体检鉴定中心	1	1 800	1 800	1 800				1 800	
白云区汇德门诊部	1	5 400	5 400	5 400					
白云区向阳门诊部	1	4 680	4 680	4 680					
同济门诊部	1	6 600	6 600	6 600					
同和街社区医疗门诊部	1	3 650	3 650	3 650					
华健门诊部	1	4 550	4 550	4 550					
裕辉门诊部	1	9 800	9 800	9 800					
博仁门诊	1	7 500	7 500	7 500					
康林医疗门诊部	1	5 250	5 250	5 250					
复康医疗门诊部	1	7 000	7 000	7 000					
协同医疗门诊部	1	1 190	1 190	1 190					
康佳医疗门诊部	1	10 850	10 850	10 850					
嘉禾街社区卫生服务中心	1	38 800	38 280	36 800	1 480			3 320	
全兴医疗门诊部	1	985	985	875	110				
新康医疗门诊部	1	17	17	17			4		
长红医疗门诊部	1	6 840	6 840	6 840					
民康医疗门诊部	1	6 480	6 480	6 480					
万健医疗门诊部	1	4 320	4 320	4 320					
春晖医疗门诊部	1	3 600	3 600	3 600					
润康医疗门诊部	1	5 400	5 400	5 400					

续表

卫生机构名称	机构数（个）	诊疗人次数（人）					观察室收容人数	健康检查人数	急诊死亡率（%）
		总计	其中：门、急诊人次数（人）						
			合计	门诊人次数	急诊人次数				
					小计	内：死亡人数			
惠诚门诊部	1	4 845	4 525	4 525					
广东南穗康复医学研究中心（华南门诊部）	1	6 550	6 550	6 550					
德康医疗门诊部	1	8 500	8 500	8 500					
位元堂中医门诊部	1	850	850	850					
广州市白云区京和门诊部	1	4 780	4 780	4 722	58				
华强门诊部	1	7 950	7 860	7 715	145				
玉健门诊部	1	2 000	2 000	2 000					
仁德医疗门诊部	1	8 280	8 280	8 280					
康华门诊部	1	600	600	600					
白云区永平街社区服务中心	1	49 595	46 765	4 4165	2 600		19 600	1 390	
西华医疗门诊部	1	9 720	9 720	9 720					
立康医疗门诊部	1	4 366	4 366	4 366					
众林医疗门诊部	1	2 128	2 128	2 027	101				
国泰医疗门诊部	1	6 800	6 670	6 560	110				
长江医疗门诊部	1	11 000	11 000	11 000					
修合医疗门诊部	1	3 290	3 290	3 290					
至康医疗门诊部	1	500	478	470	8				
麒麟医疗门诊部	1	426	426	426					
颐和堂中医门诊部	1	11 800	11 800	11 800					
广东省中医院四门诊	1								
光明中医专科门诊部	1	12 000	7 000	7 000			3 000	2 000	
荔湾颐乐园门诊部	1	7 545	7 257	7 221	36	2		260	5.55
增健医疗门诊部	1	9 899	9 899	9 899					
广州市白云区惠爱专科门诊部	1	6 380	6 380	6 380					
仁和医疗专科门诊部	1	7 380	7 380	7 380					
健康医疗专科门诊部	1	4 000	4 000	4 000					
天博医疗门诊部	1	7 200	7 200	7 200					
康泰专科门诊部	1	3 800	3 800	3 800					
南粤专科门诊部	1	17 130	17 110	15 280	1 830				
金华门诊部	1	4 500	4 500	4 500					
东华医疗门诊部	1	5 000	5 000	5 000					
维康医疗门诊部	1	9 682	9 682	9 682					
阳光医疗门诊部	1	7 200	7 200	7 200					
为民门诊部	1	3 000	3 000	3 000					

续表

卫生机构名称	机构数（个）	诊疗人次数（人）总计	其中：门、急诊人次数（人）合计	门诊人次数	急诊人次数 小计	急诊人次数 内：死亡人数	观察室收容人数	健康检查人数	急诊死亡率（%）
军颐医院门诊部	1	35 000	30 000	30 000				2 000	
大江医疗门诊部（原永太医疗门诊部）	1	2 730	2 730	2 730					
全康医疗门诊部	1	9 852	9 852	9 852					
復元门诊部	1	4 980	4 980	4 980					
玉真医疗门诊部	1	4 500	4 500	4 500					
新仁门诊部	1	7 500	7 500	7 500					
李春荣门诊部	1	7 300	7 300	7 300					
高科医疗门诊部	1	6 400	6 400	6 400					
城西医疗门诊部	1	25 346	25 258	25 210	48		20	780	
华城医疗门诊部	1	3 400	2 300	2 200	100		400	200	
大众医疗门诊部	1	5 180	5 180	5 180					
健宁医疗门诊部	1	3 980	3 980	3 980					
天安医疗门诊部	1	8 000	8 000	8 000					
穗民医疗门诊部	1	15 000	15 000	14 895	105				
良友门诊部	1	7 300	7 300	7 300					
益民专科门诊部	1	5 840	5 840	5 840					
均康医疗门诊部	1	19 800	14 860	14 400	460			191	
新门楼医疗门诊部	1	7 320	6 349	6 302	47				
兴龙门诊部	1	7 300	7 300	7 300					
同德医疗门诊部	1	18 145	18 000	18 000				560	
宏德医疗门诊部	1	12 600	12 600	12 600					
永盛医疗门诊部	1	8 100	7 960	7 815	145				
仁仁医疗门诊部	1	7 389	7 389	7 389					
云山医疗门诊部	1	10 960	10 960	10 960					
粤健专科门诊部（原白云区红十字会鹅掌坦门诊部）	1	5 440	5 440	5 440					
金龙门诊部	1	2 490	2 490	2 490					
元良门诊部	1	5 630	5 630	5 630					
风华医学美容门诊部	1	3 601	3 601	3 601					
广州白云康复医学门诊部	1	2 029	2 029	2 029					
妇幼保健院（所、站）	1	129 236	129 236	102 360	26 876			17 945	
广州市白云区妇幼保健院	1	129 236	129 236	102 360	26 876			17 945	
疗养院	1	5 601	5 601	5 601					
铁道部石门疗养院　广州铁路石门精神疾病康复医院	1	5 601	5 601	5 601					

2．住院服务

卫生机构名称	入院人数	出院人数	住院病人手术人次	住院危重病人抢救人次	治愈率（%）	好转率（%）	死亡率（%）
总　计	152 337	151 116	59 476	8 631	64.55	32.78	1.15
医　院	142 918	142 055	53 351	8 214	62.84	34.39	1.20
综合医院	105 018	104 493	41 441	4 712	65.25	32.46	0.97
广州市白云区人民医院	6 139	6 144	2 218	409	58.43	37.61	2.29
广州市白云区第一人民医院	10 652	10 672	8 531	274	77	21.16	0.45
广州市白云区龙归华侨医院	2 958	2 950	1 168	81	70.75	25.93	0.14
白云区石井人民医院	5 927	5 934	3 747	158	72.63	24.25	0.71
广州市白云区神山镇医院	1 427	1 427	500	34	54.87	40.01	0.28
广州市白云区太和镇医院	4 010	4 001	1 016	335	57.79	39.09	0.25
广州市白云区钟落潭镇医院	1 374	1 366	421	119	73.35	22.04	0.59
广州市白云区红十字会医院	7 270	7 237	2 242	487	59.39	37.89	0.53
白云区第二人民医院（原白云区中医院）	4 458	4 446	2 386	315	57.80	35.34	0.67
广东省司法警察医院	228	227	106	18	81.06	14.10	0.44
广州友好医院	2 244	2 221	916	433	2.30	82.35	14.63
广州加禾益民医院	165	165	51		100		
广东省少年犯管教所医院	366	348			84.48	12.93	
广东省女子监狱医院	103	69	26	12	23.19	71.01	
南方医院	42 941	42 669	12 804	1 256	62.07	37.02	0.76
广州红康医院	6 570	6 558	2 760	580	98.43	1.30	0.05
广州白云山医院	72	72			86.11	13.89	
新市医院	976	976		39	89.86	8.81	0.20
广州东仁医院	1 472	1 450	744	56	68.69	30.28	0.14
广州广和医院	245	245	103		83.67	16.33	
南方医科大学江都医院	1 500	1 506	350	40	41.10	57.64	0.13
民航广州医院	1 040	1 033	274	15	63.21	34.56	0.58
广州市白云农工商联合公司职工医院	2 535	2 489	811	31	70.31	27.60	0.64
白云区同德医院	46	43	17	10	20.93	69.77	9.30
广州益寿医院	300	245	250	10	79.59	16.33	2.04
中医医院	26 369	26 314	9 494	2 921	49.63	46.17	1.73
广州市白云区中医医院（原广州市白云区人和华侨医院）	4 336	4 323	1 517	302	66.23	29.52	0.32
广州中医药大学第一附属医院	22 033	21 991	7 977	2 619	46.37	49.44	2.01
专科医院	11 241	10 958	2 416	581	71.44	25.31	1.46
南洋肿瘤医院　北京中西医结合学会肿瘤医院广州分院	465	441	227	20	24.49	50.11	1.36

续表

卫生机构名称	入院人数	出院人数	住院病人手术人次	住院危重病人抢救人次	治愈率（%）	好转率（%）	死亡率（%）
广州东方医院	2 762	2 762	1 002	419	65.17	34.03	0.07
广州市民政局精神病院	484	405			8.64	54.81	30.37
广州白云精神康复医院	491	506				91.70	5.14
康正医院	259	260	17	27	88.85	11.15	
广州远东美容医院	1 040	1 040			100		
广州曙光医学整形美容医院	1 460	1 460	722		100		
广东三九脑科医院	4 040	3 844	448	115	75.81	23.34	0.08
广安医院	240	240			100		
护理院	290	290			68.97	3.45	26.90
广州市老人院	290	290			68.97	3.45	26.90
社区卫生服务中心							
门诊部	3 600	3 200	3 000	200	93.75	6.25	
军颐医院门诊部	3 600	3 200	3 000	200	93.75	6.25	
妇幼保健院（所、站）	4 991	4 999	3 125	217	91.26	7	0.40
广州市白云区妇幼保健院	4 991	4 999	3 125	217	91.26	7	0.40
疗养院	828	862			82.83	15.89	1.16
铁道部石门疗养院　广州铁路石门精神疾病康复医院	828	862			82.83	15.89	1.16

3. 床位利用

卫生机构名称	实有床位数（张）	实际开放总床日数	平均开放病床（张）	实际占用总床日数	出院者占用总床日数	病床周转次数	病床工作日	病床使用率（%）	出院者平均住院日
总　计	8 012	2 847 375	7 801	2 227 612	1 825 951	19	286	78.23	12.08
医　院	7 630	2 707 945	7 419	2 129 049	1 736 746	19	287	78.62	12.23
综合医院	4 112	1 472 967	4 036	1 025 803	992 352	26	254	69.64	9.50
广州市白云区人民医院	300	109 500	300	73 609	74 284	20	245	67.22	12.09
广州市白云区第一人民医院	200	60 492	166	60 135	60 579	64	363	99.41	5.68
广州市白云区龙归华侨医院	38	13 870	38	13 433	13 247	78	354	96.85	4.49
白云区石井人民医院	160	58 400	160	36 047	35 233	37	225	61.72	5.94
广州市白云区神山镇医院	50	18 250	50	10 611	10 465	29	212	58.14	7.33
广州市白云区太和镇医院	60	21 900	60	17 203	16 700	67	287	78.55	4.17
广州市白云区钟落潭镇医院	42	15 330	42	7 406	6 946	33	176	48.31	5.08
广州市白云区红十字会医院	106	38 690	106	42 565	38 911	68	402	110.02	5.38
白云区第二人民医院（原白云区中医院）	180	65 700	180	33 804	34 047	25	188	51.45	7.66
广东省司法警察医院	260	94 900	260	10 086	9 083	1	39	10.63	40.01
广州友好医院	80	36 500	100	33 218	28 395	22	332	91.01	12.78

续表

卫生机构名称	实有床位数（张）	实际开放总床日数	平均开放病床（张）	实际占用总床日数	出院者占用总床日数	病床周转次数	病床工作日	病床使用率（%）	出院者平均住院日
广州加禾益民医院	40	14 600	40	1 154	1 154	4	29	7.90	6.99
广东省少年犯管教所医院	30	10 950	30	8 316	2 728	12	277	75.95	7.84
广东省女子监狱医院	60	21 900	60	20 608	8 534	1	343	94.10	123.68
南方医院	1737	634 005	1 737	541 340	537 240	25	312	85.38	12.59
广州红康医院	100	36 500	100	32 850	32 800	66	329	90	5
广州白云山医院	50	18 250	50	1 440	1 440	1	29	7.89	20
新市医院	60	21 900	60	3 904	3 906	16	65	17.83	4
广州东仁医院	100	36 500	100	30 450	29 620	15	305	83.42	20.43
广州广和医院	22	8 030	22	7 172	7 980	11	326	89.32	32.57
南方医科大学江都医院	200	73 000	200	10 519	10 454	8	53	14.41	6.94
民航广州医院	100	32 850	90	12 310	12 179	11	137	37.47	11.79
广州市白云农工商联合公司职工医院	87	18 250	50	15 193	15 097	50	304	83.25	6.07
白云区同德医院	30	5 400	15	240	235	3	16	4.44	5.47
广州益寿医院	20	7 300	20	2 190	1 095	12	110	30	4.47
中医医院	1 003	366 150	1 003	335 659	333 177	26	335	91.67	12.66
广州市白云区中医医院（原广州市白云区人和华侨医院）	63	23 050	63	22 995	20 698	68	364	99.76	4.79
广州中医药大学第一附属医院	940	343 100	940	312 664	312 479	23	333	91.13	14.21
专科医院	2 422	834 790	2 287	734 389	381 019	5	321	87.97	34.77
南洋肿瘤医院　北京中西医结合学会肿瘤医院广州分院	95	34 675	95	32 120	31 010	5	338	92.63	70.32
广州东方医院	90	32 850	90	16 344	14 004	31	182	49.75	5.07
广州市民政局精神病院	1 220	396 160	1 085	390 232	212 972		360	98.50	525.86
广州白云精神康复医院	700	255 500	700	246 624	74 199	1	352	96.53	146.64
康正医院	12	4 380	12	1 040	1 036	22	87	23.74	3.98
广州远东美容医院	20	7 200	20	1 148	1 148	53	58	15.94	1.10
广州曙光医学整形美容医院	15	5 475	15	1 095	1 095	97	73	20	0.75
广东三九脑科医院	260	94 900	260	45 586	45 355	15	175	48.04	11.80
广安医院	10	3 650	10	200	200	24	20	5.48	0.83
护理院	93	34 038	93	33 198	30 198	3	356	97.53	104.13
广州市老人院	93	34 038	93	33 198	30 198	3	356	97.53	104.13
门诊部									
军颐医院门诊部	18	6 570	18	5 800	5 300	178	322	88.28	1.66
华城医疗门诊部	4	1 460	4	825	217		206	56.51	
妇幼保健院（所、站）	80	29 200	80	24 563	23 691	62	307	84.12	4.74
广州市白云区妇幼保健院	80	29 200	80	24 563	23 691	62	307	84.12	4.74
疗养院	280	102 200	280	67 375	59 997	3	241	65.92	69.60
铁道部石门疗养院　广州铁路石门精神疾病康复医院	280	102 200	280	67 375	59 997	3	241	65.92	69.60

白云区政府办医院病人人均医院费用与医生工作效率一览表

卫生机构名称	平均每诊疗人次医疗费（元）				平均每一出院者住院医疗费（元）				平均每一医师	
	合计	其中			合计	其中			全年担负诊疗人次	全年担负住院床日
		药费	检查费	治疗费		药费	检查费	治疗费		
总　计	138	65	20	21	8 722	3 349	451	1 419	3 596	1 063
医　院	138	65	20	21	8 994	3 482	468	1 443	3 615	1 078
综合医院	155	66	24	25	8 902	3 523	433	1 240	3 019	818
广州市白云区人民医院	120	60	13	31	4 996	1 663	282	1 802	2 193	504
广州市白云区黄石医院	145	61	11	11					4 982	
广州市白云区第一人民医院	145	59	31	12	3 044	1 096	161	297	3 511	514
广州市白云区龙归华侨医院	144	61	27	19	2 160	685	58	398	4 359	707
白云区石井人民医院	124	49	10	47	2 788	1 001	192	770	6 564	974
广州市白云区神山镇医院	84	39	10	20	2 291	708	88	677	3 497	442
广州市白云区太和镇医院	102	39	23	14	1 944	485	78	366	5 536	748
广州市白云区钟落潭镇医院	94	35	14	35	2 386	571	197	897	3 630	353
广州市白云区红十字会医院	124	37	33	24	2 600	590	262	463	4 496	1 252
白云区第二人民医院（原白云区中医院）	104	49	12	5	4 225	1 682	173	1 469	3 372	412
广东省司法警察医院	223	152	39	15	4 885	1 956	308	410	177	165
广东省少年犯管教所医院	2	2			101	14			2 121	832
广东省女子监狱医院									1 149	2 290
南方医院	203	86	30	30	15 205	6 249	706	1 762	2 823	1 123
南方医科大学江都医院	111	50	22	27	2 827	718	120	1 068	5 486	1 753
中医医院	114	66	14	16	8 830	3 325	536	1 952	5 795	879
广州市白云区中医医院（原广州市白云区人和华侨医院）	82	35	13	22	2 491	773	148	874	5 412	434
广州中医药大学第一附属医院	119	70	14	16	10 077	3 826	612	2 164	5 857	950
专科医院	34	29	2	3	36 914	6 815	3 975	14 025	304	9 075
广州市民政局精神病院	34	29	2	3	36 914	6 815	3 975	14 025	304	9 075
护理院	19	5			13 086	328			1 140	1 844
广州市老人院	19	5			13 086	328			1 140	1 844
妇幼保健院（所、站）	136	48	16	14	2 421	277	64	856	2 937	558
广州市白云区妇幼保健院	136	48	16	14	2 421	277	64	856	2 937	558

白云区前十位疾病死亡率、构成比和位次

性 别	顺 位	死亡原因	死亡率（1/10万）	构成比（%）
合 计	1	心脏病	143.41	26
	2	恶性肿瘤	114.12	20.69
	3	呼吸系统疾病	87.08	15.79
	4	脑血管病	79.82	14.47
	5	损伤和中毒外部原因	37.07	6.72
	6	内分泌，营养和代谢的其他疾病	18.47	3.35
	7	消化系统疾病	13.98	2.54
	8	泌尿生殖系统疾病	7.39	1.34
	9	起源于围生期的某些情况	5.15	0.93
	10	呼吸道结核	2.77	0.50
男 性	1	恶性肿瘤	144.24	24.58
	2	心脏病	132.79	22.63
	3	呼吸系统疾病	85.14	14.51
	4	脑血管病	77.33	13.18
	5	损伤和中毒外部原因	49.99	8.52
	6	内分泌，营养和代谢的其他疾病	17.70	3.02
	7	消化系统疾病	16.92	2.88
	8	起源于围生期的某些情况	6.51	1.11
	9	泌尿生殖系统疾病	6.25	1.06
	10	呼吸道结核	4.95	0.84
女 性	1	心脏病	154.33	29.96
	2	呼吸系统疾病	89.07	17.29
	3	恶性肿瘤	83.18	16.15
	4	脑血管病	82.38	15.99
	5	损伤和中毒外部原因	23.80	4.62
	6	内分泌，营养和代谢的其他疾病	19.26	3.74
	7	消化系统疾病	10.97	2.13
	8	泌尿生殖系统疾病	8.56	1.66
	9	起源于围生期的某些情况	3.74	0.73
	10	先天畸形，变性和染色体异常	2.41	0.47

白云区意外死亡外部原因死亡率及构成比

死亡原因	合计		男性		女性	
	死亡率（1/10万）	构成比（%）	死亡率（1/10万）	构成比（%）	死亡率（1/10万）	构成比（%）
损伤和中毒外部原因小计	37.07	6.72	49.99	8.52	23.80	4.62
机动车辆交通事故	3.69	0.67	4.69	0.80	2.67	0.52
机动车以外的运输事故	11.74	2.13	14.84	2.53	8.56	1.66
意外中毒	2.90	0.53	4.17	0.71	1.60	0.31
意外跌落	2.11	0.38	1.82	0.31	2.41	0.47
火　灾	0.40	0.07	0.26	0.04	0.53	0.10
由自然环境因素所致的意外事故						
淹　死	2.11	0.38	2.86	0.49	1.34	0.26
意外的机械性窒息	0.53	0.10	0.52	0.09	0.53	0.10
砸　死						
由机器切割和穿刺工具所致的意外的事故						
触　电	0.26	0.05	0.52	0.09		
其他意外事故和有害效应	8.31	1.51	14.06	2.40	2.41	0.47
自　杀	3.96	0.72	4.43	0.75	3.48	0.67
被　杀	1.06	0.19	1.82	0.31	0.27	0.05

（六）黄　埔　区

黄埔区卫生机构、床位、人员情况（含诊所等）

分　类	机构数（个）	实有床位	人员数（人）									
			合　计	卫生技术人员	其中					其他技术人员	管理人员	工勤人员
					执业医师	执业助理医师	注册护士	药剂人员	检验人员			
总　计	121	1 221	1 758	1 432	572	80	507	136	76	64	110	152
一、按经济类型分												
国　有	46	1 099	1 278	1 027	413	39	372	102	62	53	74	124
集　体	12		18	18	6	1	8	1				
联　营												
私　营	63	122	462	387	153	40	127	33	14	11	36	28
其　他												
二、按设置主办单位分												
政府办	10	765	606	470	200	18	144	48	39	35	35	66
其中：卫生部门	6	265	486	403	187	14	114	43	34	26	34	23
企业办	21	334	569	464	180	16	191	42	20	17	38	50
其　他	90	122	583	498	192	46	172	46	17	12	37	36

黄埔区诊所、医务室、卫生所、社区卫生服务站机构、人员情况

分类	机构数（个）	人员数（人）							
		合计	卫生技术人员						
			小计	执业医师	执业助理医师	注册护士	药剂人员	检验人员	其他
总计	93	324	324	127	38	117	14	7	21
一、按经济类型分									
国有	34	128	128	46	9	51	5	5	12
集体	7	18	18	6	1	8	1		2
联营									
私营	52	178	178	75	28	58	8	2	7
其他									
二、按设置主办单位分									
政府办	3	19	19	4	1	6		3	5
其中：卫生部门									
企业办	17	89	89	32	8	37	4	2	6
其他	73	216	216	91	29	74	10	2	10

黄埔区医疗机构分级情况

等级	医院					妇幼保健院
	合计	其中				
		综合医院	中医医院	中西医结合医院	专科医院	
总计	6	5	1			1
三级						
三级特等						
三级甲等						
三级乙等						
三级丙等						
二级	3	2	1			
二级甲等	3	2	1			
二级乙等						
二级丙等						
一级	1	1				
一级甲等	1	1				
一级乙等						
一级丙等						
其他	2	2				1

黄埔区医疗机构分科床位情况

分　科	医　院	疾病专科防治院	妇幼保健院	合　计
床位合计	721			721
预防保健科				
全科医疗科				
内　科	183			183
外　科	206			206
儿　科	25			25
妇产科	102			102
眼　科	1			1
耳鼻咽喉科	1			1
口腔科	1			1
皮肤科				
医疗美容科				
精神科				
传染科				
结核病科				
地方病科				
肿瘤科				
康复医学科				
运动医学科				
职业病科				
中医科	165			165
中西医结合科	37			37
其　他				

黄埔区卫生机构专业卫生人员分类情况

指标名称	卫生技术人员							其他技术人员	管理人员
	合　计	执业医师	执业助理医师	注册护士	药剂人员	检验人员	其　他		
总　计	1 106	456	28	389	122	72	39	67	107
按性别分									
男	356	268	13		37	21	17	20	42
女	750	188	15	389	85	51	22	47	65
按年龄分									
25岁及以下	96	13	5	36	13	7	22	6	11
26～35岁	391	155	12	162	27	28	7	19	22

续表

指标名称	卫生技术人员							其他技术人员	管理人员
	合　计	执业医师	执业助理医师	注册护士	药剂人员	检验人员	其　他		
36～45岁	368	159	8	127	45	25	4	27	32
46～55岁	212	96	3	63	33	11	6	12	36
56～60岁	29	24		1	4			3	6
60岁以上	10	9				1			
按工作年限分									
5年及以下	173	80	5	35	13	14	26	8	13
6～10年	130	50	7	54	6	10	3	10	7
11～20年	382	151	8	156	40	26	1	26	27
21～30年	239	77	5	105	37	12	3	10	32
30年以上	182	98	3	39	26	10	6	13	28
按学历分									
博　士	1	1							
硕　士	17	14				3			1
学士/大学本科	321	262	1	8	16	19	15	8	36
大　专	310	117	14	133	22	19	5	25	34
中　专	374	52	10	225	50	21	16	17	23
高　中	69	8	3	22	25	9	2	12	9
初中及以下	14	2		1	9	1	1	5	4
按专业技术资格分									
正　高	5	5							3
副　高	89	82		1	3	3			12
中　级	340	193		100	26	16	5	7	30
助理/师级	457	162	11	189	57	31	7	26	21
员/士	193	13	17	92	35	22	14	21	13
其　他	22	1		7	1		13	13	28
按聘任专业技术职务分									
正　高	3	3							3
副　高	87	81			3	3			12
中　级	326	187		95	25	14	5	10	34
助理/师级	463	164	11	192	57	32	7	26	26
员/士	199	16	17	97	33	23	13	21	12
待　聘	28	5		5	4		14	10	20

黄埔区分科执业（助理）医师情况

分　科	合　计	执业医师	执业助理医师
总　计	472	444	28
预防保健科	30	27	3
全科医疗科	22	19	3
内　科	63	62	1
外　科	54	52	2
儿　科	24	22	2
妇产科	46	43	3
眼　科	4	4	
耳鼻咽喉科	7	6	1
口腔科	21	17	4
皮肤科	6	5	1
医疗美容科			
精神科			
传染科			
结核病科	2	2	
地方病科			
肿瘤科			
急诊医学科	12	12	
康复医学科	7	7	
运动医学科			
职业病科			
麻醉科	6	6	
医学检验科			
病理科	1	1	
医学影像科	25	25	
中医科	122	116	6
中西医结合科			
其　他	20	18	2

黄埔区中医机构分科执业（助理）医师情况

分　科	执业（助理）医师数（人）			中医医院床位数（张）
	合　计	执业医师	执业助理医师	
总　计	93	91	2	165
内　科	42	41	1	40
外　科				22
妇产科	2	2		26
儿　科				
皮肤科	1	1		

续表

分　科	执业（助理）医师数（人）			中医医院床位数（张）
	合　计	执业医师	执业助理医师	
眼　科	1	1		
精神科				
肿瘤科				
骨伤科	8	8		22
肛肠科	1	1		
针灸科				40
推拿科				
其　他	38	37	1	15

黄埔区疾病预防控制中心（防疫站）卫生人员情况

指标名称	卫生技术人员						其他技术人员	管理人员
	合　计	执业医师	执业助理医师	药剂人员	检验人员	其　他		
总　计	29	14		1	12	2		5
按年龄分								
25岁及以下	3	2			1			1
26～35岁	9	4		1	3	1		1
36～45岁	11	5			5	1		
46～55岁	5	2			3			2
56～60岁	1	1						1
60岁以上								
按工作年限分								
5年及以下	7	5			2			1
6～10年	3	1			2			
11～20年	9	4		1	3	1		1
21～30年	6	2			3	1		1
30年以上	4	2			2			2
按学历分								
博　士								
硕　士	4	1			3			
学士/大学本科	13	10			3			2
大　专	6	1		1	3	1		
中　专	6	2			3	1		3
高中及以下								
按专业技术资格分								
正　高								
副　高	6	4			2			
中　级	10	3		1	5	1		

续表

指标名称	卫生技术人员						其他技术人员	管理人员
	合　计	执业医师	执业助理医师	药剂人员	检验人员	其　他		
助理/师级	9	7			2			
员/士	4				3	1		
其　他								5
按聘任专业技术职务分								
正　高								
副　高	6	4			2			
中　级	10	3		1	5	1		
助理/师级	9	7			2			3
员/士	4				3	1		
待　聘								2

黄埔区卫生机构、床位、人员情况一览表

卫生机构名称	机构数（个）	实有床位	人员数（人）									
			合　计	卫生技术人员	其中					其他技术人员	管理人员	工勤人员
					执业医师	执业助理医师	注册护士	药剂人员	检验人员			
总　计	28	1 221	1 434	1 108	445	42	390	122	69	64	110	152
医　院	6	721	983	788	326	18	295	86	39	43	80	72
综合医院	5	556	755	598	238	12	237	61	31	32	71	54
广州黄埔造船厂职工医院	1	50	29	28	10	2	10	4	2			1
广州市黄埔区红十字会医院	1	100	144	126	54	4	42	15	9	13	5	
广东省电力一局医院	1	138	149	111	46	4	44	11	4		23	15
广州港港湾医院	1	146	288	223	85	2	97	21	11	17	15	33
广州亿仁医院	1	122	145	110	43		44	10	5	2	28	5
中医医院	1	165	228	190	88	6	58	25	8	11	9	18
广州市黄埔区中医院	1	165	228	190	88	6	58	25	8	11	9	18
社区卫生服务中心	3		83	73	23	5	29	11	3	1	1	8
黄埔区红山街社区卫生服务中心	1		83	73	23	5	29	11	3	1	1	8
鱼珠街社区卫生服务中心	1											
长洲街社区卫生服务中心	1											
门诊部	14		153	112	42	12	28	17	8	9	8	24
广东省电力一局第一门诊部	1		14	13	7		3	2	1			1
珠江康复医学门诊部	1		14	12	3	3	1	1	1	1		1
广诚南基门诊部	1		16	13	5		5	2	1	1	1	1
金芝堂门诊部	1		14	8	3	2	2	1		2	1	3
广州康园门诊部	1		29	10	3		3	2	1	1	3	15
忠诚门诊部	1		12	12	5		4		2			
黄埔新康专科医疗门诊部	1		8	8	4		3	1				

续表

卫生机构名称	机构数（个）	实有床位	人员数（人）									
			合计	卫生技术人员	其中					其他技术人员	管理人员	工勤人员
					执业医师	执业助理医师	注册护士	药剂人员	检验人员			
黄埔区红十字会医院云埔门诊部	1											
广州市黄埔区红十字会医院二门诊	1											
黄埔区中医院下沙门诊部	1											
东大医疗门诊部	1		17	12	4	1	3	3	1	2	1	2
惠浦门诊部	1		14	14	5	3	2	3	1			
黄埔区中医院长洲分院金洲中医门诊部	1											
正安堂中医门诊部	1		15	10	3	3	2	2		2	2	1
妇幼保健院（所、站）	1		47	37	14	3	10	1	6		8	2
广州市黄埔区妇幼保健院	1		47	37	14	3	10	1	6		8	2
专科疾病防治院（所、站）	1		10	8	5		2	1		2		
黄埔区慢性病防治站	1		10	8	5		2	1		2		
疾病预防控制中心（防疫站）	1		34	29	16		2	1	10		5	
广州市黄埔区疾病预防控制中心	1		34	29	16		2	1	10		5	
卫生监督所	1		23	13	10	1			1		7	3
广州市黄埔区卫生监督所	1		23	13	10	1			1		7	3
疗养院	1	500	101	48	9	3	24	5	2	9	1	43
广东省第二工人医院	1	500	101	48	9	3	24	5	2	9	1	43

黄埔区医疗机构运营情况一览表

1. 门诊服务

卫生机构名称	机构数（个）	诊疗人次数（人）					观察室收容人数	健康检查人数	急诊死亡率（%）
		总计	其中：门、急诊人次数（人）						
			合计	门诊人次数	急诊人次数				
					小计	内：死亡人数			
总计	26	1 386 112	1 379 856	1 186 052	193 804	30	369	129 899	0.02
医院	6	1 098 230	1 095 809	908 067	187 742	18	303	105 510	0.01
综合医院	5	809 018	806 992	660 221	146 771	17	257	89 680	0.01
广州黄埔造船厂职工医院	1	33 710	33 710	28 496	5 214			8 779	
广州市黄埔区红十字会医院	1	355 158	355 111	309 327	45 784	1	99	32 831	
广东省电力一局医院	1	136 310	134 415	80 503	53 912	1	7	3 717	
广州港港湾医院	1	210 299	210 299	175 839	34 460	14	140	27 809	0.04
广州亿仁医院	1	73 541	73 457	66 056	7 401	1	11	16 544	0.01
中医医院	1	289 212	288 817	247 846	40 971	1	46	15 830	

续表

卫生机构名称	机构数（个）	诊疗人次数（人）					观察室收容人数	健康检查人数	急诊死亡率（%）
		总　计	其中：门、急诊人次数（人）						
			合　计	门诊人次数	急诊人次数				
					小　计	内：死亡人数			
广州市黄埔区中医院	1	289 212	288 817	247 846	40 971	1	46	15 830	
社区卫生服务中心	3	89 604	89 604	89 604					
黄埔区红山街社区卫生服务中心	1	89 604	89 604	89 604					
门诊部	14	95 305	94 872	92 816	2 056		66		
广东省电力一局第一门诊部	1	23 336	23 336	22 080	1 256				
珠江康复医学门诊部	1	507	507	507					
广诚南基门诊部	1	4 990	4 847	4 368	479				
金芝堂门诊部	1	9 683	9 671	9 615	56		66		
广州康园门诊部	1	17 039	17 021	16 756	265				
忠诚门诊部	1	11 940	11 680	11 680					
黄埔新康专科医疗门诊部	1	7 560	7 560	7 560					
东大医疗门诊部	1	3 250	3 250	3 250					
惠浦门诊部	1	15 000	15 000	15 000					
正安堂中医门诊部	1	2 000	2 000	2 000					
妇幼保健院（所、站）	1	72 251	72 251	72 251				23 283	
广州市黄埔区妇幼保健院	1	72 251	72 251	72 251				23 283	
专科疾病防治院（所、站）	1	2 898	2 898	2 898					
黄埔区慢性病防治站	1	2 898	2 898	2 898					
疗养院	1	27 824	24 422	20 416	4 006	12		1 106	0.30
广东省第二工人医院	1	27 824	24 422	20 416	4 006	12		1 106	0.30

2．住院服务

卫生机构名称	入院人数	出院人数	住院病人手术人次	住院危重病人抢救人次	治愈率（%）	好转率（%）	死亡率（%）
总　计	17 553	17 503	7 342	1 212	69.05	27.10	1.53
医　院	16 669	16 667	7 219	1 212	69.91	26.72	1.40
综合医院	12 823	12 844	5 977	957	72.34	24.38	1.35
广州黄埔造船厂职工医院	240	235		15	20	69.36	4.26
广州市黄埔区红十字会医院	3 834	3 844	2 479	359	85.59	12.49	0.86
广东省电力一局医院	4 251	4 237	1 949	195	69.53	27.17	1.44
广州港港湾医院	2 922	2 948	1 103	335	71.91	23.54	1.87
广州亿仁医院	1 576	1 580	446	53	56.20	40.76	0.89
中医医院	3 846	3 823	1 242	255	61.76	34.58	1.57
广州市黄埔区中医院	3 846	3 823	1 242	255	61.76	34.58	1.57
疗养院	884	836	123		51.91	34.69	4.19
广东省第二工人医院	884	836	123		51.91	34.69	4.19

3. 床位利用

卫生机构名称	实有床位数（张）	实际开放总床日数	平均开放病床（张）	实际占用总床日数	出院者占用总床日数	病床周转次数	病床工作日	病床使用率（%）	出院者平均住院日
总　计	1 221	444 049	1 217	274 689	191 838	14	226	61.86	10.96
医　院	721	261 549	717	163 549	163 409	23	228	62.53	9.80
综合医院	556	201 324	552	115 907	115 767	23	210	57.57	9.01
广州黄埔造船厂职工医院	50	18 250	50	7 200	6 840	5	144	39.45	29.11
广州市黄埔区红十字会医院	100	35 280	97	27 515	27 515	40	285	77.99	7.16
广东省电力一局医院	138	49 974	137	31 940	31 715	31	233	63.91	7.49
广州港港湾医院	146	53 290	146	30 680	31 112	20	210	57.57	10.55
广州亿仁医院	122	44 530	122	18 572	18 585	13	152	41.71	11.76
中医医院	165	60 225	165	47 642	47 642	23	289	79.11	12.46
广州市黄埔区中医院	165	60 225	165	47 642	47 642	23	289	79.11	12.46
疗养院	500	182 500	500	111 140	28 429	2	222	60.90	34.01
广东省第二工人医院	500	182 500	500	111 140	28 429	2	222	60.90	34.01

黄埔区政府办医院病人人均医院费用与医生工作效率一览表

卫生机构名称	平均每诊疗人次医疗费（元）				平均每一出院者住院医疗费（元）				平均每一医师	
	合　计	其中：药费	其中：检查费	其中：治疗费	合　计	其中：药费	其中：检查费	其中：治疗费	全年担负诊疗人次	全年担负住院床日
总　计	80	41	10	14	3 748	1 410	188	626	4 166	437
医　院	85	45	10	16	3 748	1 410	188	626	4 157	485
综合医院	67	31	9	9	3 014	1 109	140	389	5 822	451
广州市黄埔区红十字会医院	67	31	9	9	3 014	1 109	140	389	5 822	451
中医医院	107	62	11	23	4 486	1 713	235	863	3 077	507
广州市黄埔区中医院	107	62	11	23	4 486	1 713	235	863	3 077	507
妇幼保健院（所、站）	37	6	10	1					4 250	
广州市黄埔区妇幼保健院	37	6	10	1					4 250	

黄埔区前十位疾病死亡率、构成比和位次

性 别	顺 位	死亡原因	死亡率（1/10万）	构成（%）
合 计	1	恶性肿瘤	123.84	26.79
	2	心脏病	71.51	15.47
	3	呼吸系统疾病	55.96	12.11
	4	脑血管病	47.15	10.20
	5	损伤和中毒外部原因	23.32	5.04
	6	内分泌，营养和代谢的其他疾病	19.17	4.15
	7	消化系统疾病	18.65	4.04
	8	泌尿生殖系统疾病	9.85	2.13
	9	神经系统疾病	4.66	1.01
	10	精神障碍	3.63	0.78
男 性	1	恶性肿瘤	154.36	30.73
	2	心脏病	76.70	15.27
	3	呼吸系统疾病	61.36	12.21
	4	脑血管病	48.90	9.73
	5	损伤和中毒外部原因	23.01	4.58
	6	消化系统疾病	23.01	4.58
	7	内分泌，营养和代谢的其他疾病	19.17	3.82
	8	神经系统疾病	5.75	1.15
	9	泌尿生殖系统疾病	5.75	1.15
	10	传染病（不包括呼吸道结核）	4.79	0.95
女 性	1	恶性肿瘤	87.95	21.20
	2	心脏病	65.40	15.76
	3	呼吸系统疾病	49.61	11.96
	4	脑血管病	45.10	10.87
	5	损伤和中毒外部原因	23.68	5.71
	6	内分泌，营养和代谢的其他疾病	19.17	4.62
	7	泌尿生殖系统疾病	14.66	3.53
	8	消化系统疾病	13.53	3.26
	9	肌肉骨骼和结缔组织疾病	3.38	0.82
	10	神经系统疾病	3.38	0.82

黄埔区意外死亡外部原因死亡率及构成比

死亡原因	合计		男性		女性	
	死亡率（1/10万）	构成比（%）	死亡率（1/10万）	构成比（%）	死亡率（1/10万）	构成比（%）
损伤和中毒外部原因小计	23.32	5.04	23.01	4.58	23.68	5.71
机动车辆交通事故	2.07	0.45	2.88	0.57	1.13	0.27
机动车以外的运输事故	6.22	1.35	6.71	1.34	5.64	1.36
意外中毒	0.52	0.11	0.96	0.19		
意外跌落	2.59	0.56	1.92	0.38	3.38	0.82
火　灾	1.04	0.22	0.96	0.19	1.13	0.27
由自然环境因素所致的意外事故						
淹　死	1.04	0.22	0.96	0.19	1.13	0.27
意外的机械性窒息	1.04	0.22	0.96	0.19	1.13	0.27
砸　死						
由机器切割和穿刺工具所致的意外的事故						
触　电						
其他意外事故和有害效应	1.55	0.34	2.88	0.57		
自　杀	7.25	1.57	4.79	0.95	10.15	2.45
被　杀						

（七）番　禺　区

番禺区卫生机构、床位、人员情况（含诊所等）

分　类	机构数（个）	实有床位	人员数（人）合　计	卫生技术人员	其中：执业医师	执业助理医师	注册护士	药剂人员	检验人员	其他技术人员	管理人员	工勤人员
总　计	272	4 483	7 724	6 454	2 356	335	2 276	590	309	308	222	740
一、按经济类型分												
国　有	148	4 063	5 528	4 830	1 812	216	1 683	438	203	226	141	331
集　体	22	19	131	120	49	10	30	14	9	3	3	5
联　营	1	401	1 058	668	210	16	313	56	29	39	12	339
私　营	67		782	620	211	72	190	62	44	38	61	63
其　他	34		225	216	74	21	60	20	24	2	5	2
二、按设置主办单位分												
政府办	90	4 082	5 449	4 740	1 755	213	1 660	435	203	229	144	336
其中：卫生部门	71	3 789	5 034	4 449	1 667	171	1 577	417	184	188	105	292
企业办	44		163	162	73	16	45	14	7	1		
其　他	138	401	2 112	1 552	528	106	571	141	99	78	78	404

番禺区卫生机构、床位、人员情况（不含诊所等）

分 类	机构数（个）	实有床位	人 员 数（人）									
			合 计	卫生技术人员	其 中					其他技术人员	管理人员	工勤人员
					执业医师	执业助理医师	注册护士	药剂人员	检验人员			
总 计	151	4 483	7 335	6 065	2 181	302	2 182	560	278	308	222	740
一、按经济类型分												
国 有	82	4 063	5 418	4 720	1 747	210	1 656	434	200	226	141	331
集 体	1	19	27	16	4	3	4	1	3	3	3	5
联 营	1	401	1 058	668	210	16	313	56	29	39	12	339
私 营	61		743	581	200	64	182	59	42	38	61	63
其 他	6		89	80	20	9	27	10	4	2	5	2
二、按设置主办单位分												
政府办	82	4 082	5 445	4 736	1 751	213	1 660	435	203	229	144	336
其中：卫生部门	71	3 789	5 034	4 449	1 667	171	1 577	417	184	188	105	292
企业办	4		20	19	7	0	7	2	1	1		
其 他	65	401	1 870	1 310	423	89	515	123	74	78	78	404

番禺区诊所、医务室、卫生所、社区卫生服务站机构、人员情况

分 类	机构数（个）	人 员 数（人）							
		合 计	卫生技术人员						
			小 计	执业医师	执业助理医师	注册护士	药剂人员	检验人员	其 他
总 计	121	389	389	175	33	94	30	31	26
一、按经济类型分									
国 有	66	110	110	65	6	27	4	3	5
集 体	21	104	104	45	7	26	13	6	7
联 营									
私 营	6	39	39	11	8	8	3	2	7
其 他	28	136	136	54	12	33	10	20	7
二、按设置主办单位分									
政府办	8	4	4	4					
其中：卫生部门									
企业办	40	143	143	66	16	38	12	6	5
其 他	73	242	242	105	17	56	18	25	21

番禺区医疗机构分级情况

等级	医院					妇幼保健院
	合计	其中				
		综合医院	中医医院	中西医结合医院	专科医院	
总计	21	18	2		1	1
三级						
三级特等						
三级甲等						
三级乙等						
三级丙等						
二级						
二级甲等						
二级乙等						
二级丙等						
一级						
一级甲等						
一级乙等						
一级丙等						
其他	21	18	2		1	1

番禺区医疗机构分科床位情况

分科	医院	疾病专科防治院	妇幼保健院	合计
床位合计	3 383		600	3 983
预防保健科				
全科医疗科	32			32
内科	759			759
外科	835			835
儿科	165		92	257
妇产科	599		508	1 107
眼科	19			19
耳鼻咽喉科	20			20
口腔科	6			6
皮肤科				
医疗美容科				
精神科				
传染科	41			41

续表

分　科	医　院	疾病专科防治院	妇幼保健院	合　计
结核病科	37			37
地方病科				
肿瘤科	48			48
康复医学科	58			58
运动医学科				
职业病科				
中医科	764			764
中西医结合科				
其　他				

番禺区卫生机构专业卫生人员分类情况

指标名称	卫生技术人员							其他技术人员	管理人员
	合　计	执业医师	执业助理医师	注册护士	药剂人员	检验人员	其　他		
总　计	6 044	2 141	295	2 244	524	264	576	410	118
按性别分									
男	2 016	1 329	152	12	178	131	214	152	73
女	4 028	812	143	2 232	346	133	362	258	45
按年龄分									
25岁及以下	1 100	82	71	597	85	46	219	79	7
26～35岁	2 621	857	172	1 047	228	116	201	156	31
36～45岁	1 448	717	34	420	126	50	101	109	51
46～55岁	666	313	14	172	78	43	46	53	25
56～60岁	133	105	4	7	5	6	6	8	2
60岁以上	76	67		1	2	3	3	5	2
按工作年限分									
5年及以下	1 674	419	130	603	119	76	327	107	13
6～10年	1 331	354	81	619	133	56	88	85	15
11～20年	1 636	679	54	635	127	64	77	114	34
21～30年	853	363	21	284	94	41	50	63	35
30年以上	550	326	9	103	51	27	34	41	21
按学历分									
博　士	9	9							1
硕　士	106	99				2	5	2	
学士/大学本科	1 441	1 094	45	40	69	72	121	45	29

续表

指标名称	卫生技术人员							其他技术人员	管理人员
	合 计	执业医师	执业助理医师	注册护士	药剂人员	检验人员	其 他		
大 专	1 252	519	101	371	87	78	96	111	45
中 专	2 811	351	131	1 723	243	96	267	157	33
高 中	213	37	9	50	64	14	39	52	3
初中及以下	212	32	9	60	61	2	48	43	7
按专业技术资格分									
正 高	43	39		2			2	1	2
副 高	353	332		4	3	9	5	6	12
中 级	1 124	704	2	287	49	53	29	22	23
助理/师级	2 146	921	103	711	196	111	104	48	24
员/士	1 754	49	161	1 104	235	63	142	70	12
其 他	624	96	29	136	41	28	294	263	45
按聘任专业技术职务分									
正 高	39	38					1	1	1
副 高	348	327		4	3	9	5	5	14
中 级	1 087	693	2	264	47	52	29	25	26
助理/师级	2 210	947	99	736	193	111	124	58	31
员/士	1 922	62	165	1 117	263	73	242	134	17
待 聘	438	74	29	123	18	19	175	187	29

番禺区分科执业（助理）医师情况

分 科	合 计	执业医师	执业助理医师
总 计	2 381	2 086	295
预防保健科	93	77	16
全科医疗科	32	29	3
内 科	440	410	30
外 科	249	235	14
儿 科	78	73	5
妇产科	252	240	12
眼 科	23	21	2
耳鼻咽喉科	36	35	1
口腔科	140	96	44
皮肤科	23	21	2

续表

分　科	合　计	执业医师	执业助理医师
医疗美容科	6	5	1
精神科	1	1	
传染科	9	9	
结核病科	5	3	2
地方病科			
肿瘤科	20	20	
急诊医学科	80	75	5
康复医学科	37	34	3
运动医学科			
职业病科			
麻醉科	46	36	10
医学检验科			
病理科	6	4	2
医学影像科	113	93	20
中医科	365	313	52
中西医结合科	122	106	16
其　他	205	150	55

番禺区中医机构分科执业（助理）医师情况

分　科	执业（助理）医师数（人）			中医医院床位数（张）
	合　计	执业医师	执业助理医师	
总　计	331	286	45	681
内　科	167	149	18	145
外　科	8	8		107
妇产科	2	2		74
儿　科	2	2		50
皮肤科	1	1		2
眼　科				26
精神科				
肿瘤科	1	1		48
骨伤科	5	5		162
肛肠科	2	2		10
针灸科	17	12	5	6
推拿科	5	4	1	6
其　他	121	100	21	45

番禺区疾病预防控制中心（防疫站）卫生人员情况

指标名称	卫生技术人员						其他技术人员	管理人员
	合　计	执业医师	执业助理医师	药剂人员	检验人员	其　他		
总　计	43	21	4	2	11	5	4	
按年龄分								
25岁及以下								
26～35岁	10	4		1	4	1	1	
36～45岁	17	8	2	1	4	2		
46～55岁	11	5	2		3	1	3	
56～60岁	3	2				1		
60岁以上	2	2						
按工作年限分								
5年及以下	7	4			2	1		
6～10年	3			1	2			
11～20年	9	5			4		1	
21～30年	14	6	3	1	1	3		
30年以上	10	6	1		2	1	3	
按学历分								
博　士								
硕　士								
学士/大学本科	18	11			6	1		
大　专	5	3			2			
中　专	13	6	2	1	2	2	1	
高中及以下	7	1	2	1	1	2	3	
按专业技术资格分								
正　高								
副　高	2	2						
中　级	14	9			5			
助理/师级	15	9	1	1	2	2	2	
员/士	9	1	3	1	2	2		
其　他	3				2	1	2	
按聘任专业技术职务分								
正　高								
副　高	2	2						
中　级	14	9			5			
助理/师级	13	7	1	1	2	2	2	
员/士	9	1	3	1	2	2	1	
待　聘	5	2			2	1	1	

番禺区卫生机构、床位、人员情况一览表

卫生机构名称	机构数（个）	实有床位	人员数（人）									
			合　计	卫生技术人员	其中					其他技术人员	管理人员	工勤人员
					执业医师	执业助理医师	注册护士	药剂人员	检验人员			
总　计	151	4 483	7 335	6 065	2 181	302	2 182	560	278	308	222	740
医　院	21	3 383	5 006	4 205	1 592	163	1 551	396	162	198	81	522
综合医院	18	2 674	3 430	3 057	1 187	121	1 062	303	121	148	63	162
广东省番禺监狱医院	1	64	32	25	13	3	1	2	4		7	
广州市番禺区鱼窝头镇医院	1	100	123	109	44	6	31	10	5	8	3	3
广州市番禺区榄核医院	1	70	192	180	70	17	46	12	6	1	3	8
广州市番禺区钟村医院	1	110	190	168	65	7	53	16	6	16	3	3
广州市番禺区新造医院	1	73	70	62	22	3	26	6	2	5	3	
广州市番禺区大岗人民医院	1	214	336	299	110	17	110	30	13	18	1	18
广州市番禺区人民医院	1	836	867	771	312	7	336	60	24	30	4	62
番禺区化龙医院	1	70	141	131	45	2	51	13	6	3	3	4
广州市番禺区沙湾人民医院	1	150	144	127	60	6	42	13	5	7	8	2
广州市番禺区石楼人民医院	1	150	256	231	98	5	66	43	11	9	3	13
广州市番禺区石基人民医院	1	200	328	295	78	15	89	36	11	15	3	15
广州市番禺区市桥医院	1	100	247	225	79	20	66	21	8	15	4	3
广州市番禺区大岗人民医院潭洲分院	1											
广州市番禺区灵山医院	1	80	78	67	27	4	22	10	3		6	5
广州市番禺区南村医院	1	129	172	158	65		52	16	6	11	3	
广州市番禺区大石人民医院	1	289	190	171	87	4	58	14	6	7	4	8
康优医院	1	19	27	16	4	3	4	1	3	3	3	5
广州市公安局番禺区分局羁押医院	1	20	37	22	8	2	9		2		2	13
中医医院	2	681	1 546	1 122	399	41	480	92	40	50	16	358
番禺区中医院	1	280	488	454	189	25	167	36	11	11	4	19
广州中医药大学祈福医院	1	401	1 058	668	210	16	313	56	29	39	12	339
专科医院	1	28	30	26	6	1	9	1	1		2	2
广州市番禺区颐老园康复医院	1	28	30	26	6	1	9	1	1		2	2
社区卫生服务中心	2		70	61	14	8	19	8	3	2	5	2
沙头街社区卫生服务中心	1		28	23	5	2	5	4	2	1	2	2
桥南街社区卫生服务中心	1		42	38	9	6	14	4	1	1	3	
卫生院	7	88	142	122	36	9	33	5	4		3	17
乡镇卫生院	7	88	142	122	36	9	33	5	4		3	17
番禺区石基医院傍西分院	1											

续表

卫生机构名称	机构数（个）	实有床位	人员数（人）									
			合计	卫生技术人员	其中					其他技术人员	管理人员	工勤人员
					执业医师	执业助理医师	注册护士	药剂人员	检验人员			
广州市番禺区石楼人民医院海鸥分院	1											
广州市番禺区东涌医院	1	88	142	122	36	9	33	5	4		3	17
番禺区大石人民医院南浦分院	1											
番禺区钟村医院韦涌分院	1											
番禺区钟村医院石壁分院	1											
番禺区石楼人民医院莲花山分院	1											
门诊部	110		765	603	207	66	190	62	43	38	61	63
广州大学门诊部	1											
番禺区沙湾镇紫坭社区居委门诊部	1		8	8	2	2	3	1				
番禺区何贤纪念医院西街门诊	1											
番禺区何贤医院三堂门诊部	1											
番禺区鱼窝头医院大同分院	1											
番禺区人民医院三堂门诊部	1											
番禺区市桥医院番山门诊部	1											
番禺区市桥医院大罗门诊部	1											
番禺区市桥医院三堂门诊部	1											
番禺区市桥医院东城门诊部	1											
番禺区市桥医院桥南门诊部	1											
番禺区市桥医院西丽门诊部	1											
番禺区大石人民医院富丽门诊部	1											
番禺区大石人民医院洛城门诊部	1											
番禺区钟村医院第二门诊部	1											
番禺区东涌医院第三门诊	1											
番禺区东涌医院第二门诊	1											
番禺区南村医院第二门诊	1											
番禺区南村医院里仁洞分院	1											
番禺区榄核医院第二门诊	1											
番禺区榄核医院镇南综合门诊部	1											
番禺区榄核医院民生门诊部	1											
番禺区榄核医院万安门诊部	1											
番禺区榄核医院敏腾公司门诊部	1											
番禺区榄核医院联盛公司门诊部	1											
番禺区榄核医院甘岗门诊部	1											

卫生机构名称	机构数（个）	实有床位	人员数（人）合计	卫生技术人员	其中：执业医师	执业助理医师	注册护士	药剂人员	检验人员	其他技术人员	管理人员	工勤人员
广州市番禺区大岗人民医院潭洲分院第二门诊部	1											
广州市番禺区大岗人民医院潭洲分院东南分院	1											
番禺区化龙医院第二门诊部	1											
番禺区化龙医院明经门诊部	1											
番禺区化龙医院谭山门诊部	1											
番禺区中医院第三门诊部	1											
番禺区中医院第二门诊部	1											
番禺区石楼人民医院第二门诊	1											
番禺区石楼人民医院莲港门诊部	1											
石基人民医院旧水坑综合门诊部	1											
阳光综合门诊部	1		29	17	5		8	2	2	10	2	
番禺区市桥医院沙头门诊部	1											
番禺区大石人民医院桥东门诊部	1											
番禺区人民医院北区门诊部	1											
德兴华美口腔专科门诊部	1		7	6	2	2	2					1
广东工业大学大学城校区门诊部	1											
广州市番禺疗养院德兴门诊	1											
广州市番禺疗养院东城门诊部	1											
番禺区疗养院海傍门诊部	1											
联峰门诊部	1		5	4	2		1	1				1
冶金门诊部	1		14	14	5		5	2	1			
益健中医门诊部	1		13	10	4		3	2	1	1	2	
康华中医门诊部	1		22	18	7	3	3	2	1	2	1	1
康桥中医门诊部	1		24	18	6	1	7	1	1	3	2	1
东方中医门诊部	1		12	10	5		2	1	1			2
友好中医门诊部	1		13	11	3	2	4	1	1	1	1	
广东省中医院大学城门诊部	1											
安康中医门诊部	1		8	6	3		1	1	1	1		1
仁济中医门诊部	1		17	10	5	2	1	1	1		2	5
益民中医门诊部	1		13	10	6		2	1	1		3	
嘉和中医门诊部	1		10	8	4		2	1	1	1	1	
康泰中医门诊部	1		8	6	2		2	1	1		1	1
同力中医门诊部	1		14	11	5		3	1	1		2	1

续表

卫生机构名称	机构数（个）	实有床位	人员数（人）									
			合　计	卫生技术人员	其中					其他技术人员	管理人员	工勤人员
					执业医师	执业助理医师	注册护士	药剂人员	检验人员			
现代中医专科门诊部	1		18	15	5		6	2	1	2	1	
济仁堂中西医结合门诊部	1		12	11	5	1	3	1	1		1	
虹桥中西医结合门诊部	1		12	11	4	2	2	1	1			1
康乐中西医结合门诊部	1		27	19	4	4	8	1	2	2	2	4
桥兴中西医结合门诊部	1		12	12	3	1	4	2	1			
长江中西医结合门诊部	1		23	19	6		6	2	1		3	1
康嘉中西医结合门诊部	1		7	7	2	1	2	1	1			
广济中西医结合门诊部	1		14	12	5		2	2	1		2	
永康消化病专科门诊部	1		9	7	3		2	1	1		1	1
龙辉疼痛病专科门诊部	1		12	9	4		3	1	1		1	2
龙源疼痛病专科门诊部	1		17	12	4	1	3	1	1		2	3
曙光消化病专科门诊部	1		14	10	3		4	2	1		1	3
南大消化病专科门诊部	1		9	9	3		4	1	1			
创新消化病专科门诊部	1		11	10	4		4	1	1		1	
仁医堂疼痛专科门诊部	1		11	9	3	1	2	1	1		2	
九洲疼痛病专科门诊部	1		11	7	3		2	1		1	1	2
惠民康复门诊部	1		13	10	3	3	2	1	1	2		1
康源消化病专科门诊部	1		10	10	3		2	2	1			
欣华疼痛病专科门诊部	1		12	11	5	2	2	1	1	1		
荣兴康复专科门诊部	1		12	10	2		1	2			1	1
健康疼痛病专科门诊部	1		13	11	5		4	1	1		2	
高科康复门诊部	1		8	7	2	1	1	1	1		1	
民爱康复门诊部	1		16	13	6		4	1	1		1	2
颐春圃呼吸病专科门诊部	1		10	8	2		2	2	2	1	1	
祈福医院祈福国医馆门诊部	1											
康健消化病专科门诊部	1		7	6	2		2	1	1			1
广州市番禺区人民医院药物维持治疗门诊部	1											
德仁口腔门诊部	1		20	20	5	5	10					
东华口腔专科门诊部	1		5	4	2		2				1	
佳美口腔专科门诊部	1		6	5	2		2			1		
栋梁口腔专科门诊部	1		3	3	2	1						
来福士口腔专科门诊部	1		13	7	3		2			2	3	1
友登口腔专科门诊部	1		9	5	1	1	3			2	1	1
洛城德仁口腔门诊部	1		13	13	4	4	5					

续表

卫生机构名称	机构数（个）	实有床位	人员数（人）									
			合计	卫生技术人员	其中					其他技术人员	管理人员	工勤人员
					执业医师	执业助理医师	注册护士	药剂人员	检验人员			
天博口腔专科门诊部	1		5	3	1	1	1			1	1	
钟村德仁口腔门诊部	1		6	6	1	4	1					
华美口腔专科门诊部	1		5	5	1	2	2					
鑫叶口腔门诊部	1		8	4	1	2	1				1	3
和康口腔门诊部	1		14	5	1	2	1					9
健齿口腔门诊部	1		5	5	1	3	1					
华侨城口腔门诊部	1		8	5	1	1	3				1	2
东阳口腔专科门诊部	1		4	3	1	1	1				1	
美洁口腔专科门诊部	1		6	4	1	2	1				1	1
松枫口腔专科门诊部	1		4	3	1	2				1		
康辉医学美容专科门诊部	1		21	15	4		8	2	1		4	2
康丽康复门诊部	1		13	11	4	3	2	1	1		2	
更自信医学美容专科门诊部	1		18	14	4	1	6	2	1	2	1	1
祈福医院医疗美容门诊部	1											
怡和康复门诊部	1		30	21	6	2	8	2	1	1	2	6
番禺区慢病站第三门诊部	1											
燕玲妇科专科门诊部	1		12	10	3		4	3			1	1
采供血机构	1		47	34	5	2	13		11	2	2	9
广州市番禺区血站	1		47	34	5	2	13		11	2	2	9
妇幼保健院（所、站）	1	600	767	660	210	15	259	60	25	25	4	78
广州市番禺区何贤纪念医院	1	600	767	660	210	15	259	60	25	25	4	78
专科疾病防治院（所、站）	2		108	90	28	4	28	12	7		10	8
德仁口腔疾病防治所	1		5	5	1	1	3					
广州市番禺区慢性病防治站	1		103	85	27	3	25	12	7		10	8
疾病预防控制中心（防疫站）	1		50	43	22	2	2	2	11	2	2	3
广州市番禺区疾病预防控制中心	1		50	43	22	2	2	2	11	2	2	3
卫生监督所	1		26								25	1
广州市番禺区卫生监督所	1		26								25	1
健康教育所（站、中心）	1											
广州市番禺区健康教育所	1											
其他卫生机构	3	292	212	138	38	21	46	3	4	25	26	23
广州市番禺区岐山医院	1	250	63	48	13	1	29	1	2	3	2	10
广州市番禺区新沙医院	1		14	9	3	1	1	1	1		2	3
广州市番禺区计划生育服务所	1	42	135	81	22	19	16	1	1	22	22	10
疗养院	1	120	142	109	29	12	41	12	8	16	3	14
广州市番禺疗养院	1	120	142	109	29	12	41	12	8	16	3	14

番禺区医疗机构运营情况一览表

1．门诊服务

卫生机构名称	机构数（个）	诊疗人次数（人）					观察室收容人数	健康检查人数	急诊死亡率（%）
		总计	其中：门、急诊人次数（人）						
			合计	门诊人次数	急诊人次数				
					小计	内：死亡人数			
总计	144	8 975 305	8 956 288	7 831 814	1 124 474	170	155 161	675 917	0.02
医院	21	7 177 736	7 162 592	6 191 068	971 524	167	143 212	587 425	0.02
综合医院	18	6 146 704	6 133 109	5 232 683	900 426	156	143 069	499 817	0.02
广东省番禺监狱医院	1	79 001	79 001	78 370	631		266	9 103	
广州市番禺区鱼窝头镇医院	1	214 137	214 137	199 531	14 606	4	36 453	31 963	0.03
广州市番禺区榄核医院	1	281 281	281 079	260 065	21 014	15		46 041	0.07
广州市番禺区钟村医院	1	319 403	317 835	240 403	77 432	11		21 619	0.01
广州市番禺区新造医院	1	198 156	197 770	168 463	29 307		92 894	6 399	
广州市番禺区大岗人民医院	1	465 266	465 266	376 693	88 573	8		38 297	0.01
广州市番禺区人民医院	1	1 594 022	1 594 022	1 419 702	174 320	76	12 070	97 523	0.04
番禺区化龙医院	1	188 528	188 227	147 320	40 907			12 905	
广州市番禺区沙湾人民医院	1	399 633	398 854	355 611	43 243			29 063	
广州市番禺区石楼人民医院	1	398 041	396 608	333 123	63 485			40 101	
广州市番禺区石基人民医院	1	532 465	530 002	423 958	106 044	37	1 386	49 968	0.03
广州市番禺区市桥医院	1	371 394	370 385	307 650	62 735	5		21 770	0.01
广州市番禺区灵山医院	1	209 989	209 989	190 636	19 353			16 273	
广州市番禺区南村医院	1	363 918	363 918	274 924	88 994			4 457	
广州市番禺区大石人民医院	1	508 232	505 494	437 595	67 899			73 414	
康优医院	1	20 522	20 522	18 639	1 883			921	
广州市公安局番禺区分局羁押医院	1	2 716							
中医医院	2	1 013 829	1 012 300	941 309	70 991	11	143	87 608	0.02
番禺区中医院	1	621 199	621 199	579 010	42 189	1	143	59 069	
广州中医药大学祈福医院	1	392 630	391 101	362 299	28 802	10		28 539	0.03
专科医院	1	17 203	17 183	17 076	107				
广州市番禺区颐老园康复医院	1	17 203	17 183	17 076	107				
社区卫生服务中心	2	73 164	73 001	73 001			11 698	2 435	
沙头街社区卫生服务中心	1	34 596	34 433	34 433			11 698	2 435	
桥南街社区卫生服务中心	1	38 568	38 568	38 568					

续表

卫生机构名称	机构数（个）	诊疗人次数（人）					观察室收容人数	健康检查人数	急诊死亡率（%）
		总　计	其中：门、急诊人次数（人）						
			合　计	门诊人次数	急诊人次数				
					小　计	内：死亡人数			
卫生院	7	174 399	173 578	128 349	45 229			18 846	
乡镇卫生院	7	174 399	173 578	128 349	45 229			18 846	
广州市番禺区东涌医院	1	174 399	173 578	128 349	45 229			18 846	
门诊部	110	381 400	381 400	381 344	56		213		
番禺区沙湾镇紫坭社区居委门诊部	1	12 775	12 775	12 775					
阳光综合门诊部	1	19 010	19 010	19 010					
德兴华美口腔专科门诊部	1	3 021	3 021	3 021					
联峰门诊部	1	13 241	13 241	13 241					
冶金门诊部	1	12 658	12 658	12 658					
益健中医门诊部	1	7 462	7 462	7 462					
康华中医门诊部	1	5 472	5 472	5 472					
康桥中医门诊部	1	7 870	7 870	7 870					
东方中医门诊部	1	6 165	6 165	6 109	56		213		
友好中医门诊部	1	3 441	3 441	3 441					
安康中医门诊部	1	14 450	14 450	14 450					
仁济中医门诊部	1	6 751	6 751	6 751					
益民中医门诊部	1	6 512	6 512	6 512					
嘉和中医门诊部	1	13 369	13 369	13 369					
康泰中医门诊部	1	11 206	11 206	11 206					
同力中医门诊部	1	6 110	6 110	6 110					
现代中医专科门诊部	1	928	928	928					
济仁堂中西医结合门诊部	1	6 368	6 368	6 368					
虹桥中西医结合门诊部	1	29	29	29					
康乐中西医结合门诊部	1	14 678	14 678	14 678					
桥兴中西医结合门诊部	1	9 765	9 765	9 765					
长江中西医结合门诊部	1	4 090	4 090	4 090					
康嘉中西医结合门诊部	1	3 289	3 289	3 289					
广济中西医结合门诊部	1	6 507	6 507	6 507					
永康消化病专科门诊部	1	5 660	5 660	5 660					
龙辉疼痛病专科门诊部	1	1 482	1 482	1 482					
龙源疼痛病专科门诊部	1	14 490	14 490	14 490					

续表

卫生机构名称	机构数（个）	诊疗人次数（人）					观察室收容人数	健康检查人数	急诊死亡率（%）
		总计	其中：门、急诊人次数（人）						
			合计	门诊人次数	急诊人次数				
					小计	内：死亡人数			
曙光消化病专科门诊部	1	3 621	3 621	3 621					
南大消化病专科门诊部	1	4 860	4 860	4 860					
创新消化病专科门诊部	1	8 200	8 200	8 200					
仁医堂疼痛专科门诊部	1	2 126	2 126	2 126					
九洲疼痛病专科门诊部	1	3 210	3 210	3 210					
惠民康复门诊部	1	9 860	9 860	9 860					
康源消化病专科门诊部	1	5 380	5 380	5 380					
欣华疼痛病专科门诊部	1	9 906	9 906	9 906					
荣兴康复专科门诊部	1	8 320	8 320	8 320					
健康疼痛病专科门诊部	1	270	270	270					
高科康复门诊部	1	14 309	14 309	14 309					
民爱康复门诊部	1	7 036	7 036	7 036					
颐春圃呼吸病专科门诊部	1	3 321	3 321	3 321					
康健消化病专科门诊部	1	4 769	4 769	4 769					
德仁口腔门诊部	1	1 700	1 700	1 700					
东华口腔专科门诊部	1	2 366	2 366	2 366					
佳美口腔专科门诊部	1	2 520	2 520	2 520					
栋梁口腔专科门诊部	1	3 600	3 600	3 600					
来福士口腔专科门诊部	1	260	260	260					
友登口腔专科门诊部	1	206	206	206					
洛城德仁口腔门诊部	1	1 050	1 050	1 050					
天博口腔专科门诊部	1	2 563	2 563	2 563					
钟村德仁口腔门诊部	1	1 060	1 060	1 060					
华美口腔专科门诊部	1	2 606	2 606	2 606					
鑫叶口腔门诊部	1	4 320	4 320	4 320					
和康口腔门诊部	1	7 200	7 200	7 200					
健齿口腔门诊部	1	606	606	606					
华侨城口腔门诊部	1	3 606	3 606	3 606					
东阳口腔专科门诊部	1	2 105	2 105	2 105					
美洁口腔专科门诊部	1	606	606	606					
松枫口腔专科门诊部	1	1 206	1 206	1 206					

续表

卫生机构名称	机构数（个）	诊疗人次数（人）					观察室收容人数	健康检查人数	急诊死亡率（%）
		总　计	其中：门、急诊人次数（人）						
			合　计	门诊人次数	急诊人次数				
					小　计	内：死亡人数			
康辉医学美容专科门诊部	1	538	538	538					
康丽康复门诊部	1	2 920	2 920	2 920					
更自信医学美容专科门诊部	1	3 650	3 650	3 650					
怡和康复门诊部	1	23 725	23 725	23 725					
燕玲妇科专科门诊部	1	11 000	11 000	11 000					
妇幼保健院（所、站）	1	927 535	924 656	816 991	107 665	3	38	24 779	
广州市番禺区何贤纪念医院	1	927 535	924 656	816 991	107 665	3	38	24 779	
专科疾病防治院（所、站）	2	153 688	153 688	153 688					
德仁口腔疾病防治所	1	700	700	700					
广州市番禺区慢性病防治站	1	152 988	152 988	152 988					
疗养院	1	87 383	87 373	87 373				42 432	
广州市番禺疗养院	1	87 383	87 373	87 373				42 432	

2. 住院服务

卫生机构名称	入院人数	出院人数	住院病人手术人次	住院危重病人抢救人次	治愈率（%）	好转率（%）	死亡率（%）
总　计	126 290	125 973	55 361	6 004	69.69	26.82	0.77
医　院	105 856	105 551	41 716	5 330	69.75	26.67	0.80
综合医院	87 957	87 740	33 997	4 702	71.81	24.55	0.76
广东省番禺监狱医院	97	64	99	11	79.69	14.06	6.25
广州市番禺区鱼窝头镇医院	3 085	3 087	434	10	83.06	11.79	0.29
广州市番禺区榄核医院	2 883	2 864	1 188	39	81.04	15.82	0.31
广州市番禺区钟村医院	5 100	5 081	1 695	207	55.01	40.64	0.55
广州市番禺区新造医院	1 410	1 418	826	47	62.83	30.18	0.56
广州市番禺区大岗人民医院	5 083	5 082	1 471	216	73.75	22.51	0.33
广州市番禺区人民医院	26 694	26 622	16 416	2 493	71.50	23.74	1.52
番禺区化龙医院	2 226	2 267	413	72	72.43	25.98	0.40
广州市番禺区沙湾人民医院	4 497	4 495	3 481	146	63.05	31.43	0.56
广州市番禺区石楼人民医院	5 918	5 881	1 370	154	61.27	36.86	0.39
广州市番禺区石基人民医院	8 719	8 724	2 694	110	78.93	18.59	0.49
广州市番禺区市桥医院	4 370	4 344	783	210	83.15	15.93	0.35
广州市番禺区灵山医院	1 561	1 565	378	172	58.59	31.44	0.06
广州市番禺区南村医院	5 248	5 199	707	74	79.92	16.70	0.27
广州市番禺区大石人民医院	7 561	7 605	1 823	741	68.76	29.86	0.79

续表

卫生机构名称	入院人数	出院人数	住院病人手术人次	住院危重病人抢救人次	治愈率（%）	好转率（%）	死亡率（%）
康优医院	789	789	219		32.32	66.16	
广州市公安局番禺区分局羁押医院	2 716	2 653			93.06	4.60	
中医医院	16 069	15 981	7 719	328	61.44	35.33	0.64
番禺区中医院	6 641	6 580	3 937	223	69.03	27.33	0.49
广州中医药大学祈福医院	9 428	9 401	3 782	105	56.13	40.93	0.74
专科医院	1 830	1 830		300	43.33	52.46	4.21
广州市番禺区颐老园康复医院	1 830	1 830		300	43.33	52.46	4.21
卫生院	2 645	2 643	417	43	54.11	41.28	0.68
乡镇卫生院	2 645	2 643	417	43	54.11	41.28	0.68
广州市番禺区东涌医院	2 645	2 643	417	43	54.11	41.28	0.68
妇幼保健院（所、站）	17 458	17 445	13 228	629	71.86	25.41	0.58
广州市番禺区何贤纪念医院	17 458	17 445	13 228	629	71.86	25.41	0.58
疗养院	331	334		2	60.48	35.03	0.30
广州市番禺疗养院	331	334		2	60.48	35.03	0.30

3. 床位利用

卫生机构名称	实有床位数（张）	实际开放总床日数	平均开放病床（张）	实际占用总床日数	出院者占用总床日数	病床周转次数	病床工作日	病床使用率（%）	出院者平均住院日
总　计	4 191	1 403 747	3 846	1 039 426	1 013 548	33	270	74.05	8.05
医　院	3 383	1 141 677	3 128	857 117	832 021	34	274	75.08	7.88
综合医院	2 674	883 171	2 420	671 674	649 989	36	278	76.05	7.41
广东省番禺监狱医院	64	23 360	64	15 497	8 518	1	242	66.34	133.09
广州市番禺区鱼窝头镇医院	100	32 850	90	20 513	22 650	34	228	62.44	7.34
广州市番禺区榄核医院	70	25 550	70	19 101	17 505	41	273	74.76	6.11
广州市番禺区钟村医院	110	40 040	110	31 532	28 309	46	287	78.75	5.57
广州市番禺区新造医院	73	21 900	60	11 755	11 098	24	196	53.68	7.83
广州市番禺区大岗人民医院	214	52 780	145	32 395	31 296	35	224	61.38	6.16
广州市番禺区人民医院	836	287 116	787	260 683	259 398	34	331	90.79	9.74
番禺区化龙医院	70	25 550	70	16 245	16 691	32	232	63.58	7.36
广州市番禺区沙湾人民医院	150	54 750	150	34 428	32 317	30	230	62.88	7.19
广州市番禺区石楼人民医院	150	54 750	150	37 980	37 909	39	253	69.37	6.45
广州市番禺区石基人民医院	200	73 000	200	67 403	66 315	44	337	92.33	7.60
广州市番禺区市桥医院	100	31 500	86	23 609	20 177	50	274	74.95	4.64
广州市番禺区灵山医院	80	15 120	41	10 883	10 420	38	263	71.98	6.66

续表

卫生机构名称	实有床位数（张）	实际开放总床日数	平均开放病床（张）	实际占用总床日数	出院者占用总床日数	病床周转次数	病床工作日	病床使用率（%）	出院者平均住院日
广州市番禺区南村医院	129	47 085	129	29 270	26 347	40	227	62.16	5.07
广州市番禺区大石人民医院	289	83 585	229	52 919	54 666	33	231	63.31	7.19
康优医院	19	6 935	19	4 745	3 657	42	250	68.42	4.63
广州市公安局番禺区分局羁押医院	20	7 300	20	2 716	2 716	133	136	37.21	1.02
中医医院	681	248 286	680	181 843	179 547	23	267	73.24	11.24
番禺区中医院	280	102 200	280	104 517	102 677	24	373	102.27	15.60
广州中医药大学祈福医院	401	146 086	400	77 326	76 870	23	193	52.93	8.18
专科医院	28	10 220	28	3 600	2 485	65	129	35.23	1.36
广州市番禺区颐老园康复医院	28	10 220	28	3 600	2 485	65	129	35.23	1.36
卫生院	88	32 120	88	17 653	16 590	30	201	54.96	6.28
乡镇卫生院	88	32 120	88	17 653	16 590	30	201	54.96	6.28
广州市番禺区东涌医院	88	32 120	88	17 653	16 590	30	201	54.96	6.28
妇幼保健院（所、站）	600	186 150	510	149 135	148 973	34	292	80.12	8.54
广州市番禺区何贤纪念医院	600	186 150	510	149 135	148 973	34	292	80.12	8.54
疗养院	120	43 800	120	15 521	15 964	3	129	35.44	47.80
广州市番禺疗养院	120	43 800	120	15 521	15 964	3	129	35.44	47.80

番禺区政府办医院病人人均医院费用与医生工作效率一览表

卫生机构名称	平均每诊疗人次医疗费（元）				平均每一出院者住院医疗费（元）				平均每一医师	
	合计	其中			合计	其中			全年担负诊疗人次	全年担负住院床日
		药费	检查费	治疗费		药费	检查费	治疗费		
总　计	84	41	11	17	4 520	1 491	431	1 596	4 076	491
医　院	83	40	11	16	4 415	1 430	452	1 544	4 125	474
综合医院	81	40	11	16	4 145	1 305	463	1 386	4 242	464
广东省番禺监狱医院									4 938	969
广州市番禺区鱼窝头镇医院	46	19	5	11	2 140	639	139	615	4 461	427
广州市番禺区榄核医院	54	22	5	9	1 838	546	257	396	4 018	273
广州市番禺区钟村医院	66	32	8	13	2 087	569	145	695	1 901	188
广州市番禺区新造医院	57	27	4	17	2 903	1 006	126	1 085	8 257	490
广州市番禺区大岗人民医院	77	36	13	14	3 299	896	777	412	3 693	257
广州市番禺区人民医院	121	67	19	20	8 375	2 811	1 022	3 089	3 850	630
番禺区化龙医院	69	33	6	16	2 792	840	279	858	4 961	428
广州市番禺区沙湾人民医院	61	29	8	11	2 700	892	195	777	7 136	615
广州市番禺区石楼人民医院	72	36	9	13	2 525	742	253	781	4 062	388
广州市番禺区石基人民医院	82	35	12	15	2 778	698	181	833	5 120	648

续表

卫生机构名称	平均每诊疗人次医疗费（元） 合计	其中 药费	检查费	治疗费	平均每一出院者住院医疗费（元） 合计	其中 药费	检查费	治疗费	平均每一医师 全年担负诊疗人次	全年担负住院床日
广州市番禺区市桥医院	68	29	6	22	1 639	264	25	574	4 701	299
广州市番禺区灵山医院	46	22	4	12	2 323	675	236	708	6 562	340
广州市番禺区南村医院	62	22	10	15	1 498	382	112	445	5 599	450
广州市番禺区大石人民医院	90	43	10	16	2 724	861	218	774	5 585	582
康优医院	62	26	5	11	733	269	108	109	1 579	365
广州市公安局番禺区分局羁押医院									388	388
中医医院	95	43	12	24	9 147	3 426	428	4 065	3 287	553
番禺区中医院	95	43	12	24	9 147	3 426	428	4 065	3 287	553
专科医院	45	29	2	12	338	221	25	68	2 458	514
广州市番禺区颐老园康复医院	45	29	2	12	338	221	25	68	2 458	514
妇幼保健院（所、站）	96	48	13	19	5 100	1 825	314	1 879	3 755	604
广州市番禺区何贤纪念医院	96	48	13	19	5 100	1 825	314	1 879	3 755	604

番禺区前十位疾病死亡率、构成比和位次

性别	顺位	死亡原因	死亡率（1/10万）	构成比（%）
合计	1	恶性肿瘤	116.07	24.06
	2	呼吸系统疾病	88.30	18.30
	3	心脏病	77.24	16.01
	4	脑血管病	57.93	12.01
	5	损伤和中毒外部原因	22.02	4.56
	6	消化系统疾病	10.41	2.16
	7	泌尿生殖系统疾病	10.09	2.09
	8	内分泌，营养和代谢的其他疾病	5.21	1.08
	9	精神障碍	3.15	0.65
	10	起源于围生期的某些情况	2.39	0.49
男性	1	恶性肿瘤	158.48	28.89
	2	呼吸系统疾病	84.10	15.33
	3	心脏病	78.05	14.23
	4	脑血管病	68.97	12.57
	5	损伤和中毒外部原因	29.84	5.44
	6	消化系统疾病	15.35	2.80
	7	泌尿生殖系统疾病	12.54	2.29
	8	内分泌，营养和代谢的其他疾病	4.54	0.83
	9	精神障碍	4.32	0.79
	10	呼吸道结核	4.32	0.79

续表

性　别	顺　位	死亡原因	死亡率（1/10万）	构成比（%）
女　性	1	呼吸系统疾病	92.53	22.24
	2	心脏病	76.42	18.37
	3	恶性肿瘤	73.37	17.63
	4	脑血管病	46.81	11.25
	5	损伤和中毒外部原因	14.15	3.40
	6	泌尿生殖系统疾病	7.62	1.83
	7	内分泌，营养和代谢的其他疾病	5.88	1.41
	8	消化系统疾病	5.44	1.31
	9	起源于围生期的某些情况	2.39	0.58
	10	先天畸形，变性和染色体异常	2.39	0.58

番禺区意外死亡外部原因死亡率及构成比

死亡原因	合　计		男　性		女　性	
	死亡率（1/10万）	构成比（%）	死亡率（1/10万）	构成比（%）	死亡率（1/10万）	构成比（%）
损伤和中毒外部原因小计	22.02	4.56	29.84	5.44	14.15	3.40
机动车辆交通事故	4.01	0.83	7.13	1.30	0.87	0.21
机动车以外的运输事故	5.86	1.21	7.78	1.42	3.92	0.94
意外中毒	1.08	0.22	1.95	0.35	0.22	0.05
意外跌落	1.19	0.25	1.30	0.24	1.09	0.26
火　灾	0.11	0.02	0.22	0.04		
由自然环境因素所致的意外事故						
淹　死	2.82	0.58	3.89	0.71	1.74	0.42
意外的机械性窒息	0.33	0.07	0.43	0.08	0.22	0.05
砸　死						
由机器切割和穿刺工具所致的意外的事故	0.11	0.02	0.22	0.04		
触　电	0.11	0.02	0.22	0.04		
其他意外事故和有害效应	0.76	0.16	1.30	0.24	0.22	0.05
自　杀	4.99	1.03	4.54	0.83	5.44	1.31
被　杀	0.65	0.13	0.86	0.16	0.44	0.10

（八）花 都 区

花都区卫生机构、床位、人员情况（含诊所等）

分类	机构数（个）	实有床位	人员数（人）									
			合计	卫生技术人员	其中：执业医师	执业助理医师	注册护士	药剂人员	检验人员	其他技术人员	管理人员	工勤人员
总　计	130	2 577	3 445	2 976	1 014	220	1 104	227	126	99	195	175
一、按经济类型分												
国　有	66	2 457	2 901	2 483	883	143	966	197	107	86	168	164
集　体	11	20	70	63	11	10	13	6	3	2	3	2
联　营	2		11	11	4	1	4	1	1			
私　营	47	100	456	412	115	62	121	23	15	11	24	9
其　他	4		7	7	1	4						
二、按设置主办单位分												
政府办	25	2 392	2 521	2 113	766	101	862	160	85	84	163	161
其中：卫生部门	19	1 589	2 409	2 046	745	94	838	157	84	81	151	131
企业办	14	60	66	53	12	12	14	4	2	4	5	4
其　他	91	125	858	810	236	107	228	63	39	11	27	10

花都区卫生机构、床位、人员情况（不含诊所等）

分类	机构数（个）	实有床位	人员数（人）									
			合计	卫生技术人员	其中：执业医师	执业助理医师	注册护士	药剂人员	检验人员	其他技术人员	管理人员	工勤人员
总　计	36	2 577	2 917	2 448	864	132	984	190	105	99	195	175
一、按经济类型分												
国　有	25	2 457	2 536	2 118	767	105	863	163	87	86	168	164
集　体	3	20	43	36	9	3	8	6	3	2	3	2
联　营	1		10	10	4		4	1	1			
私　营	7	100	328	284	84	24	109	20	14	11	24	9
其　他												
二、按设置主办单位分												
政府办	21	2 392	2 482	2 074	753	98	848	160	85	84	163	161
其中：卫生部门	19	1 589	2 409	2 046	745	94	838	157	84	81	151	131
企业办	3	60	46	33	11	1	14	4	2	4	5	4
其　他	12	125	389	341	100	33	122	26	18	11	27	10

花都区诊所、医务室、卫生所、社区卫生服务站机构、人员情况

分类	机构数（个）	人员数（人）							
		合计	卫生技术人员						
			小计	执业医师	执业助理医师	注册护士	药剂人员	检验人员	其他
总　计	94	528	528	150	88	120	37	21	112
一、按经济类型分									
国　有	41	365	365	116	38	103	34	20	54
集　体	8	27	27	2	7	5			13
联　营	1	1	1		1				
私　营	40	128	128	31	38	12	3	1	43
其　他	4	7	7	1	4				2
二、按设置主办单位分									
政府办	4	39	39	13	3	14			9
其中：卫生部门									
企业办	11	20	20	1	11				8
其　他	79	469	469	136	74	106	37	21	95

花都区医疗机构分级情况

等级	医院					妇幼保健院
	合计	其中				
		综合医院	中医医院	中西医结合医院	专科医院	
总　计	12	11	1			1
三　级						
三级特等						
三级甲等						
三级乙等						
三级丙等						
二　级	2	1	1			1
二级甲等	2	1	1			1
二级乙等						
二级丙等						
一　级	4	4				
一级甲等	4	4				
一级乙等						
一级丙等						
其　他	6	6				

花都区医疗机构分科床位情况

分　科	医　院	疾病专科防治院	妇幼保健院	合　计
床位合计	1 430		180	1 610
预防保健科				
全科医疗科	86			86
内　科	291		20	311
外　科	416		26	442
儿　科	74		50	124
妇产科	196		80	276
眼　科	9		1	10
耳鼻咽喉科	9		1	10
口腔科	2		1	3
皮肤科				
医疗美容科			1	1
精神科				
传染科	19			19
结核病科				
地方病科				
肿瘤科	20			20
康复医学科				
运动医学科				
职业病科				
中医科	273			273
中西医结合科	3			3
其　他	32			32

花都区卫生机构专业卫生人员分类情况

指标名称	卫生技术人员							其他技术人员	管理人员
	合计	执业医师	执业助理医师	注册护士	药剂人员	检验人员	其他		
总　计	2 440	876	120	964	172	102	206	111	183
按性别分									
男	793	536	58	4	67	52	76	37	93
女	1 647	340	62	960	105	50	130	74	90
按年龄分									
25岁及以下	309	27	10	165	27	7	73	11	12
26～35岁	1 115	346	78	513	61	48	69	36	68
36～45岁	666	321	14	206	55	32	38	47	53
46～55岁	306	148	17	79	27	13	22	16	40
56～60岁	30	22	1	1	2	2	2	1	8
60岁以上	14	12					2		2
按工作年限分									
5年及以下	487	146	24	166	34	16	101	20	31
6～10年	607	150	55	316	32	25	29	11	23
11～20年	753	321	20	300	46	31	35	41	60
21～30年	404	160	14	139	47	16	28	33	38
30年以上	189	99	7	43	13	14	13	6	31
按学历分									
博　士	10	10							
硕　士	67	56			2	2	7		
学士/大学本科	515	421	4	10	18	23	39	8	27
大　专	506	236	38	141	30	21	40	41	65
中　专	1 248	149	68	783	92	52	104	36	54
高　中	72	4	8	23	22	4	11	14	23
初中及以下	22		2	7	8		5	12	14
按专业技术资格分									
正　高	16	15		1					1
副　高	187	174		5	3	4	1	1	9
中　级	449	252	1	135	22	21	18	8	27
助理/师级	857	333	32	338	55	42	57	19	25
员/士	628	24	69	388	72	21	54	34	25
其　他	303	78	18	97	20	14	76	49	96
按聘任专业技术职务分									
正　高	16	16							
副　高	193	181		5	3	3	1	1	11
中　级	455	264		132	22	19	18	7	37
助理/师级	937	366	39	360	58	52	62	19	39
员/士	691	15	80	432	77	22	65	40	44
待　聘	148	34	1	35	12	6	60	44	52

花都区分科执业（助理）医师情况

分　科	合　计	执业医师	执业助理医师
总　计	966	848	118
预防保健科	62	47	15
全科医疗科	25	21	4
内　科	162	142	20
外　科	135	126	9
儿　科	40	37	3
妇产科	139	119	20
眼　科	8	8	
耳鼻咽喉科	19	19	
口腔科	43	24	19
皮肤科	14	13	1
医疗美容科	3	3	
精神科	1	1	
传染科	4	4	
结核病科	1	1	
地方病科			
肿瘤科	4	4	
急诊医学科	21	20	1
康复医学科	14	11	3
运动医学科			
职业病科	1	1	
麻醉科	20	19	1
医学检验科	1	1	
病理科	3	3	
医学影像科	51	46	5
中医科	144	134	10
中西医结合科	16	16	
其　他	35	28	7

花都区中医机构分科执业（助理）医师情况

分科	执业（助理）医师数（人）			中医医院床位数（张）
	合计	执业医师	执业助理医师	
总计	97	89	8	270
内科	57	52	5	50
外科	5	5		62
妇产科	2	2		25
儿科				5
皮肤科				
眼科	5	5		5
精神科				
肿瘤科				12
骨伤科	4	4		55
肛肠科	1	1		2
针灸科	3	2	1	15
推拿科				
其他	20	18	2	39

花都区疾病预防控制中心（防疫站）卫生人员情况

指标名称	卫生技术人员						其他技术人员	管理人员
	合计	执业医师	执业助理医师	药剂人员	检验人员	其他		
总计	47	20	2		12	13	3	6
按年龄分								
25岁及以下	4		1			3		
26～35岁	17	7	1		4	5		2
36～45岁	19	8			8	3	3	2
46～55岁	6	4				2		2
56～60岁	1	1						
60岁以上								

续表

指标名称	卫生技术人员 合计	卫生技术人员 执业医师	卫生技术人员 执业助理医师	卫生技术人员 药剂人员	卫生技术人员 检验人员	卫生技术人员 其他	其他技术人员	管理人员
按工作年限分								
5年及以下	4	1	1			2		
6～10年	6	2			2	2		
11～20年	24	11	1		7	5	2	3
21～30年	11	4			3	4	1	1
30年以上	2	2						2
按学历分								
博　士								
硕　士								
学士/大学本科	15	9			5	1		1
大　专	17	6	2		4	5	2	3
中　专	14	5			3	6	1	
高中及以下	1					1		2
按专业技术资格分								
正　高								
副　高	4	2			1	1		
中　级	12	6			2	4	1	2
助理/师级	25	12	2		8	3		
员/士	4				1	3	1	
其　他	2					2	1	4
按聘任专业技术职务分								
正　高								
副　高	4	2			1	1		
中　级	12	6			2	4	1	2
助理/师级	25	12	2		8	3		
员/士	4				1	3	1	
待　聘	2					2	1	4

花都区卫生机构、床位、人员情况一览表

卫生机构名称	机构数（个）	实有床位	人员数（人）									
			合计	卫生技术人员	其中					其他技术人员	管理人员	工勤人员
					执业医师	执业助理医师	注册护士	药剂人员	检验人员			
总　计	36	2 577	2 917	2 448	864	132	984	190	105	99	195	175
医　院	12	1 430	2 007	1 755	629	77	745	128	60	64	101	87
综合医院	11	1 160	1 711	1 488	520	73	656	103	49	52	92	79
广州市花都区人民医院	1	416	623	546	240	4	246	33	16	26	14	37
广州市花都区炭步医院	1	56	100	85	26	7	39	5	1	2	10	3
广州市花都区新华医院	1	170	253	223	66	10	99	19	7	1	17	12
广州市花都区花东医院	1	48	98	82	19	7	35	7	5		9	7
广州市花都区狮岭医院	1	131	162	145	67	6	53	8	6	10	4	3
广州市花都区花山医院	1	100	129	114	29	12	55	10	3	2	11	2
广州市花都区赤坭医院	1	74	104	84	18	10	41	8	3	2	6	12
广州花都人爱医院	1	100	192	169	42	10	76	10	6	7	16	
中铁大桥局集团第三工程有限公司职工医院	1	40	25	18	6		10	1	1	2	3	2
广州橡胶职工医院	1											
核工业华南地质局二九三大队职工医院	1	25	25	22	7	7	2	2	1		2	1
中医医院	1	270	296	267	109	4	89	25	11	12	9	8
广州市花都区中医院	1	270	296	267	109	4	89	25	11	12	9	8
卫生院	5	144	217	169	47	17	60	23	6	12	20	16
乡镇卫生院	5	144	217	169	47	17	60	23	6	12	20	16
广州市花都区雅瑶医院	1	40	43	33	11		13	4	1	3	6	1
广州市花都区芙蓉卫生院	1	22	50	43	13	3	13	6	2	2	5	
广州市花都区花侨医院	1	50	68	43	12	9	13	7	1	7	4	14
广州市花都区北兴卫生院	1	20	44	41	9	4	17	4	2		2	1
广州市花都区梯面卫生院	1	12	12	9	2	1	4	2			3	
门诊部	11	20	193	165	56	17	48	17	12	6	11	11
花都区疗养中心门诊部	1	20	21	15	5	1	4	3	1	2	2	2
广州花都花城狮岭门诊部	1		27	23	11		8	2	2		1	3
广州花都炭素光研究所门诊部	1		13	11	2	4	3	1	1		1	1
怡康医疗门诊部	1		40	36	11	3	11	4	2	1	1	2

续表

卫生机构名称	机构数（个）	实有床位	人员数（人）合计	卫生技术人员	其中：执业医师	执业助理医师	注册护士	药剂人员	检验人员	其他技术人员	管理人员	工勤人员
广州花都康复医疗门诊部	1		10	10	4		4	1	1			
花都仁德医疗门诊部	1		16	14	7		5	1	1		2	
花都区卫生学校门诊部	1											
广州花都健雄医疗门诊部	1		16	12	4	3	1		1	3		1
广州花都花城新华门诊部	1		24	19	7	4	5	2	1		3	2
广州市花都区医学会中西医结合门诊部	1		22	21	4	2	4	3	2		1	
广州市花都区疾病预防控制中心预防医学门诊部	1		4	4	1		3					
采供血机构	1		19	12	3		4	1	3	2		5
广州市花都区血站	1		19	12	3		4	1	3	2		5
妇幼保健院（所、站）	1	180	273	228	83	11	99	14	9	1	38	6
广州市花都区妇幼保健院（胡忠医院）	1	180	273	228	83	11	99	14	9	1	38	6
专科疾病防治院（所、站）	2	603	43	33	9	2	14	3	2	3	4	3
广州市公安局花都分局强制戒毒所	1	603	13	13	4	2	6	1				
广州市花都区慢性病防治所	1		30	20	5		8	2	2	3	4	3
疾病预防控制中心（防疫站）	1		69	47	20	3	7	1	12	2	7	13
广州市花都区疾病预防控制中心	1		69	47	20	3	7	1	12	2	7	13
卫生监督所	1		36	24	13	3	3	1		6	2	4
广州市花都区卫生监督所	1		36	24	13	3	3	1		6	2	4
其他卫生机构	1											
广州市花都区康乐村	1											
疗养院	1	200	60	15	4	2	4	2	1	3	12	30
广州市第二工人疗养院	1	200	60	15	4	2	4	2	1	3	12	30

花都区医疗机构运营情况一览表

1．门诊服务

卫生机构名称	机构数（个）	诊疗人次数（人）					观察室收容数	健康检查人数	急诊死亡率（%）
		总　计	其中：门、急诊人次数（人）						
			合　计	门诊人次数	急诊人次数				
					小　计	内：死亡人数			
总　计	32	3 347 845	3 226 251	2 512 699	713 552	127	337 129	307 100	0.02
医　院	12	2 533 432	2 420 245	1 873 095	547 150	110	280 847	255 421	0.02
综合医院	11	1 984 116	1 871 377	1 385 462	485 915	97	279 920	222 708	0.02
广州市花都区人民医院	1	755 744	748 380	504 608	243 772	45		68 533	0.02
广州市花都区炭步医院	1	118 599	101 413	81 249	20 164	12	33 128	18 114	0.06
广州市花都区新华医院	1	276 925	241 958	187 907	54 051	6	52 397	27 534	0.01
广州市花都区花东医院	1	66 352	64 089	50 138	13 951	13	23 249	39 583	0.09
广州市花都区狮岭医院	1	391 659	380 787	288 520	92 267		88 586	19 188	
广州市花都区花山医院	1	160 651	134 624	116 593	18 031	6	51 776	24 897	0.03
广州市花都区赤坭医院	1	75 425	62 237	49 483	12 754	9	21 187	15 306	0.07
广州花都人爱医院	1	109 019	108 147	77 302	30 845	6	1 139	9 155	0.02
中铁大桥局集团第三工程有限公司职工医院	1	16 662	16 662	16 662			8 458	398	
核工业华南地质局二九三大队职工医院	1	13 080	13 080	13 000	80				
中医医院	1	549 316	548 868	487 633	61 235	13	927	32 713	0.02
广州市花都区中医院	1	549 316	548 868	487 633	61 235	13	927	32 713	0.02
卫生院	5	191 731	187 135	145 143	41 992	17	56 282	16 156	0.04
乡镇卫生院	5	191 731	187 135	145 143	41 992	17	56 282	16 156	0.04
广州市花都区雅瑶医院	1	41 151	37 525	31 821	5 704			5 397	
广州市花都区芙蓉卫生院	1	58 217	58 217	40 576	17 641		30 802	4 537	
广州市花都区花侨医院	1	33 772	32 907	29 036	3 871	3	5 171	6 011	0.08
广州市花都区北兴卫生院	1	49 087	49 087	35 437	13 650	11	17 502		0.08
广州市花都区梯面卫生院	1	9 504	9 399	8 273	1 126	3	2 807	211	0.27
门诊部	11	163 443	163 370	163 370				217	
花都区疗养中心门诊部	1	9 600	9 600	9 600					
广州花都花城狮岭门诊部	1	12 775	12 775	12 775					
广州花都炭素光研究所门诊部	1	3 945	3 945	3 945					
怡康医疗门诊部	1	54 750	54 750	54 750					
广州花都康复医疗门诊部	1	4 380	4 380	4 380				114	
花都仁德医疗门诊部	1	1 860	1 787	1 787				103	
广州花都健雄医疗门诊部	1	28 000	28 000	28 000					

续表

卫生机构名称	机构数（个）	诊疗人次数（人）					观察室收容数	健康检查人数	急诊死亡率（%）
		总计	其中：门、急诊人次数（人）						
			合计	门诊人次数	急诊人次数				
					小计	内：死亡人数			
广州花都花城新华门诊部	1	10 585	10 585	10 585					
广州市花都区医学会中西医结合门诊部	1	23 900	23 900	23 900					
广州市花都区疾病预防控制中心预防医学门诊部	1	13 648	13 648	13 648					
妇幼保健院（所、站）	1	437 682	435 221	311 171	124 050			33 902	
广州市花都区妇幼保健院（胡忠医院）	1	437 682	435 221	311 171	124 050			33 902	
专科疾病防治院（所、站）	2	16 056	16 056	16 056					
广州市公安局花都分局强制戒毒所	1	1 438	1 438	1 438					
广州市花都区慢性病防治所	1	14 618	14 618	14 618					
疗养院	1	5 501	4 224	3 864	360			1 404	
广州市第二工人疗养院	1	5 501	4 224	3 864	360			1 404	

2. 住院服务

卫生机构名称	入院人数	出院人数	住院病人手术人次	住院危重病人抢救人次	治愈率（%）	好转率（%）	死亡率（%）
总　计	116 299	115 109	28 383	4 866	74.37	22.85	0.44
医　院	65 736	65 626	22 982	3 822	60.61	34.99	0.70
综合医院	51 792	51 713	17 006	3 171	62.62	32.57	0.71
广州市花都区人民医院	22 221	22 202	10 615	2 463	57.53	37.26	1.22
广州市花都区炭步医院	2 171	2 176	450	39	41.77	43.80	0.23
广州市花都区新华医院	6 354	6 318	1 084	84	58.02	38.73	0.25
广州市花都区花东医院	3 288	3 292	507	110	68.38	28.37	0.39
广州市花都区狮岭医院	10 228	10 228	2 493	148	83.27	15.40	0.13
广州市花都区花山医院	3 327	3 328	783	176	50.27	39.78	0.69
广州市花都区赤坭医院	1 816	1 811	312	67	37.99	51.68	0.83
广州花都人爱医院	2 172	2 142	654	83	80.25	17.51	0.61
中铁大桥局集团第三工程有限公司职工医院	17	18	8	1	38.89	55.56	5.56
核工业华南地质局二九三大队职工医院	198	198	100		90.91	9.09	
中医医院	13 944	13 913	5 976	651	53.15	43.98	0.67

续表

卫生机构名称	入院人数	出院人数	住院病人手术人次	住院危重病人抢救人次	治愈率（%）	好转率（%）	死亡率（%）
广州市花都区中医院	13 944	13 913	5 976	651	53.15	43.98	0.67
卫生院	3 744	3 691	800	43	73.18	23.44	0.51
乡镇卫生院	3 744	3 691	800	43	73.18	23.44	0.51
广州市花都区雅瑶医院	1 146	1 147	190	7	69.66	28.42	0.35
广州市花都区芙蓉卫生院	590	545	106	16	91.74		
广州市花都区花侨医院	795	790	216	4	48.86	47.09	1.52
广州市花都区北兴卫生院	1 108	1 104	263	9	84.33	13.50	0.27
广州市花都区梯面卫生院	105	105	25	7	80.95	17.14	
妇幼保健院（所、站）	9 325	9 289	4 601	1 001	71.49	26.47	0.32
广州市花都区妇幼保健院（胡忠医院）	9 325	9 289	4 601	1 001	71.49	26.47	0.32
专科疾病防治院（所、站）	991						
广州市公安局花都分局强制戒毒所	991						
广州市花都区慢性病防治所							
疗养院	36 503	36 503			99.97	0.03	
广州市第二工人疗养院	36 503	36 503			99.97	0.03	

3．床位利用

卫生机构名称	实有床位数（张）	实际开放总床日数	平均开放病床（张）	实际占用总床日数	出院者占用总床日数	病床周转次数	病床工作日	病床使用率（%）	出院者平均住院日
总　计	2 577	679 388	1 861	548 616	545 657	62	295	80.75	4.74
医　院	1 430	495 154	1 357	442 353	437 119	48	326	89.34	6.66
综合医院	1 160	396 604	1 087	329 176	322 321	48	303	83	6.23
广州市花都区人民医院	416	151 840	416	165 689	163 300	53	398	109.12	7.36
广州市花都区炭步医院	56	20 440	56	13 638	13 230	39	244	66.72	6.08
广州市花都区新华医院	170	56 780	156	37 451	38 400	41	241	65.96	6.08
广州市花都区花东医院	48	17 520	48	17 520	15 476	69	365	100	4.70
广州市花都区狮岭医院	131	47 815	131	52 030	51 107	78	397	108.82	5
广州市花都区花山医院	100	27 010	74	19 788	19 403	45	267	73.26	5.83
广州市花都区赤坭医院	74	27 084	74	9 742	8 955	24	131	35.97	4.94
广州花都人爱医院	100	36 500	100	12 679	11 876	21	127	34.74	5.54
中铁大桥局集团第三工程有限公司职工医院	40	11 315	31	359	294	1	12	3.17	16.33
核工业华南地质局二九三大队职工医院	25	300	1	280	280	241	341	93.33	1.41
中医医院	270	98 550	270	113 177	114 798	52	419	114.84	8.25
广州市花都区中医院	270	98 550	270	113 177	114 798	52	419	114.84	8.25

续表

卫生机构名称	实有床位数（张）	实际开放总床日数	平均开放病床（张）	实际占用总床日数	出院者占用总床日数	病床周转次数	病床工作日	病床使用率（%）	出院者平均住院日
卫生院	144	46 534	127	22 543	22 216	29	177	48.44	6.02
乡镇卫生院	144	46 534	127	22 543	22 216	29	177	48.44	6.02
广州市花都区雅瑶医院	40	8 574	23	7 086	6 899	49	302	82.65	6.01
广州市花都区芙蓉卫生院	22	8 030	22	2 291	2 291	25	104	28.53	4.20
广州市花都区花侨医院	50	18 250	50	6 556	6 416	16	131	35.92	8.12
广州市花都区北兴卫生院	20	7 300	20	6 227	6 227	55	311	85.30	5.64
广州市花都区梯面卫生院	12	4 380	12	383	383	9	32	8.74	3.65
妇幼保健院（所、站）	180	65 700	180	47217	49 819	52	262	71.87	5.36
广州市花都区妇幼保健院（胡忠医院）	180	65 700	180	47217	49 819	52	262	71.87	5.36
专科疾病防治院（所、站）	603								
广州市公安局花都分局强制戒毒所	603								
广州市花都区慢性病防治所									
疗养院	200	72 000	197	36 503	36 503	185	185	50.70	1
广州市第二工人疗养院	200	72 000	197	36 503	36 503	185	185	50.70	1

花都区政府办医院病人人均医院费用与医生工作效率一览表

卫生机构名称	平均每诊疗人次医疗费（元）				平均每一出院者住院医疗费（元）				平均每一医师	
	合计	其中			合计	其中			全年担负诊疗人次	全年担负住院床日
		药费	检查费	治疗费		药费	检查费	治疗费		
总　计	93	43	16	15	3 169	983	207	1 077	4 006	674
医　院	89	42	16	13	3 232	1 047	216	1 084	3 825	685
综合医院	88	40	16	13	3 113	1 003	216	1 021	3 597	616
广州市花都区人民医院	119	61	23	13	4 325	1 464	333	1 535	3 230	708
广州市花都区炭步医院	70	26	14	13	2 374	741	219	769	3 594	413
广州市花都区新华医院	65	31	11	12	2 744	1 041	148	820	3 297	446
广州市花都区花东医院	111	29	14	32	1 806	420	163	684	3 492	922
广州市花都区狮岭医院	59	15	14	9	1 674	370	91	301	5 934	788
广州市花都区花山医院	74	33	6	14	2 549	840	63	867	3 918	483
广州市花都区赤坭医院	67	30	9	18	1 957	468	84	673	2 095	271
中医医院	91	48	16	12	3 656	1 205	220	1 308	4 861	1 002
广州市花都区中医院	91	48	16	12	3 656	1 205	220	1 308	4 861	1 002
妇幼保健院（所、站）	117	48	18	25	2 738	547	141	1 032	5 403	583
广州市花都区妇幼保健院（胡忠医院）	117	48	18	25	2 738	547	141	1 032	5 403	583

（九）南 沙 区

南沙区卫生机构、床位、人员情况（含诊所等）

分类	机构数（个）	实有床位	人员数（人）									
			合计	卫生技术人员	其中					其他技术人员	管理人员	工勤人员
					执业医师	执业助理医师	注册护士	药剂人员	检验人员			
总　计	41	623	866	702	220	70	228	61	36	91	31	42
一、按市县分												
市	41	623	866	702	220	70	228	61	36	91	31	42
县												
二、按经济类型分												
国　有	32	623	832	668	208	64	218	57	35	91	31	42
集　体	1		1	1	1							
联　营												
私　营	3		12	12	2	3	4	1	1			
其　他	5		21	21	9	3	6	3				
三、按设置主办单位分												
政府办	29	623	831	667	207	64	218	57	35	91	31	42
其中：卫生部门	15	623	831	667	207	64	218	57	35	91	31	42
企业办	5		21	21	9	3	6	3				
其　他	7		14	14	4	3	4	1	1			

南沙区卫生机构、床位、人员情况（不含诊所等）

分类	机构数（个）	实有床位	人员数（人）									
			合计	卫生技术人员	其中					其他技术人员	管理人员	工勤人员
					执业医师	执业助理医师	注册护士	药剂人员	检验人员			
总　计	17	623	851	687	212	67	225	60	36	91	31	42
一、按经济类型分												
国　有	15	623	831	667	207	64	218	57	35	91	31	42
集　体												
联　营												
私　营	1		10	10	2	1	4	1	1			
其　他	1		10	10	3	2	3	2				
二、按设置主办单位分												
政府办	15	623	831	667	207	64	218	57	35	91	31	42
其中：卫生部门	15	623	831	667	207	64	218	57	35	91	31	42
企业办	1		10	10	3	2	3	2				
其　他	1		10	10	2	1	4	1	1			

南沙区诊所、医务室、卫生所、社区卫生服务站机构、人员情况

分类	机构数（个）	人员数（人）							
		合计	卫生技术人员						
			小计	执业医师	执业助理医师	注册护士	药剂人员	检验人员	其他
总　计	24	15	15	8	3	3	1		
一、按经济类型分									
国　有	17	1	1	1					
集　体	1	1	1	1					
联　营									
私　营	2	2	2		2				
其　他	4	11	11	6	1	3	1		
二、按设置主办单位分									
政府办	14								
其中：卫生部门									
企业办	4	11	11	6	1	3	1		
其　他	6	4	4	2	2				

南沙区医疗机构分级情况

等级	医院					妇幼保健院
	合　计	其中				
		综合医院	中医医院	中西医结合医院	专科医院	
总　计	9	9				
三　级						
三级特等						
三级甲等						
三级乙等						
三级丙等						
二　级						
二级甲等						
二级乙等						
二级丙等						
一　级	3	3				
一级甲等	3	3				
一级乙等						
一级丙等						
其　他	6	6				

南沙区医疗机构分科床位情况

分　科	医　院	疾病专科防治院	妇幼保健院	合　计
床位合计	623			623
预防保健科				
全科医疗科	10			10
内　科	181			181
外　科	188			188
儿　科	29			29
妇产科	155			155
眼　科				
耳鼻咽喉科	8			8
口腔科				
皮肤科	3			3
医疗美容科				
精神科	20			20
传染科	14			14
结核病科	10			10
地方病科				
肿瘤科				
康复医学科	5			5
运动医学科				
职业病科				
中医科				
中西医结合科				
其　他				

南沙区卫生机构专业卫生人员分类情况

指标名称	卫生技术人员							其他技术人员	管理人员
	合计	执业医师	执业助理医师	注册护士	药剂人员	检验人员	其他		
总　计	694	209	49	253	66	33	84	107	19
按性别分									
男	258	142	33	2	30	18	33	35	12
女	436	67	16	251	36	15	51	72	7
按年龄分									
25岁及以下	145	8	7	66	10	10	44	43	2
26～35岁	262	83	25	95	32	10	17	36	4
36～45岁	160	69	6	50	16	10	9	20	9
46～55岁	112	39	11	42	6	2	12	7	4
56～60岁	13	9			2	1	1	1	
60岁以上	2	1					1		
按工作年限分									
5年及以下	191	39	14	59	14	14	51	55	3
6～10年	132	33	8	61	19	3	8	14	2
11～20年	187	74	15	67	15	9	7	23	8
21～30年	116	36	5	45	14	4	12	11	5
30年以上	68	27	7	21	4	3	6	4	1
按学历分									
博　士									
硕　士	7	6				1			1
学士/大学本科	117	88		1	3	3	22	11	10
大　专	151	74	18	19	6	14	20	20	5
中　专	334	37	24	196	42	11	24	47	3
高　中	51	2	3	22	9	3	12	21	
初中及以下	34	2	4	15	6	1	6	8	
按专业技术资格分									
正　高	3	3							
副　高	15	14					1		4
中　级	133	90		34	3	6		2	2
助理/师级	218	88	19	72	19	11	9	10	4
员/士	251	6	30	143	36	13	23	18	2
其　他	74	8		4	8	3	51	77	7
按聘任专业技术职务分									
正　高	2	2							
副　高	13	12					1		5
中　级	136	93		33	3	6	1	1	3
助理/师级	214	91	17	72	18	10	6	10	6
员/士	269	7	32	145	42	14	29	43	3
待　聘	60	4		3	3	3	47	53	2

南沙区分科执业（助理）医师情况

分　科	合　计	执业医师	执业助理医师
总　计	251	202	49
预防保健科	27	23	4
全科医疗科	4	2	2
内　科	64	55	9
外　科	41	37	4
儿　科	6	4	2
妇产科	38	31	7
眼　科	1		1
耳鼻咽喉科	6	6	
口腔科	7	2	5
皮肤科	2	2	
医疗美容科			
精神科			
传染科	1	1	
结核病科			
地方病科			
肿瘤科			
急诊医学科			
康复医学科			
运动医学科			
职业病科			
麻醉科	7	4	3
医学检验科			
病理科			
医学影像科	12	8	4
中医科	27	22	5
中西医结合科	3	1	2
其　他	5	4	1

南沙区中医机构分科执业（助理）医师情况

分科	执业（助理）医师数（人）			中医医院床位数（张）
	合计	执业医师	执业助理医师	
总计	29	24	5	
内科	27	22	5	
外科				
妇产科				
儿科				
皮肤科				
眼科				
精神科				
肿瘤科				
骨伤科				
肛肠科				
针灸科				
推拿科				
其他	2	2		

南沙区疾病预防控制中心（防疫站）卫生人员情况

指标名称	卫生技术人员						其他技术人员	管理人员
	合计	执业医师	执业助理医师	药剂人员	检验人员	其他		
总计	20	17			2	1	1	1
按年龄分								
25岁及以下	3	2			1		1	1
26～35岁	13	12			1			
36～45岁	4	3				1		
46～55岁								
56～60岁								
60岁以上								

续表

指标名称	卫生技术人员						其他技术人员	管理人员
	合计	执业医师	执业助理医师	药剂人员	检验人员	其他		
按工作年限分								
5年及以下	9	8			1		1	1
6~10年	4	4						
11~20年	5	4			1			
21~30年	2	1				1		
30年以上								
按学历分								
博　士								
硕　士	6	5			1			
学士/大学本科	13	12			1		1	1
大　专								
中　专	1					1		
高中及以下								
按专业技术资格分								
正　高								
副　高	2	2						
中　级	8	7			1			
助理/师级	4	4						
员/士								
其　他	6	4			1	1	1	1
按聘任专业技术职务分								
正　高								
副　高	1	1						
中　级	10	8			1	1		
助理/师级	4	4						
员/士								
待　聘	5	4			1		1	1

南沙区卫生机构、床位、人员情况一览表

卫生机构名称	机构数(个)	实有床位	人员数(人)									
			合计	卫生技术人员	其中					其他技术人员	管理人员	工勤人员
					执业医师	执业助理医师	注册护士	药剂人员	检验人员			
总　计	17	623	851	687	212	67	225	60	36	91	31	42
医　院	9	623	798	647	189	64	218	57	33	87	25	39
综合医院	9	623	798	647	189	64	218	57	33	87	25	39
广州市南沙区万顷沙人民医院	1	139	215	181	43	14	58	14	8	17	9	8
广州市南沙区横沥医院	1	100	83	72	20	11	23	5	3	7	2	2
广州南沙经济技术开发区医院	1	109	127	116	47	22	30	11	6	1	9	1
广州市南沙区黄阁医院	1	80	166	107	35		36	11	11	55	2	2
广州市珠江管理区医院	1	195	207	171	44	17	71	16	5	7	3	26
广州市珠江管理区医院红岭分院	1											
广州市南沙经济技术开发区医院金洲分院	1											
广州市南沙区万顷沙人民医院新垦分院	1											
广州市南沙区横沥医院冯马三分院	1											
门诊部	6		20	20	5	3	7	3	1			
广州市珠江管理区医院中心区门诊部	1											
广州市南沙区黄阁医院第二门诊部	1											
广州市南沙区黄阁医院留东分院	1											
广州市南沙区黄阁医院亭角分院	1											
大众中医门诊部	1		10	10	3	2	3	2				
健民中医门诊部	1		10	10	2	1	4	1	1			
疾病预防控制中心(防疫站)	1		25	20	18				2	1	1	3
广州市南沙区疾病预防控制中心	1		25	20	18				2	1	1	3
卫生监督所（局）	1		8							3	5	
广州市南沙区卫生监督所	1		8							3	5	

南沙区医疗机构运营情况一览表

1．门诊服务

卫生机构名称	机构数（个）	诊疗人次数（人）					观察室收容数	健康检查人数	急诊死亡率（%）
		总计	其中：门、急诊人次数（人）						
			合计	门诊人次数	急诊人次数				
					小计	内：死亡人数			
总计	15	1 292 718	1 289 537	1 163 231	126 306	14	29 617	81 965	0.01
医院	9	1 246 201	1 243 020	1 116 714	126 306	14	29 617	81 965	0.01
综合医院	9	1 246 201	1 243 020	1 116 714	126 306	14	29 617	81 965	0.01
广州市南沙区万顷沙人民医院	1	286 344	286 129	267 018	19 111	6		9 846	0.03
广州市南沙区横沥医院	1	117 062	115 859	105 959	9 900			20 400	
广州南沙经济技术开发区医院	1	272 425	271 792	216 056	55 736	8		33 652	0.01
广州市南沙区黄阁医院	1	276 396	276 396	269 187	7 209		29 617	6 717	
广州市珠江管理区医院	1	293 974	292 844	258 494	34 350			11350	
门诊部	6	46 517	46 517	46 517					
大众中医门诊部	1	43 000	43 000	43 000					
健民中医门诊部	1	3 517	3 517	3 517					

2．住院服务

卫生机构名称	入院人数	出院人数	住院病人手术人次	住院危重病人抢救人次	治愈率（%）	好转率（%）	死亡率（%）
总计	13 174	13 147	2 714	1 101	71.31	24.67	0.27
医院	13 174	13 147	2 714	1 101	71.31	24.67	0.27
综合医院	13 174	13 147	2 714	1 101	71.31	24.67	0.27
广州市南沙区万顷沙人民医院	3 654	3 664	844	41	67	29.48	0.27
广州市南沙区横沥医院	1 083	1 083	108	9	81.63	17.64	
广州南沙经济技术开发区医院	2 354	2 355	702	24	57.88	37.88	0.42
广州市南沙区黄阁医院	3 314	3 271	460	81	80.83	12.41	0.31
广州市珠江管理区医院	2 769	2 774	600	946	73.14	24.30	0.22

3．床位利用

卫生机构名称	实有床位数（张）	实际开放总床日数	平均开放病床（张）	实际占用总床日数	出院者占用总床日数	病床周转次数	病床工作日	病床使用率（%）	出院者平均住院日
总　计	623	171 503	470	79 209	73 577	28	169	46.19	5.60
医　院	623	171 503	470	79 209	73 577	28	169	46.19	5.60
综合医院	623	171 503	470	79 209	73 577	28	169	46.19	5.60
广州市南沙区万顷沙人民医院	139	50 735	139	25 162	24 242	26	181	49.59	6.62
广州市南沙区横沥医院	100	17 640	48	7 327	6 347	22	152	41.54	5.86
广州南沙经济技术开发区医院	109	37 428	103	12 091	12 091	23	118	32.30	5.13
广州市南沙区黄阁医院	80	21 900	60	16 483	16 115	55	275	75.26	4.93
广州市珠江管理区医院	195	43 800	120	18 146	14 782	23	151	41.43	5.33

南沙区政府办医院病人人均医院费用与医生工作效率一览表

卫生机构名称	平均每诊疗人次医疗费（元）				平均每一出院者住院医疗费（元）				平均每一医师	
	合　计	其中			合　计	其中			全年担负诊疗人次	全年担负住院床日
		药费	检查费	治疗费		药费	检查费	治疗费		
总　计	49	23	6	10	1 973	644	132	549	5 372	341
医　院	49	23	6	10	1 973	644	132	549	5 372	341
综合医院	49	23	6	10	1 973	644	132	549	5 372	341
广州市南沙区万顷沙人民医院	54	20	10	15	2 525	716	277	746	5 113	449
广州市南沙区横沥医院	42	18	2	10	1 685	748	39	476	2 927	183
广州南沙经济技术开发区医院	54	30	4	9	1 546	547	86	429	6 054	269
广州市南沙区黄阁医院	47	24	6	7	1 857	763	98	416	9 213	549
广州市珠江管理区医院	43	21	5	9	1 857	451	54	573	4 819	297

（十）萝 岗 区

萝岗区卫生机构、床位、人员情况（含诊所等）

分类	机构数（个）	实有床位	人员数（人）合计	卫生技术人员	其中：执业医师	执业助理医师	注册护士	药剂人员	检验人员	其他技术人员	管理人员	工勤人员
总　计	61	1 127	1 204	978	346	74	346	59	51	20	71	135
一、按经济类型分												
国　有	15	1 083	905	697	253	27	276	42	41	17	67	124
集　体	6		70	70	10	29	5	4	3			
联　营	1		3	3	1	1	1					
私　营	19	44	192	174	60	16	59	10	7	3	4	11
其　他	20		34	34	22	1	5	3				
二、按设置主办单位分												
政府办	7	1 083	874	666	242	23	263	41	40	17	67	124
其中：卫生部门	6	655	739	597	215	22	239	38	31	7	55	80
企业办	21	44	150	132	49	10	46	9	5	3	4	11
其　他	33		180	180	55	41	37	9	6			

萝岗区卫生机构、床位、人员情况（不含诊所等）

分类	机构数（个）	实有床位	人员数（人）合计	卫生技术人员	其中：执业医师	执业助理医师	注册护士	药剂人员	检验人员	其他技术人员	管理人员	工勤人员
总　计	12	1 127	985	759	265	30	302	47	45	20	71	135
一、按经济类型分												
国　有	9	1 083	874	666	242	23	263	41	40	17	67	124
集　体												
联　营												
私　营	1	44	111	93	23	7	39	6	5	3	4	11
其　他	2											
二、按设置主办单位分												
政府办	7	1 083	874	666	242	23	263	41	40	17	67	124
其中：卫生部门	6	655	739	597	215	22	239	38	31	7	55	80
企业办	2	44	111	93	23	7	39	6	5	3	4	11
其　他	3											

萝岗区诊所、医务室、卫生所、社区卫生服务站机构、人员情况

分类	机构数（个）	人员数（人）							
		合计	卫生技术人员						
			小计	执业医师	执业助理医师	注册护士	药剂人员	检验人员	其他
总　计	49	219	219	81	44	44	12	6	32
一、按经济类型分									
国　有	6	31	31	11	4	13	1	1	1
集　体	6	70	70	10	29	5	4	3	19
联　营	1	3	3	1	1	1			
私　营	18	81	81	37	9	20	4	2	9
其　他	18	34	34	22	1	5	3	0	3
二、按设置主办单位分									
政府办									
其中：卫生部门									
企业办	19	39	39	26	3	7	3		
其　他	30	180	180	55	41	37	9	6	32

萝岗区医疗机构分级情况

等级	医院					妇幼保健院
	合计	其中				
		综合医院	中医医院	中西医结合医院	专科医院	
总　计	5	4			1	
三　级						
三级特等						
三级甲等						
三级乙等						
三级丙等						
二　级	1	1				
二级甲等	1	1				
二级乙等						
二级丙等						
一　级	2	2				
一级甲等	2	2				
一级乙等						
一级丙等						
其　他	2	1			1	

萝岗区医疗机构分科床位情况

分　科	医　院	疾病专科防治院	妇幼保健院	合　计
床位合计	699			699
预防保健科				
全科医疗科				
内　科	128			128
外　科	155			155
儿　科	33			33
妇产科	125			125
眼　科	5			5
耳鼻咽喉科	10			10
口腔科	5			5
皮肤科				
医疗美容科				
精神科	230			230
传染科				
结核病科				
地方病科				
肿瘤科				
康复医学科				
运动医学科				
职业病科				
中医科	8			8
中西医结合科				
其　他				

萝岗区卫生机构专业卫生人员分类情况

指标名称	卫生技术人员							其他技术人员	管理人员
	合计	执业医师	执业助理医师	注册护士	药剂人员	检验人员	其他		
总　计	758	267	33	299	40	48	71	45	46
按性别分									
男	238	151	17	2	11	23	34	24	23
女	520	116	16	297	29	25	37	21	23
按年龄分									
25岁及以下	120	22	2	78	3	6	9	6	4
26~35岁	339	99	22	157	14	18	29	21	13
36~45岁	206	98	6	51	18	15	18	11	18
46~55岁	61	27	2	10	5	5	12	6	10
56~60岁	20	11	1	2		3	3	1	1
60岁以上	12	10		1		1			
按工作年限分									
5年及以下	182	62	6	86	3	11	14	12	6
6~10年	171	41	6	88	6	8	22	9	6
11~20年	239	81	17	90	22	15	14	16	16
21~30年	105	49	2	27	7	6	14	3	10
30年以上	61	34	2	8	2	8	7	5	8
按学历分									
博　士									
硕　士	30	26				2	2		
学士/大学本科	204	166	4	5	5	12	12	9	18
大　专	168	48	8	71	9	11	21	14	13
中　专	322	27	21	214	19	21	20	8	6
高　中	32			8	6	2	16	9	7
初中及以下	2			1	1			5	2
按专业技术资格分									
正　高	10	10							
副　高	66	55		2	1	3	5		
中　级	116	76		19	6	8	7	5	3
助理/师级	284	119	21	87	17	21	19	12	6
员/士	245	3	12	185	13	16	16	13	4
其　他	37	4		6	3		24	15	33
按聘任专业技术职务分									
正　高	9	9							1
副　高	64	55		2		2	5		
中　级	113	76		17	6	7	7	4	3
助理/师级	284	123	20	86	17	21	17	15	6
员/士	270	3	13	188	16	17	33	17	5
待　聘	18	1		6	1	1	9	9	31

萝岗区分科执业（助理）医师情况

分　科	合　计	执业医师	执业助理医师
总　计	292	259	33
预防保健科	33	26	7
全科医疗科	12	9	3
内　科	48	42	6
外　科	31	31	
儿　科	17	17	
妇产科	38	30	8
眼　科	4	4	
耳鼻咽喉科	2	2	
口腔科	10	7	3
皮肤科	1	1	
医疗美容科			
精神科	9	7	2
传染科	1	1	
结核病科	1	1	
地方病科			
肿瘤科			
急诊医学科	4	4	
康复医学科	41	41	
运动医学科			
职业病科			
麻醉科	8	8	
医学检验科	1	1	
病理科			
医学影像科	7	7	
中医科	8	6	2
中西医结合科			
其　他	16	14	2

萝岗区中医机构分科执业（助理）医师情况

分科	执业（助理）医师数（人）			中医医院床位数（张）
	合计	执业医师	执业助理医师	
总计	20	18	2	
内科	14	13	1	
外科				
妇产科				
儿科				
皮肤科				
眼科				
精神科				
肿瘤科				
骨伤科				
肛肠科				
针灸科				
推拿科				
其他	6	5	1	

萝岗区疾病预防控制中心（防疫站）卫生人员情况

指标名称	卫生技术人员						其他技术人员	管理人员
	合计	执业医师	执业助理医师	药剂人员	检验人员	其他		
总计	27	15			7	5	1	1
按年龄分								
25岁及以下	5	3			2			
26～35岁	6	2			2	2		
36～45岁	14	8			3	3	1	
46～55岁	1	1						1
56～60岁	1	1						
60岁以上								

续表

指标名称	卫生技术人员						其他技术人员	管理人员
	合计	执业医师	执业助理医师	药剂人员	检验人员	其他		
按工作年限分								
5年及以下	8	4			4			
6～10年	1	1						
11～20年	9	4			2	3		
21～30年	7	4			1	2	1	
30年以上	2	2						1
按学历分								
博　士								
硕　士	6	3			1	2		
学士/大学本科	16	10			4	2		
大　专	3	1			1	1		
中　专	2	1			1			1
高中及以下							1	
按专业技术资格分								
正　高								
副　高	5	4				1		
中　级	10	6			2	2		
助理/师级	11	5			4	2		1
员/士	1				1		1	
其　他								
按聘任专业技术职务分								
正　高								
副　高	5	4				1		
中　级	10	6			2	2		
助理/师级	11	5			4	2		1
员/士	1				1		1	
待　聘								

萝岗区卫生机构、床位、人员情况一览表

卫生机构名称	机构数（个）	实有床位	人员数（人）									
			合计	卫生技术人员	其中					其他技术人员	管理人员	工勤人员
					执业医师	执业助理医师	注册护士	药剂人员	检验人员			
总　计	12	1 127	985	759	265	30	302	47	45	20	71	135
医　院	5	699	805	663	221	29	276	44	30	9	42	91
综合医院	4	441	706	582	201	20	239	39	27	3	30	91
广州经济技术开发区红十字会医院	1	80	110	87	35	4	31	10	5			23
广州市萝岗区九佛医院	1	45	102	83	17	8	24	10	4			19
广州经济技术开发区医院	1	272	383	319	126	1	145	13	13		26	38
广州黄陂医院	1	44	111	93	23	7	39	6	5	3	4	11
专科医院	1	258	99	81	20	9	37	5	3	6	12	
广州市萝岗区康宁医院	1	258	99	81	20	9	37	5	3	6	12	
门诊部	4											
鸿运东区综合门诊部	1											
广东省中医药学会萝岗门诊部	1											
广州经济技术开发区医院永和门诊部	1											
广州经济技术开发区医院东区门诊部	1											
疾病预防控制中心（防疫站）	1		29	27	17		2		6	1	1	
广州市萝岗区疾病预防控制中心	1		29	27	17		2		6	1	1	
卫生监督所	1		16								16	
广州市萝岗区卫生监督所	1		16								16	
疗养院	1	428	135	69	27	1	24	3	9	10	12	44
广州市干部疗养院	1	428	135	69	27	1	24	3	9	10	12	44

萝岗区医疗机构运营情况一览表

1．门诊服务

卫生机构名称	机构数（个）	诊疗人次数（人）					观察室收容数	健康检查人数	急诊死亡率（%）
		总 计	其中：门、急诊人次数（人）						
			合 计	门诊人次数	急诊人次数				
					小 计	内：死亡人数			
总 计	10	798 636	727 977	616 963	111 014	52	6 968	151 286	0.05
医 院	5	751 773	713 946	602 932	111 014	52	6 968	151 286	0.05
综合医院	4	692 375	654 548	556 138	98 410	44	3 149	145 781	0.04
广州经济技术开发区红十字会医院	1	183 164	167 129	109 185	57 944	19		20 532	0.03
广州市萝岗区九佛医院	1	67 713	67 713	61 280	6 433	6	180	10 886	0.09
广州经济技术开发区医院	1	406 321	384 529	350 740	33 789	19	2 969	113 876	0.06
广州黄陂医院	1	35 177	35 177	34 933	244			487	
专科医院	1	59 398	59 398	46 794	12 604	8	3 819	5 505	0.06
广州市萝岗区康宁医院	1	59 398	59 398	46 794	12 604	8	3 819	5 505	0.06
门诊部	4								
鸿运东区综合门诊部	1								
广东省中医药学会萝岗门诊部	1								
广州经济技术开发区医院永和门诊部	1								
广州经济技术开发区医院东区门诊部	1								
疗养院	1	46 863	14 031	14 031					
广州市干部疗养院	1	46 863	14 031	14 031					

2．住院服务

卫生机构名称	入院人数	出院人数	住院病人手术人次	住院危重病人抢救人次	治愈率（%）	好转率（%）	死亡率（%）
总 计	45 017	45 098	5 615	573	93.09	6.18	0.26
医 院	12 185	12 266	5 615	573	74.60	22.73	0.96
综合医院	11 139	11 202	5 408	573	75.92	21.27	0.97
广州经济技术开发区红十字会医院	2 166	2 164	493	180	81.24	15.43	1.76
广州市萝岗区九佛医院	1 012	1 016	346	39	66.63	30.02	0.98
广州经济技术开发区医院	6 480	6 537	3 517	320	74.73	22.96	0.69
广州黄陂医院	1 481	1 485	1 052	34	79.80	16.36	1.08
专科医院	1 046	1 064	207		60.71	38.06	0.85
广州市萝岗区康宁医院	1 046	1 064	207		60.71	38.06	0.85
疗养院	32 832	32 832			100		
广州市干部疗养院	32 832	32 832			100		

3．床位利用

卫生机构名称	实有床位数（张）	实际开放总床日数	平均开放病床（张）	实际占用总床日数	出院者占用总床日数	病床周转次数	病床工作日	病床使用率（%）	出院者平均住院日
总　计	1 127	389 946	1 068	269 454	231 507	42	252	69.10	5.13
医　院	699	233 726	640	168 230	130 283	19	263	71.98	10.62
综合医院	441	139 556	382	92 227	84 574	29	241	66.09	7.55
广州经济技术开发区红十字会医院	80	21 900	60	19 038	18 211	36	317	86.93	8.42
广州市萝岗区九佛医院	45	16 425	45	6 803	6 191	23	151	41.42	6.09
广州经济技术开发区医院	272	85 171	233	57 418	51 448	28	246	67.41	7.87
广州黄陂医院	44	16 060	44	8 968	8 724	34	204	55.84	5.87
专科医院	258	94 170	258	76 003	45 709	4	295	80.71	42.96
广州市萝岗区康宁医院	258	94 170	258	76 003	45 709	4	295	80.71	42.96
疗养院	428	156 220	428	101 224	101 224	77	237	64.80	3.08
广州市干部疗养院	428	156 220	428	101 224	101 224	77	237	64.80	3.08

萝岗区政府办医院病人人均医院费用与医生工作效率一览表

卫生机构名称	平均每诊疗人次医疗费（元）				平均每一出院者住院医疗费（元）				平均每一医师	
	合计	其中			合计	其中			全年担负诊疗人次	全年担负住院床日
		药费	检查费	治疗费		药费	检查费	治疗费		
总　计	89	35	12	14	3 458	1 076	223	1 019	3 228	717
医　院	89	35	12	14	3 458	1 076	223	1 019	3 228	717
综合医院	91	35	11	14	3 509	1 122	229	1 061	3 423	434
广州经济技术开发区红十字会医院	69	33	12	13	4 225	1 717	274	1 139	4 579	476
广州市萝岗区九佛医院	72	25	6	7	2 419	463	152	503	3 386	340
广州经济技术开发区医院	104	38	12	16	3 442	1 027	226	1 122	3 078	435
专科医院	75	39	16	6	2 993	654	174	638	1 980	2 533
广州市萝岗区康宁医院	75	39	16	6	2 993	654	174	638	1 980	2 533

（十一）增 城 市

增城市卫生机构、床位、人员情况（含诊所等）

分类	机构数（个）	实有床位	人员数（人）									
			合计	卫生技术人员	其中					其他技术人员	管理人员	工勤人员
					执业医师	执业助理医师	注册护士	药剂人员	检验人员			
总 计	106	1 611	3 366	2 846	946	270	1 015	262	123	158	146	216
一、按经济类型分												
国 有	33	1 523	3 118	2 617	888	197	966	255	119	152	138	211
集 体	9		26	26	5	7	9	1	1			
联 营												
私 营	64	88	222	203	53	66	40	6	3	6	8	5
其 他												
二、按设置主办单位分												
政府办	22	1 303	2 790	2 357	790	185	869	233	110	120	134	179
其中：卫生部门	22	1303	2790	2357	790	185	869	233	110	120	134	179
企业办	13	220	309	241	84	17	90	17	10	32	4	32
其 他	71	88	267	248	72	68	56	12	3	6	8	5

增城市卫生机构、床位、人员情况（不含诊所等）

分类	机构数（个）	实有床位	人员数（人）									
			合计	卫生技术人员	其中					其他技术人员	管理人员	工勤人员
					执业医师	执业助理医师	注册护士	药剂人员	检验人员			
总 计	26	1 611	3 132	2 612	885	194	968	252	121	158	146	216
一、按经济类型分												
国 有	24	1 523	3 067	2 566	868	192	951	249	119	152	138	211
集 体	1		2	2	2							
联 营												
私 营	1	88	63	44	15	2	17	3	2	6	8	5
其 他												
二、按设置主办单位分												
政府办	22	1 303	2 790	2 357	790	185	869	233	110	120	134	179
其中：卫生部门	22	1 303	2 790	2 357	790	185	869	233	110	120	134	179
企业办	3	220	279	211	80	7	82	16	9	32	4	32
其 他	1	88	63	44	15	2	17	3	2	6	8	5

增城市诊所、医务室、卫生所、社区卫生服务站机构、人员情况

分类	机构数（个）	人员数（人）合计	卫生技术人员 小计	执业医师	执业助理医师	注册护士	药剂人员	检验人员	其他
总计	80	234	234	61	76	47	10	2	38
一、按经济类型分									
国有	9	51	51	20	5	15	6		5
集体	8	24	24	3	7	9	1	1	3
联营									
私营	63	159	159	38	64	23	3	1	30
其他									
二、按设置主办单位分									
政府办									
其中：卫生部门									
企业办	10	30	30	4	10	8	1	1	6
其他	70	204	204	57	66	39	9	1	32

增城市医疗机构分级情况

等级	医院 合计	其中 综合医院	中医医院	中西医结合医院	专科医院	妇幼保健院
总计	5	3	1		1	1
三级						
三级特等						
三级甲等						
三级乙等						
三级丙等						
二级	3	2	1			1
二级甲等	3	2	1			1
二级乙等						
二级丙等						
一级						
一级甲等						
一级乙等						
一级丙等						
其他	2	1			1	

增城市医疗机构分科床位情况

分　科	医　院	疾病专科防治院	妇幼保健院	合　计
床位合计	796		160	956
预防保健科				
全科医疗科	14			14
内　科	158			158
外　科	206			206
儿　科	51		63	114
妇产科	84		97	181
眼　科				
耳鼻咽喉科	26			26
口腔科				
皮肤科				
医疗美容科				
精神科				
传染科	45			45
结核病科				
地方病科				
肿瘤科				
康复医学科	88			88
运动医学科				
职业病科				
中医科	124			124
中西医结合科				
其　他				

增城市卫生机构专业卫生人员分类情况

指标名称	卫生技术人员							其他技术人员	管理人员
	合计	执业医师	执业助理医师	注册护士	药剂人员	检验人员	其他		
总　计	2 609	836	211	922	252	122	266	174	129
按性别分									
男	916	547	118	2	80	49	120	57	62
女	1 693	289	93	920	172	73	146	117	67
按年龄分									
25岁及以下	144	69	5	26	9	5	30	20	1
26～35岁	1 293	320	128	582	81	65	117	61	25
36～45岁	736	258	55	228	83	41	71	64	53
46～55岁	381	153	19	85	73	11	40	24	41
56～60岁	48	30	4	1	6		7	4	9
60岁以上	7	6					1	1	
按工作年限分									
5年及以下	364	205	15	37	15	19	73	39	2
6～10年	592	101	62	315	42	26	46	24	11
11～20年	938	268	95	382	74	46	73	58	41
21～30年	502	170	29	145	78	25	55	38	42
30年以上	213	92	10	43	43	6	19	15	33
按学历分									
博　士									
硕　士	14	13					1		
学士/大学本科	500	394	8		8	28	62	18	17
大　专	356	198	26	77	12	14	29	45	33
中　专	1 499	217	160	814	125	68	115	65	44
高　中	152	11	12	15	70	10	34	33	21
初中及以下	88	3	5	16	37	2	25	13	14
按专业技术资格分									
正　高	14	13					1		2
副　高	79	69		5		3	2		8
中　级	446	268		128	16	20	14	3	26
助理/师级	1 025	424	33	395	67	54	52	40	26
员/士	856	18	169	387	148	31	103	69	31
其　他	189	44	9	7	21	14	94	62	36
按聘任专业技术职务分									
正　高	9	8					1		
副　高	72	64		5		2	1		8
中　级	408	254		114	13	14	13	1	30
助理/师级	1 050	432	34	400	69	62	53	40	26
员/士	885	31	173	398	148	35	100	66	31
待　聘	185	47	4	5	22	9	98	67	34

增城市分科执业（助理）医师情况

分　科	合　计	执业医师	执业助理医师
总　计	1 019	811	208
预防保健科	87	59	28
全科医疗科	15	14	1
内　科	191	151	40
外　科	127	116	11
儿　科	61	56	5
妇产科	189	139	50
眼　科	4	4	
耳鼻咽喉科	20	17	3
口腔科	27	21	6
皮肤科	17	13	4
医疗美容科			
精神科	1	1	
传染科	7	7	
结核病科	2	1	1
地方病科			
肿瘤科			
急诊医学科	10	10	
康复医学科	20	18	2
运动医学科			
职业病科			
麻醉科	15	12	3
医学检验科	1	1	
病理科	1	1	
医学影像科	41	27	14
中医科	128	97	31
中西医结合科	3	2	1
其　他	52	44	8

增城市中医机构分科执业（助理）医师情况

分　科	执业（助理）医师数（人）			中医医院床位数（张）
	合　计	执业医师	执业助理医师	
总　计	96	79	17	124
内　科	40	39	1	31
外　科				46
妇产科				19
儿　科	1	1		14
皮肤科				
眼　科				
精神科				
肿瘤科				
骨伤科	6	4	2	
肛肠科				
针灸科	1		1	
推拿科				
其　他	48	35	13	14

增城市疾病预防控制中心（防疫站）卫生人员情况

指标名称	卫生技术人员						其他技术人员	管理人员
	合计	执业医师	执业助理医师	药剂人员	检验人员	其他		
总　计	74	27	8		13	26	13	1
按年龄分								
25岁及以下								
26～35岁	29	6	3		7	13	8	
36～45岁	33	13	5		4	11	5	1
46～55岁	12	8			2	2		
56～60岁								
60岁以上								

续表

指标名称	卫生技术人员						其他技术人员	管理人员
	合计	执业医师	执业助理医师	药剂人员	检验人员	其他		
按工作年限分								
5年及以下	2		1			1	1	
6～10年	13	3	1		3	6	5	
11～20年	32	10	1		7	14	5	1
21～30年	26	13	5		3	5	2	
30年以上	1	1						
按学历分								
博　士								
硕　士								
学士/大学本科	14	9			4	1	3	1
大　专	7	5	1		1		8	
中　专	49	13	6		6	24	1	
高中及以下	4		1		2	1	1	
按专业技术资格分								
正　高								
副　高	2	1			1			
中　级	22	14			5	3		1
助理/师级	22	12			5	5	12	
员/士	15		8		2	5	1	
其　他	13					13		
按聘任专业技术职务分								
正　高								
副　高	2	1			1			
中　级	17	12			2	3		1
助理/师级	27	14			8	5	12	
员/士	15		8		2	5	1	
待　聘	13					13		

增城市卫生机构、床位、人员情况一览表

卫生机构名称	机构数（个）	实有床位	人员数（人）									
			合计	卫生技术人员	其中					其他技术人员	管理人员	工勤人员
					执业医师	执业助理医师	注册护士	药剂人员	检验人员			
总　计	26	1 611	3 132	2 612	885	194	968	252	121	158	146	216
医　院	5	796	1 211	982	367	13	387	94	37	98	42	89
综合医院	3	584	870	695	260	11	284	65	28	78	27	70
增城市人民医院	1	364	593	486	182	4	202	49	19	46	23	38
广东省水电二局医院（广深创伤急救中心）	1	200	240	184	72	7	72	16	8	26	2	28
广东省源天工程公司健安医院（原安装公司医院）	1	20	37	25	6		10		1	6	2	4
中医医院	1	124	278	243	92		86	26	7	14	7	14
增城市中医医院	1	124	278	243	92		86	26	7	14	7	14
专科医院	1	88	63	44	15	2	17	3	2	6	8	5
济慈康复医院	1	88	63	44	15	2	17	3	2	6	8	5
社区卫生服务中心	1	70	217	194	51	12	63	28	11	8	4	11
增城市社区卫生服务中心（荔城医院）	1	70	217	194	51	12	63	28	11	8	4	11
卫生院	13	585	1 206	1 027	328	133	343	110	41	28	76	75
乡镇卫生院	13	585	1 206	1 027	328	133	343	110	41	28	76	75
增城市中新医院	1	66	117	95	40	10	32	8	3		10	12
增城市派潭医院	1	40	67	60	15	10	20	6	2		4	3
增城市新塘医院	1	150	334	255	112	14	81	30	16	3	35	41
增城市永和医院	1	36	114	105	30	12	33	7	2	7	2	
增城市福和卫生院	1	30	53	48	11	4	20	10	1		2	3
增城市朱村卫生院	1	30	71	63	16	13	28	4	1	3	1	4
增城市仙村医院	1	49	82	71	23	9	24	4	4	4	2	5
增城市宁西卫生院	1	12	35	27	4	6	7	5	2	4	4	
增城市三江黄加乐夫人医院（镇卫生院）	1	25	61	55	13	9	20	5	2	2	4	
增城市小楼卫生院	1	25	48	46	7	11	11	7	2		2	
增城市沙埔卫生院	1	31	54	50	15	14	12	3	2	2	2	
增城市石滩医院	1	51	117	104	31	11	40	14	2	3	3	7
增城市正果卫生院	1	40	53	48	11	10	15	7	2		5	

续表

卫生机构名称	机构数（个）	实有床位	人员数（人）									
			合计	卫生技术人员	其中					其他技术人员	管理人员	工勤人员
					执业医师	执业助理医师	注册护士	药剂人员	检验人员			
门诊部	1		2	2	2							
广东省水电二局医院太平洋门诊部	1		2	2	2							
采供血机构	1		8	5			1		3	2	1	
增城市中心血站	1		8	5			1		3	2	1	
妇幼保健院（所、站）	1	160	328	284	96	12	145	16	13		18	26
增城市妇幼保健院	1	160	328	284	96	12	145	16	13		18	26
专科疾病防治院（所、站）	1		40	33	9	4	11	4	2	4	2	1
增城市慢性病防治站	1		40	33	9	4	11	4	2	4	2	1
疾病预防控制中心（防疫站）	1		101	74	27	16	16		14	13	1	13
增城市卫生防疫站	1		101	74	27	16	16		14	13	1	13
健康教育所（站、中心）	1		10	6	5	1				3		1
增城市健康教育研究所	1		10	6	5	1				3		1
其他卫生机构	1		9	5		3	2			2	2	
增城市健娱医院（麻风村）	1		9	5		3	2			2	2	

增城市医疗机构运营情况一览表

1．门诊服务

卫生机构名称	机构数（个）	诊疗人次数（人）					观察室收容数	健康检查人数	急诊死亡率（%）
		总计	其中：门、急诊人次数（人）						
			合计	门诊人次数	急诊人次数				
					小计	内：死亡人数			
总计	22	2 584 799	2 548 255	2 196 625	351 630	263	204 595	143 621	0.07
医院	5	763 670	759 123	683 502	75 621	82	6 718	91 402	0.11
综合医院	3	576 265	573 214	517 079	56 135	74	5 763	86 948	0.13
增城市人民医院	1	393 518	391 006	367 698	23 308	61	5 619	78 245	0.26
广东省水电二局医院（广深创伤急救中心）	1	133 940	133 401	102 301	31 100	13	144	8 703	0.04
广东省源天工程公司健安医院（原安装公司医院）	1	48 807	48 807	47 080	1 727				
中医医院	1	156 380	154 894	135 525	19 369	7	209	454	0.04

续表

卫生机构名称	机构数（个）	诊疗人次数（人）					观察室收容数	健康检查人数	急诊死亡率（%）
		总计	其中：门、急诊人次数（人）						
			合计	门诊人次数	急诊人次数				
					小计	内：死亡人数			
增城市中医医院	1	156 380	154 894	135 525	19 369	7	209	454	0.04
专科医院	1	31 025	31 015	30 898	117	1	746	4 000	0.85
济慈康复医院	1	31 025	31 015	30 898	117	1	746	4 000	0.85
社区卫生服务中心	1	220 169	219 683	169 010	50 673		77 498	302	
增城市社区卫生服务中心（荔城医院）	1	220 169	219 683	169 010	50 673		77 498	302	
卫生院	13	1 311 721	1 280 978	1 057 641	223 337	178	120 094	48 296	0.08
乡镇卫生院	13	1 311 721	1 280 978	1 057 641	223 337	178	120 094	48 296	0.08
增城市中新医院	1	62 116	62 116	61 874	242	23	27 140		9.50
增城市派潭医院	1	70 238	70 238	59 163	11 075	22		73	0.20
增城市新塘医院	1	501 636	499 262	378 175	121 087	61	2 896	3 065	0.05
增城市永和医院	1	89 911	89 689	74 696	14 993	3	6 536	323	0.02
增城市福和卫生院	1	52 911	52 911	45 421	7 490			3 648	
增城市朱村卫生院	1	43 218	43 049	34 412	8 637	19	14 981	9 083	0.22
增城市仙村医院	1	112 637	112 637	99 447	13 190	17	1 623	2 006	0.13
增城市宁西卫生院	1	20 686	20 686	14 880	5 806	5	7 025	409	0.09
增城市三江黄加乐夫人医院（镇卫生院）	1	57 933	57 933	48 196	9 737	14		3 120	0.14
增城市小楼卫生院	1	47 127	47 070	41 934	5 136		12 048		
增城市沙埔卫生院	1	80 324	75 129	57 432	17 697	6	242	5 677	0.03
增城市石滩医院	1	133 287	110 561	103 881	6 680		47 603	12 636	
增城市正果卫生院	1	39 697	39 697	38 130	1 567	8		8 256	0.51
门诊部	1	12 220	12 220	11 134	1 086				
广东省水电二局医院太平洋门诊部	1	12 220	12 220	11 134	1 086				
妇幼保健院（所、站）	1	251 489	250 721	249 808	913	3	285	3 621	0.33
增城市妇幼保健院	1	251 489	250 721	249 808	913	3	285	3 621	0.33
专科疾病防治院（所、站）	1	25 530	25 530	25 530					
增城市慢性病防治站	1	25 530	25 530	25 530					

2. 住院服务

卫生机构名称	入院人数	出院人数	住院病人手术人次	住院危重病人抢救人次	治愈率（%）	好转率（%）	死亡率（%）
总　计	55 064	54 803	13 316	4 365	62.33	32.27	1.47
医　院	18 312	18 245	5 683	2 830	61.17	31.68	2.67
综合医院	15 108	15 047	4 768	2 370	62.13	31.69	2.81
增城市人民医院	9 774	9 757	3 653	2 108	65.87	27.92	3.82
广东省水电二局医院（广深创伤急救中心）	5 223	5 179	1 094	260	54.68	39.24	0.97
广东省源天工程公司健安医院（原安装公司医院）	111	111	21	2	81.08	11.71	
中医医院	2 681	2 675	735	450	50.21	35.93	2.36
增城市中医医院	2 681	2 675	735	450	50.21	35.93	2.36
专科医院	523	523	180	10	89.67	9.56	0.38
济慈康复医院	523	523	180	10	89.67	9.56	0.38
社区卫生服务中心	2 632	2 578	366	93	50.58	44.30	1.24
增城市社区卫生服务中心（荔城医院）	2 632	2 578	366	93	50.58	44.30	1.24
卫生院	23 558	23 432	7 267	1 266	60.68	33.63	1.06
乡镇卫生院	23 558	23 432	7 267	1 266	60.68	33.63	1.06
增城市中新医院	1 827	1 856	873	164	63.20	29.69	1.19
增城市派潭医院	1 803	1 790	301	37	59.72	34.47	1.34
增城市新塘医院	9 960	9 930	3 636	719	66.15	28.94	1.27
增城市永和医院	1 050	1 037	372	200	72.03	23.24	1.06
增城市福和卫生院	1 274	1 255	340	8	46.06	45.90	0.48
增城市朱村卫生院	814	813	399	39	81.18	17.22	0.86
增城市仙村医院	1 461	1 440	217	55	38.26	53.54	1.25
增城市宁西卫生院	187	182	4	3	40.66	54.40	0.55
增城市三江黄加乐夫人医院（镇卫生院）	804	798	108		55.64	30.20	0.25
增城市小楼卫生院	293	292			75.68	24.32	
增城市沙埔卫生院	1 017	992	303		63.41	29.84	0.50
增城市石滩医院	2 165	2 153	664		51.14	43.57	0.70
增城市正果卫生院	903	894	50	41	45.08	52.01	1.23
妇幼保健院（所、站）	10 562	10 548		176	70.84	27.35	0.36
增城市妇幼保健院	10 562	10 548		176	70.84	27.35	0.36
专科疾病防治院（所、站）							
增城市慢性病防治站							

3. 床位利用

卫生机构名称	实有床位数（张）	实际开放总床日数	平均开放病床（张）	实际占用总床日数	出院者占用总床日数	病床周转次数	病床工作日	病床使用率（%）	出院者平均住院日
总　计	1 611	588 015	1 611	370 068	353 517	34	230	62.94	6.45
医　院	796	290 540	796	171 991	169 403	23	216	59.20	9.28
综合医院	584	213 160	584	117 626	116 467	26	201	55.18	7.74
增城市人民医院	364	132 860	364	83 777	82 627	27	230	63.06	8.47
广东省水电二局医院（广深创伤急救中心）	200	73 000	200	31 466	31 457	26	157	43.10	6.07
广东省源天工程公司健安医院（原安装公司医院）	20	7300	20	2 383	2 383	6	119	32.64	21.47
中医医院	124	45 260	124	22 669	22 229	22	183	50.09	8.31
增城市中医医院	124	45 260	124	22 669	22 229	22	183	50.09	8.31
专科医院	88	32 120	88	31 696	30 707	6	360	98.68	58.71
济慈康复医院	88	32 120	88	31 696	30 707	6	360	98.68	58.71
社区卫生服务中心	70	25 550	70	15 535	15 758	37	222	60.80	6.11
增城市社区卫生服务中心（荔城医院）	70	25 550	70	15 535	15 758	37	222	60.80	6.11
卫生院	585	213 525	585	130 845	117 244	40	224	61.28	5
乡镇卫生院	585	213 525	585	130 845	117 244	40	224	61.28	5
增城市中新医院	66	24 090	66	9 681	9 351	28	147	40.19	5.04
增城市派潭医院	40	14 600	40	8 927	8 663	45	223	61.14	4.84
增城市新塘医院	150	54 750	150	56 871	49 542	66	379	103.87	4.99
增城市永和医院	36	13 140	36	8 392	6 463	29	233	63.87	6.23
增城市福和卫生院	30	10 950	30	6 654	6 996	42	222	60.77	5.57
增城市朱村卫生院	30	10 950	30	4 592	4 347	27	153	41.94	5.35
增城市仙村医院	49	17 885	49	8 454	6 947	29	173	47.27	4.82
增城市宁西卫生院	12	4 380	12	1 113	1 005	15	93	25.41	5.52
增城市三江黄加乐夫人医院（镇卫生院）	25	9 125	25	3 219	3 219	32	129	35.28	4.03
增城市小楼卫生院	25	9 125	25	1 834	1 958	12	73	20.10	6.71
增城市沙埔卫生院	31	11 315	31	5 141	5 141	32	166	45.44	5.18
增城市石滩医院	51	18 615	51	12 097	9 772	42	237	64.99	4.54
增城市正果卫生院	40	14 600	40	3 870	3 840	22	97	26.51	4.30
妇幼保健院（所、站）	160	58 400	160	51 697	51 112	66	323	88.52	4.85
增城市妇幼保健院	160	58 400	160	51 697	51 112	66	323	88.52	4.85
专科疾病防治院（所、站）									
增城市慢性病防治站									

增城市政府办医院病人人均医院费用与医生工作效率一览表

卫生机构名称	平均每诊疗人次医疗费（元）				平均每一出院者住院医疗费（元）				平均每一医师	
	合计	其中			合计	其中			全年担负诊疗人次	全年担负住院床日
		药费	检查费	治疗费		药费	检查费	治疗费		
总　计	104	55	22	13	3 677	1 289	196	1 196	2 076	410
医　院	108	60	23	12	4 709	1 882	261	1 541	1 896	367
综合医院	115	64	28	9	4 999	2 027	296	1 624	1 987	423
增城市人民医院	115	64	28	9	4 999	2 027	296	1 624	1 987	423
中医医院	92	51	12	18	3 651	1 356	133	1 236	1 700	246
增城市中医医院	92	51	12	18	3 651	1 356	133	1 236	1 700	246
妇幼保健院(所、站)	95	43	17	16	2 460	589	120	789	2 620	539
增城市妇幼保健院	95	43	17	16	2 460	589	120	789	2 620	539

（十二）从　化　市

从化市卫生机构、床位、人员情况（含诊所等）

分类	机构数（个）	实有床位	人员数（人）									
			合计	卫生技术人员	其中					其他技术人员	管理人员	工勤人员
					执业医师	执业助理医师	注册护士	药剂人员	检验人员			
总　计	93	1 877	2 484	2 131	663	225	698	168	105	132	141	80
一、按经济类型分												
国　有	39	1 877	2 359	2 006	635	211	681	164	101	132	141	80
集　体	20		35	35	13	2	9	2	2			
联　营												
私　营	30		82	82	12	10	7	2	2			
其　他	4		8	8	3	2	1					
二、按设置主办单位分												
政府办	26	1 633	2 146	1 833	601	195	633	156	97	120	119	74
其中：卫生部门	19	1 003	2 008	1 725	575	183	589	150	92	107	108	68
企业办	6		10	10	3		2					
其　他	61	244	328	288	59	30	63	12	8	12	22	6

从化市卫生机构、床位、人员情况（不含诊所等）

分类	机构数（个）	实有床位	人员数（人）									
			合计	卫生技术人员	其中					其他技术人员	管理人员	工勤人员
					执业医师	执业助理医师	注册护士	药剂人员	检验人员			
总　计	26	1 877	2 331	1 978	627	209	672	163	101	132	141	80
一、按经济类型分												
国　有	26	1 877	2 331	1 978	627	209	672	163	101	132	141	80
集　体												
联　营												
私　营												
其　他												
二、按设置主办单位分												
政府办	22	1 633	2 135	1 822	598	194	631	156	97	120	119	74
其中：卫生部门	19	1 003	2 008	1 725	575	183	589	150	92	107	108	68
企业办												
其　他	4	244	196	156	29	15	41	7	4	12	22	6

从化市诊所、医务室、卫生所、社区卫生服务站机构、人员情况

分类	机构数（个）	人员数（人）							
		合计	卫生技术人员						
			小计	执业医师	执业助理医师	注册护士	药剂人员	检验人员	其他
总　计	67	153	153	36	16	26	5	4	66
一、按经济类型分									
国　有	13	28	28	8	2	9	1		8
集　体	20	35	35	13	2	9	2	2	7
联　营									
私　营	30	82	82	12	10	7	2	2	49
其　他	4	8	8	3	2	1			2
二、按设置主办单位分									
政府办	4	11	11	3	1	2			5
其中：卫生部门									
企业办	6	10	10	3		2			5
其　他	57	132	132	30	15	22	5	4	56

从化市医疗机构分级情况

等级	医院					妇幼保健院
	合计	其中				
		综合医院	中医医院	中西医结合医院	专科医院	
总计	4	1	1		2	
三级						
三级特等						
三级甲等						
三级乙等						
三级丙等						
二级	2	1	1			
二级甲等	2	1	1			
二级乙等						
二级丙等						
一级						
一级甲等						
一级乙等						
一级丙等						
其他	2				2	

从化市医疗机构分科床位情况

分科	医院	疾病专科防治院	妇幼保健院	合计
床位合计	722			722
预防保健科				
全科医疗科				
内科	65			65
外科	133			133
儿科	40			40
妇产科	85			85
眼科				
耳鼻咽喉科	15			15
口腔科				
皮肤科				
医疗美容科				
精神科				
传染科	25			25
结核病科				

续表

分　科	医　院	疾病专科防治院	妇幼保健院	合　计
地方病科				
肿瘤科	10			10
康复医学科	162			162
运动医学科				
职业病科				
中医科	170			170
中西医结合科	17			17
其　他				

从化市卫生机构专业卫生人员分类情况

指标名称	卫生技术人员							其他技术人员	管理人员
	合计	执业医师	执业助理医师	注册护士	药剂人员	检验人员	其他		
总　计	1 978	605	166	701	171	99	236	137	136
按性别分									
男	685	395	86		65	38	101	54	87
女	1 293	210	80	701	106	61	135	83	49
按年龄分									
25岁及以下	233	50	19	69	8	14	73	5	2
26～35岁	952	241	106	387	70	51	97	61	37
36～45岁	550	209	29	185	66	27	34	43	50
46～55岁	210	84	9	59	25	6	27	26	42
56～60岁	25	15	3	1	2		4	2	5
60岁以上	8	6				1	1		
按工作年限分									
5年及以下	343	116	35	72	9	17	94	12	3
6～10年	520	89	54	258	40	31	48	28	20
11～20年	655	225	58	230	61	34	47	53	43
21～30年	311	106	13	110	44	11	27	33	37
30年以上	149	69	6	31	17	6	20	11	33
按学历分									
博　士									
硕　士	12	9					3		2
学士/大学本科	327	262	10	4	8	15	28	10	28
大　专	419	170	35	113	16	25	60	31	60
中　专	1 109	159	111	571	92	55	121	62	38
高　中	76	5	10	10	31	3	17	24	6
初中及以下	35			3	24	1	7	10	2

续表

指标名称	卫生技术人员							其他技术人员	管理人员
	合计	执业医师	执业助理医师	注册护士	药剂人员	检验人员	其他		
按专业技术资格分									
正　高	2			1		1			1
副　高	53	51		1			1		17
中　级	457	235	1	160	14	25	22	5	37
助理/师级	761	288	72	219	58	44	80	29	47
员/士	621	15	90	312	75	26	103	49	13
其　他	84	16	3	8	24	3	30	54	21
按聘任专业技术职务分									
正　高	1			1					
副　高	51	49				1	1		18
中　级	452	236	1	156	14	24	21	4	41
助理/师级	735	260	72	219	59	46	79	30	54
员/士	636	15	90	319	82	26	104	50	13
待　聘	103	45	3	6	16	2	31	53	10

从化市分科执业（助理）医师情况

分　科	合　计	执业医师	执业助理医师
总　计	750	586	164
预防保健科	51	37	14
全科医疗科	56	45	11
内　科	98	83	15
外　科	48	40	8
儿　科	29	29	
妇产科	93	68	25
眼　科	5	5	
耳鼻咽喉科	11	10	1
口腔科	15	9	6
皮肤科	14	8	6
医疗美容科			
精神科			
传染科	4	4	

续表

分　科	合　计	执业医师	执业助理医师
结核病科	5	5	
地方病科			
肿瘤科	2	2	
急诊医学科	8	8	
康复医学科	70	42	28
运动医学科			
职业病科			
麻醉科	6	6	
医学检验科			
病理科	2	2	
医学影像科	28	22	6
中医科	97	91	6
中西医结合科	3	3	
其　他	105	67	38

从化市中医机构分科执业（助理）医师情况

分　科	执业（助理）医师数（人）			中医医院床位数（张）
	合　计	执业医师	执业助理医师	
总　计	85	69	16	170
内　科	32	30	2	70
外　科	1	1		20
妇产科	1	1		6
儿　科				3
皮肤科	1	1		3
眼　科				10
精神科				
肿瘤科				25
骨伤科	4	4		30
肛肠科				3
针灸科	1	1		
推拿科	1	1		
其　他	44	30	14	

从化市疾病预防控制中心（防疫站）卫生人员情况

指标名称	卫生技术人员						其他技术人员	管理人员
	合计	执业医师	执业助理医师	药剂人员	检验人员	其他		
总　计	70	22	2		16	30	23	5
按年龄分								
25岁及以下	3				1	2	1	
26～35岁	30	8			6	16	13	1
36～45岁	24	9	2		7	6	6	2
46～55岁	13	5			2	6	3	2
56～60岁								
60岁以上								
按工作年限分								
5年及以下	10	2			2	6	3	
6～10年	9	2			2	5	4	
11～20年	25	10	1		5	9	10	2
21～30年	18	4	1		6	7	5	1
30年以上	8	4			1	3	1	2
按学历分								
博　士								
硕　士								
学士/大学本科	14	4			3	7	5	2
大　专	21	8			6	7	6	3
中　专	31	10	2		6	13	8	
高中及以下	4				1	3	4	
按专业技术资格分								
正　高								
副　高	1	1						
中　级	25	11			7	7	1	
助理/师级	32	10			8	14	4	3
员/士	7		2			5	1	
其　他	5				1	4	17	2
按聘任专业技术职务分								
正　高								
副　高	1	1						
中　级	25	11			7	7	1	
助理/师级	31	10			8	13	4	3
员/士	8		2			6		
待　聘	5				1	4	18	2

从化市卫生机构、床位、人员情况一览表

卫生机构名称	机构数（个）	实有床位	人员数（人）									
			合计	卫生技术人员	其中					其他技术人员	管理人员	工勤人员
					执业医师	执业助理医师	注册护士	药剂人员	检验人员			
总　计	26	1 877	2 331	1 978	627	209	672	163	101	132	141	80
医　院	4	722	1 051	897	335	36	341	64	31	65	51	38
综合医院	1	390	629	545	238	12	215	33	21	33	23	28
从化市中心医院	1	390	629	545	238	12	215	33	21	33	23	28
中医医院	1	170	264	224	74	13	92	28	7	21	12	7
从化市中医医院	1	170	264	224	74	13	92	28	7	21	12	7
专科医院	2	162	158	128	23	11	34	3	3	11	16	3
从化市残疾人康复中心	1	38	33	26	7	3	5	1	1	2	2	3
广州工伤康复医院	1	124	125	102	16	8	29	2	2	9	14	
卫生院	13	465	989	866	224	154	271	88	45	33	58	32
乡镇卫生院	13	465	989	866	224	154	271	88	45	33	58	32
从化市吕田镇医院	1	53	76	60	11	9	20	5	5	4	10	2
从化市鳌头镇医院	1	58	155	130	15	36	40	16	10	4	12	9
从化市良口镇医院	1	29	59	50	22	9	11	5	3	5	3	1
从化市明珠医院	1	23	36	33	10	9	10	3			2	1
从化市温泉镇医院	1	23	66	58	18	8	19	5	5	5	2	1
从化市温泉镇灌村医院	1	23	34	32	5	8	10	4	2		1	1
从化市太平镇神岗医院	1	20	68	55	14	11	18	6	3	3	7	3
从化市街口街医院	1	25	108	97	21	14	30	12	4	1	8	2
从化市太平镇医院	1	40	103	92	22	13	32	8	4	3	3	5
从化市城郊街医院	1	30	88	85	30	9	32	6	3		3	
从化市江埔街医院	1	60	104	98	37	18	27	8	3	2	3	1
从化市鳌头镇龙潭医院	1	59	62	52	15	7	16	6	2	6		4
广州市流溪河林场职工医院	1	22	30	24	4	3	6	4	1		4	2
采供血机构	1		10	8	1		3		2	1	1	
从化市血站	1		10	8	1		3		2	1	1	
专科疾病防治院（所、站）	2		45	36	16	3	8	4	3	3	6	
从化市慢性病防治中心	1		41	36	16	3	8	4	3		5	
从化市赤草医院	1		4							3	1	
疾病预防控制中心（防疫站）	1		101	70	26	4	6	1	15	16	12	3
从化市疾病预防控制中心	1		101	70	26	4	6	1	15	16	12	3
卫生监督所	1											
从化市卫生监督所	1											

续表

卫生机构名称	机构数（个）	实有床位	人员数（人）									
			合计	卫生技术人员	其中					其他技术人员	管理人员	工勤人员
					执业医师	执业助理医师	注册护士	药剂人员	检验人员			
其他卫生机构	1	30	15	13	4	3	4	1	1	2		
从化市计划生育服务站	1	30	15	13	4	3	4	1	1	2		
疗养院	3	660	120	88	21	9	39	5	4	12	13	7
从化市干部疗养院	1	60	8	4	2	1	1			1	2	1
广东省干部疗养院	1	350	87	70	14	8	35	3	4	6	7	4
水利部广东省水利厅从化疗养院	1	250	25	14	5		3	2		5	4	2

从化市医疗机构运营情况一览表

1．门诊服务

卫生机构名称	机构数（个）	诊疗人次数（人）					观察室收容数	健康检查人数	急诊死亡率（%）
		总计	其中：门、急诊人次数（人）						
			合计	门诊人次数	急诊人次数				
					小计	内：死亡人数			
总计	22	1 290 218	1 150 967	1 021 011	129 956	63	22 704	57 024	0.05
医院	4	630 815	497 843	445 621	52 222	52		41 281	0.10
综合医院	1	452 929	319 987	305 853	14 134	49		34 701	0.35
从化市中心医院	1	452 929	319 987	305 853	14 134	49		34 701	0.35
中医医院	1	162 670	162 670	125 182	37 488	3		6 455	0.01
从化市中医医院	1	162 670	162 670	125 182	37 488	3		6 455	0.01
专科医院	2	15 216	15 186	14 586	600			125	
从化市残疾人康复中心	1	14 030	14 000	13 400	600				
广州工伤康复医院	1	1 186	1 186	1 186				125	
卫生院	13	621 967	615 723	538 410	77 313	11	22 704	14 259	0.01
乡镇卫生院	13	621 967	615 723	538 410	77 313	11	22 704	14 259	0.01
从化市吕田镇医院	1	39 503	36 708	29 709	6 999	7			0.10
从化市鳌头镇医院	1	118 092	118 092	100 081	18 011		22 136	2 524	
从化市良口镇医院	1	42 194	42 194	39 779	2 415			394	
从化市明珠医院	1	21 214	21 214	15 947	5 267				
从化市温泉镇医院	1	36 668	36 377	33 909	2 468		535	1 427	
从化市温泉镇灌村医院	1	20 999	20 804	19 770	1 034		9	2 188	
从化市太平镇神岗医院	1	56 820	55 869	49 865	6 004				
从化市街口街医院	1	92 725	90 825	90 825				800	

续表

卫生机构名称	机构数（个）	诊疗人次数（人）					观察室收容数	健康检查人数	急诊死亡率（%）
		总计	其中：门、急诊人次数（人）						
			合计	门诊人次数	急诊人次数				
					小计	内：死亡人数			
从化市太平镇医院	1	109 704	109 592	83 117	26 475			3 135	
从化市城郊街医院	1	18 053	18 053	16 173	1 880			258	
从化市江埔街医院	1	46 206	46 206	41 994	4 212	4	24	495	0.09
从化市鳌头镇龙潭医院	1	18 291	18 291	16 121	2 170			3 038	
广州市流溪河林场职工医院	1	1 498	1 498	1 120	378				
专科疾病防治院（所、站）	2	31 704	31 704	31 704					
从化市慢性病防治中心	1	31 704	31 704	31 704					
疗养院	3	5 732	5 697	5 276	421			1 484	
从化市干部疗养院	1	498	468	468					
广东省干部疗养院	1	5 234	5 229	4 808	421			1 484	
水利部广东省水利厅从化疗养院	1								

2．住院服务

卫生机构名称	入院人数	出院人数	住院病人手术人次	住院危重病人抢救人次	治愈率（%）	好转率（%）	死亡率（%）
总计	68 637	68 380	12 812	2 354	71.72	25.46	0.50
医院	25 035	24 843	9 726	1 454	59.74	35.49	1.22
综合医院	19 029	18 785	8 593	1 305	66.04	29.25	1.22
从化市中心医院	19 029	18 785	8 593	1 305	66.04	29.25	1.22
中医医院	5 643	5 601	1 133	149	42.47	52.15	1.32
从化市中医医院	5 643	5 601	1 133	149	42.47	52.15	1.32
专科医院	363	457			12.47	87.53	
从化市残疾人康复中心	30	30			100		
广州工伤康复医院	333	427			6.32	93.68	
卫生院	16 447	16 382	3 086	893	55.31	40.14	0.23
乡镇卫生院	16 447	16 382	3 086	893	55.31	40.14	0.23
从化市吕田镇医院	991	993			42.50	53.98	0.70
从化市鳌头镇医院	3 259	3 234	516	530	51.02	42.61	0.12
从化市良口镇医院	769	776	186	67	59.02	38.53	
从化市明珠医院	439	433	59		68.36	28.64	0.23
从化市温泉镇医院	807	800	278	23	57.25	41.13	
从化市温泉镇灌村医院	579	575	58	10	78.78	16.87	1.04
从化市太平镇神岗医院	1 157	1 166	801	111	68.78	26.76	0.26
从化市街口街医院	538	522	32	12	16.28	77.97	0.38

续表

卫生机构名称	入院人数	出院人数	住院病人手术人次	住院危重病人抢救人次	治愈率（%）	好转率（%）	死亡率（%）
从化市太平镇医院	2 683	2 665	521	69	56.59	40.79	0.23
从化市城郊街医院	1 292	1 294	338	35	59.74	33.38	0.39
从化市江埔街医院	1 735	1 735			79.37	16,60	
从化市鳌头镇龙潭医院	1 478	1 469	297	36	53.03	38.53	0.20
广州市流溪河林场职工医院	720	720				100	
疗养院	27 155	27 155		7	92.57	7.43	
从化市干部疗养院	30	30				100	
广东省干部疗养院	2 005	2 005		7	0.90	99.10	
水利部广东省水利厅从化疗养院	25 120	25 120			100		

3. 床位利用

卫生机构名称	实有床位数（张）	实际开放总床日数	平均开放病床（张）	实际占用总床日数	出院者占用总床日数	病床周转次数	病床工作日	病床使用率（%）	出院者平均住院日
总　计	1 847	573 452	1 571	425 204	420 744	44	271	74.15	6.15
医　院	722	262 630	720	252 786	248 357	35	351	96.25	10
综合医院	390	141 450	388	151 985	150 499	48	392	107.45	8.01
从化市中心医院	390	141 450	388	151 985	150 499	48	392	107.45	8.01
中医医院	170	62 050	170	66 440	65 944	33	391	107.07	11.77
从化市中医医院	170	62 050	170	66 440	65 944	33	391	107.07	11.77
专科医院	162	59 130	162	34 361	31 914	3	212	58.11	69.83
从化市残疾人康复中心	38	13 870	38	51	51	1	1	0.37	1.70
广州工伤康复医院	124	45 260	124	34 310	31 863	3	277	75.81	74.62
卫生院	465	161 836	443	93 418	93 387	37	211	57.72	5.70
乡镇卫生院	465	161 836	443	93 418	93 387	37	211	57.72	5.70
从化市吕田镇医院	53	19 404	53	6 277	5 794	19	118	32.35	5.83
从化市鳌头镇医院	58	21 170	58	18 234	17 255	56	314	86.13	5.34
从化市良口镇医院	29	10 585	29	5 057	6 052	27	174	47.78	7.80
从化市明珠医院	23	8 395	23	1 824	1 824	19	79	21.73	4.21
从化市温泉镇医院	23	8 395	23	4 596	4 345	35	200	54.75	5.43
从化市温泉镇灌村医院	23	8 372	23	3 389	3 297	25	148	40.48	5.73
从化市太平镇神岗医院	20	7 520	21	7 096	7 105	57	344	94.36	6.09
从化市街口街医院	25	8 280	23	6 638	6 620	23	293	80.17	12.68
从化市太平镇医院	40	14 600	40	15 455	15 505	67	386	105.86	5.82
从化市城郊街医院	30	10 950	30	6 746	7 834	43	225	61.61	6.05
从化市江埔街医院	60	14 600	40	8 494	8 494	43	212	58.18	4.90
从化市鳌头镇龙潭医院	59	21 535	59	6 112	5 042	25	104	28.38	3.43

续表

卫生机构名称	实有床位数（张）	实际开放总床日数	平均开放病床（张）	实际占用总床日数	出院者占用总床日数	病床周转次数	病床工作日	病床使用率（%）	出院者平均住院日
广州市流溪河林场职工医院	22	8 030	22	3 500	4 220	33	159	43.59	5.86
疗养院	660	148 986	408	79 000	79 000	67	194	53.03	2.91
从化市干部疗养院	60	21 900	60	150	150	1	3	0.68	5
广东省干部疗养院	350	35 836	98	16 050	16 050	20	163	44.79	8
水利部广东省水利厅从化疗养院	250	91 250	250	62 800	62 800	100	251	68.82	2.50

从化市政府办医院病人人均医院费用与医生工作效率一览表

卫生机构名称	平均每诊疗人次医疗费（元）				平均每一出院者住院医疗费（元）				平均每一医师	
	合计	其中			合计	其中			全年担负诊疗人次	全年担负住院床日
		药费	检查费	治疗费		药费	检查费	治疗费		
总　计	81	35	16	12	3 847	1 450	324	1 143	1 691	600
医　院	81	35	16	12	3 847	1 450	324	1 143	1 691	600
综合医院	86	38	17	11	4 008	1 536	306	1 225	1 716	576
从化市中心医院	86	38	17	11	4 008	1 536	306	1 225	1 716	576
中医医院	66	27	16	13	3 305	1 163	386	867	1 627	664
从化市中医医院	66	27	16	13	3 305	1 163	386	867	1 627	664

第五部分　2006年定期报表公布数据

广州地区81所医院2006年业务工作与2005年同期对比统计表

医院名称	总诊疗人次			出院人次		
	2006年	2005年	增减（%）	2006年	2005年	增减（%）
合　计	44 472 875	41 688 563	6.68	795 503	734 947	8.24
部属医院合计	7 695 841	6 961 577	10.55	171 216	156 869	9.15
省属医院合计	12 864 823	11 655 354	10.38	221 567	203 967	8.63
市属医院合计	9 197 018	9 007 348	2.11	164 300	150 751	8.99
区属医院合计	10 564 649	10 047 984	5.14	162 719	151 598	7.34
县级市属医院合计	1 430 396	1 279 336	11.81	47 292	43 986	7.52
集体所有制医院合计	1 533 097	1 560 412	-1.75	8 301	7 848	5.77
厂矿企业医院合计	1 187 051	1176552	0.89	20 108	19 928	0.90
部属医院合计	7 695 841	6961577	10.55	171 216	156 869	9.15
中山大学第一附属医院	3 211 864	2 766 185	16.11	55 263	47 976	15.19
中山大学第二附属医院	1 438 623	1 365 152	5.38	30 883	27 593	11.92
中山大学第三附属医院	1 250 663	1 148 954	8.85	22 967	21 586	6.40
暨南大学附属第一医院	602 184	545 063	10.48	16 772	16 269	3.09
中山大学附属肿瘤医院	300 082	276 396	8.57	23 520	21 987	6.97
中山大学中山眼科中心	454 895	454 723	0.04	20 876	20 634	1.17
中山大学附属口腔医院	437 530	405 104	8	935	824	13.47
省属医院合计	12 864 823	11 655 354	10.38	221 567	203 967	8.63
广东省人民医院	2 804 258	2 751 725	1.91	51 591	49 696	3.81
广东省第二人民医院	696 736	669 881	4.01	20 329	19 193	5.92
南方医科大学南方医院	1 360 662	892 970	52.37	42 669	38 285	11.45
南方医科大学珠江医院	546 070	508 611	7.36	22 895	20 371	12.39
广东省中医院	3 582 262	3 301 691	8.50	33 984	31 035	9.50
广州中医药大学附属第一医院	1 926 870	1 835 161	5	21 991	21 349	3.01
广东省第二中医院	515 791	445 642	15.74	6 085	4 982	22.14
广东省妇幼保健院	723 364	590 996	22.40	18 231	15 319	19.01
广东省职业病防治院	104 116	82 592	26.06	438	499	-12.22
广东省口腔医院	355 051	318 596	11.44	765	717	6.69
广州中医药大学附属骨伤科医院	249 643	257 489	-3.05	2 589	2 521	2.70
市属医院合计	9 197 018	9 007 348	2.11	164 300	150 751	8.99
广州市第一人民医院	1 602 548	1 596 861	0.36	28 331	24 758	14.43
广州市红十字会医院	981 055	972 506	0.88	13 128	12 284	6.87
广州市第六人民医院	231 867	221 956	4.47	3 437	3 302	4.09
广州市第八人民医院	242 760	233 812	3.83	4 404	3 949	11.52
广州市精神病医院	213 955	205 438	4.15	3 532	3 322	6.32

续表

医院名称	总诊疗人次			出院人次		
	2006年	2005年	增减（%）	2006年	2005年	增减（%）
广州市胸科医院	190 108	189 105	0.53	5 705	5 097	11.93
广州市妇婴医院	475 874	475 062	0.17	9 157	8 685	5.43
广州市儿童医院	1 398 224	1 349 439	3.62	22 729	21 182	7.30
广州市第十二人民医院	421 696	406 245	3.80	4 598	4 577	0.46
广州市中医医院	441 067	445 025	–0.89	6 630	6 490	2.16
广州医学院附属第一医院	878 233	855 627	2.64	20 982	19 446	7.90
广州医学院附属第二医院	1 277 804	1 217 944	4.91	2 1881	20 389	7.32
广州医学院附属第三医院	811 733	816 274	–0.56	14 396	12 422	15.89
广州医学院附属肿瘤医院	30 094	22 054	36.46	5 390	4 848	11.18
区属医院合计	10 564 649	10 047 984	5.14	162 719	151 598	7.34
广州市东山区人民医院	367 591	403 568	–8.91	3 022	3 135	–3.60
广州医学院荔湾医院	587 003	565 461	3.81	8 778	8 469	3.65
广州市荔湾区人民医院	336 006	390 131	–13.87	2 974	3 286	–9.49
广州市越秀区第一人民医院	224 610	213 012	5.44	2 661	2 471	7.69
广州市海珠区第一人民医院	200 488	212 121	–5.48	2 505	2 691	–6.91
广州市海珠区第二人民医院	124 374	127 783	–2.67	1 502	1 280	17.34
广州市海珠区新窖人民医院	172 191	143 643	19.87	882	707	24.75
广州市白云区人民医院	320 143	347 110	–7.77	6 144	6 293	–2.37
广州市黄埔区红十字会医院	355 158	186 336	90.60	3 844	3 270	17.55
广州经济技术开发区医院	406 321	337 123	20.53	6 537	5 435	20.28
广州经济技术开发区红十字会医院	183 164	162 620	12.63	2 164	2 104	2.85
广州市花都区人民医院	765 468	662 401	15.56	22 436	20 074	11.77
广州市番禺区人民医院	1 594 022	1 470 824	8.38	26 622	24 915	6.85
广州市荔湾区妇幼保健院	140 680	132 472	6.20	1 791	1 723	3.95
广州市越秀区妇幼保健院	319 803	340 874	–6.18	2 114	2 117	–0.14
广州市海珠区妇幼保健院	304 971	286 627	6.40	4 309	3 658	17.80
广州市天河区妇幼保健院	289 326	274 542	5.38	5 236	5 046	3.77
广州市白云区妇幼保健院	129 236	125 163	3.25	4 999	4 189	19.34
广州市番禺区何贤纪念医院	927 535	921 325	0.67	17 445	17 436	0.05
广州市越秀区中医医院	141 005	135 153	4.33	761	717	6.14
广州市越秀区第二中医医院	161 142	148 457	8.54	444	427	3.98
广州市海珠区中医医院	141 058	140 685	0.27	564	491	14.87
广州市白云区中医院	276 470	267 008	3.54	4 446	4 287	3.71
广州市黄埔区中医院	289 212	278 439	3.87	3 823	3 289	16.24
广州市花都区中医医院	549 316	529 241	3.79	13 913	11 843	17.48
广州市番禺区中医院	621 199	591 907	4.95	6 580	6 202	6.09
广州市越秀区儿童医院	288 743	315 070	–8.36	1 147	1 236	–7.20

续表

医院名称	总诊疗人次			出院人次		
	2006年	2005年	增减（%）	2006年	2005年	增减（%）
广州市越秀区正骨医院	348 414	338 888	2.81	5 076	4 807	5.60
县级市属医院合计	1 430 396	1 279 336	11.81	47 292	43 986	7.52
从化市中心医院	452 629	395 541	14.43	18 785	17 200	9.22
增城市人民医院	403 136	364 410	10.63	9 805	9 223	6.31
增城市妇幼保健院	253 700	236 653	7.20	10 397	10 337	0.58
从化市中医医院	162 670	147 125	10.57	5 601	4 963	12.86
增城市中医医院	158 261	135 607	16.71	2 704	2 263	19.49
集体所有制医院合计	1 533 097	1 560 412	–1.75	8 301	7 848	5.77
广州市荔湾区第二人民医院	246 130	249 249	–1.25	2 793	2 644	5.64
广州市越秀区第二人民医院	156 879	172 974	–9.30	825	905	–8.84
广州市越秀区第三人民医院	147 827	152 270	–2.92	437	383	14.10
广州市越秀区红十字会医院	164 846	167 405	–1.53	925	801	15.48
广州市越秀区西湖医院	51 845	55 485	–6.56			
广州市海珠区红十字会医院	137 337	134 711	1.95	971	931	4.30
广州市荔湾区中医医院	390 628	390 174	0.12	1 212	1 187	2.11
广州市越秀区中医杂病医院	86 374	87 409	–1.18	517	519	–0.39
广州市海珠区石溪中医医院	151 231	150 735	0.33	621	478	29.92
厂矿企业医院合计	1 187 051	1 176 552	0.89	20 108	19 928	0.90
广东省交通医院	33 535	29 142	15.07	716	485	47.63
广州新海医院	408 306	420 381	–2.87	5 364	4 966	8.01
广州邮电医院	196 167	177 619	10.44	3 626	3 320	9.22
广州钢铁企业集团医院	125 317	127 234	–1.51	2 184	2 389	–8.58
民航广州医院	77 117	75 372	2.32	1 033	1 241	–16.76
广东省电力一局医院	136 310	139 126	–2.02	4 237	4 567	–7.23
广州港湾医院	210 299	207 678	1.26	2 948	2 960	–0.41

注：1．广州市越秀区妇幼保健院包含原广州市东山区妇幼保健院；

2．广州市荔湾区人民医院为原广州市芳村区人民医院；

3．广州市荔湾区妇幼保健院为原广州市芳村区妇幼保健院；

4．广州市越秀区第二中医医院为原广州市东山区中医院；

5．广州医学院附属第三医院为原广州市第二人民医院；

6．广州医学院附属肿瘤医院为原广州市肿瘤医院；

7．广州市越秀区第三人民医院为原广州市东山区第二人民医院。

广州地区81所医院2006年平均每一诊疗人次费用与2005年同期对比统计表

医院名称	平均每一诊疗人次医疗费用（元）				平均每一诊疗人次费用增减（%）	药费比重增减（%）
	2006年	药费占（%）	2005年	药费占（%）		
合　计	145	51.72	143	53.15	1.40	-1.42
部属医院合计	201	49.25	206	50.56	-2.29	-1.30
省属医院合计	154	51.95	149	55.70	3.36	-3.76
市属医院合计	150	54	146	55.48	2.74	-1.48
区属医院合计	106	50	106	50.94		-0.94
县级市属医院合计	99	46.48	94	48.94	5.32	-2.46
集体所有制医院合计	102	52.94	96	53.13	6.25	-0.18
厂矿企业医院合计	113	51.33	109	52.29	3.67	-0.97
部属医院合计	201	49.25	206	50.56	-2.29	-1.30
中山大学第一附属医院	160	56.88	177	58.19	-9.60	-1.32
中山大学第二附属医院	183	44.81	164	43.29	11.59	1.52
中山大学第三附属医院	186	56.99	190	55.26	-2.11	1.73
暨南大学附属第一医院	180	51.11	199	51.26	-9.55	-0.15
中山大学附属肿瘤医院	857	46.56	841	51.13	1.90	-4.57
中山大学中山眼科中心	207	43.48	198	46.46	4.55	-2.99
中山大学附属口腔医院	178	3.37	168	3.57	5.95	-0.20
省属医院合计	154	51.95	149	55.70	3.36	-3.76
广东省人民医院	183	64.48	178	65.73	2.81	-1.25
广东省第二人民医院	127	48.82	125	51.20	1.60	-2.38
南方医科大学南方医院	196	43.88	220	58.64	-10.91	-14.76
南方医科大学珠江医院	173	49.71	172	50	0.58	-0.29
广东省中医院	134	55.22	125	56	7.20	-0.78
广州中医药大学附属第一医院	119	58.82	116	60.34	2.59	-1.52
广东省第二中医院	105	51.43	104	52.88	0.96	-1.46
广东省妇幼保健院	156	32.69	142	38.73	9.86	-6.04
广东省职业病防治院	136	34.56	173	36.99	-21.39	-2.44
广东省口腔医院	233	2.58	245	2.86	-4.90	-0.28
广州中医药大学附属骨伤科医院	155	54.19	135	56.30	14.81	-2.10
市属医院合计	150	54	146	55.48	2.74	-1.48
广州市第一人民医院	152	53.95	153	54.90	-0.65	-0.95
广州市红十字会医院	117	62.39	118	63.56	-0.85	-1.17
广州市第六人民医院	120	54.17	121	56.20	-0.83	-2.03
广州市第八人民医院	190	67.89	188	69.68	1.06	-1.79
广州市精神病医院	182	74.18	183	74.86	-0.55	-0.69

续表

医院名称	平均每一诊疗人次医疗费用（元）				平均每一诊疗人次费用增减（%）	药费比重增减（%）
	2006年	药费占（%）	2005年	药费占（%）		
广州市胸科医院	233	60.52	240	60.83	–2.92	–0.32
广州市妇婴医院	136	36.76	136	38.97		–2.21
广州市儿童医院	132	50	130	51.54	1.54	–1.54
广州市第十二人民医院	141	31.21	139	35.25	1.44	–4.05
广州市中医医院	106	63.21	101	64.36	4.95	–1.15
广州医学院附属第一医院	180	57.78	165	59.39	9.09	–1.62
广州医学院附属第二医院	152	53.29	147	53.06	3.40	0.23
广州医学院附属第三医院	176	51.14	161	52.17	9.32	–1.04
广州医学院附属肿瘤医院	372	47.31	615	53.17	–39.51	–5.86
区属医院合计	106	50	106	50.94		–0.94
广州市东山区人民医院	118	50	111	46.85	6.31	3.15
广州医学院荔湾医院	113	49.56	112	50	0.89	–0.44
广州市荔湾区人民医院	78	61.54	82	59.76	–4.88	1.78
广州市越秀区第一人民医院	144	48.61	147	49.66	–2.04	–1.05
广州市海珠区第一人民医院	127	47.24	118	48.31	7.63	–1.06
广州市海珠区第二人民医院	115	47.83	104	48.08	10.58	–0.25
广州市海珠区新窖人民医院	102	35.29	111	34.23	–8.11	1.06
广州市白云区人民医院	120	50	113	52.21	6.19	–2.21
广州市黄埔区红十字会医院	62	41.94	121	47.93	–48.76	–6
广州经济技术开发区医院	82	46.34	117	41.88	–29.91	4.46
广州经济技术开发区红十字会医院	69	47.83	72	45.83	–4.17	1.99
广州市花都区人民医院	120	51.67	121	57.02	–0.83	–5.36
广州市番禺区人民医院	121	55.37	115	54.78	5.22	0.59
广州市荔湾区妇幼保健院	102	41.18	109	44.04	–6.42	–2.86
广州市越秀区妇幼保健院	83	42.17	70	45.71	18.57	–3.55
广州市海珠区妇幼保健院	107	46.73	105	50.48	1.90	–3.75
广州市天河区妇幼保健院	131	36.64	129	35.66	1.55	0.98
广州市白云区妇幼保健院	136	35.29	127	36.22	7.09	–0.93
广州市番禺区何贤纪念医院	96	50	98	54.08	–2.04	–4.08
广州市越秀区中医医院	90	53.33	78	55.13	15.38	–1.79
广州市越秀区第二中医医院	82	45.12	80	46.25	2.50	–1.13
广州市海珠区中医医院	85	62.35	78	62.82	8.97	–0.47
广州市白云区中医院	104	47.12	98	53.06	6.12	–5.95
广州市黄埔区中医院	106	58.49	105	59.05	0.95	–0.56
广州市花都区中医医院	91	52.75	89	53.93	2.25	–1.19
广州市番禺区中医院	87	49.43	82	48.78	6.10	0.64
广州市越秀区儿童医院	85	64.71	82	62.20	3.66	2.51

续表

医院名称	平均每一诊疗人次医疗费用（元）				平均每一诊疗人次费用增减（%）	药费比重增减（%）
	2006年	药费占（%）	2005年	药费占（%）		
广州市越秀区正骨医院	173	49.13	170	47.06	1.76	2.07
县级市属医院合计	99	46.48	94	48.94	5.32	−2.46
从化市中心医院	86	44.19	95	45.26	−9.47	−1.08
增城市人民医院	132	47.73	113	55.75	16.81	−8.02
增城市妇幼保健院	96	44.79	91	42.86	5.49	1.93
从化市中医医院	66	40.91	63	39.68	4.76	1.23
增城市中医医院	93	55.91	81	55.56	14.81	0.36
集体所有制医院合计	102	52.94	96	53.13	6.25	−0.18
广州市荔湾区第二人民医院	102	50.98	99	50.51	3.03	0.48
广州市越秀区第二人民医院	104	52.88	107	50.47	−2.80	2.42
广州市越秀区第三人民医院	115	53.91	103	57.28	11.65	−3.37
广州市越秀区红十字会医院	106	56.60	100	57	6	−0.40
广州市越秀区西湖医院	98	60.20	91	61.54	7.69	−1.33
广州市海珠区红十字会医院	98	47.96	88	45.45	11.36	2.50
广州市荔湾区中医医院	85	49.41	81	50.62	4.94	−1.21
广州市越秀区中医杂病医院	134	69.40	114	71.05	17.54	−1.65
广州市海珠区石溪中医医院	110	50.91	99	50.51	11.11	0.40
厂矿企业医院合计	113	51.33	109	52.29	3.67	−0.97
广东省交通医院	172	59.30	143	83.22	20.28	−23.91
广州新海医院	98	48.98	91	48.35	7.69	0.63
广州邮电医院	123	48.78	127	45.67	−3.15	3.11
广州钢铁企业集团医院	107	64.49	102	63.73	4.90	0.76
民航广州医院	145	49.66	176	42.05	−17.61	7.61
广东省电力一局医院	118	45.76	108	51.85	9.26	−6.09
广州港湾医院	111	52.25	108	55.56	2.78	−3.30

注：1. 广州市越秀区妇幼保健院包含原广州市东山区妇幼保健院；

2. 广州市荔湾区人民医院为原广州市芳村区人民医院；

3. 广州市荔湾区妇幼保健院为原广州市芳村区妇幼保健院；

4. 广州市越秀区第二中医医院为原广州市东山区中医院；

5. 广州医学院附属第三医院为原广州市第二人民医院；

6. 广州医学院附属肿瘤医院为原广州市肿瘤医院；

7. 广州市越秀区第三人民医院为原广州市东山区第二人民医院。

广州地区81所医院2006年平均每一住院人次医疗费用与2005年同期对比统计表

医院名称	平均每一出院人次医疗费用（元）				平均每一出院人次费用增减(%)	药费比重增减（%）
	2006年	药费占（%）	2005年	药费占（%）		
合　计	10 380	38.45	10 621	39.07	−2.27	−0.62
部属医院合计	13 867	40.84	14 592	41.47	−4.97	−0.62
省属医院合计	13 390	37.63	13 683	37.57	−2.14	0.06
市属医院合计	10 554	39.35	10 740	40.59	−1.74	−1.24
区属医院合计	5 325	33.74	5 294	35.02	0.59	−1.28
县级市属医院合计	3 775	36.40	3 693	36.42	2.22	−0.02
集体所有制医院合计	5 099	34.37	5 256	34.70	−2.99	−0.33
厂矿企业医院合计	4 717	36.90	5 049	40.52	−6.58	−3.63
部属医院合计	13 867	40.84	14 592	41.47	−4.97	−0.62
中山大学第一附属医院	14 372	36.30	14 968	35.59	−3.98	0.71
中山大学第二附属医院	13 724	42.24	15 091	43.43	−9.06	−1.19
中山大学第三附属医院	14 344	43.59	16 319	45.05	−12.10	−1.45
暨南大学附属第一医院	10 087	38.38	10 627	37.61	−5.08	0.76
中山大学附属肿瘤医院	21 733	53.79	22 115	55.20	−1.73	−1.41
中山大学中山眼科中心	6 670	12.19	6 582	13.81	1.34	−1.62
中山大学附属口腔医院	7 611	27.17	8 740	26.30	−12.92	0.87
省属医院合计	13 390	37.63	13 683	37.57	−2.14	0.06
广东省人民医院	20 223	38.33	19 590	38.64	3.23	−0.31
广东省第二人民医院	9 228	39.48	8 479	38	8.83	1.48
南方医科大学南方医院	15 205	41.10	16 619	42.82	−8.51	−1.72
南方医科大学珠江医院	13 368	42.20	14 128	38.47	−5.38	3.73
广东省中医院	11 430	30.71	11 844	28.82	−3.50	1.88
广州中医药大学附属第一医院	10 077	37.98	10 415	36.50	−3.25	1.48
广东省第二中医院	9 402	28.56	9 008	32.96	4.37	−4.40
广东省妇幼保健院	4 442	21.99	3 993	24.79	11.24	−2.80
广东省职业病防治院	11 655	35.48	18 010	37.83	−35.29	−2.36
广东省口腔医院	7 531	20.40	7 898	23.31	−4.65	−2.91
广州中医药大学附属骨伤科医院	8 463	26.34	7 917	27.81	6.90	−1.48
市属医院合计	10 553.6	39.35	10 740	40.59	−1.74	−1.24
广州市第一人民医院	13 048	38.44	13 348	39.35	−2.25	−0.90
广州市红十字会医院	10 384	32.34	11 322	35.26	−8.28	−2.92
广州市第六人民医院	5 275	38.16	5 282	39.68	−0.13	−1.52
广州市第八人民医院	10 403	55.98	11 666	53.63	−10.83	2.36
广州市精神病医院	21 824	15.04	21 532	12.72	1.36	2.32

续表

医院名称	平均每一出院人次医疗费用（元）				平均每一出院人次费用增减(%)	药费比重增减（%）
	2006年	药费占（%）	2005年	药费占（%）		
广州市胸科医院	13 425	53.82	14 622	55.27	–8.19	–1.45
广州市妇婴医院	5 250	20.08	5 424	22.07	–3.21	–1.99
广州市儿童医院	4 734	26.15	4 778	28.71	–0.92	–2.56
广州市第十二人民医院	5 927	43.97	7 088	45.73	–16.38	–1.76
广州市中医医院	9 594	48.94	9 604	49.48	–0.10	–0.54
广州医学院附属第一医院	11 762	41.97	12 392	44.14	–5.08	–2.18
广州医学院附属第二医院	12 675	41.40	11 301	42.29	12.16	–0.88
广州医学院附属第三医院	9 267	40.12	9 973	42.19	–7.08	–2.07
广州医学院附属肿瘤医院	19 722	54.50	20 967	53.98	–5.94	0.52
区属医院合计	5 325	33.74	5 294	35.02	0.59	–1.28
广州市东山区人民医院	6 814	28.96	6 138	30.45	11.01	–1.49
广州医学院荔湾医院	6 491	35.45	6 265	32.83	3.61	2.62
广州市荔湾区人民医院	3 524	41.09	3 874	45.56	–9.03	–4.47
广州市越秀区第一人民医院	6 009	46.85	6 746	50.39	–10.92	–3.54
广州市海珠区第一人民医院	5 596	39.93	5 446	44.58	2.75	–4.65
广州市海珠区第二人民医院	4 214	34.28	4 828	33.82	–12.72	0.46
广州市海珠区新窖人民医院	2 482	39.42	2 571	40.45	–3.46	–1.03
广州市白云区人民医院	4 996	33.29	4 810	36.55	3.87	–3.26
广州市黄埔区红十字会医院	3 503	45.70	3 661	36.49	–4.32	9.21
广州经济技术开发区医院	3 552	28.46	3 872	32.02	–8.26	–3.56
广州经济技术开发区红十字会医院	4 219	40.63	3 874	38.02	8.91	2.60
广州市花都区人民医院	4 343	33.96	4 274	35	1.61	–1.04
广州市番禺区人民医院	8 375	33.56	7 939	34.97	5.49	–1.40
广州市荔湾区妇幼保健院	2 470	16.88	2 384	17.24	3.61	–0.36
广州市越秀区妇幼保健院	2 998	12.24	2 550	12.47	17.57	–0.23
广州市海珠区妇幼保健院	2 538	14.88	2 862	16.14	–11.32	–1.27
广州市天河区妇幼保健院	2 666	18.20	2 885	20.31	–7.59	–2.12
广州市白云区妇幼保健院	2 419	11.41	2 681	12.64	–9.77	–1.23
广州市番禺区何贤纪念医院	5 100	35.78	5 114	37.52	–0.27	–1.74
广州市越秀区中医医院	8 168	39.08	9 589	48.50	–14.82	–9.42
广州市越秀区第二中医医院	4 374	31.71	5 110	33.09	–14.40	–1.38
广州市海珠区中医医院	3 777	37.55	3 666	37.78	3.03	–0.22
广州市白云区中医院	4 225	39.81	4 985	35.83	–15.25	3.98
广州市黄埔区中医院	4 464	38.08	4 308	37.98	3.62	0.11
广州市花都区中医医院	3 703	33.32	3 784	33.56	–2.14	–0.24
广州市番禺区中医院	9 147	37.45	8 333	41.31	9.77	–3.85
广州市越秀区儿童医院	2 065	43.10	2 257	44.35	–8.51	–1.25

续表

医院名称	平均每一出院人次医疗费用（元）				平均每一出院人次费用增减(%)	药费比重增减（%）
	2006年	药费占（%）	2005年	药费占（%）		
广州市越秀区正骨医院	9 064	29.71	8 839	31.61	2.55	-1.90
县级市属医院合计	3 775	36.40	3 693	36.42	2.22	-0.02
从化市中心医院	4 008	38.32	3 811	39.02	5.17	-0.70
增城市人民医院	4 976	40.36	5 060	40.18	-1.67	0.19
增城市妇幼保健院	2 495	23.90	2 464	23.46	1.24	0.44
从化市中医医院	3 305	35.16	3 431	36.29	-3.67	-1.13
增城市中医医院	3 698	37.20	3 411	34.71	8.42	2.49
集体所有制医院合计	5 099	34.37	5 256	34.70	-2.99	-0.33
广州市荔湾区第二人民医院	5 689	30.02	5 643	30.87	0.82	-0.85
广州市越秀区第二人民医院	7 067	40.48	7 315	40.63	-3.39	-0.14
广州市越秀区第三人民医院	4 165	36.25	4 178	35.62	-0.31	0.64
广州市越秀区红十字会医院	3 795	29.06	4 332	31.99	-12.40	-2.93
广州市越秀区西湖医院						
广州市海珠区红十字会医院	4 239	21.96	4 693	20.48	-9.68	1.49
广州市荔湾区中医医院	5 230	41.36	5 356	43.48	-2.35	-2.13
广州市越秀区中医杂病医院	3 327	40.13	3 295	38	0.97	2.13
广州市海珠区石溪中医医院	4992	49.10	4 619	46.74	8.07	2.36
厂矿企业医院合计	4 717	36.90	5 049	40.52	-6.58	-3.63
广东省交通医院	5 522	39.33	5 948	48.77	-7.16	-9.44
广州新海医院	6 081	34.98	6 621	38.53	-8.16	-3.55
广州邮电医院	4 264	35.51	4 557	37.61	-6.43	-2.11
广州钢铁企业集团医院	4 879	39.27	5 024	38.34	-2.89	0.93
民航广州医院	4 140	46.93	5 205	52.95	-20.46	-6.02
广东省电力一局医院	3 418	37.33	3 634	44.22	-5.95	-6.89
广州港湾医院	4 544	36.88	4 953	38.50	-8.26	-1.62

注：1. 广州市越秀区妇幼保健院包含原广州市东山区妇幼保健院；

2. 广州市荔湾区人民医院为原广州市芳村区人民医院；

3. 广州市荔湾区妇幼保健院为原广州市芳村区妇幼保健院；

4. 广州市越秀区第二中医医院为原广州市东山区中医院；

5. 广州医学院附属第三医院为原广州市第二人民医院；

6. 广州医学院附属肿瘤医院为原广州市肿瘤医院；

7. 广州市越秀区第三人民医院为原广州市东山区第二人民医院。

广州地区81所医院2006年出院者平均每天住院医疗费用情况与2005年同期对比统计表

医院名称	出院者平均每天住院医疗费（元）			出院者平均住院日（日）		
	2006年	2005年	增减（%）	2006年	2005年	增减（%）
合　计	827	813	1.77	12.50	13.10	-0.60
部属医院合计	1 104	1 106	-0.15	12.60	13.20	-0.60
省属医院合计	1 040	1 030	1.03	12.90	13.30	-0.40
市属医院合计	660	622	6.12	16	17.30	-1.30
区属医院合计	546	535	2.10	9.70	9.90	-0.20
县级市属医院合计	477	466	2.30	7.90	7.90	
集体所有制医院合计	252	287	-12.04	20.20	18.30	1.90
厂矿企业医院合计	428	439	-2.54	11	11.50	-0.50
部属医院合计	1 104	1 106	-0.15	12.60	13.20	-0.64
中山大学第一附属医院	1 091	1 071	1.87	13.20	14	-0.80
中山大学第二附属医院	1 050	1 097	-4.28	13.10	13.80	-0.70
中山大学第三附属医院	997	1 052	-5.23	14.40	15.50	-1.10
暨南大学附属第一医院	777	786	-1.15	13	13.50	-0.50
中山大学附属肿瘤医院	1 450	1 400	3.57	15	15.80	-0.80
中山大学中山眼科中心	1 308	1 269	3.07	5.10	5.20	-0.10
中山大学附属口腔医院	604	631	-4.28	12.60	13.80	-1.20
省属医院合计	1 040	1 030	1.03	12.90	13.30	-0.40
广东省人民医院	1 611	1 607	0.25	12.60	12.20	0.40
广东省第二人民医院	784	716	9.50	11.80	11.80	
南方医科大学南方医院	1 208	1289	-6.28	12.60	12.90	-0.30
南方医科大学珠江医院	913	903	1.12	14.60	15.60	-1
广东省中医院	867	867	-0.03	13.20	13.70	-0.50
广州中医药大学附属第一医院	709	710	-0.14	14.20	14.70	-0.50
广东省第二中医院	454	413	9.95	20.70	21.80	-1.10
广东省妇幼保健院	615	527	16.70	7.20	7.60	-0.40
广东省职业病防治院	221	177	24.86	52.70	102	-49.30
广东省口腔医院	575	610	-5.74	13.10	13	0.10
广州中医药大学附属骨伤科医院	540	468	15.38	15.70	16.90	-1.20
市属医院合计	660	622	6.12	16	17.30	-1.30
广州市第一人民医院	826	801	3.12	15.80	16.70	-0.90
广州市红十字会医院	745	766	-2.74	13.90	14.80	-0.90
广州市第六人民医院	417	398	4.77	12.60	13.30	-0.70
广州市第八人民医院	472	474	-0.42	22.10	24.60	-2.50
广州市精神病医院	188	158	18.99	116.10	136.70	-20.60

续表

医院名称	出院者平均每天住院医疗费（元）			出院者平均住院日（日）		
	2006年	2005年	增减（%）	2006年	2005年	增减（%）
广州市胸科医院	554	558	–0.72	24.20	26.20	–2
广州市妇婴医院	640	604	5.96	8.20	9	–0.80
广州市儿童医院	604	593	1.85	7.80	8.10	–0.30
广州市第十二人民医院	398	441	–9.75	14.90	16.10	–1.20
广州市中医医院	496	495	0.20	19.30	19.40	–0.10
广州医学院附属第一医院	951	948	0.32	12.40	13.10	–0.70
广州医学院附属第二医院	986	844	16.82	12.80	13.40	–0.60
广州医学院附属第三医院	741	751	–1.33	12.50	13.30	–0.80
广州医学院附属肿瘤医院	774	716	8.10	25.50	29.30	–3.80
区属医院合计	546	535	2.10	9.70	9.90	–0.20
广州市东山区人民医院	432	375	15.20	15.80	16.40	–0.60
广州医学院荔湾医院	602	587	2.56	10.80	10.70	0.10
广州市荔湾区人民医院	359	386	–6.99	9.80	10	–0.20
广州市越秀区第一人民医院	322	371	–13.21	18.70	18.20	0.50
广州市海珠区第一人民医院	397	379	4.67	14.10	14.40	–0.30
广州市海珠区第二人民医院	160	199	–19.56	26.30	24.30	2
广州市海珠区新窖人民医院	315	313	0.53	7.90	8.20	–0.30
广州市白云区人民医院	413	413		12.10	11.70	0.40
广州市黄埔区红十字会医院	489	474	3.16	7.20	7.70	–0.50
广州经济技术开发区医院	443	479	–7.52	8	8.10	–0.10
广州经济技术开发区红十字会医院	501	507	–1.18	8.40	7.60	0.80
广州市花都区人民医院	590	574	2.79	7.40	7.40	
广州市番禺区人民医院	859	783	9.71	9.70	10.10	–0.40
广州市荔湾区妇幼保健院	430	447	–3.80	5.70	5.30	0.40
广州市越秀区妇幼保健院	534	553	–3.44	5.60	4.60	1
广州市海珠区妇幼保健院	377	401	–6.04	6.70	7.10	–0.40
广州市天河区妇幼保健院	467	499	–6.35	5.70	5.80	–0.10
广州市白云区妇幼保健院	507	521	–2.69	4.80	5.10	–0.30
广州市番禺区何贤纪念医院	597	576	3.65	8.50	8.90	–0.40
广州市越秀区中医医院	248	380	–34.74	32.90	25.20	7.70
广州市越秀区第二中医医院	241	266	–9.40	18.10	19.20	–1.10
广州市海珠区中医医院	191	188	1.39	19.80	19.50	0.30
广州市白云区中医院	552	595	–7.23	7.70	8.40	–0.70
广州市黄埔区中医院	344	325	5.85	13	13.30	–0.30
广州市花都区中医医院	449	441	1.81	8.30	8.60	–0.30
广州市番禺区中医院	586	560	4.64	15.60	14.90	0.70
广州市越秀区儿童医院	343	368	–6.79	6	6.10	–0.10

续表

医院名称	出院者平均每天住院医疗费（元）			出院者平均住院日（日）		
	2006年	2005年	增减（%）	2006年	2005年	增减（%）
广州市越秀区正骨医院	573	554	3.43	15.80	16	-0.20
县级市属医院合计	477	466	2.30	7.90	7.90	
从化市中心医院	500	477	4.82	8	8	
增城市人民医院	576	575	0.24	8.60	8.80	-0.20
增城市妇幼保健院	502	493	1.77	5	5	
从化市中医医院	281	302	-6.95	11.80	11.40	0.40
增城市中医医院	461	358	28.81	8	9.50	-1.50
集体所有制医院合计	252	287	-12.04	20.20	18.30	1.90
广州市荔湾区第二人民医院	421	382	10.21	13.50	14.80	-1.30
广州市越秀区第二人民医院	170	264	-35.61	41.60	27.70	13.90
广州市越秀区第三人民医院	305	322	-5.28	13.70	13	0.70
广州市越秀区红十字会医院	237	254	-6.69	16	17	-1
广州市越秀区西湖医院						
广州市海珠区红十字会医院	118	163	-27.62	35.90	28.80	7.10
广州市荔湾区中医医院	298	324	-8.02	17.50	16.50	1
广州市越秀区中医杂病医院	240	259	-7.34	13.80	12.70	1.10
广州市海珠区石溪中医医院	270	269	0.49	18.50	17.10	1.40
厂矿企业医院合计	428	439	-2.54	11	11.50	-0.50
广东省交通医院	216	268	-19.40	25.50	22.20	3.30
广州新海医院	501	512	-2.15	12.10	12.90	-0.80
广州邮电医院	442	423	4.49	9.60	10.80	-1.20
广州钢铁企业集团医院	375	357	5.04	13	14.10	-1.10
民航广州医院	351	434	-19.12	11.80	12	-0.20
广东省电力一局医院	457	471	-3.06	7.50	7.70	-0.20
广州港湾医院	431	423	1.89	10.60	11.70	-1.10

注：1. 广州市越秀区妇幼保健院包含原广州市东山区妇幼保健院；

2. 广州市荔湾区人民医院为原广州市芳村区人民医院；

3. 广州市荔湾区妇幼保健院为原广州市芳村区妇幼保健院；

4. 广州市越秀区第二中医医院为原广州市东山区中医院；

5. 广州医学院附属第三医院为原广州市第二人民医院；

6. 广州医学院附属肿瘤医院为原广州市肿瘤医院；

7. 广州市越秀区第三人民医院为原广州市东山区第二人民医院。

广州地区81所医院2006年病床利用情况与2005年同期对比统计表

医院名称	期末实有床位数（张）			病床使用率（%）		
	2006年	2005年	增减（%）	2006年	2005年	增减（%）
合　计	31 965	30 708	4.09	87.70	88	–0.30
部属医院合计	6 232	5 847	6.58	95.80	97.50	–1.70
省属医院合计	8 843	8 298	6.57	90.40	91.50	–1.20
市属医院合计	8 674	8 572	1.19	86.60	86.90	–0.30
区属医院合计	5 329	5 124	4	84.30	82.80	1.50
县级市属医院合计	1 208	1 198	0.83	85.80	79.50	6.30
集体所有制医院合计	599	588	1.87	70.90	70.40	0.50
厂矿企业医院合计	1 080	1 081	–0.09	57.90	58.50	–0.60
部属医院合计	6 232	5 847	6.58	95.80	97.50	–1.70
中山大学第一附属医院	2 094	1 852	13.07	96.30	101.50	–5.20
中山大学第二附属医院	1 217	1 129	7.79	91.90	91	0.90
中山大学第三附属医院	916	859	6.64	103.80	107.80	–4
暨南大学附属第一医院	621	623	–0.32	95	94.10	0.90
中山大学附属肿瘤医院	1 007	1 007		95.70	95.40	0.30
中山大学中山眼科中心	317	317		94.30	91.90	2.40
中山大学附属口腔医院	60	60		53.80	52.10	1.70
省属医院合计	8 843	8 298	6.57	90.40	91.50	–1.20
广东省人民医院	2 041	1 833	11.35	93.60	91.40	2.20
广东省第二人民医院	650	660	–1.52	99.20	98.60	0.60
南方医科大学南方医院	1 737	1 413	22.93	85.40	96.60	–11.20
南方医科大学珠江医院	1 128	1 128		81.80	79.70	2.10
广东省中医院	1 300	1 300		94.90	92.10	2.80
广州中医药大学附属第一医院	940	940		91.10	91	0.10
广东省第二中医院	385	366	5.19	89.70	89.90	–0.20
广东省妇幼保健院	366	362	1.10	109.20	95.70	13.50
广东省职业病防治院	106	106		49.80	106.80	–57
广东省口腔医院	50	50		57.70	53	4.70
广州中医药大学附属骨伤科医院	140	140		82.30	96.20	–13.90
市属医院合计	8 674	8 572	1.19	86.60	86.90	–0.30
广州市第一人民医院	1 371	1 365	0.44	90	90.30	–0.30
广州市红十字会医院	695	668	4.04	74.20	77.40	–3.20
广州市第六人民医院	250	250		47.90	45.90	2
广州市第八人民医院	350	380	–7.89	73.90	73.20	0.70
广州市精神病医院	1 258	1 258		109.50	107.50	2

续表

医院名称	期末实有床位数（张）			病床使用率（%）		
	2006年	2005年	增减（%）	2006年	2005年	增减（%）
广州市胸科医院	484	490	-1.22	76.30	75.90	0.40
广州市妇婴医院	258	258		80.40	77.20	3.20
广州市儿童医院	400	400		120.70	114.20	6.50
广州市第十二人民医院	348	418	-16.75	54.70	60.50	-5.80
广州市中医医院	436	436		80.60	85	-4.40
广州医学院附属第一医院	778	778		91.10	88	3.10
广州医学院附属第二医院	886	886		85.90	82.90	3
广州医学院附属第三医院	708	539	31.35	76.50	82.50	-6
广州医学院附属肿瘤医院	452	446	1.35	85.40	97.10	-11.70
区属医院合计	5 329	5 124	4	84.30	82.80	1.50
广州市东山区人民医院	221	208	6.25	63.40	67.50	-4.10
广州医学院荔湾医院	356	347	2.59	80.90	77.70	3.20
广州市荔湾区人民医院	154	154		50.40	59.70	-9.30
广州市越秀区第一人民医院	175	135	29.63	89	95.10	-6.10
广州市海珠区第一人民医院	101	101		91.10	102.70	-11.60
广州市海珠区第二人民医院	103	103		108.90	82.70	26.20
广州市海珠区新窖人民医院	55	55		35.60	29.40	6.20
广州市白云区人民医院	300	300		67.20	66.70	0.50
广州市黄埔区红十字会医院	80	100	-20	77.20	70.90	6.30
广州经济技术开发区医院	267	208	28.37	67	64.60	2.40
广州经济技术开发区红十字会医院	60	60		86.40	87.50	-1.10
广州市花都区人民医院	428	416	2.88	110.50	99.80	10.70
广州市番禺区人民医院	836	786	6.36	90.80	89.20	1.60
广州市荔湾区妇幼保健院	50	50		55.80	50.80	5
广州市越秀区妇幼保健院	70	88	-20.45	44	28.80	15.20
广州市海珠区妇幼保健院	80	80		100	88.60	11.40
广州市天河区妇幼保健院	77	77		105	104	1
广州市白云区妇幼保健院	80	80		84.10	80.80	3.30
广州市番禺区何贤纪念医院	510	510		80.10	91.50	-11.40
广州市越秀区中医医院	76	74	2.70	86.90	75.90	11
广州市越秀区第二中医医院	32	24	33.33	78.70	92.90	-14.20
广州市海珠区中医医院	45	45		71.30	59.70	11.60
广州市白云区中医院	180	180		51.50	53.90	-2.40
广州市黄埔区中医院	165	165		79.10	72.70	6.40
广州市花都区中医医院	280	230	21.74	114.80	118.20	-3.40
广州市番禺区中医院	280	280		102.30	91.60	10.70
广州市越秀区儿童医院	33	33		57.10	62.20	-5.10

续表

医院名称	期末实有床位数（张）			病床使用率（%）		
	2006年	2005年	增减（%）	2006年	2005年	增减（%）
广州市越秀区正骨医院	235	235		93.10	97.40	-4.30
县级市属医院合计	1 208	1 198	0.83	85.80	79.50	6.30
从化市中心医院	390	380	2.63	107.40	96.80	10.60
增城市人民医院	364	364		63.10	62	1.10
增城市妇幼保健院	160	160		88.30	94.20	-5.90
从化市中医医院	170	170		107.10	88	19.10
增城市中医医院	124	124		51.90	47.60	4.30
集体所有制医院合计	599	588	1.87	70.90	70.40	0.50
广州市荔湾区第二人民医院	134	134		76.60	80.40	-3.80
广州市越秀区第二人民医院	120	120		54.10	62.80	-8.70
广州市越秀区第三人民医院	32	24	33.33	58.40	57	1.40
广州市越秀区红十字会医院	57	57		70.40	66.20	4.20
广州市越秀区西湖医院						
广州市海珠区红十字会医院	85	85		101.60	99.10	2.50
广州市荔湾区中医医院	87	87		68.70	65.10	3.60
广州市越秀区中医杂病医院	38	35	8.57	51.20	47.90	3.30
广州市海珠区石溪中医医院	46	46		70.20	47.90	22.30
厂矿企业医院合计	1 080	1 081	-0.09	57.90	58.50	-0.60
广东省交通医院	90	90		73.30	47.90	25.40
广州新海医院	310	310		56.50	56.90	-0.40
广州邮电医院	149	149		67.60	63.50	4.10
广州钢铁企业集团医院	158	158		49.80	57.40	-7.60
民航广州医院	90	90		37.50	41.50	-4
广东省电力一局医院	137	138	-0.72	63.90	69.10	-5.20
广州港湾医院	146	146		57.60	64.70	-7.10

注：1. 广州市越秀区妇幼保健院包含原广州市东山区妇幼保健院；
2. 广州市荔湾区人民医院为原广州市芳村区人民医院；
3. 广州市荔湾区妇幼保健院为原广州市芳村区妇幼保健院；
4. 广州市越秀区第二中医医院为原广州市东山区中医院；
5. 广州医学院附属第三医院为原广州市第二人民医院；
6. 广州医学院附属肿瘤医院为原广州市肿瘤医院；
7. 广州市越秀区第三人民医院为原广州市东山区第二人民医院。

附录　公布数据单位通讯录

单位名称	地址	邮编
广州医学院荔湾医院	广州市荔湾路35号	510170
广州市荔湾区中医医院	广州市荔湾区长寿西路5号	510140
广州医学院附属第三医院	广州市多宝路63号	510150
广州市中医医院	广州市荔湾区珠玑路16号	510130
广州市荔湾区第二人民医院	广州市西湾路42号	510160
广州市精神病医院	广州市芳村区明心路36号	510370
广州市荔湾区人民医院	芳村区明心路3号	510370
广州市荔湾区妇幼保健院	广州市芳村区汾水金兰路1号	510375
广州钢铁集团医院	芳村区白鹤洞路145号	510380
广州市东山区人民医院	广州市东山区中山二路1号	510080
广州市越秀区第三人民医院	广州市万福路203号	510110
广州市越秀区第二中医医院	广州市越秀南路124号	510100
中山大学附属第一医院	广州中山二路58号	510080
中山大学中山眼科中心	广州市先烈南路54号	510060
中山大学附属口腔医院	广州市陵园西56号	510055
中山大学附属肿瘤医院	广州市东风东路651号	510060
广州市第八人民医院	广州市东风东路627号	510060
广东省交通医院	广州市先烈南路青菜岗21号大院	510060
广东省人民医院	广州市中山二路106号	510080
广州医学院第一附属医院	沿江路151号	510120
广州市第一人民医院	盘福路1号	510180
广州市儿童医院	人民中路318号	510120
广州市妇婴医院	广州市人民中路402号	510180
广东省妇幼保健院	广州市广园西路13号	510010
广州市越秀区第一人民医院	正南路6号	510030
广州市越秀区儿童医院	大南路130号	510115
广州市越秀区妇幼保健院	越华路50号	510030
广州市越秀区正骨医院	东风中路449号	510045
广州医学院附属肿瘤医院	广州市麓湖路横枝岗78号	510095
广州市越秀区中医院	海珠中路83号之一	510120
中山大学附属第二医院	沿江西路107号	510120
广东省中医院	大德路111号	510120
广州市越秀区第二人民医院	解放北路679号	510180
广州市越秀区中医杂病医院	越秀区天成路晏公街10号	510120
广州市越秀区西湖医院	越秀区惠福东路457号	510115

续表

单位名称	地址	邮编
广州市越秀区红十字会医院	朝天路64号	510180
广州市红十字会医院	同福中路396号	510220
广州医学院第二附属医院	昌岗东路250号	510260
滨江街社区卫生服务中心（海珠区中医医院）	南华东路636号	510220
素社街社区卫生服务中心（海珠区第一人民医院）	前进路南园大街1号之一	510220
沙园街社区卫生服务中心（海珠区第二人民医院）	沙园缘觉路7号	510250
江海街社区卫生服务中心（海珠区新窖人民医院）	新窖镇敦和路217号	510300
龙凤街社区卫生服务中心（海珠区红十字会医院）	工业大道北77号	510250
海幢街社区卫生服务中心（海珠区石溪中医院）	南华中路263号	510220
广州市海珠区妇幼保健院	江南西路杏园大街15号	510240
广州新海医院	新港西路167号	510300
广东省口腔医院	江南大道南366号	510280
广东省职业病防治院	新港西路海康街165号	510310
广州中医药大学附属骨伤科医院	江南西路青竹大街17号	510240
广东省第二人民医院	海珠区石榴岗路1号	510317
南方医科大学珠江医院	海珠区工业大道中253号	510282
广州市第六人民医院	广州市天河区员村新街19号	510655
广州市胸科医院	广州市横枝岗路62号	510095
广州市第十二人民医院	广州市黄埔大道西天强路1号	510620
广州市天河区妇幼保健院	广州市天河北路367号	510620
暨南大学附属第一医院	广州市天河区石牌	510630
中山大学第三附属医院	石牌岗顶天河路600号	510630
广东省第二中医院	广州市天河区恒福路60号	510095
广州邮电医院	广州市中山大道西183号	510630
广州市白云区人民医院	广州大道北505号	510500
白云区妇幼保健院	三元里瑶台广源西路344号	510400
白云区中医院	白云区江高镇北胜街14号	510450
广州中医药大学第一附属医院	三元里机场路	510405
南方医院大学南方医院	广州大道北1838号	510515
民航广州医院	白云机场路290号	510405
广州经济技术开发区红十字会医院	广州经济技术开发区萝岗公路街212号	510530
广州市黄埔区中医院	广州市黄埔区蟹山路3号	510700
广州经济技术开发区医院	广州经济技术开发区友谊路196号	510730
广州市黄埔区红十字会医院	广州市黄埔东路3762号	510760
广东省电力一局医院	广州市黄埔区黄埔东路3375号	510735
广州港港湾医院	广州市黄埔区港湾路621号	510700

续表

单位名称	地址	邮编
番禺区中医院	广州市番禺区市桥桥东路65号	511400
广州市番禺区人民医院	番禺区市桥桥东路68号	511400
广州市番禺区何贤纪念医院	番禺区市桥清河东路2号	511400
广州市花都区人民医院	广州市花都区新华镇新华路48号	510800
广州市花都区中医院	广州市花都区新华镇新都大道67号	510800
增城市人民医院	增城市荔城镇光明东路1号	511300
增城市妇幼保健院	增城市荔城镇健生路1号	511300
增城市中医医院	增城市荔城镇和平路31号	510300
从化市中心医院	从化市街口镇新城西路64号	510900
从化市中医院	从化市街口街镇北路21号	510900